# 어른 이후의
## 어른

WHEN
I
GROW
UP

# 어른
# 이후의
# 어른

더 나은 사람이
되기 위한
우리들의 대화

모야 사너 지음
서제인 옮김

모든 불쾌한 가능성 가운데 성장과 성숙이야말로
사람들이 가장 빈번하게 두려워하고 싫어하는 것이다.

윌프레드 비온

일러두기

- 본문 중의 주석은 모두 옮긴이주이다.
- 본문 중 고딕체는 원서에서 대문자나 이탤릭체로 강조한 부분이다.

## 차례

# Prologue

## 서른이면
## 어른이 될 줄 알았지

〈멀리 있는 기차〉
노래 폴 사이먼

막 배밀이를 시작한 아기 시절, 할아버지는 우리 집 마루에 쪼그리고 앉아 내 앞에서 열쇠들을 흔들거리며 내가 기는 법을 깨우치도록 도와주셨다. 내가 무릎과 팔로 기어 앙기작앙기작 다가가면 할아버지는 뒤로 쓱 물러나곤 하셨다. 나는 할아버지와 열쇠들에, 그 짤랑거리는 소리와 반짝임에 매혹되었고, 할아버지는 내가 발달하고 자라기 시작했다는 사실에 기뻐 웃으며 내게 푹 빠져 계셨다. 이 상황이 실제로 일어났을 때의 기억은 없지만, 내가 다섯 살쯤 되었을 때 소파에 앉아 어머니가 핸드헬드카메라로 찍은 흔들리는 가정용 비디오 화면에서 아기 때의 내 모습을 본 일은 아주 선명하게 기억난다. 할아버지는 지금으로부터 20년도 더 전에, 내가 10대 초반이었을 때 돌아가셨으니 결혼을 하고 나만의 가정을 꾸려 어른이 된 내 모습은 보실 기회가 없었다. 아니면 어른이라고 여겨지는 내 모습을 보실 기회가 없었다고 해야 할까. 어른이 될 만큼 충분히 나이를 먹고 한참이 지난 뒤에도 나는 여전히 그 짤랑거리는 소리와 반짝임을 붙잡으려 손을 뻗고 있는 것처럼 느껴졌으니 말이다. 마치 내가 아기일 때 할아버지가 내 앞에 들고 계셨던 게 어른이 되는 데 필요한 열쇠들이었고, 내가 아무리 비틀비틀 걸음을 내디뎌도 어른이 되는 일은 언제나 내 손이 닿지 않는 곳에 있는 것 같았다.

나는 내가 어른이라는 생각이 들지 않았기 때문에 이 책을 써야만 했다.

　외부에서 지켜보는 사람들에게, 나는 어른이었다. 저널리스트로서 일하거나 친구들을 위해 저녁 식사를 만들고 있을 때처럼, 내가 정말로 성숙하고 유능하고 책임감도 있는 30대 성인 여성같이 느껴질 때도 있었다. 하지만 내 어른스럽지 못한 면들은 내가 보기에는 아무 때나 느닷없이 튀어나오곤 했다. 주방 쓰레기통을 열었다가 뚜껑 안쪽에 굽슬굽슬한 구더기들이 빼곡히 들어차 꿈틀대고 있는 걸 발견하고 곧바로 엄마에게 어떻게 해야 하냐고 문자를 보냈을 때처럼. 그때는 마치 내게 이성이라는 게 없고, 구글이라는 것도 발명된 적이 없고, 의지할 수 있는 능력이나 기지 같은 것도 내게 존재하지 않는 것 같았다. 하지만 이런 느낌은 분명히 정의할 수 없고 모호할 때가 더 많았다. 나는 무언가가 지체되고 덜 발달된 듯한, 내게 필요했지만 가지지 못한 무언가가 있는 듯한 압박감을 품고 다녔다. 운전면허 시험에 합격은 했으나 사고를 낼까봐 두려워 실제 운전은 수년간이나 하지 못했다. 운전자라고 적힌 면허는 있었지만 마음속 깊은 곳에서 나는 내가 운전자가 아니라는 걸 알고 있었던 것이다.

그렇다면 이렇게 뒤섞인, 양쪽 모두인 동시에 어느 쪽도 아닌, 그다지 어른이 되지는 못한 상태를 어쩌면 좋을까? 이 책을 쓰기 시작했을 때 내 친구들과 친척들, 그리고 여러 타인들도 나와 마찬가지로 스스로가 어른으로 느껴지지 않는다고 고백했다. 어떤 사람들은 그런 느낌을 가면증후군이나 '진짜가 될 때까지 진짜인 척하는' 거라고 불렀고, 또 어떤 사람들은 스스로가 감각하는 자신이 어딘가 잘못돼 있다는 느낌이라고 했다. 가끔씩 그들은 나 자신과 그들의 그런 느낌을 너무 심각하게 받아들이지는 말라고 암시하는 듯했다. 그 느낌은 너무도 보편적이고 정상적인 것이니까 말이다.

하지만 내 생각은 그 반대다.

우리가 그동안 어른다움을 정의하기 위해 의지해온 전통적인 이정표들이 전에 없이 압박을 받고 있다. 마치 우리 할아버지의 열쇠들처럼, 어른다움의 사회적 지표들이 우리 손이 닿는 곳에서 점점 더 멀리 밀려가면서—혹은 뽑혀나가면서—서구 국가 사람들은 점차 더 늦게 어른이 되어가는 것처럼 보인다. 영국 통계청ONS의 한 연구에 따르면 영국에서 처음으로 집을 사는 사람들의 평균 연령은 지난 50년 동안 일곱 살 높아졌고, 많은 이들에게 집을 소유한다는 건 여전히 실현 가능성 없는 일로 남아 있다.[1] 결혼 연령도 높아지고 있는데, 2019년 미국에서 남성의 평균 초혼 연령은 30세, 여성은 28세였으며, 이는 지난 60년 동안 여덟 살 높아진 것이다.[2] 오스트레일리아에서는 30세가 넘어 첫아이를 낳는 여성들의 비율이 25년간 두 배 이상 증가했고,[3] 2015년 영국에서는 40세가 넘어 출산하는 여성의 수가 20세 이전에 출산하는 여성의 수를 앞질렀는데, 이는 제2차 세계대전 이후로 처음 있는 일이었다.[4] 그리고 더 많은 미국인들이 아이를 아예 낳지 않을지도 모른다. 2019년 미국의 출생률은 지난 30년간 최저를 기록했다.[5] 하지만 압박받고 있는 것은 어른다움의 이런 전통적인 기준들만이 아니다. 그 기준에 도달하지 못했기 때문에 자신이 낙오자라고 느끼는 청년들도 압박을 받고 있다.

이 통계들은 나를 불만족스럽고 갈망에 찬 상태에 빠트려 더 의미 있는 무언가를 찾아 헤매게 만들었다. 어른이란 정말로 무엇인지 말해주지 않았으니까. 통계들은 유혹적일 만큼 쉬운 답들이었지만, 나를 그다지 진실에 가까이 다가가게 해주지는 못했다. 연구를 하던 중 1930년대의 어느 잡지에 실린 '당신은 어른인가요?'라는 제목의 퀴즈 이야기를 듣게 되었다. 독자들은 자신의 답에 가장 가까운 문장 옆의 박스에 체크한 후 87페이지를 펼쳐 결과를 확인하라는 지시를 받았다. 이 이야기를 들었을 때는 잡지에 실린 퀴즈가 우리가 어른인지 아닌지를 결정할 수 있다는 어처구니없는 생각에 웃었지만, 나 역시 그 87페이지의 유혹에 저항하지 못하는 호구들 중 한 명이었으리란 걸 안다. 나는 박스에 체크하는 방식으로 어른다움에 접근하는 이 잡지 퀴즈가 한 사회의 구성원들로서, 그리고 개인들로서 우리가 어른이 되는 일에 대해 무엇을 잘못 이해하고 있는지 아는 데 매우 중요하다고 생각한다.

퀴즈에 관해 말해준 사람은 사회학자이자 오스트레일리아 매쿼리대학교 부교수인 해리 블래터러였다. 우리 가운데 자신이 어른이라고 느끼지 못하는 사람이 이토록 많은 이유가 뭐라고 생각하는지 물은 참이었다. 그는 우리의 자기인식은 타인의 인정에 달려 있는데, 우리는 그런 인정을 정규직, 자기 소유의 집, 인간관계, 부모 되기 같은 사회적 표지들을 획득하는 일을 통해 추구할 수 있다고 설명해주었다. 그런 의미에서 어른다움은 하나의 '사회적 산물'이다. 블래터러는 제2차 세계대전의 후유증 속에서, 1950년대와 1960년대에 걸쳐 청년 중심의 문화가 대두되면서(제임스 딘의 〈이유 없는 반항〉을 생각해보라) '청소년기가 끝나면 우리는 정착을 하고 어른이 된다'는 개념이 발전했다고 했다. 이는 여자는 집에 머무르며 아이를 낳고, 남자는 35년간 똑같은 회사에 출근하며, 그런 다음 연금을 받아 은퇴한다는 생각이었다. 1980년대에 중산층에 속하는 이성애 중심의 영국계 유대인 가정에서 자라난 아이였던 나는 내 머릿속에 정확히 그런 어른의 상像이 새겨져 있다는 걸 깨달았다. 서류 가방을 들거나 아기를 안고 현관문에 서 있는 누군가의 모습. 미국인과 영국인의 삶으로 상상되는 그 같은 교외의 이미지는 안전하고, 안정되어 있으며, 우리는 그 안에서 이정표가 되는 경험들을 이뤄내고 퀴즈의 박스에 체크하면서 승인받은 기분을 느낀다고 블래터러는 말했다. 그것은 또한 "한결같이 몹시 이성애 중심적인" 삶의 이미지라고 덧붙였다. 어떤 사람들에게 이것은 이제 낡은 이야기처럼 들릴 것이다. 그 시절 이후로 우리의 삶과 사회는 중요한 변화들을 겪어왔고, 내 세대와 다음 세대의 많은 사람들에게 일과 섹슈얼리티, 인간관계, 그리고 부모 되(지 않)기의 형태는 매우 다양한 형태로 나타날 수 있기 때문이다. 하지만 나는 이 변화들의 영향력이 실제로 어느 정도인지 궁금했다. 사회의 어떤 부분들은 과거에 비해 더 개방적이고 융통성 있게 변했지만, 우리 대다수는 원하든 원하지 않든 우리의 부모와 조부모 세대들이 배우며 자라났던 어른다움의 이미지에 여전히 갇혀 있기 때문이다.

내가 기억하는 한, 아마도 마음을 빼앗긴 채 할아버지와 그 열쇠들을 올려다보았을 때부터 나는 어른이 되고 싶다는 생각을 품어왔던 것 같다. 그리고 이 책을 쓰기 시작할 무렵, 나는 정말로 어른의 삶을 사는 것처럼 보였다. 내게는 여전히 너무 어른스러운 일로 느껴지는 아기 엄마 되기만 빼고는 영국 통계청이 승인한 주요 경험 대부분을 이뤄낸 상태였으니까. 내게는 커리어가 있었고, 집이 있었고, 남편도 있었다. 회계사가 있었고, 연금이 있었고, 소득신고도 하고 있었다. 신중히 고민한 끝에 식기세척기와 세탁기와 냉장고도 구입한 다음이었다. 백색 가전제품들로 말하자면 나는 거의 대부분의 박스에 체크한 상태였다. 내게는 내가 유능하고 자신감 있는 어른, 내가 되어야 하는 그 어른이라는 사실을 증명할 서류들이 있었다. 하지만 더 많은 박스에 체크할수록 내가 어른이라는 느낌이 얼마나 불안정하고 빈약한 것인지 깨닫게 되었다. 이 모든 것들은 그저 내가 어린 시절에 내렸던 어른다움의 정의와 어른다움을 측정해준다고 여겨지는 통계들의 부적절함을 강조하는 것만 같았다. 나는 서류상 어른이었지만, 내가 입은 어른이라는 외피는 때때로 종이처럼 얇게 느껴졌고, 내가 경험하는 나는 내가 되어야 하는 구체화된 어른의 납작한 버전처럼 느껴졌다. 나는 이미 마감일을 놓친 상태였고 그 때문에 나 자신에게 몹시 화가 나 있었다. 하지만 그러면서도 호기심이 일었다. 어쩌면 우리 사회가 직면하고 있고, 나 역시 개인적으로 직면하고 있으며, 당신 또한 당신만의 방식으로 직면하고 있을지도 그렇지 않을지도 모르는 이 어른다움의 위기는, 어른이 된다는 것이 무엇인지에 관해 더 의미 있는 앎을 추구할 기회이기도 하리라는 생각이 들었다. 만약 집과 반려자가 어른의 구성 요소가 아니라면 그럼 무엇이 그러할까?

나는 이 질문에 대한 답변들을 나름의 방식으로, 스스로 알아차린 것보다 더 오랫동안 찾고 있었던 게 아닐까 싶다. 20대 초반, 저널리스트로서 내가 맡은 첫 번째 일은 어느 여성 잡지사에서 자신의 삶을 어떤 식으로든 더 나은 방향으로 변화시킨 여성들을 찾아내 인터뷰하는 것이었다. 변화들은 작을 때도 있고 클 때도 있었다. 아침에는 이혼 후 자전거 타기를 사랑하게 된 여성과, 오후에는 아이를 잃는 끔찍한 시련을 겪은 뒤 어떻게든 내적 자원을 마련해 자신의 고통과 슬픔을 자식과 사별한 다른 부모들을 지원하는 자선단체 설립으로 전환해낸 또 다른 여성과 이야기를 나누었다. 나는 내 일을 잘 해냈고, 그 일을 사랑했다. 이 여성들을 인터뷰하면서 그들에게 이야기할 공간을 마련해주고 그들이 자신의 감정을 말로 표현하도록 도왔다. 그러면서 나는 자신의 이야기를 다른 사람에게 들려준다는 것이, 그리고 그것을 듣는다는 것이 얼마나 강한 힘을 지닌 일인지 이해하기 시작했다. 내가 기억하기로 당시 나는 내 정체성을 뚜렷이 알고 있었고, 내가 누군지에 대해서도 상당히 확신하고 있었다. 나는 열심히 일하고, 일을 제대로 해내는 젊은 여성이었다. 하지만 여전히 내가 어른이라는 생각은 들지 않았다. 지금 돌아보면 무의식적으로 그런 일자리를 얻어내려 했던 건 아닐까 싶기도 하다. 사람들에게 그들이 지나온 경험을 통해 어떻게 발전하고 성장했는지, 어떻게 현재의 그들이 되었는지 합당하게 질문할 수 있었으니 말이다. 그저 일이라서가 아니라 내가 알 필요가 있었기 때문에 그 질문들을 하고 있다는 사실은 그 사람들에게도, 내 편집자에게도, 나 자신에게도 말하지 않아도 됐다.

결국 나는 여성 잡지사를 떠나 전국에 신문을 발행하는 신문사에서 일을 계속하다가 다양한 신문과 잡지에 판매하기 위해 기사를 송고하는 프리랜스 저널리스트가 되기로 결심했다. 나는 갑자기 무엇에 관해 써야 할지 말해주는 편집자가 없는 상태가 되었다. 다시 말해, 해야 할 일을 말해주는 어른이 없었다. 남편이 매일 아침 집을 나서 사무실로 가면 나는 책상 앞에 혼자 앉아 노트북에 워드 문서 창을 새로 열어놓고 조용히 공황 상태에 빠지곤 했다. 거기 앉아 기삿거리를 떠올리려 애쓰며 나는 사실 내가 뭘 하고 있는지 안다고 스스로를 설득하고 있노라면 정체성의 감각이라는 것이 조금 불안해지기 시작했다. 그래서 나는 전문 분야를 만들기로 마음먹었다. 나는 다소 겁이 났고, 길을 잃은 기분이었고, 내가 무지하다고 느끼고 있었던 것 같다. 그로부터 벗어나는 길은 뭔가를 알려고 노력하는 것이었다. 가장 관심 있던 전문 분야가 정신건강이었으므로, 나는 정신분석학 개념들에 기반해 인간의 정신이 어떻게 발달하는지 배우는 입문 코스에 등록했다.

그런데 이후의 상황은 내 예상대로 풀려나가지 않았다.

이내 그 짧은 입문 코스는 내 머릿속을, 내 일과 내 삶 전체를 장악했다. 그해는 내가 5년 동안의 심리치료사 교육을 받기 시작한 첫해가 되었고, 오래지 않아 나는 내담자로서도 정신분석을 받게 되었다.

　이 책을 쓰기 시작했을 때는 내가 이 교육으로 가장 바쁠 때였다. 강의와 세미나, 슈퍼비전, 내담자들과의 상담, 카페테리아에서 동료 수강생들과 함께하는 점심 식사, 이 모든 것을 해내야 했다. 이 책의 원고가 인쇄소로 넘어갔을 무렵 나는 심리치료사 자격을 획득한 상태였다. 내가 공부하고 있는 종류의 심리치료, 그러니까 정신역학적 심리치료는 정신분석학 이론에 기반해 있다. 공부를 시작했을 때 나는 정말 아무것도 아는 게 없었다. 말하자면 이 분야 속으로 떨어져버린 거나 마찬가지였다(아니면 내 무의식이 나를 있어야 할 곳으로 데려다줬는지도 모른다). 정신분석학이라는 단어는 내게 부유하고 제멋대로인, 돈과 시간이 남아돌아 어쩔 줄 모르는 미국의 유명 영화배우들을 떠올리게 했다. 편견이었다. 하지만 사실을 말하자면, 정신분석학은 내가 내 삶에 들여놓아본 가장 강력하고, 흥미진진하고, 충격적이고, 무섭고, 아름답고, 고통스러운 생각들의 도가니였다. 첫 강의 시간부터 엄청난 폭풍이 내 몸속을 통과하면서 커튼들을 뒤로 날리고, 의자들과 꽃병들을 쓰러뜨리고, 머릿속의 가구들을 온통 뒤집어놓는 것 같았다. '무의식'을 예로 들어보자. 예전에 그것은 내게 그저 하나의 단어에 불과했다. 굳이 그 의미를 생각하는 일 없이 대화 중에 흘리는 일상적이고 평범하고 논란의 여지가 없는 단어. 하지만 멈춰 서서 '무의식'이 정말로 무엇을 의미하는지 생각해보면, 우리는 그것이 충격적이고, 가증스러우며 무섭기까지 하다는 걸 알게 될 수밖에 없다! 무의식이란 우리는 우리 자신이 생각하는 그 사람이 아니라는 것을 의미한다. 무의식은 우리가 알게 되는 걸 감당할 수 없어서 보지 않아도 되도록 땅 밑으로, 어둠 속으로 밀어넣어버리는 우리 자신에 관한 사실들이 존재함을 의미한다. 그렇게 해서 우리는 우리가 되고 싶어하는 그 사람이 진짜 우리라고 믿게 되는 것이다. 이 사실을 직면하는 건 끔찍할 만큼 충격적인 일이다.

강의실에서 정신분석학 이론들을 공부하는 것과 동시에, 나는 내담자가 되어 상담실에서 정신분석을 받았다. 지적인 방식으로 무의식에 관해 배우며 나 자신의 무의식 일부를, 그리고 그로부터 도망치기 위해 내가 스스로에게 되뇌었던 이야기들을 알아차리게 되었다. 그리고 그건 대단히 불편한 일이었다.

정신분석을 받는 건 굉장히 이상하고 이 세상 경험이 아닌 듯 느껴지는 일이다. 아마 내가 지금껏 해본 일 중에 가장 색다른 일일 것이다. 지역 보건의에게 가서 우울하다거나 불안하다고 말하면 받게 되는 인지행동 치료나 명상 같은 정신건강 치료의 다른 형태들과는 완전히 다르게 느껴진다. 내 정신분석가는 단 한 번도 내가 느끼는 고통을 없애거나, 문제에 해결책을 제시하거나, 불안감을 털어놓는 나를 기운 나게 하려고 노력하지 않았다. 이렇게 말하면 이해가 잘 안 될 테고 어쩌면 가학적이라고까지 느껴질지도 모른다. 결국 심리적으로 괴로운 상태에 놓인 사람이 원하는 건 그저 도움을 받아 그 괴로움을 완화시키는 일인 경우가 많으니까. 나 역시 그랬다. 하지만 정신분석은 좀 다른 방식으로 작동한다. 정신분석은 고통을 완화하는 게 아니라 고통을 느끼는 능력을 발달시키는 일이다. 고통을 언어로 표현하고, 그것이 어디서 왔는지 이해하려고 노력하는 일이다. 내 정신분석가와 처음 만났을 때의 한 순간이 종종 떠오른다. 달리기와 체육 수업들을 통해 언제나 불안을 성공적으로 다스려왔지만 등을 다친 뒤로는 그럴 수가 없었다고 그에게 말하던 순간이다. 정신분석가의 정확한 대답은 기억나지 않지만, 그 순간 배 속이 죄어드는 듯한 심란한 감정이 솟아올랐고, 내가 지금껏 내 감정들을 다스려온 줄 알았는데 사실은 그로부터 도망치고 있었구나 하는 희미한 자각이 싹텄던 기억이 난다.

일주일에 나흘 아침, 나는 정신분석가의 상담실로 걸어간다. 소파에 누우면 침묵이 흐른다. 나는 내 느낌과 생각, 꾸었던 꿈 등 머릿속에 떠오르거나 '자유연상' 되는 무엇에 관해서든 말하려고 노력한다. 정신분석가는 소파 끝, 내 자리에서는 보이지 않는 곳에 놓인 의자에 앉아 때로는 아무 말 없이, 때로는 이야기를 해가며 내 머릿속에서 일어나는 일을 해석한다. 그 작업에는 나 자신과의, 그리고 내가 전혀 몰랐고 여전히 받아들이기 어려워하는 또다른 누군가와의 일종의 공존 상태가 포함되어 있다. 정신분석가의 태도가 만들어낸 그 공간에서는 내가—작가로서는 결점이겠지만—말로 표현할 수 없는 어떤 일이 일어난다. 그리고 그렇기에, 목소리가 나오지 않을 때면 종종 그러듯 나는 타인의 목소리에서 위안을 찾으려 한다. 마치 어른의 존재 속으로 숨는 어린아이처럼. 뛰어난 정신분석학자 토머스 H. 오그던은 정신분석을 받는 내담자가 "자신의 이야기를 할 목소리를 찾아야 한다는 사실을 깨달을 때, 상담실은 몹시 조용한 장소가 된다. 이 목소리는 그의 생각이 내는 소리, 그가 전에는 들어본 적이 없었을지도 모르는 소리다. (내담자는 자신의 것이라고 느껴지는 목소리가 없음을 깨닫게 될 수도 있다. 이 발견이 분석의 시작점을 제공해줄 수도 있다.)"[6]라고 말한 적이 있다. 이 발견은 이 책의 시작점이기도 했다. 나는 나 자신의 것이라고 느껴지는 목소리를 찾고 있는 중이다.

　내가 나 자신의 목소리로 말할 수 있는 건 내 정신분석가가 전에는 경험해본 적 없는 방식으로 내 이야기를 경청해준다는 것이다. 그는 나 스스로는 들을 수 없는, 내가 듣고 싶어하지 않는 나의 어떤 부분을 귀 기울여 듣는다. 내 무의식을 귀 기울여 듣는 것이다. 그리고 이런 경험을 통해 나는 내가 나 자신을 안다고 생각했지만 사실은 모른다는 걸 깨닫게 된다. 예를 들어 내가 긍정적이라고 생각하는 무언가에 대해 말하면, 정신분석가는 내가 사실은 그 반대로 생각하고 있다거나, 그를 시기하고 있다거나, 그에게 화가 나 있는 것 같다고 말하기도 한다. 내가 판단의 대상이 되지 않으면서도 진실로 가득한 이런 심오한 순간이 가끔씩은 너무나도 위안처럼 느껴진다. 하지만 다른 때는 정말로, 정말로 끔찍하게 느껴지기도 한다. 나 자신의 시기심, 나의 공격성과 갈망들, 통제 욕구와 고통스럽게 접촉해야 하고, 내가 나에 관해 하는 많은 이야기들이 믿으면 위안이 될 수 있지만 어떤 의미에서도 사실은 아니라는 걸 자각해야 하기 때문이다. 나의 이른바 '정체성'은 완전히 텅 비어 있었다. '열심히 일하는 사람'은 정체성이 아니고, '착한 사람' '시키는 대로 하는 사람' 역시 정체성이 아니다. 이런 수식어구들은 진정한 나와 접촉하지 않아도 괜찮다고 느끼기 위해 내가 만들어낸 방법들에 불과했다. 오그던이 말했듯, "내담자에게 가장 명백한 것으로 느껴져왔던 모든 것은 더 이상 자명한 사실로 다루어지지 않게 된다. 그보다는 친숙한 것들이 걱정하고 심사숙고해야 할 대상이 된다."[7] 나는 이제 어른다움에도—혹은 뭐가 됐든 우리가 어른다움이라고 부르게 된 그것에도—동일한 조치가 취해져야 할 때라고 생각한다.

오래지 않아 이 교육과 심리치료가 저널리스트로서 정신건강 분야 전문성을 개발하기 위한 것이 아니었다는 사실이 몹시 분명해졌다. 이제 나는 전문 분야를 등장시킨 그 이야기의 정체를 알 것 같다. 그건 괜찮은 이야기였고, 있어야 하는 곳에 도달하기 위해 내가 들려줄 필요가 있었던 서사였다. 나는 전문 분야를 만드는 것보다 훨씬 더 불편한 일을 하고 있었다. 무언가를 알려고 노력하는 일과, 내가 안다고 생각했던 거의 모든 것이 의심스러워진 현실을 직면하려고 애쓰는 일은 달랐다. 내가 부지불식간에 자신을 위해 신중하게 쌓아올려온 정체성은 무너져내려야만 했다. 그리고 그건 내가 어른이라고 느끼지 못할 뿐 아니라, 어른이 어떤 존재인지조차 모른다는 사실을 받아들여야 한다는 뜻이었다.

어른이 된다는 것의 의미에 관해 무언가를 배우고자 이 탐구를 시작했을 때 나는 그런 상태였다. 이 책의 목표는 독자인 당신을 이 탐구에 동참하게 하는 것이다. 우리가 첫걸음을 떼면서 알아두어야 할 세 가지 중요한 개념이 있다. 첫 번째는 앞서 간단히 언급했던 '무의식'이다. 두 번째는 '평생 지속되는 유아기'다. 정신분석학은 우리가 성인기에 이르기 위해선 유아기, 아동기, 청소년기를 지나야 하지만, 몇 살이 되든 심리학적으로는 이 세 단계를 크게 떠나지 못한다는 사실을 드러내준다. 세상에 태어난 아기가 첫해 동안 하는 경험들은 그 아기가 자라서 어떤 어른이 될지 결정한다고 알려져 있다. 우리가 그 경험들에 관해 알거나 모르거나 상관없이 말이다. 나는 영유아 관찰 프로그램의 책임을 맡아왔는데, 1948년 에스터 빅이 도입한 이 프로그램은 영국의 심리치료 교육 역사상 대단히 중요한 부분이다.[8] 70년이 넘는 세월에 걸쳐 이 프로그램의 교육생들은 일주일에 한 시간씩 자리에 조용히 앉아 막 엄마가 된 여성과 아기를 관찰해왔다. 그러면서 아기의 발달을 실시간으로 지켜보고, 아기가 어떻게 부모와 유대감을 형성하고 부모의 부재를 받아들이는지, 수유 시간 사이의 간격이 어떻게 점점 더 길어지는지, 그리고 아기가 어떻게 점차 세상과 관계 맺는지를 목격해왔다. 다른 교육생들처럼 나 역시 아기의 머릿속에서 무슨 일이 일어나고 있을지, 아기가 울음을 통해 무엇을 표현하려고 애쓰고 있을지, 젖을 먹는 느낌, 배가 고픈 느낌, 품에 안기는 느낌이 어떠할지 생각해보았다. 사랑, 상실, 성장, 고통, 의존 그리고 독립—이 모두를 거쳐 살아남는 것이 아기에게 성장이 갖는 의미이며, 아마 그것은 우리 모두에게도 크게 다르지 않을 것이다. 그 점이 이후 등장하는 인물들이 10대이든, 초기 성인기에 있는 사람이든, 중년이든, 혹은 노인이든 간에 이 책의 모든 부분이 유년기에 관한 것이기도 한 이유다. 나는 우리의 모든 생애 단계를 우리가 태어나 처음으로 보낸 몇 주, 몇 달과 연결 짓는다. 삶이 어떻게 시작되는지 이해하게 되면 우리는 삶이 어째서 그런 모습을 띠고 마는지, 그리고 그 과정에서 우리가 어떻게 갇혀 있게 되는지에 대해 보다 잘 이해할 수 있을 것이다.

세 번째 개념은 내가 '성장 경험'이라 부르는 것이다. 나는 정신분석학을 통해 우리는 단번에 어른이 되는 게 아니라는 사실을 배워왔다. 우리는 계속, 몇 번이고 거듭해서 성장하거나 혹은 그러려고 시도해야만 한다. 내가 살펴본 바로, 우리는 삶의 모든 단계에서 급격한 심리 변화를 요구하는 도전들과 마주치게 된다. 어린아이일 때 자기 소지품을 다른 사람과 같이 써야 한다는 사실을 받아들이는 것이든, 50대가 되어 부모님을 하늘로 떠나보내고 고아가 된 기분을 느끼는 것이든, 30대의 어느 날 자신이 스스로 되기를 기대했던 어른과는 거리가 멀다는 사실을 깨닫는 것이든 간에 말이다. 이런 급격한 변화들을 회피하거나 우회하면 우리는 한 장소에 갇힌 채 발전하거나 성장하지 못하게 된다. 변화들을 직면하고, 똑바로 마주하고, 견뎌내야만 미래에 다시금 그런 도전과 마주쳐 견뎌낼 것을 요구받더라도 약간의 진전을 기대해볼 수 있게 된다. 이런 종류의 급격한 변화에 내가 붙인 이름이 '성장 경험'이다. 우리가 우리 자신에 대한 더 진실한 자각에, 어른다움이라는 일종의 자유에, 그리고 진짜처럼 느껴지는 삶의 방식에 한층 가까워지기를 기대할 수 있는 방법이 있다면, 오직 크고 작은 수많은 성장 경험들을 겪고, 똑같은 성장 경험을 몇 번이고 반복해 통과해 나가는 것뿐이다.

나는 내가 시작한 탐구에 쓸 지도는 갖고 있지 않았지만, 계획은 있었다. 그 계획이란 귀 기울여 듣는 것이었다. 학계의 전문가들과 이른바 '보통 사람들' 양쪽에서 내가 찾아낼 수 있었던 가장 흥미로운 사람들, 다양한 나이대와 어른다움의 단계에 있는 사람들과 만나, 그들이 직면해온 여러 성장 경험에 관해—그들이 그 경험을 통과했든, 급격한 변화를 이뤄내지 못하고 여전히 그곳에 붙들려 있든 간에—이야기를 나누는 것이었다. 나는 저널리즘 일을 하며 만났던 매혹적인 삶과 사랑과 상실의 경험을 거쳐온 사람

들, 어떤 생애 단계에 있든 어른이 되는 일에 관해 공유할 만한 중
요한 이야기를 지니고 있다고 생각되는 사람들에게 다시금 연락
했다. 거기에는 다음과 같은 사람들이 포함되어 있다. 열여덟 살
에 약물로 인한 정신증을 겪었고 성인 정신과 병동에서 최연소 환
자이기도 했던 청년 보루. '키즈 오브 컬러'라는 단체를 설립한 젊
은 여성으로 인종차별이 자신을 비롯한 사람들의 성장에 어떤 영
향을 끼치는지에 관해 생각을 나눠준 록시 레거니. 두 아이의 아
빠이자, 어린 시절에 어머니와 형을 잃은 일이 그 자신이 부모로
성장하는 데 어떤 영향을 끼쳤는지 들려준 히멀. 아버지가 스스로
목숨을 끊은 나이보다 오래 살아남아 중년이 된 느낌이 어떤지 얘
기해준 앨릭스. 인생의 말년에 다시금 새로운 사랑을 찾은 뒤 성
장을 계속한 실라. 아흔 살의 나이에 여전히 자신이 어른이라는
느낌이 찾아오기를 기다리고 있는 포그. 나는 또한 신경과학과 동
물학, 언어학과 역사학 등 다양한 분야의 학자들뿐 아니라 어린이
책 작가, 두 명의 랍비, 그리고 물론 몇 명의 정신분석학자와도 이
야기를 나눴다. 발전하고 성장한다는 것의 의미를 이해하는 데 자
기 삶을 헌신한 적이 있는 사람으로 내가 찾아낼 수 있는 이들이
라면 누구하고든 이야기를 나눴다. 그리고 이 모두의 이야기를 귀
기울여 듣는 동안 나는 내담자로서, 그리고 심리치료사 교육생으
로서 나 자신의 경험들을 떠올렸고, 이 중 어떤 것이든 내가 어른
이 된다는 것의 의미를 이해하게 도와줄 수 있을지, 혹은 없을지
궁금해했다.

　　그들과 대화를 시작하면서 나는 무엇을 발견하게 될지 알지
못했지만, 저 앞에 놓인, 어른다움이라고 부를 수 있는 무언가에

대한 나의 인식은 이미 나타나기 시작한 뒤였다. 어른다움은 일련의 성취들이나 사회적 표지들이라기보다는 삶의 질감에 가까운 것이었고, 서서히 나타나 끊임없이 모습을 바꾸는 복잡한 상태였다. 그것은 견실하다는 느낌과 관련 있는 무언가였고, 나 자신과 타인들 사이의 경계에 대한 감각이기도 했다. 나는 정신분석을 받으며 어른이 된다는 것이 감정적 고통으로부터 도망치기보다는 그것을 수용하는 능력을 발달시키는 일과, 타인과의 차이를 반박하거나 부인하기보다는 그것을 받아들이는 일과, 그리고 사랑하는 사람들과 자기 자신을 분리해 생각하는 일과 관련이 있다는 사실을 깨닫게 되었다. 어른이 된다는 것은 불완전함과 불확실함, 배제되는 느낌을 견디는 일을 의미한다. 그것은 또한 좀 더 어린아이 같은 우리의 면모들을 즐기고, 통제가 안 될 만큼 춤추고 놀고 웃는 능력을 의미하기도 한다. 정신분석학자이자 정신과 의사인 커린 미니가 내게 말했듯, "정기적으로 건강하게 어린아이가 되는 능력이 없다면 우리는 어른이 될 수 없다."

이 여행을 하는 동안 당신과 나의 경험들은 매우 다르게 나타날 것이다. 내 임무에는 흥미진진한 사람들과의 대화, 내가 받은 교육, 그리고 정신분석을 통해 나의 길을 찾아내는 것이 포함되어 있었다. 길을 잃고, 어딘가에 갇히고, 다시 풀려나 길을 따라가면서 말이다. 이는 나 자신의 목소리를 찾으려고 노력하는 일, 그리고 첫 책을 내는 저자, 심리치료사 교육생, 악전고투 중인 내담자, 그다지 어른이 되지 못한 사람이라는 나의 각각 다른 부분들을 한데 모으는 일이기도 했다. 당신의 임무는 그것과는 완전히 다를 수도 있겠지만, 당신만의 고유한 유아기, 아동기, 청소년기

그리고 성인기의 경험들에 의해 결정된 그 임무 또한 아마 내 임무와 다름없이 쉽지 않은 경험이 될 것이다. 바라건대 당신이 이 여정에서 새로운 아이디어들과 마주치게 되었으면 한다. 그중 어떤 것들은 즉각적인 의미와 가치를 지닐 수 있겠고, 또 다른 것들은 미심쩍거나 무리처럼 보이거나 어렵거나 충격적으로 느껴질 수도 있을 것이다. 어쩌면 우리 모두는 몹시 엉망진창인 무언가를 열고 구더기가 가득한 쓰레기통 뚜껑을 든 우리 자신을 발견하게 될까봐 어떤 지점에선가 두려워하고 있는지도 모른다. 우리 모두가 어른다움으로 향해 가는 수많은 다양한 방식들에 마음을 열 수 있다면, 그래서 이런 아이디어들을 곧바로 받아들이거나 거부하는 대신 지켜보고 떠올리고 머릿속에서 이리저리 굴려볼 수 있다면, 그리고 운이 따라준다면 좋겠다. 그러면 우리는 자기 자신을 알기 시작하는 일이 주는 자유를 향한 바로 그 인간적인 투쟁에 관해 무언가를 배울 수 있게 될 것이다. 처음으로 동굴 벽에 휘갈긴 하늘을 나는 새 그림에서부터 '자기 자신을 아주 조금밖에 알지 못했던'9 셰익스피어의 『리어 왕』을 거쳐, 처음으로 노래가 붙은 기도를 거쳐, 틱톡에서 10대들이 추는 춤에 이르기까지, 이것은 인간의 역사 내내 그림으로 그려지고, 노래로 불리고, 극으로 공연되고, 글로 쓰여온 투쟁이다. 어쩌면 우리는 이 책이 끝날 무렵이면 마침내 어른다움을 여는 열쇠를 손에 넣을지도 모른다. 어쩌면 항상 손 닿는 곳을 벗어나 우리 위를 맴도는 그것을 붙잡으려고 여전히 손을 뻗고 있을 수도 있겠지만.

# Chapter
ㄱ

## '사이'에
## 끼어 있다는 감각

〈나는 소녀도 아니고 여자도 아니에요〉

노래 브리트니 스피어스

작곡 맥스 마틴 · 라미 야쿠브 · 다이도 암스트롱

한 아기가 태어나고 있다. 여자 아기는 자신이 아는 유일한 집이었던 어머니의 몸을 떠나 새로운 방식으로 세상 속으로 들어가는 중이다. 내부에서 외부로 향하는 움직임. 아기는 숨을, 자신의 첫 숨을 쉬고 필사적으로, 동물처럼, 새로운 생명이 내는 본능적인 울음을 운다. 태어나 처음으로, 아기는 피부에 와닿는 서늘한 공기의 느낌을, 피부에 와닿는 따스한 촉감을, 자신만의 피부가 있다는 느낌을 경험한다. 어머니의 몸 위에 올려진 아기는 거기 매달려 운다. 그들은 최대한 가까이 있고, 그 어느 때보다도 분리되어 있다.

탯줄이 잘린다. 아기는 독립된 한 사람이 되었다.

아니, 정말 그런가?

보루에 따르면 어른은 '자기 똥오줌은 가릴 줄 아는 사람'이다. 이것은 내가 '보루스러운' 것이라 여기게 된 짓궂은 재치와 갈망, 정확한 관찰력이 전형적으로 뒤섞인 정의다. 스무 살인 보루는 내 조그만 아파트에 들어오기에는 키가 너무 커 보인다. 빛바랜 금발은 나지막이 포니테일로 묶었고, 검은색과 흰색의 재킷 밑으로는 흰색 멜빵바지 끈이 늘어져 있으며, 손톱에는 드문드문 검은 매니큐어를 칠했다. 그가 어깨에 메고 있던 만만찮아 보이는 카메라를 내려놓고 재킷과 후드 스웨터를 벗자 몇 겹의 층이 벗겨지는 것 같다. 소파에 자기 몸을 접어넣듯 앉은 보루는 너무도 조용조용 말해서 나는 그의 말을 다 알아듣기가 어렵다. 보루의 부드러운 대답 사이사이에는 생각에 잠겨 흐르는 편안한 침묵이 섞여들고, 그의 태도에는 온화하고 다정한 구석이 있어서 나는 그의 말을 한 마디도 놓치지 않고 듣고 싶어진다.

내가 보루를 처음 인터뷰한 건 그가 열아홉 살 때, 어느 신문에 싣기 위해서였다. 그때 그는 내 눈에 상당히 어른스러워 보였다.[1] 심각한 정신적 문제들을 견뎌내고 회복한 뒤였고, 사랑하는 젊은 여성과 진지하게 사귀고 있었으며, 좋아하는 사이클 강사 일을 열심히 하고 있었다. 보루의 표현을 빌리자면 그는 똥오줌 같은 일을 많이 겪었지만 전부 가린 뒤였는데, 말하자면 그 경험이 그를 급격히 성숙해지게 만든 듯했다. 그에게선 철저히 자립적인 사람이라는 인상이 풍겼다. 1년 뒤, 이 책에 들어갈 인터뷰를 하기 위해 내 집을 찾은 보루는 완전히 달라져 있다. 연약하고, 수줍고, 어려 보인다. 인터뷰를 시작하자 보루는 내 질문들에 예의 바른 1음절이나 그에 가까운 단어로 대답한다. 오랫동안 사귀던 그 사람과는 계속 사귀고 있나요? "아뇨." 보루가 부드럽게 미소 짓는다. 그럼 싱글인가요? "네." 아직도 사이클 강사로 일하고 있나요? "아뇨, 바로 얼마 전에 그만뒀어요." 그럼 지금은 뭐 하고 있죠? "아무것도요. 뭘 해야 할지 생각해보고 있어요." 자기가 어른인 것 같으냐고 묻자 보루는 이렇게 대답한다. "아뇨. 아뇨. 음…… 그렇기도 하고 아니기도 하고요…… 전에는 어른인 것 같았는데요, 그다음엔 아니라는 생각이 들었어요." 주저하고 더듬거리는 보루의 말들은 어떤 불확실한 감각을 드러내는 것처럼 보인다. 어른인 상태와 어른 아닌 상태 사이를 이리저리 오가는 듯한, 양쪽에 다 속하는 동시에 어느 쪽도 아닌, 가운데에서 길을 잃은 듯한, 일이 잘 풀려나갈 때조차 어른으로서의 삶의 첫머리를 그토록 혼란스럽고 불안정하게 만드는 감각.

보루에게 일은 잘 풀려나가지 않았다.

그리니치에서 세 아이 중 막내로 자라난 보루는 어린 시절의 말다툼과 싸움들을, 친밀하게 느껴지지 않던 가족들을 기억한다. 이미 몇 년 동안이나 악화되고 있던 그의 정신건강은 열일곱 살 때 무너지기 시작했다. 보루는 자기 머릿속이 수많은 종잇조각이 놓인 테이블 같았다고 설명한다. 어떤 종잇조각들은 휴지처럼 가벼웠지만, 다른 조각들은 판지처럼 무거웠고, 종이 무더기가 너무 높이 쌓여 무거워지자 감당하지 못한 테이블 다리들이 부러져버렸다는 것이다. "그 경험 전체가 저를 그냥 짓눌러버렸어요. 제 다리가 너무 약해서 모든 게 내려앉아버린 거죠." 그는 학교에 가는 걸 거부했고, 음식을 먹지 않으려 들었고, 약물에 중독됐으며, 자살을 시도했다. 열일곱 살이던 그때, 보루는 정신병원 청소년 병동에 몇 달간 입원했고, 나중에는 여러 번 짧게 재입원했다. 보루는 거기서 간절히 원했던 도움을 받았다. 심리치료사에게 상담을 받았고, 그룹 창작 활동에도 참여했으며, 자신이 돌봄을 받고 있다고 느꼈던 것이다. 혼자 힘으로 앞으로 나아갈 길이 보이기 시작했다. 보루는 회복되고 있었다.

그러다가, 보루는 열여덟 살이 되었다.

어른이란 뭘까? 구글에 따르면 세상 사람 대부분이 이 질문에 다음과 같이 쉽게 대답한다고 한다. '18세 이상의 모든 사람.' 하지만 보루와 내가 직감하듯 어른이 된다는 건 그렇게 간단하지 않다. 그 일이 간단했다면 이 책은 훨씬 얇은 책이 되었을 것이다.

우리가 언제 어른이 되는지 묻는 질문에 가장 실망스럽고, 우스꽝스러울 정도로 부적절하며, 대놓고 매정한 대답이 있다면 '열여덟 살 때'일 것이다. 이 대답을 정말로 믿는 사람은 아무도 없을 것 같다. 하지만 불행히도 이것이 우리 사회와 제도에서 가장 큰 영향력을 지닌, 투표소에서나 술집에서, 법정에서, 혹은 정신건강 관련 시설에서 아주 많은 청년들에 대한 처우를 결정하는 정의인 듯하다. 당연하게도, 현실에서 어른으로 이행하는 일은 어떤 임의의 숫자가 드러내는 것보다는 훨씬 덜 이분법적이고, 명확하지도 않으며, 최종적인 일도 아니다.

나는 연구를 하는 도중에 영국의 법적 구조가 이 사실을 어느 정도 인정할 만큼은 발달해 있음을 발견하고 안심이 되었다. 어른이 되는 것이 모호하고, 혼란스럽고, 언제나 미완성인 일이라는 사실은 아직 18세가 안 된 청년들을 어른으로, 그리고 18세가 넘은 사람들을 아이로 볼 여지를 남겨놓은 법률들의 행간에서 드러난다. 1985년, 재판관 스카먼은 다음과 같은 판결을 내렸다. "만약 자연적으로 볼 때 지속적인 과정이라고 할 수밖에 없는 '어른이 되는' 과정에 법률이 고정된 한계를 부여한다면, 그 대가로는 인간의 발달과 사회 변화에 민감해야 하는 법률 영역에서 현실성이 사라지고 인위성만 남게 될 것입니다."[2] 이 판결은 변호사와 판사와 임상의 들이 16세 이하의 아동에게 스스로 어른으로서의 결정을 내릴 능력이 있는지 여부를 평가하는 데 사용하는 법적인 개념, 즉 '길릭 권한'의 기초가 되었다. 길릭 권한이라는 명칭은 어느 유명한 재판에서 유래했다. 빅토리아 길릭은 독실한 가톨릭 신자이자 열 명의 아이를 키우는 어머니였다. 길릭은 지역 보건의들이 미성년자들 사이에 문란한 성관계를 조장하고 있다고 주장하면서, 의사가 부모의 동의 없이 16세 이하의 아동에게 피임 처방을 하는 것을 막기 위해 법원에 소송을 제기했다. 항소 법원 판사석에 앉은 스카먼은 "아동이 자신이 받는 제안이 무엇인지 완전히 알아들을 만한 이해력과 지적 능력을 충분히 갖춘 경우에는"[3] 그 아동은 의료에 관한 결정을 스스로 내려도 된다고 판결했고, 이는 최소한 어떤 측면에서는 아동이 성인으로 분류될 수 있음을 보여주는 기준이 되었다. 열여덟 번째 생일이 지나면 모호한 면은 훨씬 더 많아진다. 18세가 된 청소년들이 고정불변의 성인이 아니라는 사실을 가장 명시적으로 인정한 사례 중 하나로는 1989년 아동법이 있다. 이 법은 보호시설에서 자라난 사람들은 18세가 되어도 스스로 삶을 꾸려가라는 요구를 받아서는 안 된다고 인정할 것을 사회복지 기관에 명한다. 또한 이 법은 지방자치단체가 이런 상황에 놓인 청년에게 '그의 복지에 필요한 만큼'[4] 지속적으로 도움을 제공할 법적 의무가 있다고 법령 문구로 규정한다.

'그의 복지에 필요한 만큼'[5]이라는 구절을 처음으로 발견했을 때 나는 묘한 감동을 느꼈고, 지금도 읽을 때마다 같은 기분이 된다. 언어의 딱딱함에 가려져 있지만 그 말들 속에 깊은 연민과 이해심이 담겨 있기 때문이 아닐까 싶다. 그것은 청년들이 어른이 되어가는 과정에는 그들이 개인으로서 어떤 사람인지, 또한 어떤 경험들을 해왔는지에 따라 얼마간의 도움이 필요할 것이고, 이런 지원을 제공하는 것은 국가의 책임이라는 올바른 인식이다. 의회의 편의나 예산에 따라서가 아니라 그 청년의 여러 욕구에 따라, 그의 복지에 필요한 만큼—최소한 이론적으로는—그래야 한다는 것이다. 하지만 그런 종류의 감수성과 뉘앙스는 우리 사회와 제도가 어른다움을 받아들이는 과정에서 누락되기도 한다. 보루의 경우에는 확실히 그랬다.

나이에 기반한 '어른'의 정의가 부적절해 보이기는 하지만, 이 정의는 영국에 있는 대부분의 정신건강 관련 시설에서 청년이 거쳐갈 진로를 결정한다. 아동청소년 정신건강 시설에서 치료받는 내담자 대다수는 18세가 되면 성인 정신건강 시설로 옮겨가야 한다. 25세까지의 청년들을 치료 대상으로 하는 시설도 일부 있긴 하지만 어디까지나 예외이며, 보루의 경우에는 해당되지 않았다. 열여덟 번째 생일이 다가오자 보루는 그때까지 알고 신뢰해왔던 심리치료사들에게 더 이상 상담받을 수 없고, 안에 있으면 안전하다고 느끼기 시작했던 병원에 다시 내원할 수 없다는 통지를 받았다. 처음부터 다시 시작해야 했다. 성인을 상담하는 새 심리치료사와의 첫 만남을 위해 4개월이나 기다려야 했는데, 그 일정은 연기되었고, 또다시 연기되었다. 보루는 그때를 이렇게 회상한다. "저는 이런 말을 듣고 있었어요. '너는 이제 성인이니까 우리도 너를 그렇게 대할게.' 무섭더라고요. 기분이 안 좋았어요." 보루는 그건 조금도 말이 안 되는 일이라고 말한다. "열여덟 살, 열아홉 살, 스무 살이 된 저는, 그래요, 열일곱 살 때보다는 더 성숙하고 어른에 가깝겠죠. 하지만 제 기대수명이 얼마나 될지 생각해보면, 전 아직 그 나이의 3분의 1 지점에도 이르지 못했어요. 저는 어른이 아니에요. 아니, 어른이면서 동시에 어른이 아니기도 해요. 중간 지대에 있는 거죠." 이런 상황을 이해해주는 사람이 있을 거라는 희망은 그를 도와주게 되어 있던 시설들에서 완전히 박살이 났다. 친구들이 대학에서 입학 제안을 받고 있을 때, A레벨 시험●을 치르지 못했던 보루는 자신의 삶이 친구들의 삶과는 매우 다른 모습이 될 거라는 사실을 이해하기 시작하고 있었다. '중간 지대'에 떨어진 보루는 아이와 어른 사이에 난 틈에서 길을 잃었고, 점점 심하게 약을 하게 됐으며, 정신은 부서져 점점 더 많은 종잇조각들로 변해갔다. 보루는 열여덟 살 때 약물로 인한 정신증을 진단받

● 영국과 웨일스, 북아일랜드의 대입 준비생들이 보통 18세에 치르는 과목별 상급 시험.

고 정신병원에 재입원했다. 이번에는 성인 병동이었다. 보루는 예전 어느 때보다도 병들어 있었고, 그건 끔찍한 일이었다. "겁이 나서 지릴 것 같았어요. 모두들 저보다 나이가 많았고 제가 제일 어린애였거든요."

이 말을 듣는 건 고통스럽다. 그리고 그건 단지 내가 보루를 좋아하고 그가 그렇게 괴롭고 심란한 경험들을 하지 않았더라면 좋았겠다고 생각하기 때문만은 아닌 것 같다. 보루가 전하는 이 느낌, 그가 명백히 어른이 아니었는데도, 그보다는 스스로 '어린애'라고 느꼈는데도 어른 취급을 받았다는 느낌 때문이기도 한 것 같다. 나는 보루가 설명하는 것 같은 어떤 경험도 해본 적이 없지만, 준비도 하기 전에 어른의 영역에 속해 있는 자신을 발견했을 때의 느낌에는 공감할 수 있다. 우리 가운데 대다수가 공감할 수 있으리라 생각한다. 내가 아주 어렸을 때부터 아버지에게는 심각한 건강 문제가 여럿 있었고, 나는 아버지를 많이 걱정했다. 정신분석을 받게 된 뒤에야 그 걱정이 내가 품고 있기에 얼마나 무거운 것이었는지, 그 걱정을 이겨내보려고 나 자신을 얼마나 갖가지 모습 속에 욱여넣었는지 알게 되었다. 나는 나를 걱정하는 것이 부모로서 아버지의 책임이라고 믿기보다는, 아버지를 걱정하는 것이 나의 책임이라고—무의식적으로—믿게 되었던 것 같다. 아직 아이였던 시절 나는 나 자신을 어른의 영역으로, 부모의 역할로 승격시켰다. 이제 와 돌아보니 내가 부모인 척하며 스스로를 속이는 일이 왜 더 안전하게 느껴졌던 건지 알 것 같다. 나는 너무도 압도적이고 무섭게 느껴지는 상황을 내가 통제할 수 있다고 나 자신을 속였던 것이다. 너무도 무력했으니까. 통제하기로 되어 있었던 아버지가 통제는커녕 나와 똑같이 무력한 상태로 병원에 누워 있었으니까. 나는 그 일이 내가 어른이 되는 일을 어떻게 방해해왔을지 궁금해진다. 그리고 만약 보루가 어른 취급을 받는 대신 있는 그대로, 고통받고 있는 어린 사람으로 대우받았더라면 상황이 어떻게 달라졌을지도 궁금해진다.

보루는 전부 합해 2주일을 그 성인 병동에서 보냈고, 심리치료를 요구했지만 어떤 치료도 받지 못한 채 퇴원 처리되었다. 보루는 그 후에는 정신병원에 다시 가본 적이 없다. 그는 당시의 여자 친구와 일자리가 자신의 회복에 큰 역할을 했다고 믿는다. 이런 경험들 때문에 보루는 정신건강이 다시 악화되는 걸 느끼더라도 전문가들에게 도움을 청하지는 않을 거라고 한다. 보루의 목소리에서 정신적 외상의 흔적이 느껴진다. 그의 정신에 일어났던 일 때문만이 아니라, 그를 돌봐주어야 했던 시설들이 그러지 않았다는 사실 때문이기도 한 듯하다. 보루는 또다시 다리에 힘이 풀리면 "그냥 혼자 알아서 할 것 같다"고 말한다. 이 말을 들으며 나는 움찔한다. 우리 사회의 제도에서 개인적 경험과 심리학적 통찰을 억지로 얻어내는 과정이 보루에게는 파괴적인 영향을 끼쳤다. 그리고 그런 사람은 보루뿐만이 아니다. 비극적이게도 아동청소년 정신건강 시설에서 옮겨가는 일과 관련해 자살한 청년들이 있다.[6] 어른다움의 심리학적 경계선들은 유연하고 모호하지만, 우리 사회와 제도에 의해 법규화할 때면 고통스러울 정도로 날카로워진다. 우리가 언제 어른이 되는지 나는 아직 알지 못하지만, 확실히 18세라는 손쉬운 대답에 손을 뻗기보다는 모르는 게 낫다.

나는 보루에게 언제 어른이 될 것 같으냐고 묻는다. 그가 대답한다. "언제라고 말할 수는 없을 것 같아요. 선생님도 그러셨잖아요. 가끔씩은 선생님이 어른이라는 생각이 전혀 안 든다고요. 그 일은 일어나지 않을 수도 있고, 그러면 저는 영원히 지금 같은 기분일 것 같아요. 그저 '어른'이라는 이름만 갖는 일이 분리할 필요가 없는 것들을 분리하고 있다고 생각해요. 누구나 자신만의 단계에서 각각 다른 일을 하고 있어요. 어떤 사람은 자기가 어른이라고 느낄 테고, 또 어떤 사람은 그렇지 않겠죠." 세상에 대한 보루의 이런 시각에 힘을 실어준 건 그가 전에 했던 사이클 강사 일이었다. 보루는 나이에 비해 실력이 몹시 뛰어나 보이는 아이들 네 명을 가르쳤는데, 그중 한 조그만 남자아이는 그를 따라와 자기도 손톱에 매니큐어를 칠했다는 걸 보여주기도 했다. 보루는 그 아이와 잡담을 나눴다. "그랬더니 그 꼬마와 저 사이에 있던 틈이 줄어들었어요. 그 꼬마는 어리고, 저는 나이가 더 많고, 그런 느낌이 아니라 우리 둘 다 그저 사람이라는 느낌이었죠. 굉장히 이상적으로 들리겠지만 정말 그랬어요."

그 얘기는 정말 이상적으로 들리고, 사실 이상적이기도 하다. 하지만 보루의 접근 방식에는 우리 모두가 열여덟 살이 되면 어른이 된다는 생각보다는 더 과학적인 근거가 있다고 할 수 있다. 케임브리지대학교 심리학 및 인지신경과학 교수이자 『나를 발견하는 뇌과학』[7]의 저자 세라제인 블레이크모어에게 대화를 청하면서 나는 그가 최소한 뇌에 관해서는 어른과 어른이 아닌 사람 사이에 명확한 구분선을 제시해줄 수 있을 거라 생각한다. 하지만 그렇지가 않다. "우리가 뇌 발달에 대해 상당히 많은 걸 알고 있긴 하지만, 우리 신경과학자들이 어른의 뇌를 보더라도 알아보지 못할 겁니다. 사실 우리는 어른의 뇌가 어떻게 생겼는지 모르거든요." 블레이크모어가 대답한다. 나는 그러면 스캐너를 가지고 언제 성인기가 시작되는지 볼 수도, 알 수도 있을 거라고 기분 좋게 상상해왔었다. 하지만 당황스러운 진실이 있다면 신경과학에 있어서도 그 구분선이 명확하지 않다는 것이다.

블레이크모어와 전화로 이야기를 나누면서 나는 세계적인 전문가의 통제 아래 있다는 생각에 곧바로 마음이 놓인다. 블레이크모어는 조리 있고 분명하게 말하고, 복잡한 개념들을 신경과학자가 아닌 나조차도 (적어도 받아 적은 대화를 몇 번쯤 읽은 뒤에는) 알아들을 수 있도록 전달해준다. 그의 목소리에서는 자신감이 흘러나온다. 자신이 아는 것과 알 수 없는 것을 인식하고 그에 대해 당당하며, 듣는 사람까지 기운 날 만큼 자신의 연구 주제에 매료되어 있는 목소리다. 내가 그에게 어른이 되었느냐고 묻자, 그는 뇌 발달이 개인의 성장에 어떻게 반영되는지—그 반대 역시 성립할까?—보여주는 대답을 한다. "음…… 우리는 끊임없이 진화하고 배우고 적응하고 변화하고 있고, 그건 멈추는 법이 없어요. 우리가 뇌에 관해 아는 바에 미루어볼 때 이건 사실입니다. 뇌는 끊임없이 변화하고, 그 형태는 평생 달라질 수 있고, 무언가를 배우는 데는 나이 제한이 없다는 거죠. 그런데 저는 이걸 저 개인의 삶에서도 느껴요. 우리는 10대 후반이나 20대의 어떤 나이가 되면 그냥 안정적인 상태에 도달하는 게 아니에요. 우리 자신에 대한 새로운 사실들이 끊임없이 생겨나고 있고, 우리는 그것들을 발견하고 있는 거죠." 나는 블레이크모어처럼 청소년기의 뇌에 대해 흥미로운 경험이 많고 연구도 많이 한 사람이 '어른'을 어떻게 정의

할지 궁금하지만, 그는 명쾌하게 답해주지 않는다. "간단하게 들리지만 그건 사실 엄청 복잡한 질문이거든요." 그 질문에 대한 답을 찾기 위해 뇌를 들여다보고 싶을 수도 있겠지만, 어른이 된다는 건 단지 우리의 뇌 상태에만 관련된 일은 아니라고 블레이크모어는 말한다. 그것은 우리가 삶을 통해 나아가는 과정, 그리고 우리의 다양한 경험들과 관련된 일이라고. "그 경험들은 전부 우리의 뇌에 각인되고, 뇌는 그것들을 가공하죠. 하지만 그건 뇌가 완전히 성숙한 상태가 되었다는 것과는 전혀 다른 얘기예요."

그럼 뇌는 언제 완전히 성숙한 상태가 될까? 블레이크모어와 다른 학자들의 연구 덕분에, 이제 우리는 그가 1990년대에 대학에서 이 문제에 관해 배웠던 많은 사실이 틀렸음을 알게 되었다. 당시의 강의 교재에는 뇌 발달 대부분이 태어나서 처음 몇 년 동안에 일어나며, 아동기 중반에서 후반 사이에 멈춘다고 쓰여 있었다. 그때 청소년기 뇌 발달이라는 분야는 존재하지 않았고, 블레이크모어가 이 분야를 연구하기 위해 처음으로 제출했던 지원금 신청서는 모두 거부당했다. 심사위원들은 그에게 이렇게 말했다. "뇌가 어떻게 발달하는지 공부하고 싶은데 왜 청소년기를 연구하려는 거죠? 어린이들이나 아기들 뇌를 연구해야죠." 하지만 지난 20년 동안 많은 것이 변했다. "어휴, 이제는 아무도 그렇게 주장하지 않을 거예요." 초기의 뇌 발달이 중요하지 않다는 게 아니라, 그 뒤에 이어지는 발달이 극도로 평가절하되어왔다는 얘기다. 이 분야는 이제 활기차게 번성하는 없어서는 안 될 연구 분야가 되었다. 블레이크모어를 따르는 전 세계 과학자들이 10대의 뇌에 대한 우리의 이해를 촉진시키는 일에 자신들의 커리어를 바치고 있기 때문이다.

모든 것을 달라지게 만든 한 가지 요소가 있다면 살아 있는 사람의 성장 중인 진짜 뇌 안에서 무슨 일이 벌어지는지 보여주는 자기 공명 영상법, 즉 MRI의 발달이었다. 이런 종류의 뇌 스캐닝이 등장한 건 블레이크모어 같은 신경과학자들이 뇌 구조에 생긴 변화들을, 그리고 평생 우리의 뇌 기능을 추적할 수 있게 됐다는 뜻이었다. 블레이크모어와 동료들이 발견해낸 사실은 우리의 뇌가—특히 표면을 감싸고 있는 층인 피질은—아동기에 발달을 멈추는 게 아니라는 것이었다. 전혀 그렇지 않았다. 뇌의 바로 정면에 자리잡은 영역으로 거의 다른 어떤 동물보다 인간의 경우에 제일 크고, 의사 결정에서부터 계획하기, 타인을 이해하기, 자기인식, 위기관리 같은 일들에서 핵심적인 역할을 하는 전두엽 피질. 언어, 기억 그리고 사회적 이해에 관여하는 측두엽 피질. 움직임을 계획하고 공간을 탐색하는 장소인 두정엽 피질. 이 세 가지 모두 아동기에 발달을 멈추지 않았다. 함께 작용해 일을 처리하고 우리가 누구인지를 이루는 특징을 만들어내는 이 모든 영역은 20대 후반까지도 계속 발달할 수 있다. 그건 18세에서 한참 더 지난 시기이고, 이 사실은 어른다움과 그것이 시작되는 시기에 관한 우리의 가정을 심각하게 뒤흔들어놓을 것이다.

성장 중인 뇌에 관해 이야기할 때, 우리는 백질과 회백질—서로 다른 뇌세포와 섬유질이 MRI 스캔에서 어떻게 보이는지 나타내는 용어들—에서의 변화에 대해 말하고 있는 것이다. 회백질에는 뇌세포, 즉 뉴런들과 그것들을 이어주는 공간인 시냅스들, 그리고 혈관들이 포함되어 있다. 반면 백질은 뉴런들 사이에서 전

기신호를 전달하는 축삭돌기라는 기다란 섬유질들로 구성되어 있는데, 축삭돌기는 스캔하면 흰색으로 나타나는 미엘린이라는 지방질에 둘러싸여 있다.

우리가 성장해 어른이 되면서 회백질의 부피는 줄어든다. 한 살짜리 아이의 뇌에는 시냅스가 성인의 뇌보다 어림잡아 두 배가량 들어 있다. 이것은 '시냅스 가지치기'라고 알려진 과정, 다시 말해 쓸모가 있고 사용되는 시냅스는 보존·강화되고, 사용되지 않는 시냅스는 제거되는 과정 때문이다. 블레이크모어는 이 과정을 장미 덤불 가지치기에 비교하는데, 우리는 장미 덤불에서 약한 가지를 쳐내 남아 있는 가지가 더 잘 자랄 수 있게 한다. 가지치기 과정은 청소년기 내내 계속되다가 20대 중반에서 후반 사이의 어느 시점이 되어서야 잦아들며, 30대에 들어선 다음에야 잠잠해지는 경우도 있다. 백질은 그와는 반대로 우리가 성장함에 따라 부피가 증가한다. 이 과정은 아동기, 청소년기, 20대 내내 계속되며, 간혹 30대나 40대까지도 이어진다. 이는 신호 전달 속도가 빨라진다는 사실, 다시 말해 우리의 뇌가 정보처리에 빨라지면서 이렇듯 수십 년 동안 계속 발달한다는 것과 관련되어 있다.

블레이크모어는 뇌가 언제 어른이 되느냐는 내 질문이 "사실 신경과학적 관점에서는 아무런 의미도 없다"는 말을 들려준다. 우선 "뇌가 완전히 성숙한 상태에 갑자기 도달한다는 생각 자체가 사실과는 다르다"는 것이다. 뇌는 하나의 균일한 조직이 아니라 각각 다른 속도로 발달하는 서로 다른 수많은 영역들로 구성되어 있다. 당신의 뇌 뒤쪽에서 시각 정보를 처리하는 시각 피질이 열네 살 때 완전히 성숙한다 해도, 뇌 정면에 있고 특히 의사 결정을 처리하는 전두엽 피질은 그 뒤로도 10년이나 20년 동안 더 발달할 수 있다. 거기에 더해, 당신의 시각 피질은 열네 살 때 발달하지만 내 시각 피질은 열다섯 살 때 발달할 수 있으며, 블레이크모어의 전두엽 피질이 우리 두 사람보다 5년이나 일찍 발달할 수도 있다. "개인차가 상당히 큽니다." 그리고 매우 중요한 사실은, 우리가 평생 새로운 경험을 할 때마다, 그러니까 누군가의 얼굴을 처음 보거나 무언가를 처음으로 할 때마다 우리의 뇌가 발달한다는 것인데, 이것이 '신경가소성'이라 알려진 현상이다. "신경가소성은 모든 연령에서 뇌의 기본 상태입니다. 유연성에는 나이 제한이라는 게 없죠." 나는 블레이크모어가 뇌 발달에 관해 이야기하는 모든 것이 성인기까지, 그리고 성인기 내내 지속되는 우리의 성장에도 해당될 것 같다는 느낌이 든다.

그렇다면 우리는 언제 어른이 되는 걸까? 블레이크모어와 대화를 나누고 나니 저널리스트로서의 내가 인터넷에서 찾아낼 수 없는 답이라면 뭐든 전문가에게서 구하는 데 익숙해져 있다는 생각이 든다. 내가 그 직업을 고른 이유 중에는 아마 그런 것도 있었던 모양이다. 스스로 답을 알아내거나, 답을 아는 사람들에게 부탁해 그 답을 말해달라고 하거나 둘 중 하나는 할 수 있다는 것. 정답이 존재하지 않을 수도 있다는 사실, 그리고 성숙의 과정이란 무지하고 불확실한 상태를 수용하는 일과 관련되어 있음을 받아들이는 건 그보다 훨씬 더 어려운 일이다. 보루는 이 사실을 이미 받아들였고, 그래서 어떤 면에서는 나보다 더 어른스러운 사람이 되었을 것이다. 그럼에도 심리치료사가 되기 위해 교육을 받는 내내, 내 안에서 그런 능력이 커져가는 게 느껴지기는 했다. 정신분석학자 윌프레드 비온에게 있어 심리치료사의 책임은 불확실성을 외면하지 않고, 대답들로 그것을 제거해버리지 않고 계속 품고 견디려 시도하면서, 시인인 키츠가 "부정적 능력"[8]이라고 불렀던 상태에, 다시 말해 "사실과 이성에 도달하려 성급하게 애쓰지 않고 불확실성과 신비, 의구심 속에 머무르면서"[9] 작업을 하는 것이다. 이것이 내가 여전히 하고 있는 심리적 훈련이다. 그러니 우리가 언제 어른이 되느냐는 질문에 대한 대답이 블레이크모어와 대화하기 전보다 더욱 불분명해진 것 같기는 해도, 나는 이것이 묘한 종류의 발전이라는 것 또한 알 수 있다. 성장하기 위해서는 우선 예전에 의지해왔던 가짜 확실성 일부에 대한 앎을 무효화해야 한다는 걸 알게 되었기 때문이다. 또 어른다움에 정말로 무엇이 관련되어 있는지 이해하기 위해 우리는 우선 안다고 믿었던 것들의 일부를 잊어야 한다. 블레이크모어의 지원금 신청서를 거부하고 대신 유아기를 연구하라고 말했던 신경과학자들도 그랬겠지만 말이다. 나는 언제나 어른들이 아는 게 많다고 생각해왔지만, 이제 어른이 된다는 건, 적어도 나에게 있어서는, 그저 내가 모르는 게 얼마나 많은지 받아들이는 일이라는 생각이 점점 더 커진다.

확실히 말할 수 있는 한 가지 사실이 있다면 구글이, 법이, 국민보건서비스가 우리에게 말하는 것과는 반대로, 그리고 우리 중 대다수가 자라나면서 기대하는 것과는 반대로, 우리는 열여덟 번째 생일에 어른이라는 왕관을 쓰게 되는 게 아니라는 것이다. 아동 및 청소년 심리치료사 에어리얼 네이션슨에 따르면, 열여덟 살이 된다는 사회적 표지는 사실 "어른다움의 발달과 아무런 관계가 없으며", "아무렇게나 내린 결정"이다. 그에게 "사람은 수명이 지속되는 동안 오랜 시간에 걸쳐 어른이 되고, 그 일은 정신의 상태에 따라 이루어진다." 그것은 하나의 과정이고, 그 사실은 중요하다. 그 과정에는 일이 잘못될 수많은 가능성이 포함되어 있다. 그리고 거기가 네이선슨이 개입하는 지점이다. 어른이 된 것 같으냐고 묻자, 그는 묵직한 소리로 껄껄 웃는다. "저는 시간제 어른이라고나 할까요. 저로서는 그게 바랄 수 있는 최선인 것 같네요."

우리는 포트먼 클리닉에 있는 네이선슨의 상담실에 있다. 의자에 편안히 앉은 채 느긋하면서도 주도면밀하게 설명하는 그의 목소리가 낮고 나른하게 울린다. 나는 평소에 그의 내담자 청년들이 앉는 자리에 앉아 있다. 그들 중 대다수는 범죄와 폭력, 중독 성향과 싸우고 있다. 네이선슨이 말하길 10대 후반과 20대 초반은 '성인기'보다는 '후기 청소년기'라고 정의하는 쪽이 더 유용하다. '청소년기adolescence'가 '성장하다'를 의미하는 라틴어 'adolescere'에서 왔다는 것을 생각해보면 더욱 그렇다. 이 생애 단계의 특징은 정확히 보루가 설명했던 '중간 지대'의 느낌, 어른인 동시에 어른이 아니기도 한, 그 중간에 있는 듯한 느낌이다. 그 느낌은 오직 이 시기에만 이루어지는 특수한 성장 경험들로 구성된다. 학교를 졸업하는 일, 부모나 보호자, 형제자매들과 떨어져 지내게 되는 일, 태어나서 처음으로 술집과 클럽에 (합법적으로) 드나들게 되는 일이 포함된다. 이 성장 경험들은 끝과 시작을 동시에 의미한다. 중등교육과 그것이 제공한 체계가 끝나고 새로운 종류의 자유, 혹은 적어도 자유로워질 가능성이 시작되는 것이다. 이 가능성은 직업훈련이나 대학 교육, 취업이나 취업을 위한 노력, 집에 머무르거나 집을 떠나는 일에 의해 깨어지거나 성취될 수 있다.

이같이 과도기적인 생애 단계와 이 시기를 지배하는 변화를 이해하기 위해서는 그 근원으로, 즉 중등학교로 진학하는 시기로 돌아가봐야 한다고 네이선슨은 말한다. "아이는 고등학교에 처음으로 발을 들여놓는 순간 주위에 온통 자신보다 커다란 사람들이 서성이고 있는 걸 보게 되고, 어린 시절이 영원히 지속되지 않을 것이며 자신의 몸도 변할 거라는 생각을 갑작스럽게, 그리고 대단히 구체적으로 하게 됩니다." 이것은 "변화와 어려움, 그리고 거대한 것들의 맹공격"이다. 아이는 자기 안에서 변화들이 이미 펼쳐지고 있음을 어떤 식으로든 이해하고 있고, 머지않아 자신의 몸과 마음이 변화할 거라는 사실도 알고 있다. 이 앎은 청년들의 내면에 위험한 가속의 느낌을 불러일으킬 수 있다. 그들은 자신이 운전자 없는 차의 조수석에 벨트로 묶인 채 절벽 끄트머리를 향해, 안정된 것이 더 이상 존재하지 않고 "엄마와 아빠도 더 이상 그 자리에 있어주지 않을 것이며 스스로 자신의 길을 찾아내야 하는 곳을" 향해 돌진하고 있다고 느낄 수 있는 것이다. "굉장히 두려운 느낌이죠." 10대 후반의 청소년들은 이런 이유로 자신이 독립적이고 능력 있는 사람이 된 것 같고 부모는 전혀 필요 없다는 생각과, 자신이 조그만 어린애 같아서 부모로부터 무조건 도움과 위로를 받고 싶다는 생각 사이에서 추처럼 이리저리 흔들리게 된다. 그리고 그건 지극히 정상적인 일이다. 불안하고 당혹스럽고 고통스럽지만, 동시에 전적으로 정상적인 일이다.

이 이야기를 들은 나는 걱정이 된다. 중등학교에 다니던 시절로부터 너무도 오랜 세월이 지났는데, 어른과 아이 사이에서 추처럼 흔들리는 그 느낌에 이렇게 공감이 많이 가도 되는 건가 싶다. 하지만 그다음에는 심리치료사가 되기 위해 교육을 받으며 했던 경험들이, 동료 학생들과 선생님들, 과제들, 배워야 할 새로운 개념들로 가득한 이 낯선 무대에 내가 어떻게 던져졌는지가 떠오른다. 내가 슈퍼바이저들과 맺고 있는 관계가 학창 시절에 선생님들과 맺고 있던 관계와 여러모로 다르기는 해도 몇 가지 공통점은 분명히 있다는 것과, 어떤 때는 슈퍼바이저로부터 도움을 받고 싶은 마음이 굴뚝같았지만 다른 때는 그냥 혼자서 방법을 찾아보고 싶었던 것도 떠오른다. 내가 통제할 수 없는 변화들이 내면에서 펼쳐지고 있다고 느껴졌던 것도, 그 느낌이 얼마나 불안하고 혼란스러웠는지도 떠오른다. 그리고 그 느낌은 여전히 불안하고 혼란스럽다.

스물여섯 살이며 런던의 한 국립중등학교 교사인 리베카는 이런 흔들림을 아주 편안하게 받아들이고 있다. 교실에서 매일 목격하기 때문이다. 우리 집 근처의 단골 커피숍에서 촉촉한 레몬 드리즐 케이크 한 접시를 앞에 두고, 리베카는 수백 명의 청년들이 거의 어른에 가깝게 성장하는 걸 지켜본 경험을, 그리고 11세에서 18세까지 걸쳐 있는 자신의 학생들이 순간순간 어떻게 어른인 동시에 어린애 같은지를 들려준다. 다정하고 정직한 얼굴의 리베카는 학생들과 일에 대해 말할 때는 목소리 톤이 달라지면서 자부심과 열정으로 깊어진다.

일을 시작했을 때 리베카는 자신이 가르치는 학생들보다 나이가 조금밖에 많지 않았을 텐데, 그 경험이 어땠을지 궁금했다. 그때 아이와 어른 사이의 경계는 어떤 모습으로 드러났을까? 교사 자격을 취득한 후 첫 직장에 첫 출근을 했던 스물두 살의 어느 날, 리베카는 중등교육 자격검정 시험에 떨어지고 재시험을 준비하는 학생들이 가득한 교실로 걸어 들어갔다. 그중 몇 명은 리베카보다 겨우 두 살밖에 어리지 않았다. 리베카는 이렇게 회상한다. "정말 이상한 기분이었어요. 저는 제 사촌들보다 나이가 많고 제 동생과 동갑인 사람들을 가르치고 있었거든요. 제 나이가 충분하다는 생각은 들지 않았어요." 하지만 이런 의구심이 스며드는 건 오직 나이 차이에 생각을 집중할 때뿐이었고, 그는 이내 그 자신도 언제나 알고 있었듯 가르치는 학생들보다 자신이 더 어른스럽다고 느꼈다. 리베카는 A레벨 시험을 치렀고, 대학에 갔으며, 교사 자격을 취득했고, 집에서 멀리 떠나왔고, 외국에서 살고 있었으며, 세금도 내고 있었다. "저는 제가 가르치는 것들에 정말로 자신이 있었고, 그것들을 어떻게 가르쳐야 할지 안다는 사실도 자신감을 더해줬어요. 그리고 제가 얼마나 젊고 미숙한지 학생들은 전혀 모른다는 것도 알았는데, 그게 정말로 도움이 됐죠." 심지어 어떤 학생은 리베카가 마흔두 살일 거라고 생각하기까지 했다. 리베카는 학생들이 시험에 합격하게 도와줄 능력이 자신에게 있음을 알았고, 그 일을 해냈다. "그건 정말 멋진 느낌이었어요." 리베카가 말한다. 학생들이 성공하게 도와준 일에 관해 이야기할 때 그의 눈은 반짝이고, 교사와 학생, 어른과 청소년 사이의 간극은 다시 줄어드는 것처럼 보인다. "학생들의 시험 점수가 나오기를 기다릴 때면 아이가 된 기분이 들어요. 꼭 제 성적인 것 같거든요." 최근 리베카는 자신감이 없고 자기가 잘 해낼 거라고 믿지 못하는 어떤 학생을 가르쳤는데, 리베카와 바짝 붙어 공부한 뒤에 그 학생은 최고 점수를 받았다. "점수를 보고 울었고, 자기 점수를 본 그 학생이 울음을 터뜨리는 것도 지켜봤어요. 정말 힘든 한 해를 보냈거나 스스로를 의심해온 아이들이 무언가를 위해 열심히 노력해서 자기가 기대한 것보다 잘 해낼 때면…… 그때 기분은 세상 최고죠."

영국의 교육제도에는 일종의 성장 과정을 촉발시키는 경험들이 포함되어 있다고 리베카는 설명한다. 학생들은 열여덟 살이 될 때까지 몇몇 중요한 결정들을 내려야 하는데, 여기에는 직업 자격증을 딸지, 아니면 중등교육 자격검정 시험을 볼지를 열세 살에 선택하고, A레벨 시험 여부를 열여섯 살에 선택하면서 견습 생활을 할지, 아니면 대학에 갈지, 간다면 어느 대학에 가고 전공은 무엇으로 할지 고르는 것이 포함된다. 청소년들에게 자기 앞에 놓인 삶에서 무엇을 원하는지 생각해보기를 요구하는 이런 선택들은 "정말 커다란 질문들"이라고 리베카는 말한다. 학생들이 한 학년씩 올라감에 따라 리베카는 그들에게 더 많은 책임을 부여하고, 좀 더 어른에 가까운 방식으로 대한다. 발달하고 있는 그들의 어른으로서의 자아에 부응하기 위해서이기도 하고, 발달이 활발히 이루어지도록 하기 위해서이기도 하다. 리베카는 학생들에게 조금씩 더 어렵고 시간도 더 오래 걸리면서 스스로 방향을 설정할 것을 요구하는 과제들, 학생들이 생각하고 고심해봤으면 하는 과제들을 내준다. "왜냐하면 우리는 그럴 때 뭔가를 배우고 성장하니까요." 리베카는 이런 방법으로 학생들이 어른들의 세계로 나갈 준비가 되도록 돕는다. 보루에게 그랬듯 그 세계가 직업의 세계이든, 빅토리아에게 그랬듯 대학으로 통하는 세계이든 말이다.

"당신은 어른인가요?" 나는 빅토리아에게 묻는다. 이는 작년에 열여덟 살이 된 뒤로 한 해를 조금 넘는 시간 동안 빅토리아가 자신에게 점점 더 많이 던지게 된 질문이기도 하다. 빅토리아는 등을 꼿꼿이 세우고 필요 이상의 공간을 차지하지 않은 채 내 소파에 앉아 있고, 검은 머리는 얼굴을 따라 흐르는 두 가닥만 빼고 뒤로 묶었는데, 무척 독립적인 사람으로 보인다는 점이 인상적이다. 빅토리아는 내가 사준 비건 브라우니가 놓인 무릎 위 접시에서 또 한 조각을 포크로 찍어 천천히 정확하게 입으로 가져간다. 그는 부드럽고 사려 깊은, 그러나 날카롭고 활기찬 지성이 담긴 목소리로 이 질문이 자신에게 어떤 의미를 지니는지, 왜 그 질문에 하나의 대답을 할 수 없다고 느끼는지, 자신이 어떻게 어른인 동시에 어른이 아닌지에 대해 설명한다. "저는 제법 어른스러울 거라는 기대를 받지만 그다지 어른스럽지 못한 이상한 상황에 놓여 있어요. 많은 면에서 제가 여전히 미숙하다고 느끼지만, 어떤 면에서는 정말 성숙한 사람처럼 느껴지기도 해요. 이상한 림보라고나 할까요." 혹은 브리트니 스피어스가 지금의 빅토리아 나이였던 1991년에 부른 노래 같다고 할까. '나는 소녀도 아니고 여자도 아니에요.' 어린 시절에 빅토리아는 지금의 나이가 되어서도 여전히 이런 질문들을 붙잡고 씨름하고 있을 거라고는 생각해보지 못했다. "아, 열여덟 살이 되면 난 너무나 어른스러워지겠지, 그렇게 생각했죠. 그러고는 열여덟 살이 됐는데, 전 그냥 예전과 똑같았어요. 이제 열아홉 살이고, 스물한 살이 다가오고 있는 시점에서 생각해요. 그때는 내가 어른이 될까?" 나보다 열네 살이나 어린 빅토리아가 이런 말을 하며 나 역시 어른이 되기를 기다리며 했던 경험을 너무도 정확하게 묘사하는 걸 들으니 심란하다. 빅토리아는 내가 이 책을 위해 처음으로 인터뷰하고 있는 사람들 중 한 명이다. 이 책의 초고 마감일이 있는 달에 빅토리아는 스물한 살, 나는 서른다섯 살이 된다. 어른다움을 향해 가고, 그것을 통과해 가는 여정에 있어 중요한 표지로 느껴지는 나이들이다. 우리 둘 다 그때쯤이면 어른이 되어 있을까. 아니면 여전히 이 이상한 림보에 갇힌 채 기다리고 있을까.

빅토리아는 이스트서식스에서 두 동생과 함께 자라났고, 부모님은 그가 여덟 살 때 원만하게 이혼했다. 빅토리아는 자신을 돌봐줄 것임을 알았던 가족들과 함께 보낸 행복하고 안정적인 어린 시절을 묘사하는데, 그들은 지금도 여전히 그를 돌봐주고 있다. 몹시 흥미로운 (그리고 공감이 가는) 부분은 지지해주는 가족이 있는 집에서 혜택을 받으며 자라났더라도 어른의 삶으로 이행하는 과정에서 가장 기본적인 단계들에는 악전고투와 어려움이 가득하다는 점이다. 빅토리아는 말한다. "독립은 정말 힘들었어요. 집이 너무 그리웠으니까요. 갑자기 아는 사람이 아무도 없는 장소에 있게 됐는데, 거기서는 전에는 한 번도 해본 적 없는 모든 일을 혼자 힘으로 해내라는 요구를 받았죠." 빅토리아는 공과금을 내는 일에서부터 시간을 어떻게 보낼지 계획하는 일에 이르기까지 런던에 있는 대학교에서 독립적인 삶을 꾸려나가는 과정에 따라붙는 현실적인 성장 경험들 때문에 당황했던 느낌을 설명한다. 이에 대해 불평하지는 않지만, 그는 여전히 변화로 인해 흔들리고 있는 것처럼 보인다. 빅토리아에게 고등학교에서 대학교로의 이행은 중대한 위기나 재앙 같은 건 없이 원만하게 진행되고 있지만—인터뷰 시기는 팬데믹 상황이 학생들의 삶에 한층 더 심한 혼돈을 안겨주기 여러 달 전이다—그와 이야기를 나누면서 내게 정말로 떠오르는 생각은 이런 이행 과정이 얼마나 놀랄 만큼 심오할 수 있는가 하는 것이다. 부모님과 함께 살 때, 빅토리아가 학교에서 돌아오면 따뜻하고 분주한 주방에는 어머니가 가족 모두를 위해 차려놓은 저녁 식사가 기다리고 있곤 했다. 대학에서의 첫해에 대해 빅토리아는 조용히 이렇게 말한다. "주방에 들어가면 아무도 없었어요. 거기 앉아 혼자 식사를 하곤 했죠. 이상한 기분이었어요." 잠시 침묵이 흐르고, 나는 몇 번이고 반복해 등장하는 '이상한'이라는 단어에 얼마나 많은 의미가 담겨 있는지 곰곰 생각하고 있다. 그 말에는 외로움과 슬픈 체념의 감각이 담겨 있는 듯하다. 나는 빅토리아를 보며 모든 성장 경험은 성취이기도 하지만 어쩔 수 없이 상실이기도 하다는 자각이 아프게 찌르는 걸 느낀다.

그때 빅토리아의 목소리 톤이 갑작스레 바뀌면서 높아지고, 추처럼 흔들리는 일의 다음 단계가 펼쳐진다. "그러다가 그 상황에 익숙해졌고, 사실 좀 좋아하게 되기도 했어요. 제가 먹고 싶은 걸 요리해 먹을 수 있다는 게 상당히 괜찮더라고요. 저는 변화를 시도했고, 비건이 됐어요." 상실감은 빅토리아가 되어가고 있는 어른의 모습을 발견할 기회와 함께 찾아오고, 두 경험은 모호한 방식으로 겹쳐지기도 한다. 그것이 여름방학이 다가올 무렵 빅토리아가 알게 된 것이었고, 이제 가족이 있는 본가로 돌아갈 시간이었다. 빅토리아는 그 시간을 무척 기대하고 있었다. "하지만

1년 동안 조금은 성장하고 변화했다는 걸 알게 돼선지, 집에 가니까 굉장히 어린애 취급을 받는 기분이 들더라고요." 빅토리아는 마치 자신이 가족의 삶이라는 조각그림 퍼즐에서 불변의 조각인 양 떠났던 공간에 곧바로 다시 적응할 수는 없었다. 떠나 있던 시간이 빅토리아라는 조각의 모양을 바꿔놓았고 테두리 선들을 다시 그어놓았기 때문이었다. UCLA 세멀 신경과학 및 인간행동 연구소 교수인 앤드루 풀리니는 청소년기와 함께 성인기로의 이행을 연구한다. 풀리니는 떠나 지내던 아이가 집에 돌아올 때 가족들의 상황이 복잡해지는 이유 중에는 다음과 같은 것도 있다고 설명한다. "부모는 아이를 여전히 떠나기 전의 모습으로 바라보지만, 돌아온 아이는 아주 다른 사람이 되어 있죠. 단지 두 달만 가족을 떠나 지내도 변화가 일어날 수 있습니다. 사람은 그 시간에 많은 성장을 경험할 수 있어요." 가족 간에는 확고하게 자리잡은 상호작용의 패턴이 있고, 아이가 집에 돌아오면 부모는 언제나 해왔던 그 상호작용을 계속하고 싶어한다. "부모는 예전과는 다른 방식으로 아이와 상호작용하는 법을 배워야 합니다. 그건 굉장히 힘든 일이라고 생각해요"라는 풀리니의 말을 듣자 빅토리아의 말이 떠오른다. "예전의 방식으로 돌아가는 건 어려워요. 제가 변했으니까요. 그리고 그건 제법 큰 변화예요."

집을 떠나는 일이 촉매가 되어 일어날 수 있는 이런 성장 경험과 극적인 변화가 얼마나 중요한지 이해하기 위해서는 과거로 돌아가봐야 할 것 같다. 대학에 들어가기 전으로, 중등학교와 초등학교에 들어가기 전으로, 훨씬 더 먼저 일어났던 종류의 '집을 떠나는 경험'으로. 첫 번째 집을 떠났던 경험으로.

"아기가 태어날 때 첫 번째로 일어나는 일은 아기가 분리된 존재가 된다는 겁니다. 그건 끔찍한 일이죠! 굉장히 불안하고 극단적인 상태고요." 네이선슨이 말한다. 그의 이야기에 사로잡혀 그 생각을 머릿속에서 굴려보고 모든 각도에서 검토해보면서, 나는 그것이야말로 가장 비범한 사건임을 깨닫는다. 아기는 어머니와 하나였던 몸이 둘이 되는 그 순간까지 육체적으로 분리된 개인이 되는 경험을 한 번도 해보지 못한 것이다. 빅토리아가 지금 겪고 있는 청소년기의 경험을 특징짓는 일들, 그러니까 영역과 경계의 재설정, 그리고 동일성과 개별성 사이의 재협상은 인생의 첫 순간들과 처음 몇 달 동안 일어나는 일들의 되풀이다. 청소년기와 마찬가지로 유아기에도, 성장의 과정은 분리의 과정이다. 사춘기를 지났지만 아직 어른이 되지는 못한 사람들의 경험과 조그만 신생아의 경험을 비교하는 것이 기이하게 들릴지도 모르겠다. 정신역학적 심리치료사로서 교육받기 전이었다면 이런 생각은 내게 절대 떠오르지 않았을 것이다. 하지만 교육을 받으며 관련 자료를 읽으면 읽을수록, 나는 인생의 처음 며칠, 몇 주, 몇 달간 처음으로 일어나는 이런 분리의 경험들이 어떻게 우리의 마음이라는 연못에 던져진 돌처럼 앞으로의 수십 년의 세월에 잔물결을 일으키는 작용을 하는지 조금씩 더 이해하게 되었다. 어느 생애 단계에 있든 우리의 감정과 불안들은 우리가 맨 처음으로 했던 경험들과 무의식을 통해 연결돼 있을 것이다. 어떤 중요한 분리의 경험이든 오랜 세월이 흐른 뒤에도 강력한 자석처럼 작용할 수 있고, 그것이 끌어당기는 힘은 우리가 이미 잊었다는 것조차 모르는 기억들의 흔적 속을 깊숙이 파고들 수 있다. 그 힘이 우리가 태어나 맨 처음에 보였던 반응의 패턴들을 끄집어내기 때문에, 우리는 이렇게 분리되고 개별성이 생기는 느낌을 통해 탄생과 유아기, 그리고 아동기의 반향들을 평생 몇 번이고 반복해 경험하게 된다. 우리는 어딘가로 이동하거나, 아끼던 누군가가 세상을 떠나거나, 비탄에 젖거나, 다른 형태의 떠남과 상실을 경험하는 순간에 그것을 느낀다. 차갑고 텅 빈 주방으로 걸어 들어가 집에서 정말 먼 곳에 있다고 느끼는 고립의 순간들에도.

아기가 태어난 뒤 육체적으로 분리되는 순간은 탯줄을 자르면서 찾아오지만, 정신적 분리의 경험은 좀 더 모호하게 이루어진다. 어머니의 마음을 얽혀 있던 아기의 마음에서, 그리고 아기의 마음을 어머니의 마음에서 풀어내는 일은 서서히 진행되고 완결되지 않는 고통스러운 과정이다. 그 일이 언제, 어떻게 일어나는지를 두고 정신분석학자들의 의견은 심하게 갈려왔고, 나는 심리치료사 교육을 받는 모든 이들과 함께 서로 다른 이 견해들을 이해하고 나만의 길을 찾으려 애쓰는 중이다.

인생의 이 단계에 관해 주목하지 않을 수 없는 이미지와 이론이 있다면 정신분석학자이면서 런던의 소외된 지역에 있는 패딩턴 그린 병원에서 40년간 소아과와 정신과 의사로 일한 도널드 W. 위니콧의 작업일 것이다. 위니콧은 정신분석학자가 되기 위해 영국에서 처음으로 교육을 받은 사람들 중 한 명이었고, 1934년에 자격을 획득했으며, 영국 최초의 아동 정신분석가 자격을 취득한 사람이기도 했다. 그는 1943년부터 20년 넘게 BBC 라디오에서 어머니가 되는 일에 관한 50편의 라디오 프로그램을 녹음했고, 인기 있는 이 방송을 통해 정신분석학의 개념들을 계단식 강의실과 상담실로부터 보통 사람들의 가정으로 옮겨왔으며, 청취자들에게 자신의 마음에 관해 생각해볼 새로운 방법을 선사했다.

위니콧의 저작들[10]은 정신분석학자 오그던이 "보이지 않는 일체감"[11]이라고 불렀던 상태로 존재하는 아기와 어머니의 마음을 생생하게 보여준다. 자궁 속에서, 그리고 아기가 태어나고 처음 몇 달 동안, 그들 사이를 명확하게 갈라놓는 선은 존재하지 않는다. 아기의 몸이 어머니의 몸속에서 어머니에 의해 육체적으로 영양분을 공급받으며 자라나는 동안, 아기의 마음은 어머니의 마음속에서 어머니에 의해 정신적으로 영양분을 공급받으며 자라나고 있었다. 위니콧은 초기 유아기 동안 아기가 "어머니와 결합된 상태로부터 분리된 외부 존재로서 어머니와 관계를 맺는 상태로" 옮겨가기 시작한다고 서술했다. 이런 이행은 오직 위니콧이 "충분히 좋은" 상태라고 불렀던, 어머니가 자신을 돌봐줄 거라고 아기가 신뢰할 수 있는 상태에서만 일어날 수 있다. 이는 영유아 관찰을 풀어내는 이야기에 관해 생각해볼 한 가지 방법이 된다. 교육의 일환으로 매주 한 시간씩 영유아를 관찰하며 믿을 수 없을 만큼 평범하면서도 전적으로 기적적인 일들—이를테면 시간이 가고 몇 달이 지남에 따라 아기가 어디에서 자신의 존재가 끝나고 어디서부터 부모의 존재가 시작되는지 알아내기 시작하는 것 같은—을 목격하는 일이 내게 그토록 소중한 이유도 이 때문이다.

우리 모두 본 적이 있을 것이다. 신생아가 처음에 젖을 달라고 울 때, 건강한 가정환경의 부모라면 소리치며 우는 아이가 당장 젖을 먹고 싶은 마음이 간절하며 단 10분도 기다릴 수 없음을 직감하고 서둘러 젖을 먹인다. 부모 대부분의 내면에는 아기가 태어나 처음으로 느끼는 배고픔의 고통을 최소화해주려는 의식적인 욕구가 있다. 그리고 위니콧은 조금은 덜 의식적인 또 하나의 욕구도 있을지 모른다는 이론을 제시했다. 그것은 어머니와 아기 사이의 차이와 거리가 만들어내는 고통을 최소화하려는 욕구다. 마치 자궁에서처럼, 어머니와 아기 사이에 여전히 개별성도 없고 분리도 이루어지지 않았다는 환상을 영원히 지속시키려는 듯한 욕구다. 하지만 이는 어머니와 아기가 완전히 결합된 상태는 아니다. 위니콧은 그와 동시에—여기에 모순이 존재한다—부모가 마음속에 (오그던이 설명했듯) 자기 아기의 '잠재적인 독립 가능성'을 위한 공간을 지니게 되는 것 또한 절대적으로 중요하다고 믿었기 때문이다. 왜냐하면 시간이 지남에 따라, 신체적·정신적 발달이 이루어져 성장하고 강해짐에 따라, 아기들은 간극을, 다시 말해 젖을 먹고 싶은 욕구와 젖을 먹는 일 사이의 간극을, 자기 자신과 타인들 사이의 간극을 조금 더 견딜 수 있게 되기 때문이다. 그리고 이 간극들은 발달에 있어 매우 중요하다. 아기에게 좌절을 참아내고 배고픔을 견디는 법을, 먹을 것이 언젠가는 올 거라고 생각하고 믿는 능력을 발달시키는 법을 서서히 가르쳐주기 때문이다. 이같이 부모와 아기 사이에 간극이 커질 때, 아기에게는 자신만의 개성을 발달시키고, 한 명의 개인이 되고, 구별과 분리를 하고, 놀면서 세계와 관계 맺기 시작할 수 있는 공간이 열리게 된다. 이것은 위니콧이 '잠재적 공간'이라고 불렀던, 주체와 대상 사이의 경험이 이루어지는 역설적인 중간의 영역, 상상력과 놀이가 꽃필 수 있는 공간이다. 이는 아기가 어떻게 서서히 자라나 자기 자신이 되는지에 관한 하나의 설명이다.

또한 신체적·정신적 간극이 청소년들 자신과 가족들 사이에 조금 더 성숙한 모습으로 반복해 열리고 청소년들이 조금 더 분리된 삶을 살아가기 시작하면서, 그들이 어떻게 서서히 자라나 어른이 되기 시작하는지에 관한 설명이기도 하다. 빅토리아는 이런 간극 안에서 갖가지 방법을 통해 자신을 표현하기 위한 다양한 요리법들을 탐구하고 창조적인 실험을 하며 스스로를 살찌울 능력을 발견했다. 빅토리아는 자신이 비건이 된 이유에는 환경친화적 이유와 윤리적 이유가 섞여 있다고 설명하지만, 그가 비건이 된 시기—집을 떠나 살기 시작한 첫해—는 무엇보다 그가 혼자 힘으로 생각을 하고 자신만의 선택을 할 자유를 지니게 된 시기였다. 빅토리아가 다양한 요리법들을 시험해보고 자신만의 요리법을 만들어내며 레인지 앞에서 보내는 시간에 대해 이야기할 때, 그 말은 그가 그 외롭고 텅 빈 주방을 '잠재적 공간'의 청소년기 버전으로, 모험과 발견을 할 기회를 찾아낼 수 있는 공간으로 바꿔놓았다는 말처럼 들린다. 어머니의 사랑과 마음으로 따뜻한, 빅토리아가 자라난 집의 안정을 주는 냄새들과 그가 자신을 위해 창조하는 집의 흥미진진한 냄새들이 뒤섞이는 장소. 빅토리아는 새롭고 어른스러운 방식의 놀이를 발견해낸 것이다.

교육을 받으며 정신분석학자들에게는 놀이가 극도로 중요한 문제라는 사실을 처음으로 알게 됐을 때 나는 너무나도 기뻤다. 굉장히 뜻밖이었지만, 지금 생각해보니 정말로 타당한 얘기다. 놀이는 마음이 궁금함을 품은 채 이리저리 떠돌게 내버려둘 능력, 생각하고 발견하고 창조하고 성장할 능력을 발달시키는 일과 관련돼 있다. 정신분석학자들은 이런 능력을 어린 시절뿐 아니라 청소년기에 들어선 다음과 성인기에도 내내 유지하는 것을 매우 중요한 심리적 성취로, 한 사람으로 하여금 만족스럽고 충만하고 건강한 삶을 살 수 있게 하는 성취로 이해한다. 놀이를 하지 않으면 우리는 나이를 먹을 수는 있지만 의미 있는 방식으로 성장할 수는 없다. 위니콧이 말했듯 "놀이가 그 자체로 하나의 치료라는 사실을 항상 기억하는 것이 좋다."[12]

삶의 어떤 순간에는 놀이가 세상에서 가장 자연스럽고 쉬운 일로 느껴지기도 한다. '어린애 장난 같다'는 말은 아마도 그런 뜻일 것이다. 빅토리아가 열아홉 살 때 요리를 하고, 보루가 열일곱 살 때 일요일마다 자전거를 탔던 것처럼. 그때 보루는 "그냥 자전거를 타고 나가서 시골길을 달리는 것, 두 다리로 몇 킬로미터씩 달리며 들판과 농부와 젖소들을 바라보고, 길 표면으로, 산울타리로, 길가에 움푹 팬 구멍과 도랑으로 마음을 그저 떠돌게 놔두는 것"보다 좋은 건 없다고 느꼈다. 하지만 놀이와 성장의 과정이 방해받고 왜곡될 수도 있기 때문에 일은 좀 더 복잡해질 수도 있다. 우리 모두는 삶의 어느 시기에 있는지에 따라 놀이할 수 있는 능력이 다를 것이다. 불안이 심한 시기에는 쾌활한 창의성과 새로운 경험들로 마음을 활기차게 하려는 본능이 우리의 내면에서 또 다른 충동과 맞닥뜨리게 된다. 그것은 호기심을 품고 생각하고 느끼는 부분들을 우리의 마음에서 없애버리고 시간을 죽이고 싶은 충동, 성장하지 않으려는 충동이다.

보루는 이 충동에 관해서라면 아는 게 좀 있다. "제가 처음으로 코카인을 했던 때가 제 인생에서는 아주 크고 중요한 지점이에요." 그는 열띤 목소리로 말한다. "열여섯인가 열일곱 살 때였어요. 진짜 어처구니가 없었죠. 점심시간이었고, 학교였어요. 친구가 코카인을 좀 갖고 있었는데, 전 이렇게 생각한 거예요. 그래, 딱한 번인데 뭐가 해롭겠어!" 보루는 목소리를 내리깔며 시선을 떨군다. "그런데 정말로 해로웠어요. 정말 해롭더라고요." 당시 마약들은 하나의 목적에 기여했다. "A레벨 준비반이 되어서도 학교 화장실에서 케타민을 하곤 했어요. 왜냐하면 저는 이것도 씨발 저것도 씨발, 막 이러고 다녔고, 진짜로 화가 나 있었거든요." 마약은 보루가 '이것도 씨발 저것도 씨발'거리게 만드는 분노에서 벗어나 머릿속 테이블에 과부하가 걸리기 전으로, 그를 짓누르는 종잇조각들이 없었던 때로, 두 다리가 더 강했던 어린 자신에게로 돌아가게 해주었다. 적어도 그게 보루가 자신에게 되뇌곤 했던 이야기다. "그리고 지금은, 그런 목가적인 시간이 정말로 존재했는지조차 모르겠어요. 그렇게 해맑고 행복했던 보루가 있었는지도. 너무 오래전 일처럼 느껴지고, 그런 감정이 뭐였는지조차 모르겠어요." 보루는 그 시골길에서 더 이상 기쁨이 느껴지지 않아 자전거 타기를 그만두었다고 한다. 그 말을 들으며 나는 깊은 슬픔을 느낀다. 보루가 자전거 타기를 그만두면서 놀이를, 자기 자신을 포기한 것처럼 느껴져서다.

보루는 마약이 자신의 가장 어른스럽지 못하고 미성숙한 부분과 긴밀하게 관련되어 있다고 느낀다. 학교를 졸업하고 바로 취업하면서 보루는 대학에 간, 소셜 미디어에서 종종 보는 친구들과는 달리 자신이 엄청나게 성숙해졌다고 느꼈다. 친구들은 대학 신입생다운 일들을 하고 있었는데, 보루가 보기엔 '유치한 짓들'이었다. 그는 그런 걸 보며 생각하곤 했다. '난 이제 어른이야.' 하지만 그렇게 생각한 다음에는 코카인을 하곤 했다. "그리고 코카인을 하면 제가 유치하다는 생각이 들더라고요. 그게 제가 아직 해결 못한 단 한 가지 일인 것처럼요. 전에 제가 어른이 된다는 건 자기 똥오줌은 가리게 되는 거라고 한 적이 있잖아요. 저는 그 똥은 그때도, 지금도 아직 가리지 못하고 있네요." 보루는 코카인이 자신의 선택지를 제한하고, 그가 힘들게 번, 모아두었더라면 여행 가는 데 쓸 수도 있었을 돈을 다 삼켜버렸다고 느낀다. 이 성장 경험을 뚫고 나갈 수 없는 보루는 자신이 갇혀 있고, 삶에서 앞으로 나아갈 힘이 없으며, 성장을 방해받고 있다고 느낀다. "그게 제 발목을 너무도 꽉 잡고 있어요." 이렇게 말하는 보루의 목소리에서 후회와 절망이 전해져온다.

네이선슨은 마약에서 포르노그래피와 비디오게임에 이르기까지 다양한 중독 성향을 지닌 청년들을 치료해왔다. 그는 청소년기의 많은 중독 성향을 계속되는 성숙과 분리의 과정—다시 말해 성장 과정—이 붕괴하면서 나타나는 증상으로 이해한다. 그가 절벽 끄트머리를 향해 속도를 높이는 운전자 없는 차량으로 그토록 생생하게 묘사했던 그 과정 말이다. "청소년들은 시간을 멈춰주는 것처럼 보이는 경험들에서 위안을 찾기도 합니다. 그렇게 함으로써 불현듯 자기들에게 일어나고 있는 일을 통제할 수 있게 되죠. 몰아내려고 드는 사람도 없고, 자기가 보스가 되는 겁니다." 네이선슨이 말한다. 그런 경험은 그 순간 운전자 없이 속도를 내는 차의 조수석에 앉아 있다는 불안을 다스리기 위한 해결책이 된다. 아니, 그보다는 불안을 다스리지 않기 위한 해결책이 된다. 감정을 견뎌내고, 그것이 어떤 감정인지 생각하고 수용할 수 있다고 느끼는 능력을 기르기보다는 단순히 그 감정을 꺼버린다는 점에서 그렇다. 만약 어른이 된다는 것이 분리와 개별성이라는 고통을 견디는 일을 의미한다면, 중독은 그 모든 것들로부터의 탈주로, 결국에는 덫이 되는 탈주로를 제공하는 것처럼 보인다.

중독에 관한 가장 최근의 과학적 연구는 몰입이라는 개념을 통해 시간이 흐른다는 사실에서 도망치는 경험이 얼마나 강력한지를 보여준다. 몰입의 특징은 흔들리지 않는—흔들릴 수 없는—일종의 고도 집중 상태를 통해 시간이 흐르지 않고 괴로운 생각들이 접근하지 못하는 '무아지경'에 빠져드는 경험이다. 연구를 하면서 나는 슬롯머신에 몰입한 나머지 가까이에 있던 도박꾼이 심장마비를 일으켰는데도 알아채지 못한 어느 도박꾼의 이야기를 읽었다.[13] 브리티시컬럼비아대학교 도박 연구 센터의 센터장인 루크 클라크는 어둑한 조명과 카지노 스타일의 카펫, 그리고 편안한 스툴들이 완비된 실험실을 이용한 최근 연구에서 중독과 몰입 사이의 관계를 탐색했다.[14] 그는 도박꾼들이 눈앞의 환경을 얼마나 인식하고 있는지 측정하기 위해 패널 양옆에 번쩍이는 색색깔의 조명들을 부착해 특별 개조한 슬롯머신들을 사용하게 했다. 이 연구에서 알게 된 건 상습 도박꾼들이 어쩌다 방문하는 도박꾼들보다 게임 중에 '황홀경'이 찾아온다고 말하는 경향이 훨씬 더 높고, 주위 환경과 시간의 흐름에도 눈에 띄게 둔감하다는 사실이었다.[15] 세계가 쪼그라드는 중독자 이미지는 그저 은유만은 아니다. 외부의 관심사들이 서서히 인식 바깥으로 밀려나면서 중독자의 시야는 보이는 거라곤 오직 중독의 대상만 남을 때까지 문자 그대로 좁아진다. 게임에 너무도 몰입한 나머지 게임은 그들의 일부가 되어버리거나, 그들이 게임의 일부가 되어버린다. 분리되는 일의 불안을 차단하기에는 매우 효과적인 방법이다. 인생을 망칠 수도 있지만, 효과적이기는 하다.

도박을 하는 사람들 가운데 일종의 중독으로까지 이어지는 이들은 0.7퍼센트 정도지만,[16] 나는 우리 중에는 분리와 변화, 성장에서 오는 불안과 고통을 다스리려고 애쓰면서—혹은 회피하려고 애쓰면서—문제적인 습관을 키우는 사람이 그보다 훨씬 더 많지 않을까 싶다. 나는 슬롯머신은 해본 적이 없지만, 너무나 열중한 나머지 시선을 돌릴 수 없는 그 느낌, 눈앞의 화면을 너무도 뚫어져라 노려보느라 다른 모든 것은 잊어버렸던 그 느낌은 확실히 알고 있다.

당신이 지금 '이상한 림보'라 불리는 이 생애 단계에 있다면, 휴대폰과 인터넷, 소셜 미디어가 없던 때는 떠올릴 수 없을 것이다. 나는 그 시절을 기억한다는 걸 인정하자니 현기증이 난다. 2000년생인 빅토리아는 세대 연구자 진 트웽이 'i세대'라고 이름 붙인, 스마트폰과 함께 자라난 첫 번째 집단에 속한다. 트웽이는 2012년—열두 살이 된 빅토리아가 인스타그램에 가입한 해—은 또한 미국에서 스마트폰이 임계치에 도달하면서 미국인 과반수가 적어도 스마트폰 하나씩은 갖게 된 해였다고 기록한다.[17] 빅토리아는 휴대폰과 소셜 미디어가 자신에게서 분리된 무언가인 것처럼 말하지 않는다. "저의 일부, 다시 말해 제 정체성은 소셜 미디어를 통해 만들어져왔다고 느껴요. 정말 비극적으로 들리는 얘기지만요." 빅토리아는 웃으며 말하지만 진지해 보인다. "그것 없이 저 자신이 될 수는 없을 것 같아요." 그는 소셜 미디어와 양가적인 관계를 맺고 있다. "어떤 면에서는 소셜 미디어가 좋아요. 그것을 통해 주변에서 일어나는 일들에 대해 많은 걸 배워왔으니까요. 하지만 그러다가 휴대폰을 확인하면서 갑자기 깨닫는 거죠. '맙소사, 내가 여기에 왜 이렇게 많은 시간을 쓰고 있지?' 그리고 전 사실 그걸 그렇게 좋아하지는 않거든요." 이럴 때 소셜 미디어는 중독처럼 느껴진다.

이것은 확실히 나 또한 알고 있는 경험이다. 휴대폰을 도피처로 사용하지 않으려고 얼마나 노력하든 유혹은 항상 그 자리에 있다. 킹스칼리지 런던이 진행한 최근 연구에서 연구자들은 유럽과 아시아, 미국에 걸쳐 41,871명의 청년들을 대상으로 한 41건의 연구를 검토했고, 그중 약 4분의 1이 스마트폰을 '행동중독과 일치하는' 방식으로 사용하고 있음을 알아냈다.[18] 행동과 감정에 있어 중독 패턴을 보일 위험이 가장 높았던 것은 빅토리아 또래의 젊은 여성들이었는데, 연구자들은 이런 패턴에 '문제적인 스마트폰 사용'이라는 온건한 이름을 붙여주었다. '문제적인 스마트폰 사용'이라는 구절이 뜻할 수 있는 것들에 대해 생각하는 건, 그것이 얼마나 정상적인 일이 되었는지 떠올려볼 때, 그리고 우리 가운데 너무도 많은—나이도 어른다움의 단계도 모두 다른—사람들이 정신과 신체 양면에서 우리의 기계장치와 얼마나 뼛속 깊이 연결되어 있는지 떠올려볼 때 이상한 일이다. 아동청소년을 담당하는 정신과 의사이자 런던의 사립병원인 나이팅게일 병원에서 기술중독 관련 시설을 운영하는 리처드 그레이엄에 따르면, 우리 모두가 이제는 '심리적으로 사이보그'다.[19] "우리는 인간 역사에서 아주 짧게 느껴지는 시간 만에 스마트폰과 다양한 형태의 인터넷 접속을 당연하게 여기게 되었습니다. 마치 산소를 들이마시고 물을 마시는 걸 당연하게 여기듯, 거의 자연현상 수준으로요." 그레이엄은 말한다. 그는 미국 대법원장 존 로버츠가 스마트폰에 저장된 개인정보보호에 관한 판결을 내리면서 했던 말들을 떠올린다. 로버츠는 판결문에서 이렇게 썼다. "이 기기들이 너무도 널리 퍼져 있고 일상의 끈덕진 일부가 된 나머지, 이른바 화성에서 찾아온 관광객도 이것들이 인간 신체 구조의 중요한 특징이라고 결론 내릴 것이다."[20] 그레이엄 역시 이 말에 동의한다. "우리는 이 기기들을 우리 존재에 통합한 거예요." 우리는 우리의 기억을 알림 앱들에 외주로 주었다. 길에 버스가 오는지 보기 위해 우리는 시선을 위쪽이 아닌 아래쪽으로 향하고 교통정보 앱에 업데이트된 소식을 본다. 주위의 세상을 바라보는 대신 구글 맵스의 파란색 점을 따라 길을 찾아간다. 나는 한번은 심지어 가게에 가면서 우산을 가져가야 할지 알아보려 날씨 앱을 확인하고, 그런 다음에야 창밖을 내다보고 비가 내리는 걸 본 적도 있다.

　나는 인터넷과 연결된 이런 집요하고, 끊임없고, 보기보다 위험한 관계에 대해, 그것이 우리를 어떤 모습의 청소년과 어른이 되게 하고 성장 과정을 어떻게 방해할 수 있을지에 대해 호기심이 생긴다. 그레이엄은 자신이 우연히 만났던, 유보(Yubo, 주로 10대들이 친구들과 실시간 인터넷 방송을 하기 위해 사용하는 소셜 미디어 앱)를 쓰고 있던 한 청년의 이야기를 들려준다. 그 젊은 여성은 20일 동안 200시간 이상 유보에 접속해 있었고, 그 앱을 거의 베이비 모니터처럼 항상 켜두었다. 내가 이런 비유를 사용하는 건 비판하고픈 마음이나 우월감 때문이 아니라, 친구들이 육체적으로 부재하는 동안 그들과 기술적으로 연결되어 있다고 느끼고픈, 안전하고 안정된 느낌을 갖고픈 이 젊은 여성의 강력한 욕구에 대한 연민 때문이다. 그 여성에게 무슨 일이 일어나고 있었는지는 모르지만, 그의 경험으로부터 인터넷을 이런 식으로 사용하라는 유혹에 대해 뭔가 우리가 배울 만한 것이 있을 듯싶다. 가끔씩 우리는 그저 아무것도 없이 자리에 앉아 있는 것도 견디지 못하니 말이다. 그레이엄은 말한다. "이 기기들은 우리가 분리되는 걸 더 어렵게 만듭니다. 독립적인 사람이 되고 싶다는 보통의 욕구가 발달하고 있었는데, 결코 혼자 있지 않아도 될 가능성이라는 게 나타나서 딴지를 거는 거죠." 우리는 이 젊은 여성에게 유보가 도움이 됐는지, 혹은 그것이 부적응에서 나온, 그의 발전을 막고 있는 대응 전략인지 알지 못한다. 그레이엄의 말처럼 "그 장치가 필요할 때 사용하는 도구라기보다는 필수품으로서 그 여성을 구속하고 있는지"도 알지 못한다.

필수품인가 도구인가. 이것은 어느 생애 단계에 있든 기술과 맺는 관계에 있어 너무도 많은 이들을 괴롭히는 질문이다. 나는 휴대폰을 너무 많이 들여다보지 않으려고 무척 애쓰지만, 내가 텅 빈 눈으로 트위터를 스크롤하며 뉴스 머리기사들을 공허하게 노려보면서 낭비한 시간이 얼마나 되는지 헤아리고 싶지는 않다. 나는 그러다가 비틀비틀 침대로 걸어가면서, 시간이 다 어디로 갔고 눈을 돌리기가 왜 그토록 불가능했는지 궁금해한다. 왜 그토록 필요한 것처럼 느껴졌고, 왜 다른 선택지가 없어 보였는지를. 그런 순간들에는 나 자신을 잃어버린 것처럼 느껴진다. 어쩌면 나는, 네이선슨이 설명한 것처럼, 불안이 어디서 오는지 생각하기보다는 불안을 없애버리고 있는 건지도 모른다.

　빅토리아는 소셜 미디어를 자기 삶을 향상시켜주는 여러 가지 방식으로 사용하지만, 그 또한 비슷하게 시간 가는 줄 몰랐던, 자기 자신과의 접촉도 끊어졌던 경험을 말해준다. 인스타그램에서 다른 사람들의 삶을, 그들이 하는 거짓말들을 스크롤하고 사진에 '좋아요'를 누르면서 "와, 얘네 대학 갔네. 이 사람들은 이런 걸 다 하고 있네, 놀랍다"고 생각한다는 것이다. 사회적으로 용인되는 이 같은 관음증은 우리의 정신에 이상한 일들을 일으킨다. 우리 중 많은 사람이 빅토리아가 묘사하는 혼란스러운 경험, 다시 말해 온라인에 전시된 타인의 완벽한 삶이 허상이라는 의심이 들 때조차 다 알면서도 믿어주는 일에 대해 알고 있을 것이다. "누군가의 삶을 보고 굉장히 말끔하구나 생각하죠. 우와, 저건 진짜 멋진데, 이런단 말이에요. 그 사람이 어쩌면 엉망진창일지도 모르고, 그냥 다른 모든 사람들과 똑같을지도 모른다는 걸 알면서도, 그럼에도 이렇게 생각해요. 아, 나도 노력해서 조금은 저렇게 되어야 하는 게 아닐까." 빅토리아는 말한다. 임상심리학자 레이철 앤드루는 나이가 많은 내담자들과 젊은 내담자들 모두에게서 이런 부조화를 자주 발견해왔다. 내가 시기심에 관한 기사[21]를 쓰기 위해 조사하고 있을 때, 앤드루는 자신이 알아차린 사실을 다음과 같이 말해주었다. 우리 대부분은 소셜 미디어의 이미지와 사연들이 진짜가 아니라는 걸 머리로는 알고 있고, 그 점에 대해 이야기하고 합리적으로 설명할 수도 있다. "하지만 감정의 차원에서는 그것들이 여전히 버튼을 누르고 있는 거예요. 만약 그런 이미지나 사연들이 우리가 열망하지만 갖지는 못한 것들을 끄집어내면, 그건 무척이나 강력해지죠." 우리는 진짜와 가짜를 구별하는 능력을 잃어버리게 된다.

하지만 소셜 미디어가 왜곡하고 비틀어놓는 건 타인들에 대한 감각만은 아니다. "저는 우리가 훨씬 더 유해한 것도 갖고 있다고 생각해요." 내가 시기심에 관한 그 기사를 준비 중일 때, 저명한 사회심리학자 셰리 터클은 내게 보낸 메일에서 이렇게 말했다. "온라인에 구축해놓은, 우리 자신의 가장 좋은 부분들만 보여주는 삶을 보며, 우리는 실제의 삶이 뒤처지고 있다는 공포를 느끼게 됩니다. 우리는 우리가 살고 있다고 남들에게 말하는 그런 삶에 못 미치는 존재들이에요. 그러니 자기 자아를 마치 타인처럼 바라보면서 시기심을 느끼게 되는 거죠." 그러면 우리의 내면에서는 이상한 괴리가 일어난다. 스스로에 대해 조금이라도 지니고 있는 진실한 감정과 우리가 연기하는 허구의 인물 사이가 벌어지면서 차이와 거리감이 생겨나는 것이다. 터클은 우리가 전시하는 이미지에 대해 느끼는 이런 종류의 '자신에 대한 시기심'이 우리에게 "가짜라는 느낌이 들게 하고, 이상하게도 우리 자신의 아바타를 부러워하게" 만들 수 있다고 썼다. 네이선슨은 자기가 알아차린 사실에 대해 다음과 같이 말해준다. 현 사회에서 사람들은 스스로에 대해 말할 때 마치 내면에 퍼스널 브랜드를 개발하면서 "끊임없이 무언가를 마케팅하고 끊임없이 무언가를 팔고 있는" 일종의 마케팅 담당자가 들어 있는 것처럼 말한다는 것이다. 그건 마치 그가 "구라쟁이"라고 부르는 자가 우리 내면에 하나씩 들어 있어서 트위터와 스냅챗, 인스타그램을 하면서 우리 자신과 다른 모든 사람들의 귀에 이렇게 속삭이는 것과 같다. "나는 당신이 내게 바라는 무엇이든 될 수 있어요." 다른 누군가가 바라는 존재가 되는 일은 성장을 통해 우리 자신의 어른스러운 자아가 되는 일의 정반대로 보인다.

나는 퍼스널 브랜딩, 구라쟁이의 등장, 셀프 마케팅 같은 현상들의 원인이 인터넷이라고는 생각하지 않는다. 그보다 훨씬 더 오래된 현상으로, 정도의 차이는 있겠지만 다양한 세대의 사람들 대부분이 알고 있을 심리적 경험이며, 소셜 미디어는 그것을 매우 효과적으로 끄집어낸다고 생각한다. 지금까지 내 정신분석에서 한 가지 중요한 부분이 있었다면, 그건 내가 나 자신이 누구인지 알고 있다고 생각했지만 사실은 모른다는 걸 깨닫는 과정이었다. 나는 내가 누구인지 전혀 모른다. 30대 초반이 되어 자신이 정말로 누구인지, 자기 마음속에서 무슨 일이 벌어지고 있는지 전혀 모른다는 걸 깨닫는 건 상당히 무서운 일이다. 대신 나는 다른 사람들이 내가 어떤 사람이기를 바라는지—열심히 일하고, 하라는 대로 하는 괜찮은 사람, 좋은 아내, 착한 딸, 훌륭한 친구, 이것들 모두였다—추측하는 일을 굉장히 잘 해내게 된 것 같다. 그리고 그 사람이 되려고 무의식적으로 애쓰는 일을 굉장히 편안하게 느끼게 된 것 같다. 그건 편안하지만 위험한 일이었고, 또 다른 종류의 탈주로이자 덫이었다. 내게는 파티에서 보여주곤 하는 인상적이고 이상한 개인기가 있었다. 몸이 제법 유연해서 기묘한 형태로 접을 수 있었던 것이다. 실은 초고도로 유연하다는 말을 들은 적도 있었다. 내 관절들은 운동 범위가 이례적으로 넓은데, 그래서 가끔은 허리통증으로 이어질 수도 있었다. 내게는 이 사실이 매우 의미 있게 느껴진다. 혹시 지나치게 유연한 심리 상태가 육체적으로 구현된 건 아닐까 싶은 거다. 나는 나 자신이 아니라 남들이 내게 품는 인상 속에 나라는 사람의 근거를 두고 있었고, 그래서 어디에도 매이지 않은 채 너무나 잘 적응하는 사람이 되어 남들이 원하는 모습으로 나 자신을 접을 수 있게 되었다. 나 자신에게 진실해지는 것(그게 정말로 무슨 뜻인지 나는 아직 모르니까)보다는 편안한 일일 수도 있지만, 나는 이 때문에 고통스럽기도 하다. 정신분석은 이런 나의 모습을 깨닫게 도와주는 데 매우 중요한 역할을 해주었다. 그리고 그러는 동안, 나는 초고도로 유연하게 자신을 이리저리 비틀어 다른 누군가가 되는 대신, 나 자신이 누군지 모른다는 사실을 받아들이려고 노력해왔다.

이 모든 것은 위니콧의 '거짓 자아' 개념[22]을 떠오르게 한다. 그 표현을 처음으로 들었을 때, 내가 찾던, 찾아내기를 기다리던 개념이 여기 있었구나 생각했던 기억이 난다. 그의 논문을 읽기도 전이었는데 그게 무슨 뜻인지 다 알 것 같았다. 하지만 뒤늦게 생각이 미쳐 논문을 읽게 되었을 때, 위니콧이 이 표현을 내 기대와는 좀 다른 의미로, 상당히 구체적이고 다소 직관에 어긋나는 것처럼 보이는 무언가를 가리키는 데 사용했음을 알게 되었다. 위니콧은 가장 극단적인 형태의 거짓 자아는 우리의 유아기(달리 어디겠는가)에서 찾을 수 있다고 했다. 여기 한 여자 아기가 있다. 아기는 몹시 배가 고플 수도, 추울 수도, 고통스러울 수도, 불편할 수도, 기다리도록 방치된 일에 화가 날 수도 있다. 아기의 몸은 자연히 일어나는 신체적·정신적 경험들, 부모가 이해하고 도와주기를 바라는 경험들로 가득 차 있다. 그런데 부모가 너무 힘든 상황이라 그렇게 강렬한 요구들을 받아줄 감정적인 힘이 없다면, 아기는 그들이 자포자기했다는 걸 직감하고 자신의 자연스럽고 진정한 욕구들을 무의식적으로 무시하게 된다. 부모가 제공해줄 수 있어 보이는 것에 맞추기 위해서다. 이렇게 거짓 자아가 활동하기 시작한다. 굴종과 모방, 겉치레가 특징인 거짓 자아는 갓난아이가 무의식적으로 유아가 되려고 애쓸 때, 차례로 아이와 청소년과 어른이 되려고 애쓸 때 나타난다. 갓난아이는 진정으로 자연스러운 자기 자신이 되기보다는 다른 사람들이 원한다고 생각되는 모습, 자신이 감당할 수 있어 보이는 모습이 되려고 애쓴다. 가장 극단적인 경우 거짓 자아는 한 사람을 장악해 이렇다 할 어떤 진정한 자아도 없는 상태가 되어버리게 할 수도 있고, 진짜인 어떤 것도 성장을 허락받지 못했기 때문에 결국 자신이 존재하지 않는다고 느끼게 할 수도 있다. 하지만 덜 극단적인 경우들도 있고, 위니콧은 정도의 차이는 있겠지만 아마도 우리 모두가 거짓 자아를 경험할 거라고 적고 있다. 건강한 상황, 다시 말해 위니콧이 말했듯 "충분히 좋은" 방식으로 부모가 아이의 요구들을 충족해줄 수 있는 상황에서, 거짓 자아는 '자아의 건강하고 예의 바른 면'이라는 형태로 나타날 수 있다. 이런 거짓 자아는 한 사람이 사회에서 제 기능을 하게 해준다. 이를테면 자기가 배가 고플 때마다 직원 식당에 줄을 서 있는 동료들보다 먼저 음식을 먹겠다고 요구하지는 않게 해주는 것이다.

교육을 받기 전까지만 해도, 나는 자신을 꾸며내는 건 아주 적극적이고 의식적인 선택이라고 항상 생각해왔다. 예를 들어, 나는 가끔씩 친구에게 친구네 동네에서 만나도 상관없는 척 연기하기로 일부러 결정을 내릴 수도 있다. 친구에게는 아이가 있고, 내가 그렇게 하면 그들이 훨씬 편하니까. 아무도 없는 곳에서 나 자신에게는 나 역시 피곤하고 버스를 타고 싶지도 않으니 우리 동네에서 만나는 게 훨씬 더 낫다고 인정할지도 모르지만 말이다. 어쩌면 우리는 내가 알고 있는 이런 자아를 '건강하고 예의 바른' 종류의 거짓 자아라고 여길 수도 있을 것이다. 하지만 더 극단적인 형태의 거짓 자아에 대한 위니콧의 묘사는 우리가 행하고 있다는 사실조차 알지 못하는 완전히 다른 종류의 자아 꾸며내기를 보여준다. 그것은 우리의 필요와 욕구들을 타인들의 기대나 소망에 전적으로 의존해 무의식적으로 개조하는 일, 진짜인 무언가가 있을 수도 있었던 곳에 공허한 감각을 남겨놓는 일이다. 세상을 이런 방식으로 사고하는 일—진짜인 것을 감추기 위해 무의식적으로 등장한 가짜가 만들어내는 이런 상호작용—에는 중요한 의미가 있는 듯하다. 어른다움에 대한 우리의 질문들에 도움이 될 것 같기도 하다. 가짜이거나 진짜인 이런 힘들의 상호작용을 인식하는 일은, 나를 이쪽저쪽으로 밀고 당기는 압력들을 깨닫는 일은 내게 매우 중요한 일련의 성장 경험이 되었다. 정신분석을 받기 전에는 내 안에 가짜인 부분이 있다는 것도 전혀 몰랐고, 내가 좋은 사람이 되기 위해 그토록 열심히 애쓰고 있다는 것도, 종종 나 자신의 욕구보다 남들의 욕구를 우선시한다는 것도 알지 못했다. 그런 것에 대해 별로 생각해본 적도 없었다. 그냥 이게 나라고, 나는 '배려심이 뛰어나고' '사려 깊은' 사람이라고 당연히 생각했으니까. 나는 이제야 스스로 왜 그러냐고, 이 모든 게 무엇을 감추고 있는 거냐고 묻고, 내 안에서 무엇이 가짜이고 무엇이 진짜인지 비로소 질문하기 시작할 수 있었다. 아직 그 경지에는 이르지 못했지만, 의미 있는 종류의 어른다움은 반드시 이 두 양극단 사이의 균형에 도달하는 (혹은 도달하려고 노력하는) 일과 관계가 있을 것이다. 너무나 가짜여서 자신의 욕구나 필요가 전혀 채워지지 않고 진짜인 어떤 것도 성장할 수 없는 상태도 아니고, 동시에 너무나 진짜여서 자신의 욕구와 필요가 다른 모든 것과 다른 모든 사람들을 압도해버리는 상태도 아니게끔 말이다. 그것이야말로 진실하고 안정적인 배려와 사려 깊은 마음이 발달할 수 있는 방법일 것이다. 하지만 어디에서 진짜가 끝나고 어디서부터 가짜가 시작되는지 알아내지 않고서는 그 근처에도 갈 수 없다.

자신의 내면에서 진짜와 가짜를 구별하는 감각을 발달시키는 일은 어른이 되는 데 꼭 필요해 보인다. 이건 우리가 만들어가고 있는 어른다움의 정의에 덧붙일 만한 사항이다. 빅토리아는 자신이 소셜 미디어에 전시하는 모습 속에서 그다지 진실하지 못한 부분을 어떻게 자각하게 됐는지, 그 자각이 그로부터 거리를 두고자 하는 결정에 어떻게 도움이 됐는지 설명해주었다. 지금보다 어렸을 때, 빅토리아는 소셜 미디어에 정확히 언제 어떤 게시물을 올릴지 생각하고 계획을 세우는 데 많은 시간과 노력을 들이곤 했다. "그 게시물이 멋져 보이는 좋은 게시물이고, 제가 무언가 특별한 일을 하고 있고, 하루에 두 번 이상 게시물을 올리지 않는다는 걸 확실히 하기 위해서였죠." 빅토리아는 자신이 가끔씩 내가 '보여주기식의 어른다움'이라고 부르는 소셜 미디어의 덫에 걸린다는 사실을 알고 있다. 그가 방금 만든 저녁 식사 사진들을 인스타그램 스토리에 올리면 팔로워들은 이렇게 댓글을 달곤 한다. "와, 어떻게 이런 걸 다 만들어요?" 빅토리아는 정직하게 돌이켜본다.

"딱 봐도 아시겠지만, 음, 그런 건 제가 어른스러운 일을 할 수 있다고 일종의 자랑질을 하는 거예요." 하지만 그의 그런 행동은 달라지고 있다. "그런 것들이 그렇게 중요하지 않다는 걸 깨닫는 것도 어른이 되는 일의 일부 같아요. 이제 전 계정에 그냥 아무거나 올려요. 훨씬 덜 심각하게 받아들이려고 노력하고 있죠." 빅토리아는 올해에는 자신이 "뭔가를 하고 싶다면 그저 앉아서 소셜 미디어만 스크롤하고 있어서는 안 된다는 걸 깨달았다"고 덧붙인다. 그는 인스타그램, 스냅챗, 트위터, 페이스북 사용을 매일 일정한 시간으로 제한하는 앱을 사용해 한계를 설정하려 노력하고 있다. 가끔씩 인스타그램에 할당된 30분을 다 써버렸을 때는 한도 이상으로 쓰기도 한다. 시간제한을 푸는 방법을 알아냈기 때문이다. 하지만 그래도, 발전하고 있는 것이다. "사실 전에는 그런 생각을 해본 적이 없어요. 신경을 안 썼거든요. 근데 최근에는 소셜 미디어 사용을 조절하려고 정말로 노력하고 있어요. 자기 자신에게 한계를 설정할 수 있게 된다는 건 어른이 되는 데 있어 중요한 단계라고 생각해요. 일들을 제대로 해내려면 그래야죠."

나는 빅토리아가 이 경기에서 나보다 훨씬, 15년쯤은 앞서가고 있다고 느낀다. 나는 똑같은 깨달음을 겨우 최근에야 얻은 참이니까. 이 책을 작업하는 동안 무언가 어렵거나 고통스러운 것과 마주쳐서 마음이 혼란스러워질 때면, 내가 무엇을 적어넣고 있는지 깨닫기도 전에 손가락이 트위터에 가 있는 걸 종종 깨닫곤 한다. 갑자기 20분이 확 지나가고, 내 마음은 무감각하고 게으른 상태가 된다. 그래서 나는 '셀프컨트롤'이라는 반어적인 이름이 붙은 앱 하나를 다운로드했다. 빅토리아가 사용하는 앱을 변형한 것으로 일정 시간 동안 특정한 웹사이트들을 차단해준다. 이름이 반어적인 건 당연하게도 내가 진짜 '자기통제'는 하고 있지 않기 때문이다. 나는 나의 모든 자기통제를 이 앱에 양도하고 있다. 내가 어떤 트윗에 발이 걸려 있거나 정말로 볼 필요는 없는 트윗들까지 따라가고 있다는 걸 깨달을 때마다 나는 나 자신을 거기서 떼어내려고 노력하고는, 셀프컨트롤 앱을 한두 시간쯤 켜둔다. 이런 순간이면 나의 어른스러운 부분이 덜 어른스러운 부분을 끄집어내기 위해 잘되든 잘 안되든 그 구멍 속으로 내려가고 있는 것 같다. 빅토리아처럼 나 역시 인터넷과 연결된 '문제적인' 관계를 통제하는 일이 어른이 되는 데 중요한 부분이라고 느낀다. 일들을 제대로 해내고 싶다면 그렇게 해야 한다는 것도. 이 책을 끝까지 쓰고 싶다는 내 유일한 희망은 내게 기술적인 노하우가 부족하다는 사실에 달려 있는 걸까. 빅토리아와 달리 나는 시간제한을 푸는 방법을 알아내지 못했고, 영원히 알아내지 못하고 싶다.

제한을 푸는 일에 관해 말하다 보니…… 보루가 어른다움을 정의하며 했던 '자기 똥오줌은 가릴 줄 아는 것'이라는 말이 자꾸만 떠오른다. 나는 그 말에 보루가 생각했던 것보다 더 많은 의미가 담겨 있다고 본다. 정신분석학자들은 똥에 매우 관심이 많다. 멜라니 클라인과 그의 동료들은 우리 몸의 모든 작용에는 심리적 상관물이 있다는 이론을 세웠다. 즉, 먹는 것은 무의식적으로는 무언가를 받아들이는 심리적 행위와 쌍을 이루고, 똥을 누는 것은 무언가를 마음에서 제거해 내보내는 심리적 행위와 쌍을 이룬다는 것이다. 우리는 아기일 때 나쁜 기분에 그렇게 반응한다. 나쁜 것을 제거하기 위해 똥을 누거나, 소리를 지르거나, 몸을 움직이는 것이다. 심지어 태어나기 전에도—태어나는 과정에서도—의사들은 태변, 즉 아기의 똥이 나왔는지 끊임없이 관찰하고 세심히 살핀다. 아기가 태변을 봤다는 건 고통스럽고 도움이 필요하다는 뜻이며, 응급 제왕절개수술을 해야 할 가능성도 있기 때문이다. 이렇듯 우리가 세상에 나오는 맨 처음 순간부터 무섭거나 고통스러운 느낌과 똥을 누는 일 사이에는 서로 관계가 있다. 희망이 있다면, 어른이 되어가고 좀 더 성숙하게 감정을 소화하는 방법이 발달하면서 우리는 자신의 똥을—그리고 자신의 감정들을—우리 내면에서 가릴 수 있게 된다는 것이다. 다른 누군가에게 화풀이하거나, 코카인, 인스타그램, 혹은 넷플릭스를 통해 생각을 없애 감정들을 제거하는 방식으로 그것들을 곧바로 다 배출해버리지는 않게 된다. 이 능력을 발달시키는 일은 어른이 되는 과정에서 매우 중요한 부분이며, 이른바 어른이라는 우리 중 많은 사람들이 가져야 하지만 갖고 있지 않은 것이라고 나는 생각한다.

　나이지리아에서 보낸 어린 시절 교회에 아주 열심히 다닌 샘은 여덟 살 때부터는 모두에게 목사님이라고 불렸다고 한다. 나는 그 이유를 알 것 같다. 샘이 말하는 방식에는 에너지가, 세상에 대해 느끼는 진실을 단도직입적으로 전하는 시적인 면이 담겨 있다. 땋은 머리는 짧은 포니테일로 뒤로 묶었고, 단정한 수염이 얼굴을 둘러싸고 있으며, 솔직하고 자신 있는 미소는 분위기를 따스해지게 하면서 나를 끌어당기는 것 같다. 샘에게는 언젠가 유명한 사람이 되리라고 생각하게 만드는 카리스마가 있다. 나중에, 나는 누군가에게 자랑하는 상상을 한다. 이 사람이 유명해지기 전이었던 열아홉 살 때 내 소파에 앉아서 내가 준 초콜릿 쿠키를 먹은 적이 있었다고 말이다.

내게 샘의 이야기는 어른스럽게 들리지만, 그는 자기가 어른이라고 생각하고 싶어하지 않는다. 샘은 열여섯 살 때부터 독립적으로 살아왔는데, 아버지가 일자리를 찾을 수 있는 곳이면 어디든 멀리까지 일하러 나가 있는 동안 맨체스터에 있던 본가에서 혼자 생활하기도 했다. "제가 집을 관리했어요." 샘이 말한다. 샘은 1년이라는 시간을 따로 빼 일을 했고, 그걸로 청구서 대금들을 냈다. "제가 낼 필요는 없었지만, 저도 한 사람의 몫을 하는 개인이니까 의무라고 생각했어요. 다른 누군가가 결정들을 내리거나 뭐든 도와주는 걸 저는 바라지 않아요. 그건 성장을 가로막는 일이니까요." 나는 혼자 생각한다. 이 남자는 분명히 자기 앞가림을 할 줄 알아. 누가 봐도 어른이야. 하지만 샘은 결코 그렇지 않다는 기분이 든다고 한다. "법적으로는 어른이겠지만 그렇게 느껴지지 않아요. 어른이라는 개념 전체가 그냥…… 두려워요. 낯설고요." 샘이 웃으며 말한다. "어른이라고 하기엔 만화영화를 너무 좋아하는걸요." 샘에게 어른이 된다는 건 반려자든 아이든 다른 누군가를 책임진다는 걸 뜻한다. "세금을 낼 책임에서 오는 혹독한 부담, 그리고 어떤 것에 대한 지식, 뭐 그런 거죠. 자동차를 몰고 조그만 아이와 반려자가 기다리는 집으로 돌아가는 수염 난 남자…… 만화영화는 안 보는 그런 남자가 떠오르네요."

나는 이런 것들―수염, 자동차, 반려자, 아이, 그러니까 내 상상 속에서 서류 가방을 들거나 아기를 안고 현관문에 서 있던 사람을 샘 버전으로 바꿔놓은 것들—이 언젠가는 샘에게 어른이 되었다고 느끼게 해줄지 궁금하지만, 샘은 절대 "저는 어른이에요"라고 말하게 되지는 않을 것 같다고 한다. 그는 절대 그 역할을 이어받지 않을 생각이다. 왜일까? 어른다움의 무엇이 그를 그토록 두렵게 하는 걸까? "저는 언제까지나 순수하게 살고 싶거든요. 인생에는 아직 손대지 않은 가능성들이 아주 많고 모든 게 아주 즐거울 거라고 느끼면서요. 제가 보기에 어른들은 안 그러는 것 같아요. 적어도 자신을 어른이라고 정의하는 사람들은요." 샘에게 어른이 되는 일은 규칙과 구속, 그리고 어째서 어떤 일들은 불가능한지의 이유들로 이루어진 왜곡된 현실감각을 가져온다. 샘이 어른이 되는 일에 반대하는 이유는 여기에 있다. "사람들이 저한테 '현실적이 돼'라고 말할 때면, 저는 거기에 동의할 수 없다는 마음이 큰데요. 우리가 사는 세상에 현실적인 거라곤 아무것도 없기 때문이에요." 휴대폰에서부터 비행기까지 우리가 보아온 과학적 진보들 중 어떤 것도 현실적이지 않다고 샘은 말한다. 샘이 눈을 빛내며 말할 때 나는 한 편의 시를 듣고 있는 기분이다. "무엇이 현실적이고 무엇이 그렇지 않은지 이해하는 건 꿈꿀 수 있는 사람들에게 허락되는 일이죠. 저는 아이들이 그런 순수함을, 그런 사랑을, 그렇게 열광하는 마음과 상상력을 준다고 생각해요. 어른들은 그렇지 않죠. 그게 제가 절대 어른이 되지 않을 거라고 생각하는 이유예요. 그래야 그 가능성의 왕국이 언제나 저한테 열려 있을 테니까요." 샘 자신이 영국의 이민 제도에서 경험한 것은 그에게 어른들의 제도가 어떻게 작동하고 구성되는지를 가르쳐주었다. "그런 앎은 고통스럽고, 야망을 죽여버리고, 순수함을 없애버리죠. 사람들이 잠재력의 최대한도까지 꿈꾸고 불가능한 것을 가능하다고 생각할 능력을 가로막아요. 그런 일은 아이여야 할 수 있죠."

하지만 샘에게는 그가 부인하는 만큼이나 매우 어른스러운 면이 있다. 샘이 자신이 통과한, 그리고 아직 통과하지 못한 몇 가지 성장 경험에 대해 이야기할 때, 그는 자기 자신을 온전히 책임지고 있는 것처럼 보인다. 샘은 런던에 있는 대학에서 정치학을 공부하며 첫 학기를 이제 막 마치고 장학금도 받았다. 남자 형제 둘과 어머니와 함께 영국에 이민을 와 8년째 살고 있고, 아버지는 나중에 합류했다. 그의 가족은 처음에는 사촌네 집의 침실 한 칸에서 같이 지내다가 맨체스터에 집을 따로 구했다. 샘은 나이지리아에서의 삶을 남겨두고 영국으로 이민 온 일이 자신의 삶에서 가장 중요한 성장 경험 중 하나라고 말한다. "그건 매우 흔치 않은 경험이고, 엄청나게 많은 문제와 어려움이 딸려와요. 사람들한테 어떻게 작별 인사를 할지, 아니면 작별 인사 없이 그냥 떠날지. 그 일을 겪으면 기분이 어떨까요? 어떤 내면의 경험에 직면하게 될까요?" 우리는 몇 번이고 계속해서 분리와 개별성에 관한 질문들로 돌아가고 있는 것 같다. 친구와 가족들과 관계를 어떻게 유지하는지 묻자 샘은 웃으며 고개를 젓는다. "저는 사람들을 정말로 떠나게 두지 않아요." 친구들과 연결을 유지하려면 "정직하고 진실해져야 하고, 자기 자신의 일부를 공유해야 해요. 그러면 친구들도 자신의 일부를 저와 공유할 수 있게 되죠. 그리고 일단 누군가의 일부를 자기 안에 지니게 되면 그 불꽃이 계속 타오르게 할 수 있어요. 훨씬 더 힘든 건 떠나보내는 일이죠."

샘은 그가 열세 살 때 심장에 문제가 생겨 세상을 떠난 어머니에 대해 말해준다. 샘의 어머니는 "가족의 탱크" 같은 사람이었고, 일곱 형제자매 가운데 막내였고, 모두를 먹여 살린 지극히 재능 있는 여성이었으며, 교회와 가족에 헌신적인 사람이었다. 어렸을 때 어머니의 심장에 관해 알게 된 샘은 심장외과 전문의가 되겠다고 결심했다. 그는 시선을 떨구며 말한다. "제가 알기로 제가 지키지 못한 몇 안 되는 약속 중 하나가 그거예요. 다시 떠올리기 힘든 기억이고요." 샘은 어머니를 구해주는 의사가 되겠다고, 심장 계통과 심장 수술을 이해하고, 어머니의 심장에 생긴 문제가 무엇인지, 치료하기 위해 할 수 있는 일이 무엇인지 알아내는 데 인생을 바치겠다고 어머니에게 맹세했다. "그러고는, 네, 실패했어요. 근처에도 못 가고 혹독하게 실패했죠. 저는 다시는 누구도 그렇게 실망시키지 않을 생각이에요."

어머니가 돌아가셨다는 연락을 받았을 때 샘은 자신이 들은 말을 믿을 수 없었다. 남동생이 우는 걸 본 다음에야, 형이 위층에서 문들을 부수고 금이 갈 때까지 욕실 타일을 주먹으로 치는 걸 본 다음에야, 가족들의 고통을 본 다음에야 자신도 울었다. 그 뒤로 샘은 다시는 울지 않기로 결심했고, 장례식 날을 제외하고는 딱 한 번밖에 울지 않았다. "집에서 피아노를 치는데, 그냥 두 눈에서 눈물이 쏟아져 나오기 시작했어요. 통제할 수 없을 정도로요. 울고 있는 것도 아니었는데, 눈물이 떨어지고 있었어요. 이런 생각이 들었죠. 도대체 이게 무슨 일이야? 울고 있는 것도 아닌데 울고 있잖아." 그 뒤로 지금까지 샘의 두 눈은 눈물을 흘려본 적이 없다. 내게는 샘이 그 사실을 자랑스러워하는 것처럼 들린다. 하지만 샘은 서둘러 내 생각을 정정한다. "아뇨, 이건 굉장히 문제가 있는 것 같아요. 한동안은 이렇게 생각했죠. 그래, 좋아, 난 고통스럽지 않아. 하지만 이제는 뭔가를 조금이라도 느끼려면 확실히 애를 써야 돼요. 이 눈에서 눈물이 나올 수도 있어야 되는데, 나오지가 않거든요." 샘은 자신을 철저히 방어하고 있다. 어머니의 무덤에 한 번도 가지 않았던 것이다. 이 말을 듣자 나는 마음이 아파진다. 그 순간, 샘은 어른이 된 남자처럼 보이지 않는다. 어머니를 구해주겠다고 약속했다가 그 약속을 지키지 못한 일로 자신을 탓하는 한 아이, 울지 않겠다고 자신에게 약속했고, 이제는 너무도 그 약속을 깨고 싶지만 그럴 수가 없는 한 아이가 보일 뿐이다. 이것은 샘이 아직 뚫고 나갈 길을 찾지 못한 성장 경험인 것 같다.

샘의 어머니는 기술 우수자들에게 주어지는 1단계 비자를 받아 샘과 두 형제를 영국으로 데려왔다. 어머니의 두 번째 기일, 샘은 이민국으로부터 편지 한 통을 받았다. 다음과 같이 적혀 있었다. '21일 내로 짐을 꾸려 이 나라를 떠나십시오. 아울러 영국에서는 재고 요청을 하실 수 없습니다.' 샘의 가족은 혼돈에 빠졌고, 샘은 이 문제에 맞서는 일을 도와줄 사람을 최대한 많이 불러 모았다. 도와줄 사람은 많았다. 샘이 맨체스터 유권자를 대변하며 회원으로 활동했던 청년의회의 운영진들, 그가 단체장 후보로 입후보했고 운영을 돕기도 했던 육상 단체, 그가 자원봉사를 했던 유색인 청년과 노동계급 청년 및 가족 돌봄 청년들을 위한 다양한 단체의 사람들이었다. 모두가 샘을 지지하기 위해 모였고, 그중 일부는 이민국의 결정을 뒤집기 위해 샘의 가족이 제기한 소송 사건 재판들에 참석하기도 했다. 재판에서 법정 변호사는 샘에게 이렇게 물었다. "어머니를 잃은 사람들은 많습니다. 당신의 상황은 뭐가 그렇게 특별하죠?" 샘의 남동생이 울기 시작했다. 샘은 말한다. "전 이렇게 생각했어요. 아, 맙소사, 이 나쁜 새끼가. 뭐야 이게? 물론 그렇게 말하진 않았지만요." 샘은 자리에 앉은 채 그 질문에 어떻게 대답할지 생각했다. 그는 날짜를 보았고, 그날이 2018년 11월 9일임을 확인한 다음 법정 변호사에게 말했다. "정확히 1년 전, 저는 영국 의회에, 오직 하원의원들만 앉을 수 있는 기다란 녹색 의자에 청년의회 회원으로 앉아 있었습니다. 맨체스터의 제 유권자들을 대변해서 말입니다. 그리고 오늘 저는 제가 이 나라에 존재해야 하는 이유들을 항변하고자 이 법정에 앉아 있다고 말씀드리고 싶습니다." 샘과 그의 가족은 승소했지만, 영국에 무기한 머물러도 된다는 허가는 받지 못했다. 그들은 다음 10년 동안 2년마다 한 번씩 똑같은 과정을 거쳐야 할 것이고, 결국에는 영원히 머물러도 된다는, 이곳을 영원히 집으로 삼아도 된다는 허락을 받을 수 있을지도 알지 못하는 상태다. 만약 그럴 수 있다면 영국은 운이 좋은 나라일 것이다.

샘은 세상에 필요한 건 평화로운 혁명, 즉 제도의 변화라고 주장한다. 하지만 어른들은 변화가 그런 식으로 올 수 있다고 믿지 않는다는 게 그의 생각이다. "어른들은 혁명이라는 개념을 믿지 않아요. 점진적인 변화를 믿죠. 저는 그 생각을 존중해요. 그리고 그 같은 사고 틀에 사실인 면도, 실용적인 면도 많다는 걸 알아요. 하지만 전 그런 틀이 우리를 구속한다고 생각해요. 우리를 파괴한다고요. 그레타 툰베리를 보세요." 샘이 말한다. "툰베리는 정말로 급진적인 변화, 꼭 필요한 변화를 요구하고 있어요. 그리고 그 일이 일어나지 못하게 막고 있는 건 어른들이에요." 샘에게 아이들은 꿈꾸고, 무엇이든 가능하다고 믿고, 지금 당장 바로잡아야 하는 부당함을 알아차릴 수 있는 존재들이다. 하지만 어른이 되면 그들은 현실에 안주하는 공모자가 되어 뭐든 있는 그대로 유지하려고 하고, 변화의 과정도 자연히 이루어지기를 바라게 된다. "쳇." 샘이 말한다. "그런 것도 존중은 하고, 맞는 말이라는 것도 알지만요, 그건 저한테는 상처가 되는 강압적인 힘이에요. 세상이 어떻게 돌아갈 수 있는지에 대해 완전히 다른 가능성들로 가득한 왕국도 있다고요."

샘은 세상이 어떤 곳이 될 수 있는지에 대해 전망을 말하면서는 매우 자유로워 보이지만, 어른다움에 관해 말할 때는 그렇지 않다. 샘에게 어른이 된다는 건 뭔가 지루한 것을 뜻한다. 세금, 부담, 실제로 가능한 것들로 가득한 왕국. 그리고 분명 만화영화는 그 안에 없다. 나는 샘에게 묻는다. 어른이 되는 걸 당신의 혁명의 일부로 삼아보면 어때요? 결국 어른이 된다는 것의 의미는 샘이 어른의 삶을 어떻게 살기로 결정하는지에 따라 마음대로 만들어갈 수 있는 것 아닌가. 샘이 대답한다. "그거 멋진 질문이네요. 왜 그게 안 될까요?"

나는 어른다움에는 샘이 지금 당장은 보지 못하는 또 다른 면이 있다는 걸 본능적으로 알고 있다. 지금 내게도 구체적으로는 보이지 않지만, 달이 높은 빌딩에 가려도 달빛은 여전히 느껴지듯 그저 그것이 존재한다는 걸 안다. 그렇다, 어른이 된다는 건 하나의 과정이다. 하지만 그 자체로 급진적이고 우리를 해방시키는 과정이다. 우리 각자에게 개인적인 혁명이기도 하다. 어른다움이 정확히 어떤 모습인지는 아직 말할 수 없지만, 지금까지 내가 만난 청년들이 그 불확실한 윤곽선을 그리는 데 도움을 줄 수 있지 않을까 생각한다. 각 개인의 혁명은 다른 사람들의 것과는 매우 다르지만, 어쩌면 겹치는 주제들이 있을 수도 있다. 빅토리아는 가족 안팎에서, 그리고 소셜 미디어 안팎에서 자신만의 정체성을 분명히 표현하는 과정을 계속 진행 중인 것으로 보인다. 집을 떠나는 일에 처음에는 빅토리아가 정말로 원했던 건지 알 수 없는 충격적인 종류의 자유가 딸려왔지만, 나는 이런 경험들이 독립된 개인이 되기 위해 우리 각자가 거쳐야 하는 개인적 혁명의 일부일 수 있지 않을까 생각한다. 샘에게 어른다움은, 지금까지는 나이지리아의 친구들과 가족들을 떠나왔지만 떠나보내지는 않는 것, 법정에 서서 자신과 사랑하는 사람들이 이 나라에 남을 권리를 지키는 것을 의미해왔고, 어머니의 장례를 치르고 스스로에게 눈물을 금지하는 일과도 관련이 있었다. 샘은 독립된 사람이 되면서 너무도 큰 대가를 치러야 했다. 울어서는 안 되는 감옥에 자신을 가둬왔고, 이제는 열쇠를 찾을 수가 없다. 샘에게 가장 급진적인 혁명은 우리 모두가 이 세상에 태어나 처음으로 숨을 쉬면서 본능적으로 하는 그 행동을 하는 삶으로 돌아갈 방법을 찾는 게 아닐까 싶다. 그리고 보루에게는…… 음, 어른다움이 보루에게 갖는 의미를 이야기하기에는 아직 너무 이르다는 생각이 든다. 보루를 떠올리면 나는 걱정과 두려움과 희망과 신뢰가 뒤섞여 배 속이 죄어드는 느낌이다. 나는 보루가 자신만의 혁명을, 마약으로부터 해방되고 자기 자신을 용서하고 좋은 삶을 꾸려가는 그만의 방법을 찾아낼 거라고 믿고 싶다. 확신할 수는 없지만.

여기에는 모순이, 제법 흥미로운 모순이 존재한다. 어른이 되는 일에는 어딘가 급진적인 면이 있다. 경험과 감정의 한계 근처에 무언가 난폭하고 극단적이며 너무도 강렬해서 언어로는 표현되지 않는 것이 있는 것이다. 하지만 그것은 동시에 숨 쉬는 일처럼 믿을 수 없이 평범하고 자연스러운 일이기도 하다. 그것은 내게 프로이트가 정신분석 발달 초기에 대화 치료에 품고 있던 열망에 대해, "신경증적인 고통을 보통의 불행으로 전환하는 일"[23]의 이점에 대해 썼던 글을 떠오르게 한다. 어른이 되는 일은 가끔씩 불꽃놀이나 번지점프, 혹은 아무도 보지 않는 곳에서 마음대로 춤추는 일처럼 느껴질 수도 있지만 종종 그렇지 않기도 하다. 그 일은 그저…… 괜찮게만 느껴질 수도 있다. 내가 이 점을 조금 더 깊이 이해하게 된 건 토치와 대화를 나눈 뒤다. 사람 좋은 미소를 얼굴 가득 지으며 내 아파트에 들어서는 토치는 마음이 아주 편안해 보이는데, 그와 함께 있으니 내 호흡도 곧바로 편해진다. 마치 평온하고 중심을 잃지 않는 그의 존재가 분위기를 바꿔놓는 것만 같다. 스물두 살인 토치는 대학을 졸업한 뒤 무엇을 하고 싶은지 탐색하고 생각해보면서 1년을 보냈고, 몇 달 뒤에 처음으로 일을 시작하려고 기다리는 중이다. 어른이냐고 묻자, 토치는 웃으며 대답한다. "법적으로는 그렇죠!" 토치는 어떤 면에서는 자신이 어른이라고 생각한다. "보세요, 전 이제 수염도 났어요, 그렇죠." 하지만 다른 면에서는 자신은 어른과는 거리가 멀다고 말한다. "전 여전히 어린 시절을 보낸 집에서 살고 있어요. 독립하지 않으면 어른이 될 수 없어요. 5년 전에 할아버지가 엄마를 야단치신 일이 기억나요. 집에 있으면 언제나 어린애로 살게 될 거예요." 토치는 열여덟 살이 되어 이렇게 생각했던 걸 기억한다. "오 예, 난 이제 어른이다. 뭐든 할 수 있다." 그리고 지금 그는 이렇게 생각한다. "열여덟, 열아홉, 스무 살 때, 그때 제가 어떻게 행동했는지 돌아보면 이런 생각이 들어요. 그렇게 유치한 짓을 하다니." 이런 자아들, 별로 어른은 되지 못했던 이전의 자아들을 어떻게 해야 할지 토치는 잘 모른다. 시간이 흐르는 동안 어른이 되어가고 있다고 느끼기는 했지만, 그는 자신이 단순히 일직선의 길을 따라온 건 아니라고 생각한다. 토치에게 어른다움을 향해 나아가고 그것을 통과하는 길은 '핀볼 기계' 같다. 경험에서 경험으로 튀어오르고, 그 경험들을 반영해 다음번에는 어떻게 다르게 반응할지 배워나가며, 가끔씩은 성숙해지고, 가끔씩은 그러지 못하기 때문이다.

살면서 가장 크게 성장했던 때가 언제였는지 묻자 토치는 내게는 '놓아주기'처럼 느껴지는 경험을 들려준다. 열네 살 때, 토치는 부모님에게 자신이 게이라고 말했다. 그는 부모님의 반응이 "그렇게 좋지는 않았다"고 설명한다. 학대당했다고 할 수는 없지만, 토치가 자신의 정체성을 사실대로 말하자 "인정할 수 없다는 표정이 되돌아왔고, 그건 그 자체로 정신적 외상이 될 만한" 경험이었다. 부모님이 다르게 반응했더라면 좋았겠다고 생각하면서 토치는 오랫동안 상처받고 화가 나 있었다. 하지만 시간이 흐르면서 자신이 부당하게 취급받은 사람의 입장에 갇혀 있고, 그 슬픔의 감각이 정당하기는 해도 자신을 짓누르고 있다고 느끼게 되었다. 토치는 이렇게 말한다. "상당히 최근 일인데요, 저한테 성장이 되는 경험이 있었던 것 같아요. 어른들은 몸만 자란 어린애라는 걸 깨달은 게 그 경험이에요." 토치의 이 말이 정확히 무슨 뜻인지는 분명하지 않지만, 나는 이것이 어른들이라고 해서 모든 대답을 가지고 있지는 않고, 그들은 계속 만들어져가는 존재들이며, 언제나 일을 제대로 해내는 건 아니라는 사실과 관계가 있지 않을까 생각한다. "전 그 일에 대해 슬프다고 느낄 수 있어요. 슬프다고 느끼는 게 당연하죠. 하지만 어느 시점부터는 그 때문에 영원히 계속 슬퍼할 필요는 없다고 느끼게 됐어요. 저는 그 상황 바깥으로 나와서 그 일을 다른 방식으로 바라보기를 택했어요. 다시 말해 제 부모님의 결점들을 받아들이기로 한 거죠." 내가 보기에 토치는 그 오랜 시간 내내 부모님의 반응에서 온 무언가를 내면에 품고 지냈던 것 같다. 그는 자신을 인정해주지 않는 부모님의 인식에 집착했고, 부모님을 인정하지 않는 자기 자신의 마음에도 짓눌린다고 느꼈다. 이제 토치는 부모님의 말에 얽매여 있던 자신을 풀어주었고, 자신에 대한 견해를 부모님의 견해로부터 분리했다. "이제 전 이렇게 생각해요. 음, 난 잘못한 게 없다고. 부모님이 하신 말씀이 잘못이죠. 그건 제 책임이 아니고, 그러니 전 제 일상을 잘 살아갈 수 있어요." 토치가 미소 짓는다.

그저 일상을 잘 살아가기로 마음먹은 한 남자의 급진적인 해방이자 조용한 혁명. 이 성장 경험은 토치의 안팎에서 오는 판단의 족쇄로부터 그를 해방시켜주었고, 내 소파에 앉아 시나몬 번을 먹고 있는 그는 담백하고 솔직하며 자신에게 만족하고 있다는 인상을 준다. 나는 토치처럼 걱정 없고 자유로우며 자기 자신을 편안하게 받아들이는 사람과 함께 있는 것만으로 더욱 평온한 기분이 된 걸 깨닫는다. 그리고 그 '놓아주기' 다음에 온 것, 그 평화로운 혁명과 함께 가능해진 것은 살아 있다는 것의 기쁨, 토치로 산다는 것의 기쁨을 경험할 새로워진 능력이었다. 우리의 대화 주제가 특권과 그것의 다양한 형태로 넘어가자, 토치는 우리 사회에서 이런 대화가 종종 취하는 형태에 불만이 있다는 이야기를 한다. 그 대화들이 '블랙 조이'●에 대해, '유색인종 퀴어'로 살아가는 일의 짜릿함에 대해, '영국의 흑인 게이 역사의 일부가 되는 일'의 자부심에 대해 이야기할 기회를 너무도 자주 배제한다는 것이다. "저는 제가 흑인이라는 게, 그토록 많은 흥미진진한 문화와 삶, 사람들과 결부되고 관련된다는 게 즐거워요." 토치가 말한다. 토치가 작별 인사를 하고 등 뒤로 내 집의 현관문을 닫고 나간 뒤, 나는 그러한 이야기들이 분명 정말 괜찮은 성장 경험이었을 거라고 혼자서 생각한다. 보루, 빅토리아, 샘, 그리고 토치에게서 작은 성장 경험들과 더 큰 성장 경험들을 연결해 훨씬 더 커다란 혁명들을 만들어내는 건 바로 이렇게 자유로운 감각인 것 같다.

하버드대학교와 로스앤젤레스 캘리포니아대학교에서 심장 전문의이자 진화생물학자로 일하는 바버라 내터슨 호로위츠는 어른다움에 대한 좀 더 긍정적인 이해라는 이런 뼈대에 약간의 살을 붙인다. 성체가 된 동물의 일반적 정의는 '재생산할 수 있는 나이에 도달한 동물'이지만, 내터슨 호로위츠는 연구를 하던 중에 몹시 다른 무언가를 발견했다. 그와 공동 저자인 캐스린 바워스는 5년 동안 전 세계 야생동물의 성체기로의 이행을 연구했는데, 그들의

● '흑인으로 살아가는 삶의 기쁨과 긍정적인 면'을 뜻하는 말로 2015년 작가 클리버 크루즈가 만든 프로젝트의 이름이기도 하다. 인종차별로 인한 억압과 비극으로 가득한 재현들과는 별개로 흑인의 삶을 긍정적으로 재현하고 공유하자는 해시태그 운동으로 소셜 미디어에서 큰 인기를 끌었다.

결론은 다음과 같았다. "재생산 능력이 곧 성체기에 이르렀다는 사실의 동의어는 아니다. 이것은 인간뿐 아니라 생명의 나무● 전체에 해당되는 사실이다. 야생에 사는 많은 종에게 발정기—재생산할 수 있을 만큼 생리적으로 성숙해지는 과정—는 그저 시작에 불과하다. 이 새끼 동물들은 많은 영역에서 성체의 역량을 갖추지 못한 상태다. 짝짓기 춤을 배운 적이 없기 때문에 구애 기술이 부족할 수도 있고, 무리 내에서 지위를 획득하기 위한 사회적 기술이 없을 수도 있다." 내터슨 호로위츠는 항소법원 재판관 스카먼, 세라제인 블레이크모어, 에어리얼 네이선슨, 그리고 그들 이전에 있었던 사람들과 마찬가지로, 성인기와 그 전 시기의 경계는 우리가 종종 생각하는 것보다 훨씬 더 불분명하다는 사실을 발견했다. 이 발견은 동물계에서 성체기의 새로운 정의를 세우도록 연구자들을 이끌었다. 동물의 생물학적 재생산 능력이 아니라 네 가지 핵심 능력의 숙련에 기반한 정의였다. 그 네 가지는 안전하게 머무를 능력, 사회적 위계를 통과할 능력, 성적 의사소통 능력, 그리고 둥지를 떠나 자신을 돌볼 능력이다. "안전. 지위. 섹스. 자립이죠."

그들은 청소년기, 즉 거의 어른에 가깝지만 아주 어른은 아닌 이 중간에 낀 시기, 어른의 몸을 지녔지만 경험이 부족한 시기, 소녀도 여자도 아닌 시기, 이런 '이상한 림보' 같은 생애 단계가 인간에게만 존재하는 것이 아니라는 증거를 발견했다. 이 시기는 "갑각류에서부터 어류, 양서류, 파충류, 조류, 그리고 비인간 포유류에 이르기까지 끊어지지 않는 띠처럼 이어지는" 보편적인 단계

● 지금까지 지구에 존재하고 있거나 멸종된 모든 생물종의 진화 계통을 나타낸 계통수.

다. 그들은 이 단계를 "미성숙기wildhood"라고 이름 붙였고, 이를 그들의 책 제목으로 썼다.[24] 그뿐만이 아니다. 그들은 후기 청소년기의 이리저리 옮겨다니는 특징—대학과 집 사이를 오가는 토치와 빅토리아의 생활처럼—역시 인간에게만 유일한 것이 아니라는 사실을 발견했다. 내터슨 호로위츠는 예전에는 새롭게 성체가 된 펭귄들이 '얼음처럼 차가운 대서양 바닷물에 뛰어들어 길을 떠나는' 운명적인 날이 있다는 믿음이 보편적이었다고 설명한다. 하지만 언제나 그런 것은 아니라는 사실이 드러났다. 연구자들은 여러 펭귄 종에서 '부모의 돌봄이 연장되는 것'을 확인했다. 먹이가 충분치 않거나 사냥 기술이 충분히 발달하지 못했을 경우 새끼 펭귄들은 부모에게로 돌아가고, 부모들은 계속 새끼들을 먹여 살린다. "새끼들은 말 그대로 집을 떠났지만 아직 스스로 살아갈 수 없기 때문에 집으로 돌아온 거예요." 내터슨 호로위츠는 이렇게 말하며 인간과 펭귄 종 모두가 부모의 도움을 받는 이런 전략을 비슷하게 이용한다고 밝힌다. 마치 우리는 청년들의 복지에 필요한 만큼 그들을 지원하는 일을 계속해야 한다는 아동법의 문장들이 동물계에도 울려퍼지는 것만 같다.

청소년기가 다른 종에도 존재한다는 사실을 발견한 내터슨 호로위츠는 인간의 청소년기 또한 다르게 이해하게 되었다. "청소년기는 고통스럽고 힘들 수 있지만, 청소년이 초기 성인으로 변화하기 위해서는 힘들 수밖에 없다는 사실이 드러납니다. 인간 청소년들과 가족들은 인생의 이 단계에서의 시련과 동요가 꼭 필요한 것이며, 그들은 혼자가 아니라는 사실을 알고 위안을 받아야 할 거예요." 내터슨 호로위츠는 이같이 평범한 어려움과 고통들로부터 청소년들을 보호하려 드는 것은 현명하지 못한 일일 수 있다고 덧붙인다. "야생 조류, 어류, 그리고 포유류에 관한 여러 연구에서 드러나듯 이런 힘든 경험들로부터 보호받은 동물들은 독립적인 삶을 살아갈 능력이 부족할 수 있기 때문입니다." 어른이 된다는 것은 힘들여 나아가는 것이다. 우리가 만들어가고 있는 어른다움의 정의에 덧붙일 만한 또 하나의 요소다.

이 모든 것을 발견한 뒤로 내터슨 호로위츠는 "성인기로의 이행에 대해 더 넓어진 시각"을 지니게 되었다. 어른다움에 대한 연구를 시작할 때 그가 품었던 가장 중요한 의문 중 하나는 '왜 어른이 되는가'였다. 야생에서 동물들은 살아남기 위해 능력을 갖춘 성체가 되어야 하지만, 그것은 현대사회의 인간들에게 해당되는 얘기는 아니다. 그렇다면 어른이 되는 일의 좋은 점은 무엇일까? 내터슨 호로위츠는 책을 집필하는 과정에서 답을 얻게 되었다. "어른다움은 무언가를 숙련하는 일과 능력을 갖추는 일, 가능성을 깨닫고 개인 대행●을 발견하는 일과 관련되어 있습니다. 우리는 우리의 인간 자아에 너무 익숙해져서 이 사실을 깨닫지 못할 수 있지만, 다른 종들을 두루 살펴볼 때 이 사실은 아주 분명합니다." 내터슨 호로위츠는 자신의 저서를 홍보하는 웹사이트에 올려 둔 동영상 하나를 보여준다. 나이 많은 개체들의 정교하고 화려한 짝짓기 춤을 지켜보고 흉내내려고 애쓰는 레이산 알바트로스 새들을 담은 동영상이다.[25] 춤을 연습하는 하얀 새끼 새들을 지켜보던 내 눈에 녀석들이 타이밍을 놓치는 모습이 들어온다. 나는 녀석들이 너무나 자신 없는 모습으로 망설이는 걸 알아채고, 코를

● 자기 삶을 만들어나가는 데 영향을 미치는 주체적인 능력에 대한 자기인식.

서로 비비는 이누이트족의 키스를 부리를 서로 붙드는 복잡한 방식으로 바꿔놓은 동작을 머뭇머뭇 시도하는 녀석들의 모습에 미소 짓는다. 이 동작들을 연습해 완벽하게 익히는 데는 길게는 4년까지 걸린다고 내터슨 호로위츠는 설명한다. 나는 또 다른 동영상을 본다. 이번에는 성체가 된 레이산 알바트로스 새들이다. 그들 모두가 정확하게 타이밍을 맞춰 다리를 굽히며 부리를 땅으로 향했다가 재빨리 몸을 위로 펴면서 부리를 하늘로 향하는 모습에 나는 어안이 벙벙해진다. 그 뒤에 이어지는 부리로 하는 이누이트족의 키스는 너무도 빠르고 정확해서 내 눈앞이 몽롱해지기 시작한다. 내터슨 호로위츠가 이 작업을 통해 "젊음에 집착하는 우리 사회"에서 언제나 정당하게 평가되지는 않는 무언가를, 다시 말해 "어른이 된다는 것의 장엄함"을 깨닫게 됐다고 말할 때, 나는 그 말이 무슨 뜻인지 알 것 같다. 그는 사냥하고, 다른 동물을 먹이고, 보호하고, 창조하고, 지도자가 될 수 있는 성체 동물의 숙련된 능력을 지켜보는 동안 그것을 알게 되었다. 이것이 "여러 종에 걸친 어른다움의 위엄"이라고 그는 말한다.

여러 종에 걸친 어른다움의 위엄. 내터슨 호로위츠의 감동적인 묘사가 몹시 마음에 든다. 정신을 차려보니 나는 나를 취하게 만드는 이 이미지에 완전히 사로잡혔다. 어쩌면 약간 지나칠 정도로. 나는 내게 어른다움을 이상화하는 성향이 있다는 걸 안다. 그건 위험한 길이다. 10대 때, 나는 완벽하게 능력 있고 재주가 뛰어난 어른이라는 개념에 너무도 사로잡힌 나머지 내터슨 호로위츠가 주장하듯 청소년기에 없어서는 안 되는 부분인 힘겨운 싸움들을 나 자신에게 허용하지 않았다.

당시 힘겹게 싸우고 있던 내 친구들을 본 나는 그애들을 도 우려 애썼고, 왜 나는 10대 내내 비교적 평온하게 지나가는 느낌 인지 궁금하게 여겼다. 내가 운이 좋다고 생각했지만, 놓친 게 얼 마나 많았는지 이제야 겨우 깨닫기 시작한 참이다. 어쩌면 이미 어른의 영역에 나 자신을 가둬놓고 책임감 있는 어른의 역할을 수 행하고 있었는지도 모른다. 그리고 어쩌면 이것이 내가 지금 어른 이라는 느낌이 들지 않는 이유일지 모른다. 나는 도움이 필요한 아이가 되는 일을, 청소년이 되는 일을 나 자신에게 허용하지 않 았다. 결승선이라고 여긴 지점에 너무 간절하게 도달하고 싶은 나 머지 내가 답들을 벌써 알고 있어야 한다고 생각했다. 일을 잘 해 내고 싶다는 마음이 너무도 필사적이었던 나는 진짜가 되는 경험, 그저 있는 그대로의 내가 되는 중요한 경험을 스스로에게 허락하 지 않았다.

첫 번째 장에서 다루는 '이상한 림보' 같은 생애 단계는 초보 어른이 되는 것과 관련된 시기다. 어른인 동시에 어른이 아니라는 모순을 받아들일 능력을 갖추고, 자신이 그 둘 다에 해당하면서 어느 쪽도 아닌, 사이에 낀 존재라는 사실을 견뎌낼 수 있게 되는 것과 관련된 시기다. 그 일의 혼란스러움을 견뎌낼 수 없을 때, 우 리는 우리 자신에게 너무 성급하게 어른이 되라고 강요하게 될 수 도 있고, 그러면 어른이 아닌 상태까지 포함하는 어른다움을 향한 매우 중요한 단계들을 놓치게 되기 때문이다. 그리고 나는 그 부 분을 건너뛰고 싶다는 충동이 너무도 강하게 든다. 초보자가 되는 일은 재미있을 수도 있지만 정말로 끔찍할 수도 있다. 기반이 없 고 불안정하며 아는 게 아무것도 없고, 타인들에 의해, 그러나 가장 나쁘게는 자기 자신에 의해 판단의 대상이 된다는 느낌. 총체적인 자신감 부족. 끔찍하지 않은가! 나는 그 느낌을 잘 안다. 내가 심리치료사 교육을 처음으로 시작했을 때, 그 느낌은 다시 청소년기로 밀어넣어진 느낌과 매우 흡사했다. 두려웠고 경험이 없었고 좋다는 느낌도 충분히 들지 않았다. 최근에 주변을 정리하다가 언제였는지 몰라도 내가 베껴둔 인용문 하나를 발견했다. 정신분석학에 관한 어느 논문에 나오는 한 문장이었다. '심리치료사 일을 막 시작하는 사람은 대체로 어쩔 줄을 모른다.'[26] 너무나 단순하면서도 사실인 문장이다. 처음에 나는 청소년기에 접근했던 것과 정확히 똑같은 방식으로 교육에 접근했다. 그 방식이란 내가 이미 어른이 되어 있어야 마땅하다는 듯 행동하는 것이었다. 나는 어리석게 느껴지는 질문들은 하지 않았는데, 이미 그 대답들을 알고 있어야 마땅하다는 생각이 들어서였다. 마치 부모의 역할을 해야만 한다고 생각하는 어린애 같았다. 정신분석을 여러 차례 받은 뒤에야 나는 내가 무슨 행동을 하고 있었는지 알게 되었고, 전에는 하지 못했던 질문들을 하기 시작했으며, 왜 전에는 그러지 못했는지 생각해보게 되었다. 그렇지만 이제는 정말로 질문들을 하기 시작했다. 내가 정신분석과 교육, 그리고 내터슨 호로위츠로부터 몇 번이고 반복해 배우고 있는 것이 있다면 다음과 같다. 새로운 시작이 엉망진창인 이유는 엉망진창일 필요가 있어서다. 청소년기의 중요한 점은, 무언가를 시작할 때의 중요한 점은 일을 제대로 해내는 게 아니라 경험을 쌓고 거기서부터 성장하는 일일 것이다.

보루에게 있어 어른이 되기 위한 힘겨운 싸움이란 중독자가 되었다가 그 중독에 맞서 싸우고, 사랑에 빠졌다가 헤어지고, 평정심을 잃었다가 그것을 되찾는 일을 의미했다. 이 모든 것을 겪었음에도 보루는 이렇게 말한다. "제 인생이 시작됐다는 느낌이 별로 안 들어요." 어떤 면에서는 그의 말이 맞다. 보루는 이제 막 어른의 삶 가장자리에 닿기 시작한 참이니까. 이 점이 네이선슨이 이 생애 단계에 있는 청년들과의 작업을 좋아하는 이유다. "심리치료를 해온 제 경험으로 말하자면, 이 시기는 인생에서 가장 의미 있는 때예요. 방향 전환도 변화도 많이 이루어질 수 있으니까요. 갑자기 예전과는 다른 방식으로 세상 속에 존재하게 되는 순간과도 같아요. 이 중간 지대, 사이에 낀 공간으로 옮겨가면서 일종의 관점 같은 것도 얻게 되고, 좋은 일들도 많이 일어날 수 있죠." 초기 청소년기는 너무도 미숙하고, 너무도 격렬한 시기다. 중기 청소년기가 되면 여러 가지가 약간 더 쉬워진다. "하지만 20대 초반에 들어서는 후기 청소년기가 되면 어른이 된 그 사람은 처음으로 운전석에 앉아 주위를 둘러보고, 이것저것 알아차리고, 심사숙고할 수 있게 되죠. 이때는 변화하기에 아주 좋은 시기입니다." 그것이 어른다움의 핵심이기에, 네이선슨은 이렇게 말한다. "우리는 어떤 특정한 시점에 자신이 어디 있는지만 알 수 있을 뿐인데…… 알고 나면 그 위치는 변해버리죠."

새해가 되기 하루 전날, 보루가 내 아파트에 온 지 거의 1년쯤 지난 날이자 내가 이 책의 마지막 장, 마지막 문장을 쓰고 나서 며칠이 지난 뒤였던 그날, 보루는 내게 왓츠앱 메시지를 보낸다. "저는 선생님과 했던 대화들을, 그리고 그 대화들이 저에게 얼마나 많은 도움이 되었는지를 항상 떠올려요." 그 문장을 읽어나가는 동안 눈물이 고여 눈앞이 흐려진다. 보루는 좋은 한 해를 보냈다고 적고 있다. 이제 약을 끊었다고. 자전거도 다시 타기 시작했고, 그 일을 다시 사랑하게 되었으며, 사이클 강사로 새로운 일을 시작하게 되었다고. 또 이런 말도 한다. "지금처럼 들뜬 마음으로 정말로 미래에 대해 생각하고 있으니까 묘한 기분이에요." 보루의 말들에 엄청난 감동을 받은 나는 이 용감한 청년을 알게 된 것에 감사함을 느낀다. 그리고 희망이 생기는 느낌도 든다. 가끔씩은 너무도 손에 닿지 않는 곳에 있는 것처럼 느껴지지만, 나를 비롯해 우리 모두의 내면에 잠재되어 있다고 믿고 싶은 그 능력을, 계속 성장할 수 있는 가능성을 보루가 자기 안에서 찾아낸 것 같아서다.

# Chapter 2

나 자신에게서
도망치고 있었다

〈블랙버드〉

노래 존 레논 & 폴 매카트니

아기가 울고 있다. 바운서에 앉아 두 다리를 차올리면서, 아기는 부드럽고 조용한 신음소리를 내기 시작한다. 어머니가 먹고 있던 샌드위치를 내려놓고 걸어오는 동안, 마치 이렇게 어딘가에 갇힌 채 잊힌 기분을 영원히 느끼게 될까봐 두렵다는 듯, 그 소리는 벌써 목청이 터질 것 같은 울부짖음으로, 강렬한 요구가 담긴 필사적인 울음소리로 변해 있다. 어머니는 바운서에서 아기를 들어올려 안고, 부드러운 무릎 위에서 까딱까딱 움직이며 다정하고 차분하게 말을 건다. 괜찮다고, 엄마가 여기 있다고. 아기가 계속 울부짖자 어머니는 아기에게 왜 그러느냐고, 혹시 기저귀가 젖어서 그런 거냐고 소리 내 묻는다. 그러고는 냄새를 맡아보지만, 아기의 기저귀는 깨끗하다. 아기는 더 크게 운다. 어머니는 너무 추운가 싶어 아기의 목 뒤를 만져보지만, 체온은 아기답게 따뜻하다. 어머니의 손가락이 피부에 닿자 아기는 조용해지더니 소리 없이 입술을 오므려 'O' 모양을 만든다. 어머니가 아기에게 젖을 먹고 싶은지 물으며 브래지어 후크를 풀고 유두를 드러내자, 아기는 허겁지겁 그것을 입에 문다.

당신에겐 콘텐츠 보험*이 있는가?

나는 이 질문에 대한 대답이 그 사람의 많은 것을 말해준다고 생각한다. 대답이 '그렇다'라면 어른 점수 673점을 얻는다. 최근에 어쩔 수 없이 이 문제를 생각하게 되기 전까지 나는 거기에 크게 신경쓰지 않았었다. 동네 카페에 앉아 친구와 잡담하다가 가방이 있는 곳을 슬쩍 내려다봤는데 그 자리가 텅 비어 있었다. 거기 있던 가방이 더 이상 보이지 않았다. 뭔가 실수가 있었던 게 틀림없다고 생각했다. 심호흡을 하고 카페 안을 돌아다니며 테이블 밑을 들여다보았다. 직원들에게도 물어보았고, 혹시 몰라서 화장실 안도 들여다보았다. 몇 분 뒤, 가방을 다시 볼 수 없으리라는 걸 알게 되었다. 노트북과 공책들, 휴대폰, 지갑, 열쇠들을 잃어버렸다. 모든 걸 잃어버린 기분이었다.

물론 모든 걸 잃어버린 건 아니었다. 몇 가지 소지품을 잃어버렸고 그 대부분은 바꾸면 되는 것이었으며, 그것들을 바꿀 수 있을 만큼 여유가 있다는 점에서 나는 운이 좋았다. 하지만 나는

---

* 개인의 소지품이 파손, 분실, 도난 등의 손해를 입었을 때 보장해주는 보험. 주로 건물 안에 있는 물건들을 대상으로 한다.

스스로를 몹시 괴롭혔다. 가방을 그냥 무릎 위에 올려놓지 않았던 걸 떠올리면 토할 것 같았고, 그토록 부주의했다는 사실을 자책했다. 친구들은 서둘러 나를 위로해주었다. 누구에게나 일어날 수 있는 일이었다고 했다. 내 잘못이 아니라고도 했다. 하지만 그들이 그다음에 한 말은 별로 위로가 되지 않았다. "콘텐츠 보험으로 보상받을 수 있을 거예요." 시동생이 말했다. 나보다 세 살 어리지만 수십 년쯤 더 어른스러운 사람이다. "누가 알아요, 콘텐츠 보험 보상에서 운이 좋을지." 또 다른 친구가 나를 안심시켜주었다. "콘텐츠 보험사에 확인해보렴…… 근데 너 콘텐츠 보험은 있지?" 언제나처럼 희망적으로, 하지만 내가 보기엔 이미 대답을 알면서 아빠가 물었다. 나는 매번 "네, 확인해볼게요" 하고 대답했고, 그 대답은 매번 거짓말이었다. 나는 콘텐츠 보험이 없다.

내가 '콘텐츠 보험'이라고 부르는 이 생애 단계는 우리가 어른다움 체크리스트에 있는 모든 박스에 체크하기 시작해야만 하는 시기다.[1] 후기 청소년기에는 자루처럼 너무 크고 헐렁하게 느껴졌던 어른 모양의 슈트에 맞춰 자라나고, 적절히 자리를 잡고, 온전히 사람 구실을 하고, 자신감과 능력을 갖춘 어른이 되어야 한다. 우리는, 내가 정말 좋아하지 않고 두 번 다시 사용하지도 않을 단어를 써서 말하자면, '철드는' 일에 능숙해지라는 요구를 받는다. 이 시기는 셰익스피어의 『겨울 이야기』에서 나이든 양치기가 '열 살부터 스물세 살까지의 나이'를 묘사한 것처럼 "싸우고, 도둑질하고, 노인들을 못살게 굴고, 여자들을 유혹해 임신시키는"[2] 일들보다는 승진하고, 우유가 다 떨어지지 않게 하고, 연금 문제를 해결하는 등의 일들이 더 많은 시기다. 이 시기에 우리가 거쳐야 하는 성장 경험들은 프로이트가 인간성의 토대라고 여겼던 것들, 즉 사랑과 일과 관계가 있다. 이런 성장 경험들과 그것들이 찾아오는 시기는 우리가 속해 있는 사회 및 계층에 따라 다를 것이다. 영국의 보수적인 지역에서라면, 사랑의 측면에서는 반려자를 찾고 안정적인 관계를 만들고, 함께 가정을 꾸리고 가족계획을 하는 일이 여기에 포함될 수 있다. 그리고 일의 측면에서는 커리어를 확고히 쌓고 승진하는 일이 포함될 수 있다. 어쩌면 어떤 사람들에게 이런 요구는 이제 매우 구닥다리로 느껴질지 모른다. 이성애규범성에는 점점 더 많은 이의가 제기되고 있고, 일의 세계 또한 그동안 너무도 많이 변해서 '평생직장'이 과거에 속하는 유물처럼 느껴질 정도다. 그리고 물론, 많은 사람들이 이런 요구를 거부하고 성장 경험을 회피한다. 자신들이 원하는 종류의 삶이 아니어서든, 환경 때문에 그런 요구를 만족시키는 것이 불가능해졌기 때문이든 말이다. 하지만 나는 폴리아모리와 n잡 프리랜서에 관한 그 모든 이야기가 이 같은 성장 경험이 우리 머릿속에서 사라졌다는 뜻은 아니라고 본다. 우리가 전통적인 요구를 의문 없이 받아들이든, 붙들고 씨름하든, 혹은 거기에 대항하든 그것은 여전히 우리를 지배한다. 어떤 경우든, 대체로 20대 초반까지 해당되고 일부 사람들에게는 30대에 들어서서도 이어지는 이 생애 단계에는 여러 가지 사회적 압박이 존재한다. 자신에 대해 완전히 책임을 지고—자기 똥오줌은 스스로 가리고—, 부모에게 의존하는 대신 확실하게 자립하고, 어쩌면 수없이 견적을 요청하고 머니세이빙엑스퍼트닷컴(moneysavingexpert.com)에서 검색을 거친 끝에 재난이 일어날 경우에 대비해서 우리의 모든 개인 소지품의 가치를 보호하는 콘텐츠 보험에 가입하라는 압박이다.

나는 사람들이 어른이 되었다는 자신만의 느낌을 (혹은 그것의 결여를) 마주하기 위한 하나의 계기로 백색 가전제품들을 구입한다는 이야기를 종종 들어왔다. 무미건조해 보이는 세탁기가 청소년기의 행동들에 대한 정화를 상징한다거나 하는 식으로 말이다. 하지만 내게는 어른다움에 대한 다른 어떤 진부한 상징물보다도 콘텐츠 보험이 이 생애 단계에 대해 더 많은 의미를 품고 있다. 너무도 지루한 작업이기 때문이다. 콘텐츠 보험에 들려면 조사와 재산 관리를 해야 하고, 전혀 필요하지 않을 수도 있는 무언가에 대해 돈을 내야 한다. 결국에는 보험금으로 청구할 돈보다 많은 돈을 보험료로 내야 할지도 모르지만, 그것이 책임 있는 행동이기 때문에 그렇게 해야 한다. 콘텐츠 보험은 어떤 사람들에게는 아주 자동적으로 따라오는 불가피한 것으로 느껴지지만, (나를 포함한) 어떤 사람들에게는 너무나 갈피를 잡을 수 없고 일어날 것 같지도 않은 무언가처럼 느껴지는 어른다움의 기이한 면에 대한 상징이기도 하다. 내가 가방을 도둑맞았을 때, 콘텐츠 보험이 있느냐고 실제로 물어온 사람은 나를 너무도 잘 아는 우리 아빠밖에 없었다. 보험 이야기를 꺼낸 다른 사람들 모두 내가 당연히 보험에 가입했을 거라고 생각했다. 하지만 나에게는, 그리고 나와 마찬가지로 딱 봐도 콘텐츠 보험이 없어서 위로가 되는 친구들에게는, 그건 좀 더 복잡한 문제다.

이런 은유가 힘을 잃는 건—힘을 잃는 데 그리 오래 걸리지 않는다는 걸 인정해야겠다—다음과 같은 지점이다. 보험증권은 일단 선택하고 나면 해야 하는 일이라고는 돈을 내는 일뿐이고,

그런 다음에는 보장을 받게 되며, 보험료를 계속 내면 계속 그런 상태로 있게 된다. 어른이 되는 일은 다르다. 어른이 되는 일에 대해 내가 들어본 가장 아름다운 비유 중 하나는 애덤—그의 이야기는 나중에 더 할 것이다—에게서 들은 것이다. "그건 역에 도착하는 기차와 떠오르는 태양의 차이예요. 기차가 역에 언제 도착하는지는 모두가 알죠. 요란한 소음과 연기와 함께 낡은 증기기관차가 들어올 때 시각은 정확히 5시 32분이라든가 뭐 그런 식이죠. 기차는 그 시간에 거기 와요. 어른이 되는 건 그것과는 다르지 않나요? 어른다움은 아마 떠오르는 태양에 더 가까울 거예요. 정확히 언제 일어나는지는 몰라도, 일어나고 있을 때는 알게 되죠. 점점 더 밝아지니까요."

매사추세츠주 우스터에 있는 클라크대학교 심리학과 교수인 제프리 젠슨 아넷 역시 어른다움을 이렇게 이해한다. 아넷은 20년쯤 전에 성인 진입기[3]라는 새로운 생애 단계를 제안함으로써 심리학 역사를 다시 쓴 사람이다. 우리는 온라인으로 이야기를 나누지만 나는 아넷의 자신감 넘치고 느긋한 기질을 곧바로 느낄 수 있다. 따뜻한 미소에서부터 깊은 생각에서 나오는 신중한 태도에 이르기까지, 그는 그저 자신이 있는 자리에서 편안해하는 사람 같다. 예순두 살인 아넷은 이렇게 말한다. "저는 오랫동안 어른으로 살아온 기분입니다. 하지만 처음에 저를 이 질문에 대해 연구하게 이끈 건 제가 어른이 되지 못한 것 같다는 느낌이었어요." 내게는 아직 희망이 있다.

아넷은 자신이 서른 살까지는 어른이 될 거라고 언제나 생각해왔다. 하지만 서른 살이 되었을 때, 그는 여전히 프로이트가 인간성의 토대라고 했던 것들을 붙잡고 씨름하고 있었다. 아직 반려자가 될 사람을 찾기도, 학계에서 안정된 일자리를 확보하기도 전이었다. 아넷은 30대 중반이 돼서야 안정된 일자리를 얻었고, 지금까지 25년간 그와 아내로 함께할 여성을 만났다. 아내와 함께 집을 사고 아이들을 갖는 일에 관해 생각하기 시작한 다음에야 아넷은 마침내 조금 더 어른이 되었다고 느끼기 시작했다. "그 모든 게 제게는 어른스럽게 느껴지기 시작했어요. 그리고 사회과학에서 종종 그러듯, 저는 생각했죠. 좋아, 내 경험은 이랬어. 다른 사람들의 경험은 어땠는지 궁금한데?" 그래서 연구를 시작했다. 어른이 되었다고 느끼지 못하는 자신이 30대였으므로, 그는 처음에는 30대인 사람들을 연구하는 걸로 시작했다. "하지만 곧 알아냈어요. 그들은 자신들이 이미 어른이 되었다고 생각하고 있었고 한동안 어른이라고 느껴왔더라고요. 그래서 20대를 연구하기 시작했죠." 어이쿠.

아넷은 결국 성인 진입기를 대부분의 사람들이 18세에서 29세 사이에 겪는 시기라고 정의했다. 이 시기가 시작될 때는 극소수의 사람들만 자신이 어른이라고 느끼지만, 끝날 때, 그러니까 20대 후반이 될 때쯤이면 질문을 받는 거의 모든 사람이 어른이 된 기분이라고 대답하곤 했고, 그런 다음 보통은 책임에 대해 언급하곤 했다. "무엇보다 먼저 나오는 단어예요. 책임." 아넷이 말한다. 책임은 아넷이 '3대 요소', 즉 그가 인터뷰한 사람 대다수가 어른다움을 구성하는 핵심 요소라고 생각하는 것들로 이어진다. 첫째는 자기 자신을 돌보는 능력이고, 둘째는 스스로 결정을 내리는 능력, 셋째는 경제적 독립이다.

아넷이 30년 넘게 이 질문을 해오는 동안 사람들의 대답에는 변화가 있었을까? 그의 대답은 나를 놀라게 한다. "아뇨." 결과는 1990년대 초반부터 지금까지 내내 한결같았다. "사회가 명백히 변화하고 경제도 좋았다 나빴다 하는데 그 질문에 대한 대답은 변하지 않았다는 게 흥미롭죠." 하지만 연구자들은 세계의 다양한 지역에서 다양한 결과를 찾아냈다. 아넷의 질문은 인도와 남아메리카, 중국, 그리고 다른 지역들에서 연구를 촉발시켰는데, 그 연구들은 우리가 어른다움을 이해하는 방식이 전 세계적으로 똑같지 않으며 문화에 따라 다르다는 사실을 드러낸다. 아넷의 학생 중 한 명이었던 쥐안 종은 중국으로 가 젊은 여성들을 인터뷰했는데, 20세를 전후로 지방의 마을에서 도시로 이주해 합숙소에서 지내며 일주일에 6일씩 공장에서 일하는 여성들이었다. 종은 그들에게 어른이 된다는 것이 무엇을 의미하는지 물었고, 그들의 대답은 아넷이 인터뷰한 사람들의 대답과는 달랐다. 미묘하지만 중요한 차이가 있었다고 아넷은 설명한다. "정말 눈이 휘둥그레지는 결과였어요. 서구 사회에서 발견된 사실들과는 하나같이 대조적이었죠." 이 젊은 여성들은 어른다움의 기준에 있어 조금 다른 '3대 요소'를 마음속에 품고 있었는데, 자신보다는 타인들을 책임지는 일에 초점이 맞춰진 기준들로, 첫째는 부모님을 보살피는 법을 배우는 것, 둘째는 오래 일할 수 있는 직업에 정착하는 것, 셋째는 아이들을 돌볼 능력을 갖추는 것이었다.[4] 이 사실을 알게 된 나는 내가 이 '어른다움'이라는 단어의 의미에 명확한 정의를 부여하려고 얼마나 애를 쓰는지, 그리고 그것이 사회마다 개인마다 얼마나 다르게 나타나는지에 새삼 놀란다.

아넷에게 어른으로 이행해가는 과정에서 개인적으로 중요했던 단계는 그가 "이 커다랗고도 중요한 질문, 그러니까 '당신은 언제 어른이 되었다고 느끼나요?'라는, 다른 누구도 실은 한 적 없는 질문을 발견한 순간"이었다. "그건 분명 매혹적인 질문이죠. 전 생각했어요. 좋아, 난 이 질문으로 후세에 이름을 남겨야겠어. 그리고 그렇게 했죠." 사실, 그렇게 간단한 일은 아니었다. 아넷은 내면의 투쟁을 거친 다음에야 '성인 진입기'를 유명해지게 할 수 있었고, 이것은 그의 커리어에서 가장 큰 성장 경험이었다. 연구자들과 임상의학자들은 19세기 후반 무렵 심리학이라는 과학이 탄생했을 때부터 생애 단계들에 대한 논의를 계속해왔는데, 이 개념들은 수천 년 된 문헌에 기반해 있었다. 이 사실은 아넷으로 하여금 자신에게 질문을 던지게 했다. "전에는 생애 단계를 발명한 사람도, 새로운 생애 단계가 있다고 공표한 사람도 없었어요. 저는 그때 30대였고, 아직 젊었습니다. 저는 제가 뭐라도 되는 줄 알았던 걸까요?" 하지만 아넷은 결국 그 일을 해야 한다고 결론을 내렸다. 그는 2000년에 「성인 진입기: 10대 후반에서 20대 후반까지의 발달 이론」이라는 논문을 발표했고, 이 논문은 지금까지 1만 8000회 이상 인용되었으며 거듭 인용되고 있다. 그것은 큰 사건이었다. 아넷은 발달심리학계에서 제법 많이 입소문을 탔다. 그렇지만 그의 개념들이 모두에게 받아들여진 건 아니었다. 어떤 사람들은 성인 진입기가 보편적인 개념이 아니며 따라서 생애 단계를 구성할 수 없다고 주장한다. 어떤 사람들은 그것이 특권을 지닌 사람들에게 국한되는 개념이며 가난한 사람들에게는 별로 의미가 없다고 주장하는데, 아넷은 이 혐의를 유쾌하게 기각하면서 이렇게 설명한다. "성인 진입기가 오직 엘리트들, 혜택받은 사람들, 중산층과 상위 중산층에게만 적용되는 개념이라서 가난한 이들과 대학 교육이라는 혜택을 받지 못하는 사람들을 배제한다는 주장인데요, 저는 주장이라고 강조하고 싶고, 솔직히 말하자면 그건 전부 헛소리예요." 아넷은 다양하고 폭넓은 경험을 대변하는 이론을 구축하기 위해 주로 대학 교육을 받지 않은 사람들, 사회계층과 민족적 배경이 다양한 사람들을 인터뷰하는 데 심혈을 기울였다고 말한다.

아넷의 이야기에 귀 기울이는 동안, 내 머릿속에는 황량하고 새하얀 풍경 한가운데 빛깔을 지닌 유일한 얼룩이 되어 혼자서 눈보라를 뚫고 싸워나가는 북극 탐험가의 이미지가 떠오른다. 그러던 그가 기다란 막대기에 깃발을 묶어 의기양양하게 땅에 꽂고, 그곳이 자신의 영토라고 주장하며 성인기와 관련 연구를 정복하는 광경도 떠오른다. 어른다움을 이런 식으로 언젠가 등정해 내 깃발을 꽂고 싶은 산으로 상상해보면, 그건 나와는 잘 어울리지 않는다. 온통 너무 남근적이다, 그렇지 않은가? 내가 프로이트를 공부한 학생이긴 하지만 그렇게 말해야 할 것 같다. 나는 나의 어떤 부분이 내가 현재 기껏해야 그 산의 절반밖에는 오르지 못했다는 걸 알기 때문에 불쾌감이 드는 건 아닐까 생각해본다. 내가 성인 진입기에 속한다는 생각이 강하게 든다. 아넷은 18세에서 29세까지의 사람들 수백 명과 한 인터뷰를 기반으로 이 새로운 생애 단계의 다섯 가지 특징을 식별해냈다. 정체성 탐색, 자아에 대한 집중(이것은 이기적 성향이라기보다는 자아의 발견이라고 아넷은 강조한다), '사이에 끼어 있다는' 감각, 가능성에 대한 낙천적인 느낌, 그리고 (관계, 거처, 직업 등에서의) 불안정성이 그것이다. 이것들은 거의 모두 내게도 해당된다. 내가 성인기에 완전히 진입했다고 말할 수 있는 유일한 부분은 결혼과 거처에 있어서의 안정성이다. 하지만 나는 직업 면에서는 여전히 어느 정도 불안정함을 느끼고 있다. 30대에 정신역학적 심리치료 교육을 받으며 책을 쓰기 시작했기 때문이다.

아넷의 일정표에 따르자면 수년 전에 '진입'을 끝내야 했을 내가 여전히 성인 진입기인 것처럼 느껴진다는 건 어떤 의미일지 나는 궁금하다. 다른 모든 사람보다 뒤처진다는 느낌에 딸려오는 매우 특별한 종류의 불안이라는 게 있다. 그 불안은 내가 연구 중에 우연히 발견한 2005년의 〈타임〉 표지를 떠오르게 한다. 거기에는 어린아이에게 맞는 크기의 모래밭에 앉아 있는 한 성인 남자의 사진이 있고, 사진 옆에는 "그들은 어른이 되지 않는다"라는 표지 문구가 쓰여 있다. 나는 정말이지 모래밭에 앉은 그 남자에게 공감이 간다. 허공에 대고 "우리는 그냥 꺼져버리지는 않을 거야!" 하고 외치고 싶다. 아넷의 이론은 이런 종류의 평가에 맞서 기운이 나게 해주는 반가운 이론이다. 아넷은 어른이 되지 않는다고 청년들을 비난하는 대신 사회가 기대를 조정해야 한다고 제안하고 있는 듯 보인다. 어른이 되지 못했다는 이유로 청년들을 책망해서는 안 되며 그들에게 어른의 세계에 진입할 시간을 주어야 한다는 것이다. 이것은 나 또한 정신분석을 받는 내담자가 되는 경험을 통해, 그리고 심리치료 교육을 통해 배우고 있는 부분이다. 우리는 어른이 되는 일을 서두를 수는 없다. 아무리 열심히 노력해도, 우리는 우리 자신을 억지로 조금이라도 빨리 성숙해지게 할 수는 없다. 사실, 무언가를 하겠다고 의도하면 오히려 종종 방해가 되고 일의 진행이 늦어진다. 나는 그저 나 역시 숨을 좀 쉴 수 있도록 아넷이 그 나이대의 창을 조금 더 넓게, 29세 이상까지 열어둘 수 있었더라면 하고 생각할 뿐이다. 여긴 마치 벽들이 죄어드는 것처럼 제법 답답해지기 시작했다. 나는 어른의 삶에서 겨우 두 번째 장에 접어들었을 뿐인데 이미 시간이 다 된 것처럼 느껴진다. 생각하는 게 어려워지고 있다.

창문을 열고 나 자신에게 숨 쉴 공기와 다시금 생각할 공간을 주기 위해 나는 우리의 좀 더 먼 과거를 돌아봐야 했다. 스티븐 민츠의 책『인생의 전성기: 현대 성인기의 역사』[5]에는 다음과 같은 문장들이 나온다. "성인기는 역사라는 게 없는 생애 단계다. 우리는 과거의 아동기, 청소년기, 그리고 노년기에 대해서는 많은 것을 알지만, 성인기는 역사적으로 볼 때 하나의 블랙홀로 남아 있다." 사실 민츠의 책은 영국 도서관 장서 목록 가운데 성인기의 역사에 관한 책으로 내가 찾을 수 있었던 두 권밖에 안 되는 책 중 하나이다. 미국을 다룬 그 두 권의 책은 청소년기와 아동기에 초점을 맞춘 수십 권의 책들과 대조를 이루고 있었다. 어쩌면 그것이 민츠가 적고 있는 것처럼 우리 모두가 "과거에는 성인으로서의 삶이 지금보다 더 안정돼 있었고 예측 가능했다는 근거 없는 믿음뿐 아니라, 성인기로의 이행 역시 더 매끄럽고 순조로웠다는 생각을" 지니고 있는 이유일 것이다. 미지의 역사라는 블랙홀에 직면한 우리는 그것을 텅 빈 캔버스 천으로 덮은 다음 그 위에 우리 과거의 이상화된 버전을 그려넣는다. 그리고 그럴수록 우리는 우리의 19세기 이웃들을 따라잡지 못하는 것 같다는 생각에 더욱 부적격자라고 느끼며 스트레스를 받을 뿐이다. 아넷이 '성인 진입기'라고 부르는 시기에 대해 민츠는 이렇게 적고 있다. "20대가 불안하고 불확실하며 안정되지 않은 시기라는 인식에는 오랜 역사가 있다. 적어도 18세기 초반부터 모든 세대 사람들은 보람 있는 일이나 연애 상대를 찾는 과정에서 불안과 자기 의심과 싸워야 했다." 이것은 엄밀한 연구 목적보다는 주로 이 책이 나 자신에 대해 좀 더 괜찮게 느끼게 해주었기 때문에 책에서 열심히 받아 적은, 위로가 되는 많은 구절 중 하나다. 나는 또 다음과 같은 구절들도 받아 적었다. "우유부단함, 의심, 불확실함, 그리고 방향의 부재는 오랫동안 초기 성인기의 특징이 되어왔다." 내가 가장 좋아하는 구절은 다음과 같다. "청소년기와 제 기능을 하는 성인기 사이에 다리처럼 놓인 몇 년은 종종 탐색과 자아 발견의 시기로 낭만화되지만, 사실 많은 이들에게 불확실하고 애매모호하며 도리깨질하듯 이리저리 흔들리는 시기다." 도리깨질하듯 이리저리 흔들린다니! 내가 그런 식으로 눈에 띈다고 느껴본 적은 별로 없는 것 같다. 청소년기에서 성인기로의 힘겨운 여정은 모든 종에 걸쳐 존재하는 투쟁이라는 내터슨 호로위츠의 해석에서 내가 느꼈던 위안의 감각이 다시금 떠오른다. 지금 나는 그 투쟁이 수 세기에 걸쳐 어떻게 이루어져왔는지 배우면서 위안과 비슷한 무언가를 다시 경험하고 있다.

민츠는 그러나 청년들이 성인기로 진입할 방법을 찾아야 하는 상황은 어떤 면에서는 더욱 불안정해졌다고 암시한다. 성인 진입기에 해당하는 이 세대의 독특한 점은 거의 전 세계적인 정신적 회의감, 그리고 무한한 불안감을 이겨내야 하는 초경쟁적인 직업경제와 함께 현재 대다수 청년들이 지닌 경제적 부채다. 민츠의 책에 나오는 다음과 같은 문장은 음울한 농담처럼 들린다. "제2차 세계대전 이후의 경제 호황기에는 고등학교 졸업장이 없는 청년들조차 20대 초반 무렵이면 한 가족을 먹여 살리기 충분한 일자리를 얻을 수 있었다." 민츠는 우리가 집단적 이성 속에 공유하는 어른의 전통적 이미지는 19세기에 통합되어 1950년대에 정점에 이르렀는데, 앞치마를 두르고 아기를 안은 여자들과 슈트를 입고 아마도 콘텐츠 보험증서가 들어 있을 서류 가방을 든 남자들로 특징지어진다고 설명한다. 이 이미지에서 성인기는 안정기에 해당하며, '진지한' '완고한' '자리를 잡은' 등의 단어들로 묘사된다. 이 이미지는 1960년대 들어 경제가 제조업 중심에서 벗어나고, 중산층 수준의 봉급을 지급하는 일자리를 얻으려면 고등교육 이상을 받아야 하게 되면서 변하기 시작했다. 이와 동시에 청년들의 혼전 동거가 사회적으로 좀 더 허용할 만한 일이 되었다. 이 두 가지 현상이 함께 작용해 일과 사랑의 영역에서 탐색을 위한 시공간이 열렸다. 사람들은 자신의 20대를 독립의 시기로 바라보기 시작했고, 이는 성역할, 섹슈얼리티, 관계, 일 그리고 가정생활이 더욱 탄력적·유동적으로 변하면서 우리의 생애에서 '더욱 다양하고 개성적인 어른다움의 개념들'로 이어져왔다. 민츠는 이런 변화가 어른다움이라는 문제가 그토록 불안을 자아내는 이유 중 하나일 수도 있다고 암시한다. 1950년대에 성년이 되었던 세대와는 달리 우리의 집단적 이성 속에는 어른다움이 어떤 모습이어야 하는지에 대한 고정된 이미지가 없고, 그래서 그것을 정의하기 위해 각자만의 투쟁을 해야 하는 것이다. "동시대의 어른다움이 자아내는 많은 스트레스는 오늘날 어른다움의 정의에 있어 명확한 합의가 존재하지 않는다는 사실에서 기인한다. 자신의 길을 스스로 결정하는 어른이 되는 것은 사회가 규정하는 생애 과정을 따라가는 것보다 훨씬 더 힘든 일이다." 이런 급격한 사회 변화는 우리에게 여러모로 더 많은 자유를 선사했지만, 따라갈 각본을 없애버리기도 했다. 우리는 즉흥적으로 살아나가야 한다. 우리가 당연히 원할 거라고 사회가 생각하는 것들에 의존하기보다는 개인으로서의 우리 자신을 알기 위해, 우리가 원하는 것을 발견하기 위해 노력해야 한다. 우리는 용감해져야 한다.

한 가지 달라진 게 있다면—그리고 민츠의 책에서 나를 몹시 매혹시킨 한 가지 통찰이 있다면—17세기에는 나이가 별로 중요한 요소가 아니었다는 점이다. "나이는 모호한 범주였고, 삶에서 핵심이 되는 경험들은 특정 나이에 얽매여 있지 않았다." 젊은 남자들은 경제적 독립을 이룬 뒤에 결혼하곤 했는데, 이것은 대개 아버지의 죽음에 뒤따르는 유산을 상속받기 위해 기다린다는 뜻이었다. 나이에 대한 우리의 집착은 19세기를 거치면서 굳어졌는데, 이는 1870년대 초반에 대량 생산되는 생일 카드가 등장한 사실에서 판단해볼 수 있다고 민츠는 암시한다. 생일 카드라니!

아직 그다지 어른이 되지 못한 우리 모두가 17세기에 태어났더라면 집 선반들은 지금보다 텅 비어 있었겠지만 신경증은 조금 덜하지 않았을까 싶다. 오늘날 우리는 어른이 되는 일을 특정한 나이가 되어야 이룰 수 있는 중요한 경험들하고만 관련지어 생각하는 듯하니 말이다. 2019년, 영국 통계청은 국민들이 어른다움의 전통적 표지들에 도달하는 시기가 얼마나 늦어지고 있는지 보여주는 특별 보고서를 출간했다. 이 보고서에 따르면 청년들은 이전 세대들보다 학교에 더 오래 머물렀고, 더 늦은 나이에 처음으로 집을 사고 부모가 되었다.[6] 2019년 이전 10년 동안, 정규교육을 끝마치는 평균연령은 2세 늘어 19세가 되었다. 2017년에 18세부터 34세까지의 연령대에서 가장 흔한 주거 형태는 자신이 자라난 집에서 부모님과 함께 사는 것이었지만, 20년 전에는 부부가 적어도 한 명의 아이와 함께 사는 것이었다. 미국과 오스트레일리아에서도 마찬가지로 사람들은 이전 세대들보다 이 지표들에 훨씬 더 늦게 도달하는 중이다. 상승하는 주택 가격, (물가상승률과 생활비에 비해) 줄어드는 봉급, 직업의 불안정, 그리고 위태로운 경제가 이들을 어떻게 경제적으로 미성숙한 상태로 만들었는지 알아보기는 어렵지 않다.

"샐러드에 잣을 올린다고 어른이 되는 건 아니야." 삶을 어떻게 살아야 할지 알아내려 애쓰는 30대 여성의 이야기를 담은 드라마 〈플리백〉에서 플리백의 여동생은 경멸하듯 언니에게 이렇게 말한다.[7] 예나 지금이나 통계자료의 문제점은 항상 일자리와 집과 결혼과 아이들 이야기라는 것이다. 통계자료는 '어른'이 뜻하는 것 가운데 인스타그램에 올릴 만한 뻔한 것들을 우리에게 보여준다. '약간의 개인적 근황' 트윗, 보석을 적나라하게 과시하는 약혼 기념 셀카, 수백 명의 친구들과 팔로워들이 공유하는 아기의 초음파사진 같은 것들이다. 물론 살아가는 동안의 발전을 드러내는 이런 종류의 외적 지표들은 종종 어떤 내적인 성숙을 요구하고 또 가져다주기도 한다. 토치가 설명했듯 우리를 항상 아이로 여기는 부모님과 함께 사는 동안에는 성장해 어른이 되기가 어렵다. 자신만의 공간을 갖고 독립해 살 만한 수입을 버는 일. 이것들은 모두 발전과 성장을 수월하게 해주는 중요한 외적 조건들이다. 하지만 그 자체로 성장을 이루는 건 아니다. 겉으로는 어른처럼 보이지만 내면은 전혀 그렇지 않은 사람으로 살아가는 일은 그리 어렵지 않다. 나는 알아야 한다. 이것은 샐러드에 올라가는 잣 같은 보여주기식 어른다움이며, 표면 밑에서 이루어지는 충실한 진짜 성장과 반드시 짝을 이루는 건 아니다.

어른이 되는 일에는, 그리고 어른이 되지 않는 일에는, 틀림없이 이런 통계자료가 전할 수 있는 것보다 많은 것들이 있지 않을까? 사실 나는 우리가 이렇게 측정 가능하고 수량화할 수 있고 현실적이면서 지연되고 있는 중요한 경험들—독립, 주택대출, 결혼—에 초점을 맞추기 때문에, 어른다움을 손쉽게 정의하고 어른이 되지 못한 상태의 더 깊은 의미에 관해 고민하지 않게 되는 것이 아닐까 생각한다. 더 깊은 의미란 더 불편하고, 불안하고, 충격적인 의미일 것이다. 한때 나는 두껍고 무거운 짙은 갈색 등딱지에서 무방비하게 목을 쭉 내밀고 있는, 그리고 등딱지 밑에는 그저 어둠과 몇 줄기 연기뿐인 주름투성이 늙은 거북으로 내 모습을 그려본 적이 있다. 그게 어른다움의 전부라면 어떨까? 오직 텅 빈 공간과 연기만을 은폐하기 위한 등딱지와 껍질이 전부라면?

어렸을 때 나는 재클린 윌슨의 책들을 읽는 걸 매우 좋아했다. 윌슨은 하나의 사회현상이었다. 그는 100권이 넘는 책을 썼고,

그 책들은 34개 언어로 번역되어 전 세계에서 4000만 부 이상 팔려나갔다. 윌슨은 몹시 어른스러운 문제들을 상대하는 아이들과 그들을 둘러싸고, 잘 살아가보려고 발버둥치는 어른들의 이야기를 쓴다. 정신건강과 관련된 문제들, 노숙자로서의 생활, 폭력, 그리고 사회보장제도, 이것들 모두가 윌슨이 많이 다루는 주제다. 하지만 나는 그 점이 윌슨 작품의 가장 중요한 특징이라고, 혹은 수백 명의 어린이 독자가 매주 그에게 편지를 써 보내게 만드는 이유라고는 생각하지 않는다. 그보단 윌슨이 어떻게 아이들의 마음을 표현해내는지와 관련되어 있다. 윌슨의 책을 읽으면 어른이 상상해낸 아이의 감정을 읽는 것처럼 느껴지지 않고, 아이 한 명한 명의 마음속 피부에 작가가 들어가 있는 것처럼 느껴진다. 윌슨의 전화번호를 누르면서, 나는 마음이 들뜨는 동시에 불안해진다. 어른이 되는 일의 의미를 묻기에 그보다 좋은 사람이 누가 있을까?

하지만 윌슨은 그렇게 생각하지 않는다. "저는 이 문제에 의견을 내기에 적합한 사람 같지가 않네요." 윌슨은 아이들에 관해 생각하고 아이들에게 흥미를 가지는 일로 매일을 보내지만 어른처럼 행동하는 일에는 조금도 관심이 없다. "어른의 일, 이른바 어른의 일이라는 것들…… 제 말은, 마치 세상이 기울어진 언덕이고, 어른이 되면 어떻게든 정상에 오르게 되는 것처럼 말씀하시는데요, 저는 오히려 그럴 때가 '척'을 하기 시작하는 순간이라고 생각해요. 그때가 되면 사람들은 하찮기 짝이 없는 일들이 중요한 척하면서 휴일이나 주방용품 같은 것들을 자랑하는 세상으로 들어가버리는데, 저는 그런 데는 딱히 조금도 관심이 생기지가 않네요." 윌슨의 관점은 샘의 관점을 떠오르게 한다. 두 사람은 모두 아이들에게 있는 중요한 무언가가 어른들에게는 없다는 통찰을 전하고 있다. 윌슨에게 이른바 어른의 삶이란 살면서 해야 하는 지루하고 행정적인 일들의 정수로, 콘텐츠 보험에 들기 위한 서류 작업 같은 것이다. 윌슨은 우리가 삶의 경험들의 결과로 변화하고 발전한다는 사실을 인정하지만, 더욱 중요하게도 "그와 동시에, 우리가 여섯 살이든 예순 살이든 변하지 않는 부분이 있다"고 생각한다. 윌슨의 말을 들으니 그에게 어른다움이란 그저 샐러드에 올린 잣 같은 것에 불과한 듯하다. 그에게 어른의 자아는 위니콧이 말한 '거짓 자아'처럼 진짜인 것을 덮고 성장을 가장하는 무언가를 의미한다. 윌슨은 우리 모두가 정말로 자라서 어른이 된다는 개념에 이의를 제기한다. "어른이 무엇인지에 대한 어떤 개념 같은 건 우리 모두한테 있는 것 같아요. 하지만 심지어 가장 안정되고 엄청나게 성숙해 보이는 사람이라고 해도, 그 안을 들여다보면 이제 막 어른인 척하는 법을 배웠다는 게 보이리라고 저는 생각하거든요." 우리는 경험을 통해 일종의 갑옷 입는 법을, 어른의 역할을 수행하는 법을 배운다. "그게 제가 다른 무엇보다 아이들 이야기를 쓰기 좋아하는 이유인 것 같아요. 아이들은 그렇게 '척'을 하는 법을 배운 적이 없다는 생각이 들어서요." 나는 윌슨의 말에 귀 기울이며 다시금 거북의 등딱지 이미지를, 내가 나 자신을 위해 만들어낸 어른처럼 보이는 페르소나를 떠올린다. 그것은 견고하고 진짜같이 보이지만, 모조품처럼 믿음이 안 간다. 그런데 그것이 은폐하고 있는 건 뭘까? 그 아래쪽에 더 진실한 부류의 어른이 숨어 있을 수도 있을까?

나는 윌슨에게 70대 초반의 여성으로서 그토록 많은 시간을 아이들의 생각과 감정에 대해 쓰면서 보내는 건 어떤 기분이냐고 묻는다. 그는 자신이 아이였을 때 어땠는지 제법 분명히 기억하기 때문에 아이들에게 쉽게 공감할 수 있다고 대답한다. "하지만 전 좀 이상한 어린 시절을 보냈어요. 아이인데 어떤 면에서는 어른처럼 행동하라고 요구받았죠." 너무 일찍 어른의 영역에서 자신을 발견한 또 한 사람이 여기 있었다. 윌슨의 어머니는 "극단적으로 까다롭고 통제하기 좋아하는" 사람이었다는데, 윌슨이 이 말을 하는 방식으로 미뤄보면 이건 많이 걸러서 하는 말이 아닐까 싶다. 윌슨은 청소년이었던 열일곱 살 때 집을 떠나 경제적으로 완전히 독립하면서 이른바 어른다움의 표지들에 체크 표시를 하기 시작했다. 열아홉 살 때 "멍청할 정도로 일찍" 결혼했고, "겨우 스물한 살에" 딸을 낳았다. 윌슨은 어른이 되기 전에 어른의 책임을 너무도 많이 짊어졌고, 자신이 어른이라는 느낌은 없었지만 어른처럼 행동하는 법을 배웠다. 윌슨은 곰곰이 생각하며 말한다. "아주 안정되고 애정이 넘치는 어린 시절을 보낸 게 아니라면, 우리는 정말 언제나 그런 것에 약간은 집착하게 되는 것 같아요." 우리가 인터뷰하고 넉 달 뒤에 윌슨은 레즈비언임을 공개적으로 커밍아웃한다. 그와 알고 지내던 사람들에게 이는 전혀 비밀이 아니었고, 18년 동안 윌슨은 반려자와 함께 살아오고 있었지만 말이다.[8]

아이들이 어른이 되면서 달라지는 점은 여러 가지 기술을 배우고 삶의 어려움에 더 잘 대처하게 되는 거라고 윌슨은 주장한다. 하지만 그것이 정말로 의미하는 건 우리가 불안과 걱정을 억압하는 새로운 방법들을 찾아낸다는 것이며, 우리는 우리가 그렇게 한다는 걸 깨닫지 못한다. "사람들은 이 모든 걸 알아채지 못할 수도 있어요. 저는 많은 사람들이 다양한 방법으로 여러 가지를 차단한다고 생각해요. 바쁘게 지내고, 텔레비전을 보고, 페이스북과 트위터와 나머지 모든 것들을 들여다보면서요. 그러면서 자기들이 뭘 하고 있는지에 대해 정말로 깊이 생각하지 않고 다른 데로 주의를 돌리는 거죠. 사람은 자신한테 정말로 중요한 일에 대해 생각하지 않을 때 여러 가지 일을 처리하기가 훨씬 더 쉽다고 저는 생각해요." 윌슨은 말한다. 나는 그의 말이 사실이라는 걸 안다. 트위터에서 저녁 시간을 낭비할 때면 나 역시 그런다는 걸 안다. 그럼에도 나는 이 말 속에 뭔가가 빠져 있다는 느낌도 든다. 산더미 같은 트윗들과 인스타 스토리들 속에 우리의 진정한 감정을 묻으려 하면서 어른인 척하는 것이 어른다움의 한 가지 형태일 수는 있지만, 유일한 형태일 수는 없다. 나는 궁금하다. 좀 더 진실한 종류의 어른다움은 어떤 모습일까?

나는 누구보다도 윌슨이야말로 내가 대화를 나눠야 했던 사람이라고 생각한다는 점에서 그와는 생각이 다르다고 윌슨에게 말한다. 그가 묘사하는 종류의 어른다움은, 무언가를 은폐하듯 어딘가 가짜인 데가 있는 그것은 아마도 우리 대다수가 살고 있는 종류의 어른다움일 거라고 나 역시 생각한다. 하지만 나는 어른이 되는 또 다른 방식이 있다고 믿는다. 무언가를 은폐하고 우리의 어린애 같은 불안과 두려움을 외면하지 않는 또 다른 종류의 어른스러운 정신 상태가 있다고 말이다. 진실한 무언가가 있을 것이다. "저는 여전히 그걸 향해 더듬어가며 나아가고 있어요." 내가 말한다. "하지만 그게 주방용품들과는 관계가 없다는 건 알아요."

애덤은 서른네 살이다. 그는 은행에서 일하고, 아내와 함께 집을 사는 절차를 밟고 있다. 여기까지는 무척 어른 같다. 하지만 청바지와 체크무늬 셔츠를 입고 깨끗이 면도한 그는 다리를 꼬고 내 소파에 앉아 초콜릿 호브노브 비스킷을 먹으면서 우리 대다수가 공감할 만한 그 느낌에 대해 설명한다. "뭘 해야 할지 말해주는 사람이 아무도 없고, 내가 이것과 저것과 또 다른 것을 어떻게 해낼 수 있어야 하는지, 어른이라는 건 어떻게 해야 하는 건지 설명해주는 사람도 없는" 느낌을 품은 채 청소년기에서 빠져나왔다는 그 감각에 대해. "어른의 몸속에 들어가서 사칭하고 있는 사람이 된 기분이죠." 애덤의 외면과 내면은 일치하지 않았고, 얼마간은 지금도 그렇다. "저는 제가 진짜 어른이 아니라는 생각이 들어요." 애덤이 아는 누구도 그렇게 말하지는 않겠지만 그는 그렇게 느낀다. 무언가가 달라지고 있다는 건 느낄 수 있다. 애덤은 서서히 더 어른스럽고 경험 많고 성숙한 사람이 되어가고 있다. "하지만 속도가 너무 느린 것 같아요. 뒤처지고 있는 기분이에요." 호브노브 비스킷을 오물오물 먹는 애덤을 보며 나는 상처받기 쉽고 가슴이 미어지도록 정직한 무언가가 그의 피부 바로 밑에서 끓고 있다는 느낌을 받는다.

중등교육 자격검정 시험 준비를 하면서, 애덤은 A레벨 시험 준비형 사관학교에 지원해 그곳에 들어간 다음 육군 장교가 되기로 마음먹었다. 경쟁률이 몹시 높아 입학하기 힘들어 보였지만,

선생님들은 애덤의 성적을 올리기 위해 함께 애써주었고, 마침내 합격하자 애덤은 의기양양해졌다. "제가 다니던 곳은 보통 중등학교여서 다른 아이들은 모두 보통의 A레벨 시험 준비학교로 가거나 사업을 시작했고, 몇몇 머리 좋은 아이들은 사교육계로 떠나고 있었어요. 그때가 제 인생에서 처음으로 눈에 띄었던 시기였던 것 같아요. 저는 '사관학교에 간다는 걔'로 알려졌는데, 되게 좋았죠." 애덤이 말한다. 애덤은 원하던 것을 얻었지만, 그게 그의 삶에 필요한 것은 아니었다. 애덤은 열여섯 살 때 "남자아이의 세계를 떠나 어른으로 취급받게" 되었다. 그 전에는 이따금씩 주말에 캠핑을 갔던 걸 빼고는 부모님과 떨어져 지내본 적이 없었고, 여전히 자신이 남자아이라고 생각했지만, 이제 특수한 부류의 남자가 되라는 요구를 받게 되었다. 애덤이 겪은 일은 "과하게 극적인 건 아니었고", 그가 "가벼운 괴롭힘"이라고 부르는, 군대에 가면 "괴롭히는 쪽이 되지 않는 한" 일어나는 종류의 일이었다. 애덤이 예배당에서 아침 예배 도중 성경을 읽다가 망쳐버린 일을 얘기할 때, 나는 그가 수많은 일화 가운데서 하나만 골라 얘기하고 있다는 느낌을 받았다. "지휘관 중 한 명이 이렇게 말했어요. 이런 말을 들으면 그게 어떻게 머릿속에 콱 박히는지 상상이 가실 텐데요. '너는 낙오자고 너 자신에게, 이 학교에, 그리고 영국 육군에 실망스러운 존재야.'" 이 비난을 되풀이하는 애덤의 두 눈에는 너무도 큰 슬픔과 좌절감이 어리고, 내게는 그가 몇 번이나 비난받고 자신을 거듭 탓하는 한 명의 소년으로서 이 말을 듣고 있다는 느낌이 든다. 사관학교에서 애덤의 정체성은 굳어져버렸다. 낙오자가 된 것이었다. "저한테는 '궁극의 똥싸개'라는 별명이 붙었어요. 똥싸개라는 건 모든 것에 형편없는 사람을 가리키는 말이었으니, 저는 '모든 것에 궁극적으로 형편없는 인간'이었던 거죠." 애덤의 말을 들으며 나는 그의 평생에 흔적을 남긴 정신적 외상의 경험이 딱 한 번이 아니었다는 걸 알게 된다. 쌓이고 쌓여서 자신이 너무도 부적합하고, 그 자리에 너무도 안 어울리며, 너무도 실망스러운 존재라고 느끼게 되는 경험이었다. 학생들에게는 일주일에 한 번씩 전화를 거는 일이 허락되었다. "어느 방에 들어가서 아빠한테 전화를 걸었고, 그저 울면서 집에 가고 싶다고, 여기서 나가고 싶다고 말했던 게 기억나요. 지금 그냥 이 말을 하는데도 등골이 서늘해지네요." 나 역시 그 서늘함을 느낄 수 있다. 애덤에게는 출구가 없어 보였다. 그러다가 길이 생겨났다. 애덤은 교장실로 불려가 그가 기대만큼 잘 해내지 못하고 있으며 학교에 계속 있고 싶다면 더 나아져야 한다는 말을 들었다. 애덤은 그렇게 하지 않았다. 아버지가 와서 그를 데려갔다. "차를 타고 그 장소에서 멀어지는 일이 정말 큰 위안이 됐어요. 그러고는 집에 와 그저 밤새도록 토했어요."

애덤의 말에 내 배 속이 요동친다. 그가 그 경험을 토해내는 일이 그렇게 멀게 느껴지지 않는다. 나는 애덤의 몸과 마음이 수치스러움과 패배감을 없애버리려고, 더 이상 고통받지 않아도 되도록 모두 토해내려고 애썼던 게 아닌가, 그리고 지금 이야기하는 동안에도 뭔가 비슷한 일이 일어나고 있는 건 아닌가 생각한다. '위안'은 애덤에게 그 장소를, 인생의 일부를 뒤로하고 떠나는 일이 어떤 의미였는지 표현하기에는 너무 온화한 말인 것 같다. 하지만 애덤이 학교를 떠나 다시는 돌아가지 않았음에도, 학교는 사실 그를 떠난 적이 없었다. 애덤은 여전히 슈트케이스에 짐을 꾸리는 일을 힘들어한다. 사관학교에 가려고 짐을 꾸릴 때의 일이 생각나서다. "이번 주에 저는 멀리 여행을 가는데요. 굉장히 멋진 휴일이 될 거예요. 하지만 슈트케이스를 꾸릴 때는 불안하고 걱정되고 조금 우울해질 것 같아요. 기억이 각인돼버린 것 같아요. 냄새나 소리가 우리를 시간 속의 어떤 지점으로 데려갈 수 있듯이, 슈트케이스를 꾸리는 일은 저를 그 경험으로 데려가요."

정신적 외상의 기억은 계속 남아 있고, 애덤이 슈트케이스를 꾸릴 때만 되살아나는 것도 아니다. 그 기억은 그것보다 더 크다. "제가 세상과 상호작용을 하는 방식 일부에도 여전히 그 경험에서 나온 것들이 있어요. 그건 제 어린 시절에서 너무 가슴 아픈 순간이었고, 그 뒤로 몇 년 동안 일어난 일들도…… 전부 이어져 있어요." 애덤은 그렇게 말한다. 선생님과 지휘관이 준 메시지는 애덤의 머릿속에 박혀버렸다. 그 메시지가 지금 어떤 모습인지는 애덤이 자신에 대해 언급하는 방식에서, 다음과 같이 말하는 태도에서 드러난다. "난 다시는 실패하지 않을 거야. 실패를 용납할 수가 없고, 거기에는 논의의 여지가 없어. 그런 일은 다시 일어날 수 없어. 하지만 분명히 그런 일은 일어나죠. 그리고, 그렇게 그 일이 일어나면 저는 감당할 수 없어요. 실패를 처리할 수가 없어요." 애덤의 내면에 있는 지휘관은 현실의 지휘관과 마찬가지로 우리 모두가 인간으로서 지니고 있는 바로 그 가능성, 실패할 가능성을 참아내지 못한다. 그래서 애덤은 비현실적이고 참기 힘든 압박 속에 자신을 밀어넣게 되었다. 압박은 도움이 필요할 때 그가 도움을 잘 청하지 못하게 만들었고, 도움을 청하지 못하니 그는 더 실패하기 쉬워졌으며, 실패는 더욱 재앙처럼 변해버렸다.

이를 드러내주는 가장 최근의 예는 불과 2년 전 애덤이 직장에서 아주 좋은 자리로 승진했을 때였다. 사람들은 그 자리가 저주받은 자리라고 농담하곤 했다. 애덤의 전임자들이 모두 번아웃에 빠졌거나 해고당했기 때문이었다. 하지만 그 사실은 애덤에게 커다란 적신호로 다가오기보다는 오히려 성공하겠다는 결심을 굳히게 했다. 애덤이 몇 달간 그 자리에서 일하고 나자 그의 아내는 그를 불러 앉히고는 이렇게 말했다. "내 남편을 돌려받고 싶어. 당신이 집에 왔으면 좋겠어. 평범한 직업을 가졌으면 좋겠다고. 이제 스스로를 증명했잖아. 그만 거기서 나와." 하지만 애덤의 귀에는 아내의 말들이 사실 들리지 않는 거나 마찬가지였다. 열일곱 살 때 그 지휘관이 소리쳤던 말들이 아내의 목소리를 들리지 않게 하고 있었던 것이다. "안 돼." 애덤은 아내에게 말했다. "난 성공해야겠어. 그래야만 해."

애덤은 주말 내내 밤늦게까지 중요한 보고서 작업을 해오고 있었다. 보고서를 제출하는 순간 그는 위장에 날카로운 통증을 느꼈다. 그날 밤늦게 통증이 너무 심해져 애덤은 한숨도 자지 못했다. 하지만 그럼에도 다음날 아침에 알람이 울리자, 그는 침대에서 나와 옷을 입었고, 직장으로 가는 지하철을 탔고, 쓰러질 뻔했고, 사무실 근처 역에서 내렸다. 역에서 사무실까지 걸어가는데 보통 때는 5분이면 충분했지만 그날은 20분이나 걸렸다. 똑바로 서 있으려고 건물 벽에 붙어 기댄 채 걸어야 했기 때문이다. 애덤이 말한다. "그냥 힘이 하나도 없더라고요. 육체적으로 무너지는 느낌이었어요. 그런데도 억지로 몸을 끌고 회사로 갔죠." 애덤이 몹시 아픈 걸 본 동료가 그를 집에 보냈다. 애덤이 7년 만에 처음으로 내는 병가였다. 일주일이 지나 사무실로 돌아왔을 때, 애덤은 메일 한 통을 읽을 시간만큼도 집중할 수가 없었다. "뭘 해야 하는지도 모르고 컴퓨터 화면을 10분 동안 노려보고 있곤 했어요." 시야가 흐릿했고 두통이 일었고 의욕이 없었다. 애덤은 텅 비어 있었다. 마침내 그는 일을 계속할 수 없다는 걸 깨닫고 두 달간 일을 쉬었다. 그때의 느낌이 사관학교를 떠나던 때와 매우 비슷했다고 애덤이 말하기에 나는 그 둘의 차이는 없었냐고 묻는다. "하나는 제가 실제로 낙오자라는 말을 들은 경험이었고, 다른 하나는 제가 머릿속에서 만들어낸 거였죠." 그는 그렇게 대답한다.

이것을 깨달은 일은 애덤의 인생 전체를 통틀어 가장 중요한 성장 경험 중 하나가 되었고, 그를 다음과 같은 중요한 통찰로 이끌어주었다. "어른이 된다는 것에는 사실 자기 자신을 돌볼 능력을 갖게 된다는 것도 포함되는 것 같아요." 애덤에게 어른다움이란 "우리가 자기 자신에게 문제를 일으키고 있다는 자각을 갖는 것"을 의미한다. 그것은 참을성을 갖고 자신을 대하고, 자기가 너무 열심히 일하고 있지 않은지 시간을 들여 살피고, 조심하는 것이다. 지나치게 일해서 다시 번아웃에 빠지지 않도록 그만 퇴근하기로 마음먹는 것이다. "그건 자기 자신을 돌보는 일과 관련된 거예요"라고 애덤이 다시금 말할 때, 어른이 무엇인지—콘텐츠 보험이 무엇인지—에 대한 내 인식은 조금 더 날카로워지고 뚜렷해지기 시작한다. 지난 한 해 동안 애덤은 그 말들이 자신에게 무엇을 뜻하는지에 대해, 자신이 옛 습관으로 슬쩍 돌아가려 한다는 신호들을 알아차리는 방법에 대해, 스트레스를 받은 상황에서 다르게 반응하는 법에 대해 더 많은 것을 배웠다. 일을 하는 동안 그에게는 모든 걸 걸고, 밤을 새우고, 뭐든지 할 수 있는 영웅이 되려고 애써도 될 것 같은 순간들이 찾아온다. 하지만 애덤은 그런 충동을 알아채고 스스로 멈춘다. 그러고는 이렇게 되뇐다. "아니. 난 저걸 하지 않을 거야. 난 집으로, 아내한테 돌아가서 다른 일들을 할 거야." 이것이 어른이 된다는 것이 애덤에게 의미하는 바다.

나는 "너 자신을 좀 돌보도록 해"라는 말의 뜻이 어조에 따라, 강조점에 따라 달라질 수 있음을 곰곰이 생각해본다. "너 자신을 좀 돌보도록 해"는 친구에게 자신을 돌보라고 건네는 다정한 요청이 될 수 있지만, "너 자신을 좀 돌보도록 해"는 다른 누군가를 돌보지 않겠다는 적극적인 거절이 될 수 있다. 나는 자기 자신을 돌본다는 말이 뜻하는 바의 어조가 내 머릿속에서처럼 애덤의 머릿속에서도 매우 빠르게 변할지도 모른다고 생각한다. 하지만 자신을 돌보는 법을 배우고 있음에도 애덤은 아직 어른이 되지는 못했다. 이것은 아주 지속적인 과정이고, 애덤은 이 성장 경험을 몇 번이고 다시 체험하고 있다. 우리가 인터뷰를 하기 거의 1년 전, 애덤은 런던 마라톤 대회에 나가기로 마음먹었다. 그 결정을 내리기 전에 그가 달리기를 하던 방식은 매년 크리스마스 아침에 5분에서 20분쯤 조깅을 나가는 정도였다. 그럼에도 오래지 않아 애덤은 네 시간 이내에 완주해야 하는 마라톤 대회에 나가려고 자신을 압박하고 있었다. "미친 듯 훈련을 했다"고 그는 말한다. "바깥 기온이 영하 5도쯤 되곤 했는데요, 화요일 밤 10시가 되면 나가서 10킬로미터를 달리고, 돌아와서는 얼음 목욕을 하곤 했어요." 듣기만 해도 춥다. 애덤은 무슨 일인가가 일어나고 있다는 걸 알았다. "저는 달리기 선수도 아니었고, 될 일도 없잖아요. 제가 모 패라°가 될 일은 없지 않겠어요? 그런데 저는 이렇게 생각했던 거예요. 챔피언이 되고 싶어, 모두를 완전히 깜짝 놀라게 해줄 거야." 애덤이 자신이 뭘 하고 있는지 깨닫는 데는 그러고도 몇 달이 더 걸렸다. 그는 똑같은 패턴을 반복하면서 여전히 실패로부터 도망치고 있었다. 하지만 그 시점에 그러기를 멈출 수는 있었다. "그걸 있는 그대로 바라봤고, 이런 생각이 들었어요. 너 자신을 좀 돌보도록 해. 더 이상은 안 돼. 여기서 끝내고 하루를 즐겁게 보내는 것도 굉장히 좋은 일이야." 그 뒤로 한동안은 달리기가 애덤에게 그 패턴의 반복에서 빠져나가는 하나의 방법이 된 것 같았다. 그는 연습 시간을 제대로 생각할 시간을 가질 기회로 바라보기 시작했고, 그 시간을 이용해 여러 문제를 해결하고 팟캐스트를 듣고 토요일 아침마다 친구와 함께 달리기를 했다. "정말 근사했어요. 그 시간은 저를 해치는 무언가가 되기보다는 제 삶을 풍요롭게 해주는 부분이 되었죠." 어쩌면 그때 이 말은 사실이었는지도 모르고, 어쩌면 그저 애덤이 자신에게 되뇌기를 좋아했던 이야기였는지도 모른다. 어쩌면 둘 다였을 수도 있다. 어느 쪽이든, 그리 오래가지 못했다. 애덤은 직장에서, 그리고 집에서 스트레스가 쌓이는 걸 느끼기 시작했고, 막으려는 그의 노력에도 불구하고 그 패턴은 또다시 반복되기 시작했다. 한 달에 한 번씩 공식 하프마라톤 대회에 나가려고 신청했고, 토요일 아침마다 자신만의 하프마라톤을 뛰었다. 인터뷰하기 한 달쯤 전, 애덤은 다리에 심한 통증이 느껴져

● 소말리아에서 태어난 영국의 장거리 육상 선수로 올림픽에서 두 번 연속 2관왕에 올랐다.

물리치료를 받으러 갔고, 과도한 연습 때문에 다리에 피로 골절이 생겼다는 말을 들었다. "다리를 절면서 집까지 갔어요. 그러면서 생각했죠. 내가 또 그랬구나." 그 깨달음은 성장 경험이었을 거라고 나는 생각한다. 어쩌면 그건 정신분석 첫 시간에 내가 '나를 위한 시간'이자 불안을 관리하는 시간이라고 여겼던 달리기 시간이 사실은 나 자신으로부터 도망치며 보낸 시간이었음을 알게 되었을 때 직면했던 것과 크게 다르지 않은 깨달음일지도 모른다.

애덤이 이 이야기를 들려줄 때 내 머릿속에는 이미지 하나가 떠오른다. 슈퍼맨 의상을 입고 창턱에 올라선 꼬마 소년 애덤이 날 수 있다고 믿으며 뛰어내릴 준비를 하고 있는 광경이다. 애덤은 스트레스를 받으면 자신의 한계를 완전히 부인하게 되는 것 같다. 마치 자신의 몸과 마음에서 무엇이 느껴지는지, 자신이 무엇을 감당할 수 있고 감당할 수 없는지 알지 못하는 것처럼, 물리치료사에게서 뼈가 부러졌다는 말을 들어야 겨우 연습을 멈추는 것이다. 나는 애덤이 한 말이 맞다고 생각한다. 어른이 되는 일의 핵심적인 부분은 자신을 돌보는 일과 관련되어 있다. 하지만 우리가 그 일을 할 수 있기 위해서는 우선 우리 자신을, 우리의 한계와 취약한 부분들을, 언제 스트레스를 받고 언제 몸이 아픈지 같은 기본적인 것들을 알아야만 한다. 내가 이 슈퍼맨 이미지 이야기를 하자 애덤은 이렇게 말한다. "저에게 어른다움은 어느 정도는 남자다움의 동의어예요. 그러니까 그 질문은 '남자란 무엇인가'이기도 한 것 같아요." 이 질문에 대해 우리 대부분이 세상을 살아나가는 동안 듣게 되는 대답은 남자란 이래야 한다고 사회가 규정해놓은 모습일 것이다. 애덤이 표현하듯, 우리는 부지불식간에 "남자는 스포츠를 할 줄 알고 싸움을 할 수 있는 사람, 울지 않고 그저 묵묵히 일을 해나가는 사람"이라고 받아들인다. 애덤은 조금 다른 대답을 향해 나아가고 있다. "제 생각에 남자다움이란 한 남자로서 자신이 어디에 서 있는지 알아내는 거예요. 왜냐하면 사회가 우리에게 주는 건 남자다움이 어떤 것이어야 하는지에 대한 뒤틀리고 왜곡된 대답이니까요. 남자다움은 자기가 정의하는 거예요. 너는 어떤 사람이지? 너는 어떤 사람이야? 이렇게요." 너는 어떤 사람이지? 이건 굉장히 큰 질문이고, 나는 여전히 그 지휘관의 목소리가 그토록 요란하고 강렬하게 들리는 상황에서 자신이 어떤 부류의 남자인지 알아내는 일이 애덤에게는 힘들 거라는 생각이 든다. 애덤은 실패를 너무나도 두려워하고 있어서 그냥 자기 자신이 된다는 게 무슨 뜻인지 사실은 알지 못하는 것이다.

그에게 공감이 간다. 사관학교에 가본 적은 없지만, 내 머릿속에도 분명 애덤의 지휘관 같은 누군가가 있으니 말이다. 그 지휘관의 목소리는 너무도 오랫동안 나의 일부였다. 마치 너무도 익숙하게 깔려서 믿을 수 없을 만큼 짜증스럽다는 사실조차 알아차릴 수 없는 은밀한 배경음악처럼. 다름 아닌 정신분석 심리치료 첫 시간에 그 지휘관이 영향력을 드러낸 뒤에야 나는 그 목소리가 존재한다는 걸 알았다.

처음부터, 내 정신분석가는 이해심과 포용력이 많고 판단하지 않는 사람이 아니라 '너는 모든 걸 잘못하고 있으며 끔찍한 사람'이라는 말을 내게 하는 몹시 비판적이고 잔인한 선생님처럼 느껴졌다. 나는 마음속으로 생각했다. '나는 나를 도와달라고 돈을 내는데, 이 여자가 하는 일이라곤 비난하는 것뿐이잖아! 싸가지

없기는!' 하지만—정말, 정말 오랜 시간처럼 느껴지긴 했지만—시간이 지나면서, 그는 그것과는 완전히 다른 일이 일어나고 있음을 내가 깨닫게 도와주었다. 내가 이야기를 하면 정신분석가는 "통제하기 힘들다는 생각이 굉장히 많이 들었겠네요" 뭐 그 비슷한 말로 반응했는데, 그러면 그 말은 내 귀에 다음과 같이 들리곤 했다. "이 정신 나간 여자야 왜 그렇게 모든 걸 통제하려고 들어 넌 내담자야 그런데 모든 사람과 모든 걸 통제하고 싶어하기만 하잖아 왜 어린애처럼 끝없이 뭔가를 원하는 걸 그만두지 못하는 거야 왜 이런 일에 이렇게 느린 거야 다른 내담자들은 이렇게 비호감이 아니어서 얼마나 다행인지 근데 네가 언젠가 심리치료사가 되겠다고? 맙소사 제발 빨리 포기했으면 좋겠다." 나는 너무도 공격받고 비난받는 기분이 들어서 정신분석가에게 그 기분에 대해 이야기하곤 했다. 그와 이야기를 나누고 나면 사실은 그가 나를 전혀 비난하지 않았으며 내 정신 상태를 정확히 묘사하고 있었을 뿐임을 의식적으로는 깨닫곤 했지만, 여전히 비난받는 기분이 들곤 했다. 그런 다음 그날 늦게나 다음날이 되면 그의 말들이 머릿속에 떠오르면서 이런 생각이 드는 것이었다. "정신분석가 말이 맞아. 그 일이 일어났을 때 난 정말로 통제하기 힘들다는 생각이 들었어." 나는 나를 그토록 찔러대던 지독한 말들에 사실은 진실이 담겨 있었음을 깨닫곤 했다. 정신분석가는 무언가를 이해하고 있었던 것이다.

나를 비난하고 있는 건 정신분석가가 아니었다는 걸 깨닫기까지는 놀랄 만큼 오랜 시간이 걸렸다. 내가 정신분석을 받는 것과 동시에 심리치료 교육도 받으면서 그 모든 것에 관해 배우고 있었음을 떠올려보면 민망할 정도로 오랜 시간이었다. 나는 정신분석가가 하는 모든 말을 비난으로 바꿔 듣고 있었다. 그리고 정신분석은 내가 나 자신에게 어떤 식으로 말을 하는지 알아차릴 기회를 주고 있었다.

그건 마치 정신분석가의 말에 필터를 입혀 듣는 것 같은 방식이었는데, 그렇게 해서 내 머릿속에서 정신분석가는 폭력 경찰, 폭력 교사, 그리고 폭력 부모의 뒤틀린 혼종이 되었다. 프로이트의 가장 독창적인 개념 중 하나는 1923년에 인간 정신의 지도를 그리고, 그 안에서 경찰이자 부모이자 선생인 이 혼종이 활동한다는 걸 밝힌 것이었는데, 그는 이것을 '초자아'라고 불렀다.[9] 처음으로 이에 대해 읽었을 때 나는 생각했다. 그래 맞아, 나한테도 분명 그런 게 있어. 프로이트는 초자아가 심리적 동인이며 스스로를 관찰하는 마음의 일부라고 설명했다. 일부는 의식적이고 일부는 무의식적인 초자아는 양심으로 작용하며 완벽주의적 경향이 있다. 초자아를 내면화된 부모의 권위로 볼 수도 있지만, 프로이트가 다음과 같이 적었듯 내면화된 부모의 목소리는 실제 부모의 목소리와 거의 닮은 데가 없는 경우가 많다. "초자아는 편향된 선택을 한 것처럼, 오직 부모의 엄격함과 가혹함, 금지하고 벌을 주는 기능만 골라 갖게 된 것처럼 보인다. 반면에 부모의 애정 어린 관심은 이어받지도 않았고 유지하고 있지도 않은 것처럼 보인다."[10] 따라서 부모가 애정과 배려심이 많은 사람이었다 해도 결국에는 잔인한 초자아가 생겨날 수 있다. 이것은 프로이트의 가장 중요한 발견 중 하나였다. 외부 현실에서 온 난폭한 정신적 외상 경험이 영향을 미치기는 하지만, 그런 경험이 없어도 내면세계에서 정신적 고통을 겪을 수 있다는 것.[11] 우울증, 혹은 프로이트가 불렀던 것처럼 '멜랑콜리아'를 한차례 경험할 때, 사람의 초자아는 "과도하게 가혹해져서 약한 자아를 학대하고 모욕하고 냉대하며, 끔찍하기 짝이 없는 벌을 주겠다고 위협하고, 너무도 먼 과거에 했던 행동들, 당시에는 가볍게 여겨졌던 행동들을 이유로 자아를 비난한다." 아, 그게 뭔지 나는 너무도 잘 안다. 콘텐츠 보험의 반대항 같은 것이다. 위기의 순간에 우리를 돌봐주고 우리의 자존감을 보호해주는 내면의 목소리가 아니라, 아주 작은 실수라도 하면 우리가 자신에게서 가치를 두는 부분이 무엇이든 그 부분을 비하하고, 벌을 주고, 깎아내리는 내면의 목소리다.

하지만 좀 더 적응을 잘하고 신경증적인 성향이 덜한 사람들의 내면에 있는 초자아는 그렇게 엄격하고 가혹하고 폭군 같은 형상이 아니다. 나는 아직 만나본 적이 없지만, 프로이트는 책 속에서 자기가 보기에는 그런 사람들도 정말로 존재한다고 말한다. 도움이 되고 동기를 부여하고 자양분을 공급해주는 초자아라는 것이 존재하며, 그런 초자아는 우리에게 포용되고 있다는 느낌을 허락하고, 우리를 안전하게 보호해주면서 좋은 기능을 할 수 있다는 것이다. 이런 초자아에 대해 처음으로 읽었을 때 나는 그게 무슨 말인지 알 수 없다고 생각했다. 그런데 몇 달 전 어느 자선단체에서 하는 달리기 대회에 나갔을 때, 나는 어떤 남자와 그의 아들로 추정되는 어린 소년 앞에서 천천히 달리게 되었다. 우리가 달리는 동안 소년의 아버지는 끊임없이 다정한 말들을 쏟아냈고, 나는 어쩔 수 없이 귀를 기울이게 되었다. "정말 잘하고 있어, 바로 그거야, 그냥 한 발을 다른 발 앞으로 계속 내디디면 돼. 자, 이제 조금 있으면 언덕이다. 우린 할 수 있을 거야. 그렇게 가팔라 보이지는 않으니까. 그래도 너무 힘들면 언제든 쉬어가면 돼. 내가 보기에 우린 잘 통과할 수 있을 것 같아. 방금 지나온 언덕보다 그렇게 많이 가팔라 보이진 않거든. 그것도 안 멈추고 잘 올라갔으니까, 이번에도 한번 해보자." 이상하게 들리겠지만, 남자의 말에 귀기울이는 동안 나는 어떤 거대한 감정이 내 안에서 솟아오르는 걸 느꼈다. 마치 내게는 없지만 바라던 종류의 내면의 목소리를 듣고 있는 느낌이었다. 물론 나는 그 소년이나 아버지나 그들의 관계에 대해 전혀 모르지만, 내가 듣기로는 아주 중요한 어떤 일이 일어나고 있는 듯했다. 남자는 의식적으로든 무의식적으로든 아들에게 벌을 주기보다는 보호해주는 초자아를 부여해주려고 애쓰고 있는 것 같았다.

최근 나는 '좋은 것, 나쁜 것 그리고 초자아'[12]라는 멋들어진 제목의 논문 한 편을 우연히 발견했는데, 그 논문에서 정신분석학자 밥 힌셜우드는 유아기에서 성인기까지 건강하게 발달한 초자아의 일대기를 추적한다. 힌셜우드는 정신분석학자 멜라니 클라인의 개념들을 따라가며 인생의 초기 단계에서 초자아는 "서로 관계 있는 자기혐오와 처벌"로 특징지어지지만, 그 두 가지가 수없이 오간 뒤에 모든 것이 잘되면 어른이 된 초자아는 "자기용서의 출현"을 보게 된다고 설명한다. 힌셜우드는 다음과 같이 쓴다. "우리는 초자아를 잔인한 처벌에서 관대한 보상으로 가는 하나의 과정으로 바라볼 필요가 있다." 나는 이것이 우리의 초자아가 어른이 된다는 것의 의미일 거라고 생각한다. 나와 애덤의 초자아는 여전히 미친 듯 벌을 주고 싶어하는 괴물 쪽에 치우쳐 있지만, 우리는 노력하고 있다. 애덤은 실패에 대한 자신의 두려움을 조금 더 알게 되면서 동료들에게 자신의 이야기를 더 많이 털어놓기 시작했고, 직원들끼리 경쟁하기보다는 서로 돕는 새로운 종류의 직장 문화를 만들어냈다. 나 역시 정신분석이 진행되고 정신분석가가 내 내면의 목소리가 얼마나 엄격한지 들어볼 기회를 내게 주면서 무언가가 변화하기 시작했다. 그 목소리의 어조가 달라진 것이다. 부드러워지지는 않았을지 몰라도 최소한 힘이 세졌다 약해졌다 하기 시작한 것 같기는 했다. 내면의 지휘관이 사라진 건 아니지만 그 지휘관이 언제나 소리치고 있는 건 아니고, 나는 가끔씩은 불안을 덜 느끼게 되었다. 보잘것없게 들릴 수도 있지만 그것은 하나의 시작이고, 내 삶의 질에 막대한 영향을 끼치게 되었다. 매일 불안을 느끼는 건 끔찍한 경험이지만 나는 더 이상 그런 방식으로는 고통받고 있지 않다. 그럼에도 불구하고 힌셜우드가 설명한 자신을 용서하는 초자아는 때때로 여전히 너무도 멀리 있는 것처럼 느껴지고, 나는 그런 어른이 된 초자아가, 일이 잘못되었을 때 자신을 용서하는 내면의 감각이, 좌절이나 불행에 직면했을 때 생겨나는 일종의 회복력과 강건함이 사무치도록 갖고 싶다. 이것들은 아들을 돌보던 그 남자가 그랬듯 우리가 진정으로 우리 자신을 돌볼 수 있게 해주는 도구들이다. 이것이 내가 구입하고 싶은 종류의 콘텐츠 보험이다. 머니세이빙엑스퍼트닷컴에 그걸 구할 수 있는 곳이 어딘지 올라오기만 하면 좋을 텐데.

내가 진행 중인 콘텐츠 보험에 대한 이런 탐구는 수백 년 동안 다양한 사람들이 다양한 방식으로 해왔던 이야기이기도 하다. 『현대적인 성인기의 역사』에서 민츠는 18세기에 발생한 교양소설 bildungsroman, 즉 성년에 이르는 과정을 추적하는 장편소설에 대해 적고 있다. 이 소설들은 "한 청년이 영혼을 찾고 자아를 발견하는 과정"[13]을 따라가며 "순수함에서 현명함으로의, 천진난만함에서 경험으로의, 순진함에서 성숙함으로의" 이행을 탐구한다고 그는 쓴다. 민츠는 제인 오스틴의 『오만과 편견』에서 발자크의 『인간희극』, 그리고 좀 더 현대로 넘어와 토니 모리슨과 J.D. 샐린저에 이르기까지 다양한 작품들을 예로 든다. 나는 오늘날 우리가 새롭고 감동적인 목소리들과 다양한 형식을 통해 교양소설의 부흥과 비슷한 무언가를 겪고 있지 않나 싶다. 샐리 루니의 소설들이 우선 떠오르는데, 루니는 아직 어른이 되지 못한 사람들의 소외감을 너무도 압도적으로 포착해내고, 그것을 무척이나 다정하게 표현해내면서 그 고립감을 연결의 감정으로 바꿔놓는다. 미케일라 코얼의 〈아이 메이 디스트로이 유〉 역시 떠오른다. 코얼의 각본과 연기는 우리가 우리 자신 안에서 보지 않으려고 애쓰고 소셜 미디어에서도 숨기려 하는 폭력과 분노와 자기파괴를 되살려놓았다. 내가 우연히 마주쳤던 가장 독창적이고 설득력 있는 소설 속 인물 중에서는 캔디스 카티 윌리엄스의 장편소설 『퀴니』에 나오는 동명의 주인공이 떠오른다.[14]

퀴니는 일과 사랑의 세계를 뚫고 나아가려 애쓰는 스물다섯 살의 자메이카계 영국인 여성이다. 과거와 현재의 상실들부터 인종차별적인 사회에서 흑인 여성으로 성장하는 일에 이르기까지 그에게는 붙잡고 싸워나가야 할 것들이 많다. 산부인과 검사 장면으로 시작하는 소설이 진행될수록 우리는 퀴니의 내면세계와 더욱 친밀한 관계를 맺게 된다. 이 책을 읽으며 나는 퀴니를 창조해 낸 사람에 대해 더 많은 걸 알고 싶어졌다. 나는 어른이 된다는 것에 대해 작가에게 무언가 중요한 할 말이 있을 것임을 알았고, 어른이 정말로 어떤 존재인지 알아내는 일을 그가 도와줄 수 있기를 바랐다.

"어른이 어떤 모습인지는 정말로 모르겠는데요." 서른 살인 카티 윌리엄스는 내게 이렇게 말한다. 카티 윌리엄스는 주택대출을 받았고, 좋은 신용등급과 훌륭한 친구들, 괜찮은 직업이 있으며, 그가 생각하기에 그것들은 어른다움의 표지의 일부인 것 같다. "하지만 어른다움은 자아의 느낌이기도 한 것 같은데, 저는 그런 건 없어요. 저는 여전히 제가 열다섯 살인 것처럼 느껴요. 어른의 일들을 하는 열다섯 살짜리처럼요. 그러니 어른처럼 연기를 하고 있지만 아직 어른은 아니라고 해야겠죠." 그러고는 서둘러 덧붙인다. "아마도요." 어른다움에 관해서라면 카티 윌리엄스는 나만큼이나 혼란스러워하고 있다. 최근에 어느 친구가 그에게 이제 '소녀'보다는 '여자'라고 불리는 게 낫지 않겠느냐고 물었다. "이런 생각이 들더라고요. 음, 잘 모르겠네. 어느 시점이 되어야 내가 여자라는 기분이 들지 모르겠어. 저는 여전히 애쓰고 있는, 아직 별로 어른이 되지 못한 소녀처럼 느껴져요." 이것은 그가 종종 생각하는 문제다. '제 기능을 하는 어른'이 무슨 뜻인지 찾는 것 말이다. 지금보다 어렸을 때, 카티 윌리엄스는 두려움 없이 무언가를 하는 것이 어른다움의 일부라고 생각했다. 하지만 나이가 들수록 두려움이 더 많아질 뿐 적어지지는 않는 것 같다고 그는 말한다.

"저는 항상 생각해요. 제가 좀 더 용감해지든지 자신감이 더 있어야 한다고요. 하지만 그러고 나면 저 자신을 있는 그대로 존중해줘야 한다는 생각도 들어요. 저는 언젠가는 어른이 되겠지만 그냥 아직은 어른이 아닌 거예요, 아시죠?" 아, 그게 뭔지는 나도 안다. 알고말고.

카티 윌리엄스는 자신이 이렇게 느끼는 이유에 대해 분명한 해석을 전한다. "부모님은 어떤 면으로 봐도 빈틈없고 자립 가능한 분들은 아니었어요." 그는 그렇게 말한다. 그는 어머니를 경제적으로 돕고 있고, 몇 년간 소식이 끊겼다가 최근에 연락해온 아버지는 다른 말도 없이 오직 돈을 달라거나 대출금을 갚아달라는 얘기만 했다. 카티 윌리엄스에게 어른이 된다는 것의 많은 부분은 돈과 관련이 있고, 그는 그렇게 된 이유를 알고 있다. "저는 가난한 집에서 자라났어요. 가스랑 전기를 각각 카드랑 키로 따로 충전해서 쓰는 거, 아시죠?● 저희 가족보다 먼저 그 집에 살았던 사람들이 충전할 필요가 없도록 카드로 가스 미터기를 억지로 비틀어 열어놨더라고요. 만약 돈을 내야 했더라면 저희 가족은 큰일이었을 거예요. 굉장히 뻔한 얘기긴 한데요, 저희는 종종 음식하고 전기 중에 하나를 골라야 했어요." 이것이 그가 그토록 두려움을 느끼는 이유다. 그는 가난으로 다시 밀려날지 모른다는, 자신이 혼자 힘으로 만들어온 경제적 안정을 빼앗길지 모른다는 공포 속에 살고 있다. 그건 유난히 강력한 공포다. "아시다시피 돈 걱정만 한 건 없어요. 몸속에, 머릿속에 새겨지는 그 특유의 느낌이 있

● 영국에서 가정용 가스는 일반적으로 미터기에 직사각형 카드를 꽂아서, 전기는 길쭉한 모양의 키를 꽂아서 충전해 쓴다.

죠." 그리고 그 걱정은 다른 많은 걱정들을 낳는다. "저는 엄마를 도울 수 없을 것 같다는 생각 때문에 겁에 질려 있는 것 같아요. 그게 가장 큰 두려움인데요, 집에 한푼도 없었을 때도 엄마는 저와 여동생은 부족한 게 없도록 항상 확실히 해두셨거든요." 카티 윌리엄스는 자라나면서 부모님과는 반대되는 사람으로 자신을 정의해왔다. 그가 하는 모든 일은 온전히 자립하는 능력에 초점이 맞춰져 있다. 집에서 해야 하는 일이 생기면—퓨즈를 갈아야 한다거나 보일러가 고장난다거나 하면—그는 스스로 고칠 수 있다. "오래전에 스스로 하는 법을 배웠어요. 남들한테 의존하는 건 별로라서요." 카티 윌리엄스는 마치 콘텐츠 보험에 관해 온갖 조사를 한 다음 가장 좋은 보험에 제대로 든 사람 같지만, 자신에게 심리적인 종류의 보험은 없다고 느낀다. 겉으로 보기에는 책임감과 자립처럼 보이는 것들이 내면에서도 꼭 그렇게 느껴지는 건 아니기 때문이다. 어렸을 때 그는 혼자 남겨지는 것에 대한 공포가 있었다. "아빠는 사실 자리에 없었고, 엄마는 있었다 없었다 했거든요. 그래서 버려지는 것에 대한 공포가 항상 있었어요." 이 공포가 자신을 떠난 적이 없었다는 걸 깨달은 건 1년쯤 전이다. 그는 여전히 모두가 자신을 떠날 거라는 가정 아래 살아가고 있는데, 그것은 그가 느끼기에는 "매우 유치한 생각"이다. 가끔씩은 "제가 주말에 아빠가 집에 올 것인지 궁금해하는 여덟 살짜리처럼 느껴진다"고 그는 말한다.

내가 성인 진입기에 대한 아넷의 이론을 들려주자, 카티 윌리엄스는 우리가 청소년기 다음으로 오는 이 길게 연장된 시기에 걸쳐 어른으로 자라난다는 개념을 마음에 들어 하지만, 이렇게 말하기도 한다. "서른 살이 되면 어른이 된다는 그 생각은 저한테는 안 맞는 것 같아요." 그는 서른 살이지만 자신이 열다섯 살 같다고 느낀다. 그는 다 큰 여자지만 동시에 여전히 "연약하고 겁 많은" 어린 소녀이기도 하다. 그는 자신에게 묻는다. "내면의 아이가 언제나 그 자리에 있게 된다면, 어른다움이란 뭘까요?" 하지만 그 질문은 카티 윌리엄스에게는 별로 들어맞지 않는데, 그는 태어난 순간부터 한 번도 아이처럼 살아보지 못했기 때문이다. 어렸을 때 그의 별명은 '엄마'였다. 그가 말을 시작할 나이가 되자마자 어른이었던 가족들은 자기들의 비밀과 골칫거리를 그에게 털어놓곤 했다. 그래서 그는 자신이 강하다는 생각, 사람들을 돌봐주고 고민에 귀 기울여주고 그것들을 해결하려고 노력해야 한다는 생각을 갖게 되었다. "저는 원래부터, 제가 정말로 쪼끄맸을 때부터 어른이 되어야 했는데, 그건 일종의 학대라고 생각해요. 누구랑 누가 불륜을 저지르고 있고, 같이 일하는 사람이 뭘 했고, 저 사람은 자기한테 뭘 하고 싶어하고…… 어린아이한테 그런 걸 얘기하는 거잖아요." 우리는 아동노동을 일종의 학대라고 생각하는 데 익숙하지만, 카티 윌리엄스가 말하는 건 많은 어른들이 자기가 돌보는 아이들이 수행하기를 무의식적으로 기대하는 감정노동이자 아동노동만큼이나 충격적인 노동이다.

20대 초반, 카티 윌리엄스에게 불안과 우울 삽화가 찾아왔고, 그와 함께 그는 자신의 성장에 무슨 일이 일어났는지 새롭게 이해하게 되었다. "제가 기억하는 한 저는 어른이 되려고, 모든 사람을 돌봐주려고 애써왔어요. 어린아이로 지내도 됐던 적은 한 번도 없었고요. 어떤 아이도 절대 그런 일을 겪어서는 안 돼요." 그는 그렇게 말한다. 한 번도 어린아이로 지내본 적 없는 사람이 어떻게 어른이 될 수 있을까. 너무 일찍 어른의 영역에 속하게 되는 일에는 이런 위험이 뒤따른다. "저의 일부는 이렇게 생각하는 것 같아요. 어른이 된다고? 그딴 건 집어치우라 그래. 난 평생 어른이 되려고 애써왔는데, 그건 힘들고, 난 준비가 안 됐어. 그때도 준비가 안 됐었고." 카티 윌리엄스는 강해지려 애쓰는 일은 이제 그만하고 싶다. "강인한 흑인 여성이라는 말 따위. 그건 정말로 끔찍하고 답답한 말이에요. 흑인 여성들은 종종 남들의 고민을 짊어지고 다니게 되는 것 같아요. 우리가 강하고 뭐든 짊어질 수 있다고 사람들은 생각하니까요. 그리고 그런 자리를 차지하는 건 정말이지 몹시 고통스러운 일인데요, 우리한텐 이미 우리 자신의 개떡같은 문제들이 있거든요."

카티 윌리엄스에게 도움이 되어준 건 친구들이었다. 그가 매일 이야기를 나누는 사람들은 흑인 여성 친구들인데, 그는 이렇게 말한다. "평생을 통틀어 제가 이렇게 정당하고 존재감 있고 이해받는 존재라고 느껴본 적은 없는 것 같아요." 그들의 배경은 모두 다르다. 카티 윌리엄스는 자메이카인과 인도인의 피를 물려받았고 친구들은 나이지리아, 자메이카, 우간다, 가나, 트리니다드섬에 뿌리를 두고 있다. 그럼에도 대다수 영국인의 눈에 그들은 똑같아 보이고, 그것은 그들이 무언가 중요한 것을 공유하고 있다는 뜻이다. "이 세상을, 이 공간을 흑인 여성으로서 헤쳐나간다는 게 무슨 뜻인지 다들 알 거라고 생각해요." 지금보다 어리고 백인 친구가 많았을 때, 그가 친구들에게 자기가 겪은 일을 말할 때면 이런 반응이 돌아오는 일이 많았다. "이런, 그건 그냥 네가 상상해낸 거잖아.” “너무 심각하게 생각하지 마.” “그냥 기분을 좀 바꿔보지 그래.” 하지만 지금의 친구들에게 같은 이야기를 하면 굉장히 다른 반응이 돌아온다. “네 기분 알겠어. 그런 일이 일어나서 유감이야. 얘기 좀 더 들려줄래?” 혹은 “네가 조금 더 마음이 괜찮아지면 그때 다시 얘기하자.” 카티 윌리엄스는 이런 변화가 자기 자신에 대한 생각을 바꿔놓았다고 말한다. 어떤 일로 상처를 받았는데 과하게 반응하고 있다는 말을 듣는 것과, 어떤 일로 상처를 받았지만 자신이 정당하고 존재감과 자격을 지니고 있으며 상처받았다고 느껴도 된다는 걸 아는 것은 다르다. 그에게 자양분이 되어주고, 그를 격려해주고 앞으로 나아가게 도와준 것은 이런 관계들이었다. “그게 저를 가장 저 자신처럼 느끼게 만들어준 것 같아요. 가장 어른처럼이 아니라요. 어쩌면 어른다움이 될 수도 있는 무언가로 향하는 여정에서, 지금 이 순간 제가 할 수 있는 최선의 일은 저 자신이 되는 게 아닐까 싶어요.” 어쩌면 카티 윌리엄스에게는 자기 자신이 되는 일과 어른이 되는 일이 그렇게 다르지 않은 게 아닐까.

우리의 대화에서 가장 강렬한 순간 중 하나는 카티 윌리엄스가 슬프고 분노에 찬 얼굴로 이렇게 말할 때다. “왜 저는 돈 문제나 집에 어떤 문제가 있을 때 그냥 자기들끼리 얘기를 나누는 부모를 가질 수 없었던 걸까요. 저를 그냥 어린애로 있게 해주고, 책을 읽게 해주고, 나가서 친구들과 어울리게 놔둬주는 부모를요.” 이것은 슬픔이다. 어른의 영역에 너무나도 일찍, 출구도 없이 갇혀버린 것에 대한 진정한 슬픔이다. 그는 “평범한 어린 시절을 보낸 것처럼 보이는 사람”이 몹시 부럽다고 한다. “하지만 그런 게 현실에는 존재하지 않는다는 것도 알아요. 평범한 어린 시절이란 『신데렐라』만큼이나 동화 같은 얘기죠."

나는 '평범한 어린 시절'이 동화 같은 얘기라는 카티 윌리엄스의 생각에 동의한다. 하지만 유아의 정신이 어떻게 자라나고 발달하는지에 대해 다양한 정신분석학자들이 정교하게 갈고닦은 이론들을 공부하면서, 나는 자양분이 되고 건강하고 충분히 좋은 어린 시절이 어떤 모습일지 또한 이해하게 되었다. 그것은 내가 아동 및 성인 정신분석학자이자 영국 정신분석학회 회원인 지아나 윌리엄스와 대화를 나눌 때 되살아나기 시작하는 이미지이기도 하다. 윌리엄스와는 이야기를 나눠보고 싶다는 마음이 유독 간절했다. 그는 지난 6년간 정신분석 교육생들을 대상으로 영유아 관찰 세미나를 이끌어온 사람이었으니까. 윌리엄스는 이탈리아, 프랑스, 스페인, 튀르키예, 그리고 남미 국가들에서 영유아들에 관해 공부하고 가르쳤기에 세계 각지의 아기들의 초기 발달을 하나로 이어주는 것에 대해 무언가 아는 바가 있을 것이다. 우리는 런던 북부 햄스테드에 위치한 윌리엄스의 편안하고 따뜻한 상담실에서 만났다. 나는 그의 내담자들이 보통 앉는 자리에 앉아 주위를 둘러본다. 그 공간은 어딘가 조용한 생산성으로 가득한 느낌을, 정신을 집중해 일하는 느낌을 준다. 윌리엄스는 신중하고 다정하며 리드미컬한 목소리로 내게 말한다. "다양한 문화권의 영유아들에 관한 이야기를 들어보는 건 굉장히 흥미진진한 일이었어요. 하지만 문화가 다르니 어떤 점들은 다를 수 있다 해도, 저는 제가 문화와는 상관없이 영유아기에 굉장히 핵심적인 무언가를 찾아냈다고 생각합니다. 그건 '안기는 느낌'이에요."

정신분석학자들은 이 '안기는 느낌'을 단순히 신체적인 경험으로만 해석하지 않는다. 아기의 몸이 부모의 두 팔에 안겨 있는 동안 아기의 마음은 부모의 마음에 안겨 있게 되는데, 이런 상태는 안락함, 현실에 두 발을 딛고 있는 느낌, 그리고 그 상태가 계속될 거라는 감각을 가져다준다. 그리고 부모가 심리적으로 건강하고 능력이 있다면, 그들은 자신들의 마음을 사용해서, 공감과 이해를 통해, 아기가 아직 어려서 이해하지 못하는 감정들과 어려움들의 일부를 처리하게 도와줄 것이다. 이 일에는 '몽상reverie'이라는 굉장히 멋진 이름이 있는데, 이 단어는 처음 들었을 때부터 나를 일종의 따스한 매혹으로 가득 채워왔다. 혁명적인 정신분석학자 윌프레드 비온은 내게는 다른 무엇보다 부모와 아기 사이에 이루어지는 애정 어린 대화로 보이는 것을 설명하기 위해 '몽상'이라는 말을 사용했는데, 이 대화는 반드시 언어로만 이루어지는 것은 아니다. 윌리엄스는 이렇게 말한다. "진정한 몽상이란 이런 거라고 생각해요. 우선 부모가 이렇게 말하는 거예요. '뭐가 문젠지 궁금하구나. 이것 때문일까? 아니면 저것 때문이니?' 그러면 영유아는 이런 관심과 자신을 이해하려는 시도를 인지하게 되죠."

이것은 비온이 만들어낸 가장 설득력 있는 개념 중 하나다. 파울로 세자르 샌들러가 『비온의 언어: 개념 사전』에서 적고 있듯 비온은 9년에 걸쳐 이 개념을 발전시켰고, "이 이론을 통해 인간 삶의 가장 은밀한 신비들을 탐구한다."[15] 나는 그저 초보적인 수준 정도로 이해하고 있을 뿐이지만, 그럼에도 그 이해를 통해 우리가 어딘가에 닿기에는 충분한 것 같다.[16] 비온의 이론은 우리는 태어날 때 새로움이라는 끔찍한 상황 속으로 태어나는 것이라는 인식에 근거하고 있다. 몸과 마음 양면에서 전에는 겪어본 적 없는, 터져 나올 것 같은, 통제되지 않고 통제할 수 없는 감각들과 감정들의 소용돌이를 경험하며 우리는 완전히 무력해진다. 그렇게 생각하면 아기들이 그렇게 울어대는 것도 별로 이상한 일은 아니다. 애정 어린 부모는 두 팔로, 마음으로 아기를 안아줌으로써, 아기가 경험하는 것을 이해하고 그것을 기호화해 말로 바꾸려고 노력함으로써—몽상을 통해—이런 압도적인 느낌들을 담는 그릇이 되어줄 수 있다. 그건 마치 부모가 감정의 되새김질 거리를 씹으며 아기의 감정들을 조금 더 다루기 쉬운 형태로 아기에게 되돌려주기 위해 소화하는 것과 같다. 만약 모든 게 잘되면 그 감정들은 조금 덜 압도적이고 조금 덜 무서운 것이 되고, 아기는 포용되는 느낌을 경험하게 된다. 윌리엄스는 이것이 이해하려고 애쓰는 과정이고, 단번에 정답을 얻어내는 것이 아니라 시행착오를 거치며 탐구하는 과정이라고 설명한다. 배가 고파서 그러는 걸까? 안 아팠으면 하는 걸까? 어디가 아픈데 뭐가 문제지 말을 못 하는 걸까? "저는 몽상과 포용의 과정에서 '궁금하다'는 게 굉장히 중요한 부분이라고 생각해요. 확실한 태도보다는 부모가 무언가를 이해하려고 정말로 시도하고 있다는 느낌이 있을 때 포용되는 느낌이 들거든요." 윌리엄스는 그렇게 말한다. 이것은 반드시 소리 내어 말해야 하는 과정은 아니다. 그보다는 마음의 상태다. 아기가 결국 자기 자신을 포용하는 능력을 기르도록 궁극적으로 허락해주는 것은 이렇게 주의를 기울이는 타고난 재능, 불확실한 것과 공존하고 알지 못하는 상태를 견디는 능력으로, 이는 부모가 줄수 있다. 그 능력은 아기가, 그다음에는 아이가, 그다음에는 어른이 자신만의 생각과 감정을 느끼는 마음을 발달시키고, 감정에 압도되지 않고 감정을 기호화하고, 자신을 포용할 수 있게 해준다. 우리는 이렇게 해서 자신을 돌보는 법을 배운다. 이런 포용은 일종의 콘텐츠 보험 같은 것으로, 어른이 되는 일에 필수적이다.

⬬

록시 레거니를 만난 나는 생각한다. '이 여자는 분명히 콘텐츠 보험이 있는 사람이야.' 그렇다고 머니세이빙엑스퍼트닷컴 쪽에 가까운 건 아니다. 자신이 어른이라고 생각하는지 내가 묻자 레거니는 이렇게 대답한다. "더 이상 아이는 아니죠. 어른으로서 책임지고 있는 부분도 많고요. 하지만 여전히 제가 어리다는 생각이 들어요." 레거니는 스물여덟 살이고 '키즈 오브 컬러'라는 단체를 설립해 운영하고 있다. 이 단체는 청년들에게 인종과 정체성에 관한 자신들의 경험을 탐구할 공간을 제공한다. 청년들과 함께 있으면서 그들이 겪는 일과 필요한 지원에 관한 이야기를 들을 때면 레거니는 종종 자신이 그런 지원을 제공할 수 있겠다고 느끼는데, 그런 순간들에는 자신이 책임 있는 어른처럼 느껴진다고 한다. "그러다가 쉬는 날이 되면…… 다시 아이 같은 기분이 돼도 괜찮아지는 거죠." 자신이 아이처럼 느껴지는 이런 감각은 제법 막연하고, 놀이를 하거나 뛰어다니는 것 같은 행동으로 표현되는 일은 별로 없지만, 레거니가 마음속으로 느끼는 방식과 관련되어 있다. "그냥, 저의 존재 방식이 조금 더 어린애 같아져도 된다는 거예요." 나는 이 말을 조금 더 상처받기 쉬운 사람, 도움을 주기보다는 받아야 하는 사람이 되어도 괜찮다는 뜻으로 이해한다. 레거니에게 이 생애 단계의 특징은 '정신 차려. 넌 이제 20대 초반이라고 핑계를 댈 수도 없어'라는 느낌이다. 그가 말하고 있는 건 취업하거나 집을 사거나 반려자를 찾는 일이 아니라 그날그날 살아가는 현실에 좀 더 가까운 무언가다. "이제 좀 더 곰곰이 생각해봐야 하는 일들이 있어요. 언제까지나 제 행동에 대해 변명만 할 수는 없으니까요." 한 가지 예를 들어보자면, 레거니는 10대 때부터 알코올 문제가 있었고 지난 10년간 술을 그만 마셔야 하지 않을까 생각해왔지만, 지난해가 되어서야 정말로 술을 끊었다. 그는 이렇게 설명한다. "20대 초반에 막 개판을 치고 있을 때는 그렇게 개판친 걸 카펫 아래 밀어넣어 치워버리고, 해결하지도 않고, 자기가 그 구멍에 계속 빠지게 놔둬도 되죠." 이제 스물여덟 살이 된 레거니는 더 이상 카펫 아래 뭔가를 밀어넣는 일은 할 수 없다고 느낀다. 그는 공부하고 일하고 여러 프로젝트에 참여하고 다양한 청년들을 지원하고 있다. "저는 괜찮아야 돼요. 더 이상 그 길로 계속 갈 수는 없어요." 레거니는 할 일이 많은 여성이다.

레거니는 어른다움에 관해 생각해보며 말한다. "지루한 것들이 떠오르네요. 그저 책임들, 평범한 하루하루, 하고 싶지 않은 일들이 떠올라요." 그런 다음 그는 고쳐 말한다. "하지만 사실 전 매일의 일상을 통해 알고 있어요. 어른이 되면 어렸을 때는 없었던 자유와 선택지들이 생기고 독립심이 늘어나고 자신에 대한 신뢰도 늘어난다는 걸요." 레거니의 이 말을 들으며 나는 생각한다. 아하! 그럴 줄 알았어! 어른다움이라는 것 속에는 역시 주방용품들 말고도 더 많은 것들이 있는 거야! 나는 이것이 이 생애 단계에서 매우 중요한 성장 경험이라고 생각한다. 그것은 주방용품들보다 깊이 있고, 샐러드에 올린 잣보다 실체가 있으며, 무거우면서 뚫고 들어갈 수 없는 거북이 등딱지보다 더 견딜 만한 어른의 삶에 대한 정의를 찾아내거나, 적어도 찾기 시작하는 일, 진짜 의미가 있는 어른의 세계에 존재할 방법을 찾아내는 일이다.

레거니는 지금은 어른이어서 제법 행복하다고 말한다. 언제나 이런 기분이었던 건 아니고, 언제나 이렇지는 않으리라는 것도 거의 확실하다고 그는 분명히 인정한다. 이런 대화를 나누고 있는 게 무척 재미있다면서, 만약 우리가 4년 전에 대화를 나눴다면 내용이 매우 달라졌을 거라고도 말한다. "그때는 그냥 좀 더 슬펐던 것 같아요." 레거니는 자신을 동료들에 비해—그의 몇몇 동료들은 집과 높은 연봉과 인상적인 직함을 가지고 있다—부정적으로 바라보고, 부족한 사람이라고 느끼곤 했다. 하지만 내면에서 들려오는 그런 말들은 2018년에 그가 '키즈 오브 컬러'를 설립하면서부터 달라졌다. "제가 정말로 관심이 있고 좋아하고 할 수 있는 일의 영역에서 저 자신을 위한 공간을 만들기 시작한 거죠." 레거니는 자신이 롤 모델로 존경하는 사람들을 만나고 있고, 이제 자신의 일과 사회운동이 삶에서 너무도 중요하고 핵심적인 부분이 된 까닭에 집과 연봉과 직함 같은 것에는 더 이상 관심이 가지 않는다고 한다. 레거니가 아끼는 사람들도 이 사실을 깨닫고 이런 말들을 한다. 그가 "정말 자기 역량을 발휘하게 된 것 같다"면서. 그리고 정말 그런 것 같다. "안에 있으면 행복한 공간을 찾았어요. 제가 하는 일이 좋고, 또 잘하기도 하는 것 같아요. 중요하다고 생각하는 일이기도 하고요."

나는 레거니에게 어른이 되는 일에 관해 유색인종 청년들이 특히 직면하게 되는 어려움이 있다면 무엇인지 묻는다. 그는 가장 크게 영향을 받는 건 청년들의 자신감이라고 대답한다. "만약 모든 면에서 인종차별의 고통을 겪고 있는 청년들이 있다면, 제 생각에는 특히 어린 흑인 소년들이 그런데요, 그 청년들은 어른이 될 때 다른 사람들과 같은 지점에서 출발하는 게 아니에요. 자존감과 함께 자신에 대한 신뢰가 종종 손상되는 경험을 하기 때문이죠." 인종차별은 정신건강에 막대한 영향을 끼친다. 과잉 진압을 경험하고, 깡패 같고 무서운 사람들이라는 말을 끊임없이 듣고, 재능이 부족하다고 평가받은 경험들로부터 정신적 외상이 생겨나지만, 인종차별에 특별히 초점을 맞춰 정신건강 서비스를 지원하는 곳은 너무도 적다. 영국의 교육제도가 인종 문제에 대해서도, 이런 경험들이 자라나는 아이들에게 장기적으로 끼치는 영향에 대해서도 제대로 숙고하지 않는 것도 문제다. 레거니는 유색인종 청년들이 학교에서 끊임없이 거부당하는 경험을 하고 있다며 사례 중 하나를 들려준다. 레거니가 진행했던 워크숍에서 한 여학생이 자신의 경험을 공유했는데, 그 학생이 흑인이라 너무 빨리 달려서 불공평하다고 다른 학생들이 말했다는 것이었다. "그리고 결국 그 여학생은 체육대회 날 무더위 속에서 혼자 달려야만 했어요. 유독 백인들이 많은 지역의 학교에서 몇 안 되는 흑인 여학생 중 한 명이었거든요." 자신이 그토록 열심히 갈고닦고 훈련해온 놀라운 재능이 타인들의 시기로 인해 이런 식으로 축소되고 자신을 괴롭히는 데 사용되었을 때, 이 여학생은 얼마나 타자가 된 기분을 느꼈을까. 또 다른 여성 청년은 지난 10년 동안 학교를 다니며 했던 경험을 얘기해주었는데, 어느 교사가 학생들에게 충격적일 만큼 인종차별적인 보드게임을 시켰다고 했다. "게임이 끝났을 때 노예선에 노예가 제일 많은 사람이 이기는 거였어요. 그 교사가 직접 만든 보드게임이었죠." 그 여성 청년은 그저 이 이야기를 하는 것만으로도 몹시 동요했다고 한다.

이런 경험들은 학생들이 학교를 떠나 취업할 때도 줄어들지 않는다. 레거니가 만나는 청년들은 취업 면접을 걱정하며 헤어스타일과 말투와 자세를 바꿔야 할지 고민하고 있다고 한다. "그 친구들은 직장에서 인종차별에 노출될 일 때문에 이미 고통받고 있지만, 일자리를 잃고 싶지 않기 때문에 그 문제를 말할 수 없다고 느끼고 있어요. 세상에 대한 원래의 생각을 포기하고 입을 다물어야 하는 상황이죠. 그게 더 안전하니까요." 레거니가 말한다. 그리고 레거니가 만나는 청년들이 어린 시절부터 인종차별로 입어온 정신적 외상을 다루기 시작할 수 있게 되는 건 바로 이때, 어른의 삶이 시작되어야만 하는 시기─우리가 외적으로나 내적으로나 콘텐츠 보험을 취득해야 하는 시기─다. 우리 사회에는 인종차별이 남기는 깊은 충격을 살펴보고 그것에 대해 이야기할 공간이 없고, 그래서 유색인종 청년들은 자신도 모르게 이런 경험들의 무게를 짊어진 채 어른의 삶 속으로 들어가게 된다고 레거니는 설명한다. 그들은 초기 성인기에 들어선 뒤에야 자신의 느낌을 표현할 감정적 언어를 발달시키고 고통에서 빠져나오기 시작할 수 있다. 20대 초반은 종종 치유의 시기가 될 수 있다고 그는 말한다. "힘들고 정말로 지치는 시기가 될 수 있지만, 동시에 정말로 가치 있는 시기가 될 수도 있어요." 레거니는 인종차별이 자신이 만나는 청년들을 정의하는 것은 아니며, 그들의 삶에는 힘든 경험들 말고도 더 많은 것이 있다는 사실을 내가 이해하기를 간절히 바란다. "유색인종 청년이라는 사실로부터, 그 정체성과 문화와 신념들로부터 너무도 많은 즐거움과 행복이 생겨날 수 있거든요. 자신의 정체성에 대해 기쁨을 느끼는 청년들을 보는 건 아름다운 일이기도 하고요. 그 친구들이 어른이 되고 자신감도 쌓이면 그 기쁨도 커질 거라고 저는 생각해요."

영국계 백인 어머니와 모리셔스 출신의 흑인 아버지를 둔 혼혈인종 여성으로서 레거니는 독특한 성격의 인종차별 경험이 있다. 그는 영국 사회에서 어머니와도 아버지와도 다른 인종으로 분류되며, 사람들은 종종 그를 뭐라고 생각해야 할지 모른다. 그는 '다른' 인종으로 간주되지만, 레거니는 이렇게 말한다. "사실 표현하기 상당히 어려운 문제예요. 저한테 무슨 일이 일어나고 있는지 확신할 수가 없으니까요. 저는 특권도 있고 백인다움과도 멀지 않기 때문에 백인들의 공간에 초대된 적이 있는데요, 그런 공간에서 사람들은 백인의 렌즈를 통해 저를 보기 때문에 면전에서 굉장히 인종차별적인 언행을 하기도 해요. 하지만 그와 동시에 저를 유색인종으로 보기도 하죠." 레거니는 학창 시절에 어느 백인 여학생이 자신에게 이렇게 말했던 일을 예로 든다. "아, 너 알고 보니 굉장히 착하구나. 난 네가 훨씬 더 게토스러울 줄 알았는데." 그 말은 너무나 비뚤어진 말로 들리고, 나는 10대 소녀로서 그 말을 듣는 일이, 친구 집단에서 그토록 폭력적으로 타자화되는 일에 더해 그런 타자화를 칭찬으로 들어야 하는 일이 어떤 느낌이었을지 그저 상상해볼 수 있을 뿐이다. "혼혈인종은 백인들의 공간에서 환영받으니 모든 게 괜찮은 것 같다고 순진하게 생각하지만, 그다음엔 그런 일들이 생기는 거예요." 레거니가 설명한다. "당신이 어떤 인종으로 분류되면, 당신은 타자로 여겨지는 거예요. 무슨 일에 직면하게 될지 전혀 알 수가 없죠." 그러고는 덧붙인다. "어렸을 때 전 분명 제가 백인이었으면 좋겠다고 생각했어요."

레거니는 더 이상 그렇게 느끼지 않는다. 그에게 어른이 된다는 것의 일부는 자신의 정체성과 자신의 모습을, 자신의 일과 그 일에 자신이 무엇을 투입할 수 있을지를 제대로 이해하는 능력을 기르는 것이었다. 하지만 그것이 힘겹게 싸우고 있던 어린 소녀를 지워버리는 일을 뜻했던 적은 없다. 일하다가 유독 속상한 이야기를 들으면 레거니는 집에 가서 "그런 일에 대해 말하고 싶지도, 고민하고 싶지도 않아서 가끔씩은 그냥 운다"고 한다. 나는 레거니가 그다음에 한 말을 인터뷰가 끝나고 한참이 지난 뒤에도 떠올리고 있는 나 자신을 발견한다. "어린애 같은 반응이라고 하실지도 모르겠네요. 하지만 저는 사실 그런 반응도 이런 일들을 다루는 법을 배워나가고 있는 저의 일부라고 여전히 생각해요. 저 자신이 모든 것에 반응하는 방식을 너그럽게 대하려고 항상 노력하고 있어요. 다양한 어른의 반응 방식을 스스로에게 허용하고, 가끔씩은 그냥 차단해버려도 괜찮다는 걸 기억하려고 애쓰고 있어요. 남들에게는 굉장히 어린애 같은 행동으로 느껴질지도 모르지만, 사실 그건 어른의 대응 전략이에요."

이 말을 듣고는 놀라서 말이 나오지 않는다. 이는 내가 들어본 가장 어른스러운 말 중 하나인 것 같다. 자기 자신에게, 자신의 덜 어른스러운 부분들에 이만큼 너그럽고 친절하게 반응하는 방식이 또 있을까. 이것은 내적으로 몽상의 상태에 있는 것이고 진정으로 자신을, 자신의 모든 다양한 부분을 돌보는 것이다. 이것이 내가 콘텐츠 보험이라고 부르는 것이다.

레거니의 말은 어른이 된다는 것이 진실한 무언가를 의미할 수도 있음을 내가 깨닫게 도와준다. 어른은 주방용품들에 사로잡혀 있는 사람일 필요는 없지만 자신이 누군지 알고, 자기 자신을, 자신의 반응과 대답들을 이해하는 사람일 수 있다. 나는 레거니를 주춧돌 위에 올려 일종의 신처럼 완벽한 어른으로 숭배하자는 것도, 이런 상태가 곧 어른이라고 말하고 있는 것도 아니다. 하지만 내 머릿속에서, 나를 둘러싼 혼란의 회색 구름들 속에서 무언가가 단단해지기 시작한다. 어른이 된다는 것의 의미에 대한 더 깊은 이해로 이끌어줄지도 모르는 무언가의 윤곽선을 나는 이제 막 분간할 수 있게 되려는 참이다.

●

"우리는 나무와도 같아요." 윌리엄스가 말한다. 아기들을 관찰하고 아동, 청소년, 성인을 모두 포함한 내담자들의 정신을 분석하는 일을 통해 어른이 되는 일의 의미에 관한 심오한 해석을 해온 그는 자신의 생각을 담은 아름다운 이미지 하나를 공유해준다. 나무줄기의 횡단면을 보면 그 나무의 역사를 드러내는 나이테들이 보일 거라고 윌리엄스는 말한다. 한가운데에는 나무가 가장 어렸을 때 만들어진 가장 작은 나이테가 있고, 나무가 위로 바깥으로 자라면서 나이테들은 점점 더 커지며, 가장 최근에 생긴 나이테는 바깥쪽 껍질에 덮여 있다. 우리 안에는 여전히 아기인 부분, 어린이인 부분, 청소년인 부분이 있다. 그것들은 사라지지 않고 언제나 거기, 껍질 아래, 우리의 피부 밑에 남아 있다. 윌리엄스는 심리치료사로서 자신이 "아이들과 함께한 모든 경험이 성인 내담자들과의 작업에서도 굉장히 유용하다"고 말해준다. "우리는 내담자의 내면에서 언제나 아기를, 어린아이를, 청소년을 발견하게 되는 것 같아요. 나무의 나이테들처럼 그들 모두가 거기 있는 거죠." 보루, 빅토리아, 새뮤얼, 애덤, 카티 윌리엄스, 레거니, 그리고 나. 우리 모두는 우리 자신을 돌보는 방법을, 우리 내면의 여러 나이테들을, 우리가 지닌 소중한 것들을 보장받는 방법을 알아가고 있는 중이다. 이 생애 단계에서 어른이 되는 일이란 다음과 같은 능력들의 개발을 뜻한다. 괴로운 순간에 우리 내면의 가장 조그만 나이테들을 참아내고 주의를 기울이고 돌보는 능력, 성급하게 결론이나 해결책에 도달하는 대신 잘못된 부분이 어디인지 궁금해하는 능력, 우리 자신을 계속 유지하는 능력. 준비도 되기 전에 어른의 영역에 던져져 몹시 왜곡된 감각이 아닌, 조금 더 의미 있는 어른다움의 감각을 발견하는 능력. 여전히 콘텐츠 보험은 없지만 이 문장들을 타이핑하며 나는 생각한다. 이것 참 참신한 생각인데! 그리고 나는 처음으로 무언가를 깨닫는다. 내가 내면에 지닌 것이 그저 몇 줄기 연기에 불과할지라도, 그것 역시 가치가 있고 보장받을 만한 것이라는 사실을. 아마도 이것이 정신분석이 내게 의미하는 바일 것이다. 아마도 정신분석은 아주, 아주, 아주 비싼 종류의 콘텐츠 보험 같은 것일지도 모른다. 나의 어린애 같은 감정들은 떨쳐버리고 때려눕히고 붙잡아 감옥에 보내야 하

는 대상이 아니다. 그것들은 포용하고 곰곰이 생각하고 이해할 만
한 것이 될 수 있다. 이는 우리가 만들어가고 있는 어른이 되는 일
의 의미의 핵심이며, 더 이상 어른의 삶이 곧바로 시작되는 시기
는 아니지만 우리가 누구인지 알아내는 과정에 있어서는 여전히
초기 단계인 이 생애 단계의 핵심이다. 인터뷰이들을 만나고, 이
런 생각들에 관해 글을 쓰고, 정신분석을 받는 일이 새로운 창문
을 열어주었다. 내 마음속으로 산들바람이 불어오는 것 같은 움직
임이 느껴진다. 거기 있는 게 무엇이든 그것과 부딪쳐 바삭거리면
서 먼지를 날려보내는 움직임이. 내 안에서 무언가가 변화하는 게
느껴진다.

# Chapter 3

'부모가 된다'는
선택과 두려움

〈고스트버스터즈〉
노래 레이 파커 주니어

아기는 배가 고프다. 아기가 다급하게 울어대자 아버지는 신호를 알아차리고, 먹을 것과 쾌적함에 대한 욕구에 주의를 기울이며 아기에게 젖병을 가져다준다. 하지만 아기는 서둘러 젖병 꼭지를 입에 물고 만족스럽게 빨았던 지난번 수유 때와는 달리 이번에는 화난 듯 그것을 뱉어낸다. 젖병이 무언가 좋은 것에서 나쁜 것으로 변해버린 것 같다. 아기는 공황 상태에 빠진 것처럼 딸꾹질을 하며 울어댄다.

아버지는 계속 애를 쓴다. 달래는 목소리로 말을 걸고 노래를 불러주자 아기는 잠잠해지기 시작한다. 아버지는 젖병 꼭지를 아기의 입에 밀어넣고, 아기는 다시 뱉어내지만 이번에는 그렇게 화가 난 것 같지는 않다. 아버지가 다시 시도하자, 아기는 젖병 꼭지를 입안에 받아들인다. 짧은 침묵이 흐르고, 아버지는 숨을 죽인다. 그는 딸이 빨아당기는 힘을, 자신의 손에 들린 젖병과 두 팔에 안긴 딸의 가슴이 리듬을 타며 오르내리는 걸 느낀다. 그는 숨을 내쉰다. 젖병은 다시금 무언가 좋은 것으로 변했다.

3장을 쓰기 시작하면서 나는 두려워진다. 이야기를 진행하며 무엇을 느끼게 될지, 어떤 갈망과 진실들을 알게 될지 겁이 난다. 아기방과 그 안에 담긴 모든 것―임신, 부모 되기, 성장―은 언제나 내게는 너무도 멀게 느껴졌다. 가족을 만든다는 건 내가 오직 미래 조건절로만 말할 수 있는 일, 어느 날에는, 언젠가는 원하게 될지도 모르지만 아직은 아닌 일이었다. 이 모든 시간 내내 그런 심리적 현실은 변한 게 없지만, 그 현실을 둘러싸고 너무도 많은 것이 변했다. 지금 나의 생물학적 현실은 더 이상 어느 날에는, 언젠가는, 아직은 아닌, 그런 식으로 생각할 여유가 없다는 것이다. 나는 이제 30대 중반에 들어섰고, 생식능력의 경제학에 따라 말해본다면, 유통되는 화폐는 시간인데 나는 내 분수에 맞지 않는 방식으로 시간을 소비하고 있다. 지금 나의 사회적 현실은 내 친구들 대부분이 이제 아기를 낳았거나 낳으려 하고 있다는 것이다. 나는 엄마가 되는 일과 그럴 가능성에 둘러싸여 있고, 다른 여성들의 엄마 됨에 삼켜지거나 때로는 그로 인해 질식할 지경이다. 그럼에도 나를 더욱 질식하게 만드는 건 나 자신의 우유부단함이고, 원하는 상태와 원하지 않는 상태 사이를 추처럼 왔다갔다하는 나 자신이다. 어떤 날에는 이런 생각이 든다. 그래, 나는 아이를 정말 낳고 싶고 사랑하고 싶어. 그 아이를 기르고 엄마가 되고 가족을 이루고 싶어. 하지만 그다음 날이면 이런 생각이 드는 것이다. 아니, 난 준비가 안 됐어. 충분히 어른이 되지도 않았고 그 일에 필요한 희생도 하기 싫어. 확실한 가능성들 사이를 이쪽저쪽 스치며 오가는 동안, 나는 모든 것에 대한, 특히 나 자신에 대한 확신이 줄어들고 있다고 느낀다.

'아기방의 유령들'[1]은 유명한 정신분석학 논문의 제목인데, 그 논문은 내가 정신분석학 개념들을 공부해야 한다는 걸 깨닫게 해주었다. 논문을 읽은 나는 남편에게도 읽으라고 했고, 어머니에게도 읽어보시라고 했다. 두 사람 모두 내가 왜 심리치료사가 되어야 한다고 느끼는지 조금은 이해하게 되었다. '아기방의 유령들'은 너무도 무언가를 떠오르게 하는 구절인데, 내게는 그때그때 다른 것을 의미한다. 앞으로 이야기하는 아기방의 유령들이란 해결되지 않은 정신적 외상 경험과 갈등들, 우리가 알 수 없는 생애 초기의 경험들과 어쩔 수 없이 잊힌 감정들, 우리의 깊은 곳에 자리 잡은, 감각되기에는 너무 강렬했던 두려움과 의심들을 가리킨다. 무력함, 욕구, 공포. 그것들은 대부분의 시간에 우리의 무의식 속에서 천천히 끓고 있지만, 중요한 순간에는—변화와 격동의 순간, 우리 삶에서 가장 중요한 성장 경험들을 직면하는, 열기가 높아진 순간에는—거품을 내며 표면으로 끓어오른다. 우리 내면세계의 온도를 높이는 이런 중요한 순간들은 많다. 학교에 들어가고, 집을 떠나고, 반려자를 찾고, 헤어지고, 조부모가 되고, 은퇴하고, 자신의 죽음과 직면하는 순간들이 그렇다. 하지만 이 모든 성장 경험 가운데 가장 많은 것을 요구하는 경험은 아마도 부모가 되는 경험일 것이다. 이 경험을 하게 되면 우리는 한 세대 위로 올라가면서 우리의 부모나 보호자들의 역할을 넘겨받고, 우리 삶에서 처음 만나는 타자이자 가장 중요한 타자였던 사람들이 우리에게 되어주었던 존재가 된다는 사실을 직면해야만 한다. 어쩌면 아기의 탄생이 가져오는 짜릿함 때문에, 어쩌면 부모들이 죄책감을 느끼기 때문에, 여기에는 애도되지 않고 지나가는 막대한 상실이 종종 뒤따른다. 어른이 되는 일에 뒤따르는 상실, 변화와 발전이 수반되는 상실이다. 아기방에서 우리는 적어도 그 방의 어른이 된다. 우리는 어른이다. 혹은 어쨌든 어른이 되어야 한다.

하지만 이 생애 단계에서 아기방의 유령들과 직면하게 되는 건 단지 아이가 있거나 아이를 가질 수 있는 사람들만은 아니다. 나는 아기방이 없고 갖게 될 일이 생길지조차 알 수 없지만, 내 유령들은 화를 내며 날뛰고 있다. 부모가 되지 않는 사람들 또한 많은 것을 요구하는 성장 경험들에 직면해야 한다. 이 생애 단계는 관계의 가능성과 재생산의 가능성이 충족되든 충족되지 않든 가장 다급해지는 시기다. 직장에서 가장 높은 생산성을 보여야 하는 시기이며, 내 경우엔 내가 지금쯤은 어른이 되어 있어야 한다고 가장 크게 자각하게 된 시기이기도 하다. 심리학 문헌에서 이 시기가 '인생의 러시아워'[2]라고 언급되어온 걸 보면 정말 그렇다는 공허한 웃음이 나온다. 내가 스트레스를 받고 갇혀 있다고 느끼며 모두에게 화가 나는 것도 이상한 일은 아니다. 매사추세츠주 보스턴의 임마누엘대학교 심리학과 부교수인 클레어 메타와 그의 동료들은 이 시기를 '성인 정착기: 30세부터 45세까지의 새로운 나이 개념'³이라고 설명한다. 물론 각각의 개인이 이 단계를 정확히 언제 통과하게 될지는 생물학적·사회적·문화적 요소에 따라, 그리고 우리 자신과 주위 사람들이 우리에게 갖는 기대에 따라 달라질 것이다. 많은 사람들이 이 시기보다 이른 시기에 관계에 정착하고 아이들을 낳기는 하지만, 메타와 동료들은 선진국에서 "역사적으로 사람들이 막 20대가 되었을 때 일어나던 일과 가족생활의 변화가 이제는 일반적으로 30대가 되어서야 일어나고 있다"⁴고 알려준다. 2000년에서 2014년 사이에 선진국의 첫아이 출생률은 30세 이상의 여성들에게서는 높아졌지만, 그보다 젊은 여성들에게서는 줄어들었다.⁵ 나는 이런 경향이 앞으로 다가올 10년 동안에는 어떻게 나타날지 궁금하다. 우리 가운데 부모가 아예 되지 않기로 하는 사람들은 더 늘어날까? 가족의 크기는 더 작아질까?⁶ 2019년, 오스트레일리아의 출생률은 기록이 처음 시작된 1935년 이후로 최저점에 도달했다.⁷ 이것은 어떤 사람들에게는 선택의 문제일 수 있겠지만, 다른 사람들에게는 생물학적·사회적·경제적 난임의 문제다. 임신할 수 없고, 함께 아이를 낳고 싶은 반려자를 찾을 수 없고, 가족을 만들 여유가 없기 때문이다. 이런 변화들은 우리의 선택과 기대에 실제로 영향을 미치고 있다. 심지어 아이를 낳을 수는 있지만 30대와 40대 초반까지도 가족을 만들지 않거나 가족을 해체하는 사람들, 혹은 아이를 낳지 않기로 선택하는 사람들조차도 자신의 생식능력이—여성과 남성 모두—줄어들고 있다는 생물학적 현실 속에서 삶의 이 시기를 통과한다. 그런 현실을 알든 모르든 말이다. 아이를 갖고 싶어하든 그렇지 않든, 이 시기에 이 질문을 피하는 건 불가능에 가깝다.

어른다움에 반드시 부모가 되는 일이 포함되는 건 아니지만, 아이가 있는 많은 사람들은 자신이 부모가 되면서 어른이 되었다고 말한다. 무척이나 유혹적으로 들리는 얘기다. "애들이 생길 때까지만 있어봐." 그들은 제법 거만한 말투로 이야기한다. "그러면 어른이 된 기분이 들 거야." 그 말은 한번 시도해보라고 나를 설득하기에 거의 충분하지만, 아주 충분하지는 않다. '부모 되기=어른다움'이라는 등식은 어디에나 깔려 있는 것 같지만 나는 그것이 언제나 말이 되는 건 아니라고 생각한다.

옥스퍼드브룩스대학교 사회학과 교수인 티나 밀러에 따르면, 그가 인터뷰한 수십 명의 부모 중 대다수가 양성으로 나온 임신 테스트 결과를 보고는 '내가 이제 어른이 되어야겠구나'라고 느끼게 되었다고 한다. 밀러는 1990년대 후반, 2000년대 초반, 그리고 2010년대 후반에 흥미진진한 여러 연구를 이끌면서 처음으로 부모가 된 사람들에게 그들의 경험에 대해 물었다. 밀러는 부모로의 이행이 종종 어른다움의 표지로 여겨지고, 어른이 되어야 한다는 것이 부모가 되는 일에서 핵심적인 측면으로 여겨진다는 사실을 알아냈다. "새로운 단계에 도달했으니 어떤 면에선가 달라져야 한다는 진정한 감각이 있죠." 밀러가 말한다. "우리 사회에서는 엄마가 되고 아빠가 된다는 것이 어른다움의 너무도 당연한 측면이죠. 어른으로서의 삶이 드러내는 예상 궤도의 일부랄까요." 그리고 만약 엄마나 아빠가 되지 않기로 결정하면—특히 엄마가 되지 않기로 결정하면, 하고 밀러는 강조한다. 우리는 성인 여성이 너무도 당연하게 엄마가 될 거라고 가정하므로—우리는 종종 그 이유를 설명해야만 한다. 하지만 밀러를 어른이 되었다고 느끼게 만든 건 단지 부모가 된 일만은 아니었다. 아이들을 낳은 뒤에도 밀러는 언제나 어른이 되면 뭘 할 거냐고 자신에게 묻곤 했다. 그는 몇 년 전 교수가 되었을 때야 갑자기 이런 생각이 들었다. '아, 이건 내 일이 맞는 것 같아. 그리고 그건 분명 내가 어른이 되었다는 뜻일 거야. 나는 어른이구나.' 밀러는 지금 50대 초반이다.

『엄마 됨 이해하기』『아빠 됨 이해하기』『부모 됨 이해하기』[8]라는 세 책의 저자로서, 밀러는 부모가 되는 과정에서 펼쳐질 수 있는―혹은 그러지 않을 수도 있는―성장 경험들에 관해 배운 것이 있다. 우리의 인터뷰에 몇 번이고 등장한 한 단어는―아넷이 성인 진입기에 들어선 사람들과 한 인터뷰에서 그랬듯, 그리고 내가 샘과 한 인터뷰에서 그랬듯―'책임'이었다. 밀러는 말한다. "어머니나 아버지가 되는 일에서 중요한 건 떠맡아야 하는 책임이 있다는 거예요. 달리 표현할 방법이 없는데, 아기는 젖을 먹어야 하고 옷을 입어야 하고 때때로 집 밖으로도 데리고 나가줘야 해요. 굉장히 기본적인 수준에서 말이죠. 모두들 그런 책임들을 감당하느라 힘들어하고 있다고 생각해요." 거기에 더해, 우리가 앞서 살펴보았듯 자기 자신뿐 아니라 아기의 불안과 괴로움까지 포용해야 하는, 훨씬 더 많은 것을 요구하는 감정적 책임도 있다. 밀러가 묘사하는 실질적 책임을 다하는 일은 어른이 되는 연습의 한 가지 특징이지만, 그렇게 간단한 일은 아니다. "그런 책임 속에서는 말하자면 자기 자신을 잃어버린 것 같은 느낌이 들게 됩니다." 밀러가 대화해본 아기 엄마 대다수는 아기와 외출 시 다른 사람들은 모두 자신을 엄마라고 보지만 자신은 그렇게 느껴지지 않았던 경험을 이야기했다. 버스를 타고 가다가 아기가 울기 시작했을 때 다른 승객들의 시선이 느껴졌고, 그럴 때 아기 엄마는 뭘 할지 알아야 한다는 기대에 부담이 느껴졌다는 것이었다. "새로 태어난 아기를 데리고 다니다 보면 무척 취약해진 기분이 들 수 있어요. 어른스러운 아기 엄마라면 어떻게 해야 한다는 자신의 생각대로 그 일을 수행할 수 없기 때문이죠." 사회는 아기 엄마들이 어른이 된 여성일 거라고 기대한다. 성과처럼 보여줄 아기와 여타 요소들로 겉으로는 어른이 된 부모로 보일 수도 있다. 하지만 많은 아기 엄마들이 내면에서는 전혀 그렇게 느끼지 못한다. 겁에 질리고 무력감을 느끼며, 어른이라기보다는 아기 같은 기분이 되기도 한다. 분명 '책임=부모 되기=어른다움'처럼 간단한 등식은 성립할 수 없다. 적어도 모든 사람에게 그런 것은 아니다. 만약 모든 사람에게 그렇다면, 아기방에 나타나는 모든 유령들은 할 일이 없어질 것이다.

브리스톨에 있는 로즈의 집에 도착했을 때는 로즈의 21개월 된 딸아이가 방금 바닥에 쉬를 해놓은 직후였다. 로즈의 반려자가 그것을 닦아내면서 주방 맞은편에서 내게 손을 흔들고, 로즈는 또 다른 오줌 얼룩을 닦아내려고 걸레를 움켜쥔다. 아이가 엄마가 하는 일을 보러 다가오자, 로즈는 얼룩을 닦아내면서 아이에게 말한다. "봐, 저기 쉬한 게 있었는데 이제 우리가 없애버렸네. 그게 있었던 자리에 자국이 남았는지 볼까? 보이니?" 로즈는 임신 37주째고, 일어서려면 상당히 힘들어 보인다. 로즈의 반려자와 아이가 산책을 나가자 로즈와 나는 거실에 자리를 잡는다. 로즈는 빈백에 편안하게 앉으려고 애를 쓰고, 나는 소파에 앉는다. 시선을 사로 잡는 푸른 눈, 한쪽은 길게 기르고 다른 쪽은 짧게 자른 머리를 한 그는 몹시 매력적인 사람이다. 나는 이런 다양한 면들이, 그라는 사람 안에 담겨 있을 다채로운 자아들이 궁금해진다. 우리가 자리에 앉고 그리 오래 지나지 않아 로즈가 자신이 18개월 때 여동생이 태어난 일에 대해, 자신의 어머니와 할머니에 대해 이야기를 들려주자, 로즈의 아기방에 있던 유령들이 우리의 이야기에 합류하려고 다가오는 게 느껴진다. 그 유령들은 우리를 괴롭히고 있는 것 같지는 않다. 그보다는 우리와 함께 앉아 차를 한잔 마시거나, 책장에 꽂힌 책들을 살펴보거나, 로즈가 이제 자신의 이야기이기도 한 그 유령들의 이야기를 할 때 옆에서 고개를 끄덕이고 있는 것 같다.

로즈는 자신이 어렸을 때 어떤 아이였는지, 단추 상자들과 빨래집게들을 정리하는 걸 얼마나 좋아했는지 잠깐 이야기해준다. 엄마와 함께 모닝커피 모임에 나갔다가 넘어져 입술이 찢어졌는데 누군가가 자신을 "안아들고 가서 돌봐주었던" 것도 기억한다. "정원에 피어 있던 커다란 튤립들이 기억나요. 뒷문을 열고 나가면 바로 창고가 있었는데, 그 안의 냉동고에 들어가서 아이스바를 조금씩 베어먹다가 그렇게 하면 안 되는 거니까 제자리에 돌려놓았던 일도 기억나요. 크리스마스에 벽난로 주위에 나 있던 탤컴 파우더로 된 발자국도요." 로즈는 학창 시절과 자신의 성적 지향을 발견한 일에 대해서도 이야기해준다. "저는 열세 살이었고 여자였는데, 정말 심하게 여자가 좋았어요. 그리고 남자도요." 아이아버지와 결혼한 바이섹슈얼 여성으로서 자신이 경험한 '바이섹슈얼 지우기'에 대해서도 말해준다. "밖으로 드러난 것들로만 보면 저는 무척 전통적인 여성으로 보이죠. 바이섹슈얼로는 보이지 않고요. 하지만 전 성적 지향은 아주 다양한 모습을 하고 있다고 생각해요."

이제 서른세 살이 된 로즈에게 어른이 된 것 같으냐고 묻자, 그는 이렇게 대답한다. "서류상으로는 그렇죠. 주택대출도 받았고 결혼도 했고 아이도 있고 또 한 아이는 조금 있으면 태어날 거니까요." 하지만 그 서류 아래에는 조금 더 미묘한 이야기가 들어 있고, 이제 그가 어른이 되었기에 어른이 되는 일에 대한 생각 역시 달라졌다. 지금보다 어렸을 때 로즈에게는 "오래오래 행복하게 살고 싶다는 커다란 욕구가 있었는데, 그건 어른이 되는 일과 관련돼" 있었다. 로즈는 정말로 결혼을 하고 자신의 집을 갖고 아이들을 낳고 싶었다. 자신의 부모가 가진 것을 자신도 갖고 싶었던 것이다. 그때 로즈에게는 그런 것들이 성공의 표지이자 어른이 되었다는 표지였다. 로즈는 항상 아이들을 갖고 싶다고 이야기하곤 했지만, 이제는 자신이 아이들을 진정으로 원했던 건 아니라는 걸 안다. "전 그저 제가 오래오래 행복하게 살 수 있도록 아이들을 원했던 것 같아요. 그게 진정한 종류의 갈망이었던 적은 한 번도 없었어요." 무척이나 예리한 통찰이다. 나는 내 안에서도 같은 생각을 발견한다. 우리의 인터뷰를 정리하면서 나는 내가 마지막 장을 쓸 때쯤 임신한 상태라면 이 책에 얼마나 멋진 결말이 될지 생각하고 있었다는 걸 깨닫는다. 이제는 그게 진정한 종류의 갈망이 아니라 '오래오래 행복하게' 사는 성공한 어른의 결말이라는 판타지였음을 알 것 같다. 내 머릿속에 자리잡은 로즈의 말들의 의미는 메아리치면서 이리저리 튀어 다니고, 내가 이 생애 단계에서 어른이 되는 일의 의미를 이해하는 데 그것들이 매우 중요한 역할을 할 것임이 느껴진다.

로즈는 어른다움으로 향하는 여정이 어떻게 보이든 간에 어렸을 때 상상했던 것만큼 직선적인 과정은 아니라는 걸 알게 되었다. 사실 그는 첫 임신 직전에 그 어느 때보다도 자신이 어른이라고 느꼈다. 로즈는 말한다. "저는 제 인생에서 정말로 근사한 지점에 도달해 있었어요. 저는 어른이 되고 있었어요. 어른의 결정들을 하고 있었죠. 어른이 된 저의 존재감은 훨씬 더 커져서 저의 가장 큰 부분이 되었어요." 하지만 몸에 변화가 생기고 배가 부풀어 오르면서 어른이 되었다는 느낌은 사라졌다. 로즈는 자신감도 통제력도 느껴지지 않는다는 사실에 충격을 받았다. "아마도 모두가 저에게 기대했고, 저 역시 그렇게 오래오래 행복하게 사는 일의 일부로 저 자신에게 기대했던 '어머니 대지' 같은 모습에 어울리는 느낌"은 전혀 없었다고 한다. 메스꺼운 느낌과 함께 18주 동안 지속되는 거대한 숙취 같았던 신체 증상들은 그러나 로즈가 심리적으로 경험한 것만큼 충격적이지는 않았다. 로즈는 마치 무너져 내리듯 분열되는 느낌이었고, 정신의 여러 부분들을 한데 모으려 발버둥치고 있는 것 같았다. "아이처럼, 아기처럼 누군가에게 안기는 일이 필요하더라고요. 엄마가 저를 정말로 안아주셨으면 하는 마음이 간절했지만, 동시에 제가 원하는 대로 엄마가 그래주실 수는 없다는 사실을 받아들이고 있었어요." 로즈의 목소리가 갈라지고 두 눈이 빛난다. 울기 시작하자 그는 아주 연약한 동시에 아주 강해 보인다. 나는 로즈에게 티슈 몇 장을 건네준다. "이렇게 감정적이 될 줄 알았어요. 눈물은 나지만 저는 괜찮아요." 로즈는 그렇게 말하고, 그 말은 내 마음을 편하게 해주기 위해서가 아니라 진심에서 나온 말이라는 게 느껴진다. "그건 정말이지 너무나 간절히 원하고, 너무나 필요하고, 엄마든 아빠든 좀 해주셨으면 하는 것들이 있는데 제가 충분히 말할 수 없다는 감정이었어요." 전에는 스스로 그토록 어른스럽다고 느꼈던 로즈는 일단 임신하고 나자 자신이 아기에 더 가깝게 느껴졌다. 안기고 싶다는 마음이 간절했지만 그런 욕구를 표현할 언어가 없었다.

이것은 로즈에게 매우 충격적인 일이었지만, 그가 좀 나아진 뒤에는 이런 어린애 같았던 상태가 아기에게, 신생아로 지내야 하는 두려운 경험에 공감하는 데 도움이 되지 않았을까? 그런 괴로움, 무력감, 공포를 통과하는 일이 로즈가 아기의 마음 상태를 이해하고 이번에는 아기가 그것을 통과해 성장할 수 있도록 격려하는 데 도움이 되지 않았을까? 아이들의 눈높이로 내려가는 부모라는 개념은 연구자들이 '부모어parentese'라고 부르는, 부모가 아기에게 건네는 말에서 아주 분명하게 찾아볼 수 있다. 내가 무얼 말하는지 다들 알 것이다. 아이들과 이야기할 때 우리 대부분이 본능적으로 목소리와 어휘를 바꾸고, 더 천천히 단순하게 말하고, 모음을 길게 늘이고, 목소리 높이를 낮추게 되는 방식 말이다. 사회심리학자이자 스토어스에 있는 코네티컷대학교 심리과학과 부교수인 니아란 라미레스 에스파르사는 언어연구자들과 함께 진행했던, 부모어가 아이들의 언어 발달에 끼치는 영향[9]을 탐색한 몇 가지 흥미진진한 연구들에 대해 이야기해준다. 그중 한 연구의 일환으로, 연구자들은 한 살짜리 아이가 있는 스물여섯 가족에게 경량형 디지털 음성 녹음기와 그것을 넣어 아이의 가슴에 있는 듯 없는 듯 밀착되어 있게 할 수 있도록 앞쪽에 주머니가 달린 특수 조끼를 지급했다. 각각의 가족은 32시간가량씩 녹음을 했고, 라미레스 에스파르사와 팀원들은 누가 언제 말하는지 식별하고 서로 다른 행동을 암호화하는 소프트웨어를 사용해 그렇게 녹음된 소리를 일정한 시간 간격으로 나눴다. 연구자들이 특히 관심 있어 한 부분은 말하는 사람이 누구인지—어른인지 아이인지—, 그리고 어른이 보통 말투를 쓰는지 부모어를 쓰는지였다. 연구자들은 이 아이들의 언어기술이 어떻게 발달했는지 알아보기 위해 후속 연구를 진행했고, 결과는 몹시 놀라웠다. 연구자들은 어른들의 부모어 사용과 아이들의 언어 발달 사이에 긍정적인 상관관계가 있음을 발견했다. 일대일 상황에서 부모어를 가장 많이 사용한 가족들의 아이들은 두 살 때 433개 단어를 습득한 반면, 부모어를 덜 듣고 자란 아이들은 169개 단어를 습득했다. 그리고 이런 상관관계는 아이가 33개월이 될 때까지 중요하게 지속된다. 라미레스 에스파르사는 이 연구가 연구실이 아니라 가족이 있는 집에서 이루어지는 부모어 사용 연구로는 처음이었는데, 결과가 너무도 분명해서 자신도 놀랐다는 이야기를 들려준다. 그런 경향은 연구자들이 사회경제적 배경의 영향을 조절한 뒤에도 유의미하게 남아 있었다. 나는 그에게 묻는다. 우리가 아이들에게 말할 때 아이들의 언어 발달을 촉진하는 방식을 본능적으로 사용한다는 게 놀랍지 않나요? "네, 정말 그래요." 그가 대답한다. "사람들이 그저 자연스럽게 그렇게 한다는 게 너무도 인상적이에요. 그러려고 의도하는 것도 아닌데 사람들은 아기에게 다가갈 때면 천천히, 너무도 분명하고 단순하게 말하고, 굉장히 공감하는 태도를 보이죠." 우리는 마치 우리 안에서 아기가 필요로 하는 것에 공감할 수 있는 부분을 찾아내는 것 같다. 우리는 좋은 부모가 되기 위해서는 어른이 되어야 한다고 생각하지만—물론 어떤 면에서는 그렇다—, 내게 부모가 되는 일에서 중요한 부분은 우리 자신의 아기 같은 부분과 연결되고, 그 부분에 목소리를 부여하고, 거기서부터 말할 수 있는 능력이기도 한 것 같다.

자신 안에 있는 아기 같은 부분을 깨닫는 과정에서 로즈 역시 자신의 아기방에 있던 몇몇 유령들을 만났다. 몇 세대 전으로부터 온 유령들이었다. 로즈는 친척들 사이에서나 나에게나 여전히 말할 수 없는 가족의 비밀들과 숨겨진 정신적 외상의 경험들에 대해 넌지시 언급한다. 증조할머니와 할머니 사이, 할머니와 어머니 사이의 복잡한 감정적 관계에 대해, 그것이 어머니와 자신 사이에서 어떻게 더 미묘한 방식으로 일어났는지에 대해 말해준다. "첫아이를 세상에 내보냈을 때, 저는 세상에 태어나는 경험을 다시 하고 있었을 뿐 아니라, 저희 엄마와 할머니가 했던 경험도 같이 하고 있었어요. 그 이야기에는 끝이 없어요. 언제나 정말로 열심히 노력하는, 그렇지만 동시에 연약하고 정말로 어려운 일들을 다뤄야 하는 나이 어린 누군가가 등장하는 이야기가 있죠." 로즈의 증조할머니는 형제자매 가운데 첫째였고, 로즈의 할머니 역시 첫째였으며, 로즈의 어머니도 마찬가지였고, 로즈도 그렇다. 그리고 몇 주 뒤면 로즈의 첫아이 역시 형제자매 가운데 첫째가 될 것이다. 장녀로서 로즈는 이전 3대 여성들의 결혼반지를 물려받았다. 그 반지들에 의미가 있다는 건 알지만 그게 어떤 의미인지는 잘 모르겠다고 로즈는 말한다. 하지만 어떤 의미가 아닌지는 안다. "제 삶에 존재하는 이렇게 멋진 여성들, 이렇게 장엄하고 강력한 여성들 어쩌고가 나오는 낭만적인 동화는 아니에요. 그분들은 그저 정말로 연약했던 현실의 사람들, 개떡같은 일을 정말 많이 다뤄야 했고, 말하자면 그냥 중간쯤 갔고, 최대한 훌륭해지려 했지만 가끔씩은 충분히 훌륭하지는 못했던 분들이거든요." 로즈의 이야기를 듣는 내 귀에는 그 이야기 이면에 숨어 있는 또 하나의 이야기가 들려온다. 반전이 있는 유령 이야기. 로즈는 마치 이 아기방에 유령들이 있다고 말하고 있는 듯하지만, 그리고 물론 유령들은 있지만, 그들은 여기 우리와 함께 앉아 있고, 그건 나쁘지 않은 일이다. 유령들은 종종 무서운 존재지만 지금은 그렇지 않고, 지금 이 순간을 장악하고 있는 것도 유령들이 아니라 로즈다. 3장의 테마곡인 〈고스트버스터즈〉의 가사를 빌리자면, 로즈는 어떤 유령도 겁내지 않는다.

로즈의 두 번째 임신은 굉장히 다른 경험이었다. 첫아이 때 배운 게 있어서 이제는 그리 혼란스럽지 않기 때문이라고 로즈는 생각한다. "이번에는 아기가 된 것 같다는 느낌이 없네요." 로즈는 말한다. 로즈는 자신에게 부모님의 감정적 지지가 중요하고 또 필요하다는 이야기를 어머니와 아버지 두 분 모두에게 이렇게 했다. "저 정말로 엄마 아빠가 필요해요. 정말이지 두 분이 그걸 알아주셨으면 해요." 자신이 원하는 게 뭔지도, 그걸 어떻게 전해야 하는지도 알지 못하는 무력한 아기처럼 느끼는 대신, 로즈는 자신이 어른의 일들을 요구하는 어른이라고 느낀다. "저에게 부모 역할을 해달라고 다른 어른들에게 요구하는 어른이 된 기분이에요. 그분들이 제 욕구를 채워줄 수 있기를 바라지만, 그분들에게 그럴 여력이 없을 수도 있고, 그렇더라도 그건 이야기의 일부일 뿐이고, 저는 견뎌내고 괜찮아질 수 있다는 것 또한 알고 있어요." 내게는 무척이나 어른스럽게 들리는 말이다.

하지만 이제 로즈는 자신이 또 다른 유령과 얽혀 있음을 깨닫는다. 아기가 생겼을 때 일어나는 일 중에 로즈가 제일 먼저 겪어본 건 자신의 여동생이 태어나는 일이었다. 로즈는 말한다. "그일은 제게 정말로 큰 충격이었어요. 저는 18개월이었고, 아빠는 자주 집에 안 계셨고, 동생은 엄청 울어댔고, 누군가가 동생을 안아줘야 했어요. 아주 꼭 안아줘야 했죠." 로즈의 어머니는 로즈가 굉장히 마음 편하고 항상 기분 좋은 아이, 말썽이라고는 부릴 줄 모르는 아이였다지만, 로즈는 그것은 여동생이 태어난 것에 대한 반응이었고, 자신은 착한 아이가 되어야 한다고 느꼈던 거라고 믿는다. 이제 로즈는 18개월째에 형제자매 중 첫째가 되기 직전인 자신의 아이가 똑같은 경험에—로즈가 생각하기로는 자신의 어머니도, 할머니도, 증조할머니도 첫째로서 하나같이 직면했을 수 있는 경험에—맞닥뜨릴 일을 걱정한다. "똑같은 이야기가 되풀이되면서 순환하는 일이 정말 많아요." 로즈의 말을 곰곰이 되새겨보던 나는 그것이 아기방의 유령들을 설명하는 아주 멋진 방법이라고 생각한다. 로즈가 물려받은 반지들처럼 똑같은 이야기를 하며 그려지는 원들. 하지만 로즈는 자기 자신과 자신의 감정들을 더 잘 이해하게 되었기 때문에 자신은 똑같은 이야기를 다시 할 필요가 없다고 말하고 있는 것 같기도 하다. 그는 조금 다른 방식으로 귀를 기울임으로써 조금 다른 이야기를 써낼 수 있다. 로즈는 자신의 첫아이를 다시금, 조금 더 꼭 안아줄 준비를 하고 있다. "태어난 동생에게 첫째가 어떻게 반응할지 생각해보고 있어요. 그 애가 괜찮아 보이더라도 정말로 괜찮다고 받아들이지는 않을 거예요. 그저 자신만의 방식으로 대응하고 있는 것일 수도 있으니까요. 물론 그애가 완전히 개판을 칠 수도 있겠지만, 그것도 또 하나의 대응 방식이겠죠, 그렇지 않나요? 어느 쪽이든 첫째를 조금 더 많이 안아줄 필요가 있겠다는 생각을 해요. 저는 그애가 '큰언니'가 되지 않았으면 좋겠거든요." 새로운 이야기가 쓰여지고 있다.

새로운 이야기를 쓴다는 것은 논문 「아기방의 유령들」에 핵심이 되는 개념이다. 논문의 저자들은 이렇게 적고 있다. "고통이 무엇인지 아는 남성과 여성 들이 어린 시절의 고통이 개선되고 치유되는 것을 느끼게 되는 경험은 가장 많은 경우 한 아이를 세상에 내보내는 경험이다. 부모는 그것을 가장 쉬운 말로—우리 또한 부모님으로부터 종종 들어온 말일 텐데—이렇게 표현한다. '제 아이한테는 제가 누렸던 것보다 더 좋은 걸 주고 싶어요.' 그리고 그는 자기 아이에게 더 좋은 것을 가져다준다."[10] 이것은 히멀에게도 해당되는 이야기다.

히멀은 내가 이야기해본 가장 호감 가는 사람 중 한 명인데, 나는 그를 직접 만나본 적조차 없다. 볼튼에 있는 그의 집을 방문하려고 기차표를 예약하지만, 중국에서 혼란을 일으킨 정체불명의 바이러스 이야기가 뉴스에 나오고, 나로선 그게 정말로 무슨 뜻인지 잘 모르겠지만 팬데믹 상황이 될 수 있다는 우려들도 있어서 방문 계획을 취소한다. 어떤 경우든 지금 당장은 여행하지 않는 것이 현명해 보인다. 그래서 히멀과 나는 전화로 인터뷰한다.

그가 미소 짓는 소리가 들리고, 얼굴 가득 씩 웃는 웃음도 상상이 된다. 대화 도중에 종종 터져 나오는 그의 웃음은 편안하고 따뜻하다. 히멀은 마흔세 살이고, 아내와 13년째 결혼생활 중이며 각각 열두 살과 열 살이 된 두 아들이 있다.

히멀의 태도에는 아이와 어른이 뒤섞인 것처럼 느껴지는 부분이 있는데, 나는 그가 다음 이야기를 하면서 그 부분을 표현하고 있다고 생각한다. 얼마 전에 집에 있는 그의 사무실로 걸어들어온 아내가 동료와 통화하고 있던 그를 보고는, 그가 완전히 다른 사람처럼 보였다는 얘기를 나중에 했다고 한다. "아내가 한 말은 제가 어른같이 보였다는 뜻일 거예요. 제가 의사소통을 하고 설명을 하고 무언가를 자세히 말하는 방식이 어른처럼 느껴졌다는 거겠죠. 하지만 저한테는 유치한 부분도 있고 같이 농담하며 낄낄거릴 친구들도 있어요. 제 아이들하고 아내하고 그러는 것처럼요. 제 생각에 우리는 하루의 일정 부분은 자기가 정말로 어른이라고 느끼면서 보내고, 다른 시간에는 그저 자기 자신이라고 느끼는 것 같아요. 늘 자기 자신이었던 바로 그 사람, 그 아이라고요." 히멀의 말들은 내게 모든 것의 내부에는 변하지 않는 한 아이가 있다는 재클린 윌슨의 말들을 떠오르게 한다. 히멀은 자신의 아이들과 연결되기 위해 '거꾸로 자라나는' 능력이 중요하다고 여긴다. 그가 자신은 매일 어김없이 아이들에게 우스꽝스러운 목소리로 말을 걸고, 장난으로 싸움을 하고, 아이들을 쫓아 집 안 여기저기를 뛰어다니고, 아이들에게 쫓겨 도망친다고 말할 때 나는 이런 행동들이 부모어의 또 다른 형태라는 생각이 든다. 열심히 일하는 진지한 어른으로부터 아이들에게 맞춰 놀아주는 일로 전환하는 이런 능력이 어떤 면에서는 그들 모두를 몹시 친밀하게 만들어준다고 히멀은 생각한다. "아이들은 우리가 자기들과 연결될 수 있다는 걸 깨달아야 해요. 아니면, 정확히 깨닫지는 못할 수도 있지만, 그래도 보기는 해야 해요." 항상 어른으로만 지내면 그 연결은 전혀 강해지지 않는다고 히멀은 말한다.

히멀의 아이들은 히멀과는 매우 다른 어린 시절을 보내고 있다. 히멀이 지금 그의 둘째 아들 나이에 가까웠을 때 히멀의 어머니는 뇌종양으로 세상을 떠났고, 그가 지금의 첫째 아들 나이에 가까웠을 때는 형이 심장마비로 세상을 떠났다. 일곱 살과 열한 살 때 각각 일어난 이 두 번의 끔찍한 상실은 히멀이 어떤 교육을 받고 자라나 어떤 어른이 될지를 결정했다. 그는 감정을 거의 드러내지 않는 남자가 되었다. "제 안의 무언가가 이렇게 말했어요. 그래, 계속 살아가야지. 그렇다고 제가 자리에 앉아 제 얼굴을 때리면서 '좋아, 히멀, 계속 살아가자' 하고 말했다는 건 아니고요. 의식적인 생각은 아니었는데 그냥 그렇게 되더라고요." 히멀은 자신이 그런 끔찍한 정신적 외상 경험을 겪고 난 뒤 견뎌야 할 고통이 너무 많아 감정을 차단해야겠다고 느꼈을지도 모른다고 믿는다. "전 무감각해진 것 같아요." 그가 말한다. "선생님이랑 같이 있을 때, 아니면 친구들, 가족들이랑 같이 앉아 있을 때, 그래서 그 점을 곰곰이 생각해볼 때만 그 점에 대해, 그리고 제게 일어난 일에 대해 말할 수 있어요. 당시엔 저한테 일어난 일을 말로 할 수가 없었어요." 히멀은 어렸을 때 마치 무아지경에 빠진 것처럼 여러 가지로 시간과 머릿속을 채우면서 삶을 계속 살아나가던 때의 감정을 들려준다.

2018년에 세상을 떠난 히멀의 아버지는 볼튼에 있는 방직 공장에서 야간 근무를 했다. 그 일은 1970년대 초반 그가 인도에서 케냐를 거쳐 영국에 온 이후 처음으로, 그리고 유일하게 가졌던 직업이었다. 히멀은 아버지와의 세대 차이를 이해하는 것처럼 날이 서 있지 않은 말투로 설명한다. 아버지는 물질적으로 필요한 것을 제공해주었지만 자신과 친밀한 관계는 아니었다고, 지금 그와 아이들의 관계와는 달랐다고. 하지만 히멀은 많은 사촌들에게 둘러싸여 자라났고, "모두가 형제자매 같고 굉장히, 굉장히 가까웠던 인도의 가정환경"을 열띤 어조로 묘사해준다. 어머니와 형이 세상을 떠나고 어느 정도 시간이 흐르자 히멀과 그의 아버지는 공공지원 주택으로 이사했고, 히멀은 어른의 영역으로 옮겨가 점점 더 많은 책임을 떠맡게 되었다. "열한 살 이후로 저는 빨리 성장했어요. 열다섯 살부터는 완전히 둥지를 떠난 어른이었고요. 그럴수밖에 없었어요." 10대 때 히멀은 신문 배달이든 동네의 DIY 용품점 일이든 항상 일을 했고, 학교에서도 늘 최선을 다해 공부했다. 그리고 그건 뭐든 잘 해낸다는 뜻이었다. 히멀은 언제나 요리를 하고 청소를 하고 빨래를 세탁기에 넣었고, 자동 이체를 신청했고 집을 관리했다. "온갖 일들을 했죠. 보통은 엄마가 어떻게 하는 건지 알려주는데, 저는 뭘 알려줄 사람이 아무도 없었어요. 그냥 해야 했죠."

히멀이 이 두 번의 상실을 처음으로 말로 표현할 수 있게 된 건 칼리지에서, 나중에 아내가 될 여성을 만났을 때였다. "그제야 그 일에 대해 마음을 털어놓을 수 있었어요. 삶에서 중요한 사람이 나타나면 이야기하기가 쉬워지죠." 히멀은 말한다. 이렇게 마음을 털어놓게 된 것은 일종의 성장이었고, 그는 조금 더 자기 자신에 가까워졌다. "살면서 처음으로 그 일에 관해 얘기했을 때, 마음의 짐이 한결 덜어지는 기분이었어요. 그 세월 내내 억눌러왔던 것 같아요. 말을 하자 그건 진짜가 됐어요." 히멀은 그 두 번의 상실이 자신에게 얼마나 큰 영향을 끼쳤는지 처음으로 깨달았다. 그는 대부분의 시간에 여전히 감정이 별로 풍부하지 않지만, 누군가의 부고를 들을 때면 일곱 살 때로 돌아가는 것 같다고 한다. "그럴 때면 엄마가 돌아가셨던 시점으로 돌아가요. 그게 제 배 속 깊은 곳에서 되돌아온다고 느껴지는 거예요. 저를 그 순간으로 다시 데려가죠. 첫 상실로요."

그럼에도 변화한 게 있다면 외로움에 관한 느낌이다. "결혼했을 때 저는 굉장히 자랑스러웠고, 동시에 커다란 안도감을 느꼈어요. 더 이상 외롭지 않을 것 같았죠." 히멀은 말한다. 히멀은 아내가 될 사람을 열여섯 살에 만났고, 서른 살이 되어 그들이 결혼했을 때는 항상 누군가가 곁에 있게 될 거라고 느꼈다. "그리고 정말 그래요. 그건 사실이에요." 이제 히멀은 자기 주위에 친구들과 아내의 가족들, 아이들의 학교를 통해 만난 다른 학부모들로 이루어진 네트워크를 스스로 구축해두었다. 그가 계속 살아나가도록 도와준 것은 그 네트워크였다. 히멀이 혼자 힘으로 만들어온 그 모든 연결과 관계 들을 떠올리자 나는 가슴이 뿌듯해지고 눈시울이 뜨거워진다. 그가 이렇게 훌륭한 남자로 자라난 걸, 그가 아내와 함께 만들어온, 그들 두 사람과 아이들을 위한 멋진 삶을 그의 어머니가 보실 수 있었더라면 좋았겠다고 나도 모르게 생각한다.

어머니와 형이 세상을 떠났을 때, 히멀과 아버지는 따로따로 슬퍼했다. 아버지는 한 번도 어머니나 형 이야기를, 혹은 자신의 상실감을 입 밖에 내지 않았다. 아버지는 히멀의 표현에 따르면 굉장히 전통적이고 낡은 양육 목표를 지닌 사람이었고, 스스로를 가족의 부양자로 여겼다. 그건 히멀이 생각하는 아버지다움이 아니다. 그건 그가 달래서 좋은 곳으로 떠나보낸 유령이다. "저는 제 아이들하고 굉장히 가깝게 지내요. 어렸을 때는 놓쳤지만 지금 아이들과 지내면서 같이 하는 일들이 있다고 생각하고, 어떻게든 만회하고 있는 기분이에요." 히멀은 말한다. 히멀이 어렸을 때는 그가 크리켓이나 축구를 해도 와서 봐주는 사람이 아무도 없었다. "전 그냥 가야 하는 곳으로 몸을 움직이곤 했어요. 옆에서 응원해주는 사람이라곤 아무도 없었죠." 하지만 오늘 아침, 히멀은 작은아들의 경기가 끝나자마자 곧바로 큰아들의 경기를 보러 갔다. "그 모든 걸 하는 게 너무 좋아요. 그냥 너무 좋아요. 거기 가서 제 애들을 보고 격려해주고 싶어요. 왜냐하면 저는 그런 걸 못 받아봤으니까요." 그는 아들들이 자신들의 어린 시절을 통해 그에게 행복한 어린 시절을 보낼 두 번째 기회를 주었다고 느낀다. 스페인에서 보내는 휴가든, 영화를 보러 가는 일이든, 좋아하는 스포츠팀 경기를 보는 일이든 말이다. 하지만 히멀에겐 여전히 궁금한 점들이 있다. "아이들을 어떻게 가르쳐야 하고, 어른의 가르침을 어떻게 전해줘야 할지 저한테 가르쳐준 사람이 없거든요. 어제만 해도 이런 생각이 들더라고요. 큰애가 곧 면도를 시작하게 될 텐데 누가 가르쳐주지? 아무도 내게 면도하는 법을 가르쳐주지 않았지만 나는 아들 녀석한테 가르쳐줘야 할 텐데."

히멀의 아버지가 했던 아버지 역할로부터 히멀이 하고 있는 아버지 역할로의 이런 변화가 우리 사회의 아버지다움에도 반영되어 조금 더 폭넓은 변화를 일으킬 수 있지 않을까. 만약 아버지와 자식의 관계가 어떤 면에서 거리두기로부터 친밀한 관계로 진화했더라면, 그러면서 스스로 일종의 성장을 거쳤더라면 어땠을까. 하지만 아버지다움의 역사를 연구하는 연구자이자 리즈대학교 영국 현대사 부교수이며 『가정적인 남자: 1914년부터 1960년까지 영국에서의 아버지다움과 남성성』[11]의 저자이기도 한 로라 킹은 그 일이 그렇게 간단한 건 아니라고 경고한다. 킹은 첫아이를 낳아 출산휴가 중인데도 나와의 대화에 응해주었다. 그에게 어른이 된 것 같으냐고 묻자, 그는 어른이 된 느낌이 지금보다는 훨씬 더 많이 들 줄 알았다고 대답한다. "우리가 우리 내면을 다른 사람들의 외면과 비교한다는, 잘 알려진 그 개념처럼요. 우리는 사람들을 보고 이렇게 생각하죠. 와, 저 사람 정말 어른스럽다. 빈틈없어 보여." 킹은 우리가 역사 속 인물들에 대해서도 바로 이런 가정을 할 위험이 있다고 생각한다. "그 사람들이 내면에서 어떤 식으로 생각하는지를, 다시 말해 그들의 주관을 알기는 더 어렵죠. 그들이 자기 자신을 한 명의 인간으로 어떻게 생각하는지도요." 대답들 사이에서 마음을 정한 킹은 이제 우리에게도 익숙하게 느껴지는 대답을 한다. "저는 여기 독립해 나온 집에서 남편과 아기와 함께 살고 있으니 어른인 게 틀림없지만, 항상 그렇게 느껴지는 건 아니에요."

킹에게 아버지다움의 역사에 관해 묻자, 그는 두 가지 종류가 있다고 대답한다. 하나는 한 사회의 문화적 논의 속에서, 좋은 아버지란 무엇인지에 대한 이상 속에서 발생하는 역사이고, 다른 하나는 가정에서, 아버지들이 실제로 하는 세세한 일들 속에서 발생하는 역사다. 그리고 이 둘은 매우 다르다.

문화적 논의 속에서는 여러 세기에 걸쳐 많은 변화들이 관찰되지만 변화의 방향이 언제나 같은 건 아니다. 18세기에는 남자들과 아버지들이 '민감해지는sensible' 일, '느낌'을 뜻하는 그 단어에 걸맞게 감정적으로 열려 있고 아이들을 다정하게 대하는 일의 중요성이 강조되었다. 하지만 19세기가 되자 아버지들이 좀 더 거리를 두어야 한다는 견해가 등장했다. 양육에 있어 감정적 측면은 어머니의 역할이며, 남자들은 아이들을 훈육하고 교육을 돕고 생활비를 벌어오는 사람이라는 견해였다. "그러니 더 엄격하고 아이들의 삶에 관여를 덜 했던 과거의 아버지들이 점점 더 많이 관여하게 되었다는 직선적인 패턴의 예는 아닌 거죠." 킹은 말한다. 20세기가 되자 강조되는 부분은 다시 바뀌어, 양육의 초점은 기저귀를 갈고 육아에 더 많이 참여하는 남자들에게로 이동한다. 하지만 이런 공적이고 문화적인 논의가 반드시 사적 영역에 반영되는 것은 아니다. 가정에서 이런 추세는 훨씬 덜 뚜렷하게 나타난다. "어떤 시대를 살펴보든, 아이들의 삶에 관여하고 여성적인 것으로 보일 수 있는 다양한 역할들을 기꺼이 맡는 남성들은 언제나 찾아볼 수 있습니다. 슬프게도 그와 동시에, 폭력적이거나 학대를 일삼고, 그도 아니면 그저 냉담하고 무관심한 남성들 또한 발견되지만요."

지난 30년간 우리 사회에서는 남성들이 예전에 비해 아이들의 삶에 얼마나 더 많이 관여하게 되었는지에 대해 많은 논의가 이루어져왔다. "그리고 그건 사실이지요. 다양한 역할을 맡고 반려자와 동등하게 일을 분담하려고 노력하는 남성들이 있다는 점에서요." 하지만 킹은 이런 개개인의 이야기를 사회 전반에 걸친 추세로 확대 해석하는 일은 경계해야 한다고 주의를 준다. 남성들과 여성들의 육아시간을 각각 분석한 연구는 "변화는 아주, 아주 천천히 일어난다"는 사실을 보여준다. "역사적으로 볼 때 여러 시점에 이런 이야기가 나와요. '아니, 아이 아빠들이 갑자기 아이들의 삶에 참여를 하네.' 몇 번이고 거듭 튀어나오는 이야기죠." 이렇게 말하는 킹의 목소리에는 얄궂다는 뉘앙스가 풍긴다. 킹은 1950년대에 신문 머리기사를 휩쓸었던 문화적 논의를 보았고, 그다음엔 1970년대에, 그리고 1990년대에 일어난 똑같은 현상을 보았다. 킹은 이런 현상이 다음과 같은 사실과 관련이 있지 않을까 생각한다. "만약 모두가 '오 대단하네, 남자들이 기저귀도 갈고 집안일을 더 많이 도와주고 있잖아' 하고 생각한다면, 그렇다면 남자들 중 일부는 다소 비난을 면하게 되잖아요."

아버지다움이 성인 남성성, 즉 남자가 된다는 것의 의미에서 차지하는 역할은 문화적 논의에서나 가정에서나 변화한 부분이다. 좋은 아버지가 된다는 것은—아이를 신체적으로뿐 아니라 감정적으로도 돌본다는 것은—남성들이 생각하는 어른다움의 의미에서 더욱 중요한 부분이 되었다. "제2차 세계대전 이전에는 모두가 진정한 남자들은, 특히 진짜 노동계급의 상남자들은 유아차를 밀지 않는다고 알고 있었어요. 그 일은 남성성의 나약해진 모습을 너무 심하게 떠오르게 했죠." 킹이 말한다. 1940년대와 1950년대가 되자 공공장소에서 아이들과 함께 있는 모습을 보이기 꺼려하는 아버지들은 줄어들기 시작했고, 성인 남성이라는 정체성 속에서의 아버지다움의 위상에도 변화가 생겼다. "'난 내 아이들과 있는 모습을 보여주는 게 자랑스러워'라고 생각하는 남자들의 비율이 정말로 늘어났죠. 좋은 아빠라는 사실은 형편없는 남자가 아니라 훌륭한 남자가 되는 일에서 핵심적인 표지가 됩니다." 이 사실은 아기 아빠인 유명인들의 등장에서도 드러나는데, 그렇게 최근의 현상만은 아니다. 우리는 데이비드 베컴을 자기 아이들을 자랑하는 유명인 아빠의 상징이라 여기면서 이런 일이 전부 1990년대 들어 시작되었다고 생각할지도 모르지만, 킹은 "아버지다움을 자신이 지닌 남성성의 자랑스러운 일부로 거리낌없이 과시했던" 1940년대와 1950년대 축구선수들과 유명 영화배우들의 사례를 발견해왔다. 킹은 한 페이지에는 웃통을 벗고 온통 근육질인 몸을 드러내고, 그다음 페이지에는 일요일에 옷을 제대로 차려입고 아이들과 함께 있는 버트 랭커스터의 사진들이 실린 타블로이드 신문의 특집기사들을 찾아냈다. 또 다른 특집기사에는 플리머스 아가일팀 소속 축구선수였던 닐 두걸의 사진이 실려 있다. 이 연출된 사진에서 두걸은 경기가 끝난 뒤 탈의실에서 자기 아기에게 젖병을 물리고 있고, 막 걸음마를 시작한 그의 또 다른 아이는 앉아서 지켜보고 있다.

킹의 책에 인용된 한 문장은 내게 정말로 인상 깊게 다가왔다. 20세기 폴란드의 사회학자였던 페르디난트 츠바이크의 문장인데, 다음과 같다. "아버지는 거들어주고 도와주고 지침을 내려주는 존재다. 더 이상 강압적인 우두머리가 아니다."[12] 제1차 세계대전 때부터 1950년대까지 이르는 시기에 가혹한 훈육에서 멀어지자는 문화적 변화가 일어났다고 킹은 설명한다. "'아버지 오시기만 해봐라'라는 말로부터, 아이를 때리거나 엄하게 야단치는 무서운 아버지로부터 벗어나게 된 거죠." 1940년대와 1950년대에는 아버지가 그저 엄하게 규율을 강요하기만 해서는 안 되며 아이들이 다양한 방식으로 자라날 수 있도록 도와주어야 한다는 분위기가 생겨났다. 이런 분위기는 이 시기에 체벌의 몇몇 형태가 법으로 금지되고 대규모 사회운동의 결과로 일부 가정뿐 아니라 학교에서도 체벌이 사라지게 되었다는 사실에서도 찾아볼 수 있다(그러나 충격적이게도, 체벌은 영국의 공립학교에서는 1986년까지, 사립학교에서는 1998년까지 합법적인 일이었다).[13] 이 이야기는 내게 초자아의 성장, 그리고 건강하고 어른스러운 초자아가 어떻게 가혹하게 규율을 강요하는 자가 아니라 길이길이 도움이 되고, 동기를 부여하며, 길을 인도해주는 힘으로서 자아를 대하는지에 관한 이야기와 매우 비슷한 느낌으로 다가왔다. 이 이야기에서 중요한 사실은, 초자아의 성장과 체벌을 금지하는 법안의 등장 같은 사건들은 오직 우리가 문제를 인정하고 직면할 때만, 우리 내면의 아이와 우리 주위의 아이들에게 연민을 느낄 때만 일어날 수 있다는 점일 것이다.

●

로즈와 히멀이 자라났다가, 거꾸로 자라났다가, 다시 자라난 과정에 대해 생각할수록, 나는 삶의 과정을 나타내는 기존의 형태들이 아무런 쓸모가 없다는 생각이 든다. 우리는 삶이 직선 궤도를 취한다고, 세로축은 성장을, 가로축은 시간을 나타내는 그래프로 그려보면 삼각형이 된다고 생각하는 경향이 있다. 즉, 아기는 무력하지만, 시간이 지나 아이가 되고, 10대가 되고, 초기 성인기에 접어들면서 신체적·정신적 능력이 발달해 점점 강해지고 총명해진다는 것이다. 그러다가 어느 시점에 우리는—생일 카드들이 아첨하는 투로 '언덕을 넘어'라고 표현하듯—정점을 찍고, 삼각형 꼭대기에서 모퉁이를 돌아 신체와 정신 양면에서 서서히 쇠퇴하기 시작하고, 결국 셰익스피어가 '인생의 일곱 단계'를 묘사하며 말한 것처럼 "치아도, 눈도, 미각도 없고 아무것도 없는 제2의 유년기, 그리고 오로지 망각"[14]에 직면하게 된다는 것이다. 하지만 내 경험은 그것과는 달랐다. 내 마음은 어떤 특정한 시점에든 내가 어떤 성장 경험에 직면하는지에 따라, 내가 거기에 부응할 수 있는지에 따라, 그리고 나 자신과 다른 사람들에 대해 어떻게 느끼는지에 따라 위로, 아래로, 왼쪽으로, 오른쪽으로, 앞으로, 뒤로 자라나는 것 같다. 심리치료사로 교육받는 동안에도 그랬고, 지금까지 이 책을 쓰는 동안에도 그랬다. 그것은 직선 궤도가 아니라 1장에서 토치가 묘사한 핀볼 기계처럼 이리저리 튀어 다니는 궤도다. 만약 누군가가 내가 나아가는 길을 추적한다면 그것을 그린 스케치는 삼각형보다는 너절씨•에 가까워 보일 것이다.

　이 이미지들은 내가 좋아하는 정신분석학 이론 중 하나를 떠오르게 한다. '편집-분열적 자리'와 '우울적 자리'에 관한 멜라니 클라인의 이론이 그것인데, 정신분석가 프리실라 로스는 이것을 "감정적 삶의 두 가지 구성 요소"라고 부르며 "아마도 클라인이

---

• 로저 하그리브스가 그린 동명의 그림책에 나오는 괴물로 털실이 마구 엉킨 듯한 모습을 하고 있다.

정신분석학에 선사한 가장 위대한 선물일 것"이라고 평가했다.[15] 이 이론은 발달 과업들을 통한 논리적 진행이 아니라 언제나 서로 반대되는 두 정신 상태 사이에서 왔다갔다하는 일시적 움직임에 관한 이론이다. 이 이론을 이해하는 데는 시간이 좀 걸렸지만, 커피 한 잔을 들고 소파에 앉아 논문들을 차례로 읽으면서, 두 손으로 머리를 괴고 책상 앞에 앉아 여러 가지를 이해하려고 애쓰면서, 강의실에서 동료들과 선생님과 함께 클라인의 개념들 구석구석을 논하면서, 나는 서서히 이 이론이 나 자신의 경험에도 얼마나 들어맞는지 깨닫게 되었다.

　이 모든 것에 대해 배우며 내게 가장 흥미로웠던 순간은 클라인이 어떻게 아기들과 엄마들을 관찰하고 어린 아동들을 분석한 바에 근거해서 이 이론을 떠올렸는지 읽었을 때였다. 클라인은 그들과 시간을 보내고 지켜보고 귀 기울여 듣고 이해하려고 애쓰는 동안 신생아들이 마음속에 좋은 것과 나쁜 것을 동시에 품을 수 없다는 생각을 갖게 되었다. 아기는 그렇게 이른 발달단계의 정신으로는 오직 흑과 백 가운데 하나만 사고할 수 있고, 회색은 사고할 수 없다는 것이었다. (아마 당신은 그와 같은 어른들 역시 여럿 떠올릴 수 있을 것이다. 사실 이 부분이 클라인이 말하고 있던 요점이었다.) 세상에 대한 흑백 사고는 어머니로부터 시작되는데, 아기는 어머니를 젖을 주거나 안 주거나 둘 중 하나로, '만족을 주는 (좋은) 젖가슴'이거나 '좌절감을 주는 (나쁜) 젖가슴' 둘 중 하나로 경험한다.[16] 클라인은 젖병으로 수유하는 부모에게도 같은 표현을 썼다. 어머니를 단지 젖가슴으로 설명하는 것이 이상하고 비인간적으로 들릴지 모르지만, 클라인은 이 시기의 아기들은 어머니를 한 사람 전체로 사고할 수 없다고 생각했다. 어떤 엄마들이 '젖짜는 기계'가 된 기분이라고 할 때 그들은 아마도 이 점을 알고 있었던 게 아닐까. 오직 '둘 중 하나'만 참아낼 수 있고 '동시에'는 결코 참아내지 못하는 이런 정신 상태를 클라인은 '편집-분열적 자리'라고 불렀다. '분열'은 종파에서의 분열과 같은 뜻인데, 그 상태를 규정하는 특징이 모든 것을 오직 좋기만 한 것과 오직 나쁘기만 한 것으로 분리하는 과정이어서다. 한순간 완벽하게 행복해 보이다가 다음 순간에는 엄청나게 화내며 소리를 질러대는 아기를 안아본 적 있는 사람이라면 이런 정신 상태가 작동하는 걸 본 적이 있는 셈이다. 이 같은 분리는 복잡한 과정을 통해 아기가 여러 불안감을 없애고 안전하다고 느낄 수 있게 도우며 아기들이 살아남기 위해, 제정신을 유지하기 위해 해야 하는 일이기도 하다. 바로 그것이 세상을 흑백으로 바라본다는 것이다. 이는 타인들을 온갖 복잡함을 지닌 모습으로 바라보고, 누군가가 좋은 사람인 동시에 나쁜 사람일 수 있다는 사실을 받아들이는 것보다 안전하게 느껴지는 일일 수 있다.

아기가 자라나고 정신이 발달함에 따라 양면성을 견디고 보호자에게 복합적인 감정을 느끼는 능력 또한 발달한다. 아기는 자신에게 젖을 주는 어머니가 젖을 주지 않는 어머니와 다른 사람이 아니라는 걸, 가끔은 젖을 주고 가끔은 주지 않는 같은 사람이라는 걸 서서히 이해하게 된다. 세상에 대한 아기의 경험은 좀 더 통합되고, 아기는 사람들을 좋은 사람과 나쁜 사람으로 분리하기보다는 그들이 좋으면서 동시에 나쁠 수 있다고 생각하게 된다. 삶이 좀 더 복잡해지고 미묘해진다. 이것은 축하할 만한 발전이다.

비록 이 상태가, 어쩌면 놀랍게도, '우울적 자리'라고 불리긴 하지만 말이다. 이 상태는 '우울'한데, 모든 사람의 좋은 면과 나쁜 면을 동시에 인식하는 것이 더 건강하고 현실적인 일이기는 하지만 더 고통스러운 일이기도 하기 때문이다. 우리는 우리가 이상화했던 신들을 잃은 것에 슬퍼해야 하고, 너무도 안전하게 싫어할 수 있었던 비현실적인 괴물들을 잃은 것에도 슬퍼해야 한다. 우리 자신 또한 좋은 사람이면서 나쁜 사람이고, 좋은 면과 나쁜 면을 동시에 지니고 있다는 것을 깨달아야 하며, 그 깨달음에는 죄책감이 동반된다. 클라인은 우리가 일단 우울적 자리를 차지할 수 있게 되면 거기에 계속 머무르기만 하지는 않는다는 걸, 그 자리는 그저 일시적인 자리라는 걸 알고 있었다. 우리는 평생 이 두 위치 사이에서 이리저리 옮겨다닌다. 남편이나 내가 어떤 사람 때문에 유난히 짜증이 나서 그 사람의 좋은 점을 전혀 볼 수 없게 될 때마다 우리는 서로에게 이렇게 말해준다. "당신 약간 편집-분열적 자리로 가고 있는데. 그렇지 않아?" 아마 이것은 그 상태의 혹독함을 덜어보려고 애쓰는 우리만의 방식일 것이다. 오랫동안 지속되는 슬픔의 형태를 취하든, 분노와 격분의 파도로 몰아치든, 자신을 괴롭히며 내면에서 빙글빙글 도는 대화의 형태를 취하든 이 편집-분열적 마음의 틀에 갇히는 건 끔찍한 경험이기 때문이다. 나는 내가 그 상태에서 영영 벗어나 최종적으로는 그저 우울적 자리에서만 살 수 있기를 진심으로 바란다.

이것은 복잡한 개념이지만, 정신분석학자 피터 포너지가 내게 말하듯 "정신분석이 우리에게, 아니 저에게 주는 건 무언가를 단순하게 만들 자유가 아니라 그것은 사실 복잡하다고 말할 자유"이며, "우리가 도착한 지점이 단순한 해결책이라면 그 해결책은 틀린 것"이다. 포너지가 열여섯 살의 자살 성향이 있는 내담자로 안나 프로이트 국립아동가족센터를 찾았을 때 그의 삶을 바꿔놓은 것이 정신분석이었다. 그로부터 50년이 지나 나와 만난 포너지는 그 센터의 최고 책임자가 되어 있고, 그의 이력은 82페이지에 달한다. 포너지는 자신이 어떻게 청소년 난민으로 영국에 오게 되었는지 들려준다. "저는 무척 불행했고 우울했고 자살 성향도 있었고 정신건강이 좋지 않은 상태였어요. 여러 시험에 떨어졌죠. 저는 헝가리에서 태어났는데, 헝가리어로 된 A레벨 시험에서 성적이 별로 좋지 않았다고 한다면 이게 학습 면에서 제법 심각한 문제였다는 걸 아실 수 있을 거예요." 같은 동네에 살던 누군가가 안나 프로이트 센터를 알려줘서 포너지는 치료를 받을 수 있었다. "저는 그 상태에서 빠져나오긴 했지만 굉장히 운이 좋은 편이었어요." 멜라니 클라인에게 정신분석을 받았고 클라인의 생각을 아주 놀라운 방식으로 전개했던 정신분석학자 윌프레드 비온이 두 개의 '자리'에 관한 클라인의 이론을, 그리고 인간이 그 사이를 추처럼 오가는 이유를 우리가 더 깊이 이해할 수 있게 해준 방법에 대해, 포너지는 내가 알아들을 때까지 차분히 설명해준다. "우리가 도달하는 복잡함의 수준은 올라가고, 내려가고, 다시 올라가고, 내려가죠. 그건 정말이지 온통 그런 것에 관한 이론이에요." 포너지는 그렇게 설명한 다음 비온의 말을 '도용해서' 다음과 같은 이야기를 들려주는데, 나는 포너지의 말을 도용해서 지금 그 이야기를 다시 하려고 한다.

당신이 사무실에서 프랭크라는 남자와 함께 일한다고 상상해보라. 프랭크는 당신이 절대로 이길 수 없는 강적인데, 당신은 어떤 대가를 치르든 그자를 파멸시킬 수 있기를 은밀하게 바라고 있다. 적어도 당신이 편집-분열적 자리에 있을 때는 그렇다.

인간다움의 복잡한 특징에 대한 더 성숙한 이해가 가능한 우울적 자리에 있을 때, 당신은—당신의 유치한 시선으로 보면 철천지원수로 생각되는—프랭크에게도 몇몇 긍정적인 면이 있음을 알 수 있다. 프랭크는 술을 살 때 통이 크고, 친절한 반려자가 있고, 그들은 괜찮은 부모처럼 보이며, 당신이 만나본 그들의 딸은 당신 마음에도 제법 들었다. 당신은 프랭크가 직장에서 당신에게 은밀히 해를 끼치려 하는 건 부분적으로는 당신 탓인지도 모른다고 곰곰이 생각해본다. 당신이 그를 이길 수 없는 강적이라는 위치로 밀어넣어 두 사람 사이에 경쟁 관계를 만들어냈기에 생긴 일일지도 모른다고 말이다. 당신은 정말 이래서는 안 되겠다고, 그와 함께 일하고 협력해야겠다고 생각하기 시작할 수도 있다. 지금껏 프랭크의 험담을 해왔지만, 이제 당신은 그 판단을 수정해야 할 것 같다고 생각하기 시작한다. 그렇게 당신은 애를 써서 좀 더 성숙한 관점을 갖게 되고, 이 남자와 함께 일해보려고 애쓴다.

포너지가 이야기를 계속한다. "그런데, 그러고 나니까 이 웬수 같은 놈이 완전히 재수없게 구는 거예요. 당신이 협력하려고 하자마자 그자는 당신을 엿 먹이려고 듭니다. 더 성숙해진 당신의 태도에 그자는 완전히 미성숙하고 철저히 파괴적인 유해함으로 대응하죠. 그래서 당신은 이런 생각으로 돌아갑니다. '저 망할 자식. 망할 자식이라는 걸 알면서 대체 왜 저자의 좋은 면이 어쩌고 생각했던 거지? 완전히 시간 낭비였잖아.'" 당신은 그렇게 편집-

분열적 자리로 돌아오게 된다. 다시 생각이 바뀔 때까지.

　비온의 생각을 생생하게 극화한 이 이야기는 포너지가 말하듯 "우리가 어떻게 세계를 개념화하는 미숙한 방식에서 더 성숙한 방식으로 움직이는지, 그리고 결국 세계를 개념화하는 더 성숙한 방식이 우리에게 선사하는 문제들에 굴복해 다시 세계를 개념화하는 미숙한 방식으로 내던져지게 되는지"를 너무도 공감 가는 방식으로 보여준다. 유아기에는 우울적 자리에 도달하는 일이 필수적인 성장 경험이지만, 우리는 그곳에 영원히 머물러 있을 수는 없다. 우리는 삶을 살아가는 내내 어른스러운 정신 상태, 즉 우울적 자리에 오랫동안 머무르다가 좀 더 순진하게 세상을 바라보는 편집–분열적 자리로 되돌아갈 수 있을 뿐이다. 그렇다면 어른이 된다는 건 정말로 무슨 뜻인가? 포너지에 따르면, 이런 렌즈를 통해 바라본 삶의 과정에서는 "발전이란 환영에 불과"하다. 포너지는 네덜란드의 그래픽 아티스트 M.C. 에스허르의 유명한, 그리고 혼란스럽기로도 유명한 석판화들, 영원히 이어지는 것 같지만 어디에도 이르지 않는 계단들을 그린 그림들을 떠올린다. "발전이란 에스허르의 계단 같은 거예요. 항상 올라가는 것처럼 보이지만, 그렇게 올라가는 행위라는 건 사실 계단 위에 그려진 사람이 향하고 있는 방향에 의해 정의되는 거죠. 그 사람은 꼭 그만큼 확실하게 아래로 내려가고 있는 것일 수도 있어요." 이것은 비관적인 시각이라고 나는 생각하지만, 포너지에 따르면 그럼에도 불구하고 현실적인 시각이다. "인간의 상황이 너무 복잡한 까닭에, 우리가 살아갈 만한 세상을 만들기 위해서는 미숙하고 유치한 방식으로 문제를 다루고픈 욕구를 갖지 않을 수가 없을 겁니다." 그럼에도 나는 비온이 정신적으로 매우 취약한 내담자들과 함께한 임상 실무에서 찾아낸 사실, 즉 창조적인 무언가가 나올 수 있는 건 우리가 이런 두 위치 사이를 옮겨다니는 순간들이라는 사실에서 희망을 발견한다. 내 생각에 어른이 되는 일에는 이렇게 서로 다른 마음의 상태를 받아들이고—로즈와 히멀이 직관적으로 아는 것처럼—우리가 더 미숙한 마음의 상태를 영원히 떠날 수는 없다는 사실을 이해하는 일이 반드시 포함되어야 하는 것 같다.

단지 우울적 자리와 편집-분열적 자리 사이에서뿐 아니라, 어른다움이 내가 비틀거리며 다가가고 있는 진실한 어떤 것이라는 생각과 그것이 가짜가 아닐까 하는—환영이거나 껍데기에 불과한 것, 혹은 아무데도 이르지 않고 그저 제자리에서 빙빙 도는 계단이 아닐까 하는—의구심 사이에서 내가 추처럼 왔다갔다하는 동안, 에스허르의 계단 이미지는 머릿속을 떠나지 않는다. 나는 어른이 되기 위해서는 부모가 되어야 하는 건지, 혹은 어른이 될 때까지 부모가 될 수 없는 건지 궁금하다. 내가 계단을 내려가는 중인지 올라가는 중인지 나는 알지 못한다.

●

오로노에 있는 메인대학교 사회학과 교수인 에이미 블랙스톤과 이야기를 나누는 동안에는 자신의 위치를 정확히 자각하는 사람과 대화하는 기분이다. 우리는 스카이프로 만난다. 블랙스톤은 메인주에 있고, 나는 런던의 집에 있다. 내가 늘 하는 질문에 블랙스톤은 그렇다고, 자신이 어른이라는 생각이 든다고 대답한다. "그런데 그 일이 저한테 언제 일어났는지 가만히 생각해보면 재미있어요. 사실 전 어른이 되는 일이 제 안에서 안정감을 느끼는 것, 제 본연의 모습으로 일종의 편안함을 느끼는 것과 관련돼 있었다고 생각하는데요. 그 일은 마흔 살이 넘어서야 일어난 것 같아요." 블랙스톤은 지금 마흔일곱 살이다. "그러니 저는 열여덟 살이 되었을 때도 그게 마법 같은 일은 아니었고, 대학을 졸업했다거나, 첫 직장에 취업했다거나, 그 비슷한 어떤 일의 결과로 어른이 된 것도 아니었어요. 정말로 제가 어른이라는 생각이 들게 해준 건 저 자신에 대한 저의 인식이 충실하다는 느낌이었던 것 같아요." 자기 자신에 대한 인식이 충실하다는 느낌. 이것은 내가 찾고 있었던 어른다움의 의미다. 이제 우리는 어딘가로 조금은 나아가고 있는 듯하다.

자신이 어른인지 아닌지, 그리고 아무튼 어른다움이라는 게 뭔지 하는 질문들은 블랙스톤이 수년간 생각해오던 것들이고, 그에 대한 대답은 그의 개인적 삶과 직업적 삶의 핵심을 이룬다. "그건 부모가 되지 않겠다는 저 자신의 선택을 받아들이게 되기까지 개인적으로 거쳐온 여정과 관련돼 있어요." 블랙스톤이 말한다. 블랙스톤은 초기 성인기 내내 엄마가 되고 싶다는 생각은 해본 적 없지만, 어느 날 아침 일어나면 "마법처럼, 이 모성 본능인지 생물학적 시계인지 뭔지가 째깍거리며 가기 시작할 거고, 저는 갑자기 거기에 마음이 끌리게 될 거"라고 상당히 확신하고 있었다. 그래서 20대 내내, 사람들이 반려자와 언제 아이를 가질 거냐고 물으면 그는 이렇게 대답하곤 했다. "아직은 아니에요. 저는 너무 어려요." 블랙스톤은 아이를 낳고 싶다는 그 압도적인 충동이 조만간 생겨날 거라고 생각하며 30대에 들어섰지만, 여전히 아무 느낌도 없었다. 30대 중반이 되자 그의 커리어에는 터닝 포인트가 찾아왔는데, 다니던 대학에서 종신 재직권을 받을지 말지 막 고려하려던 참에 친구 세 명이 임신을 했고, 그래서 행복하며, "엄마가 되고 싶다는" 소식을 연달아 빠르게 전해왔다. 블랙스톤의 머릿속에서 어떤 결정의 첫머리가 서서히 만들어지기 시작했다. "저는 그런 생물학적 시계 어쩌고가 저한테는 있었던 적이 없고, 언젠가 나타날 거라 믿었던 모성 본능이라는 것도 여전히 나타나지 않고 있으며, 저는 엄마가 되고 싶지 않다는 걸 깨닫기 시작했어요. 하지만 솔직히 말하면, 제가 어딘가 잘못된 것일 수도 있다고 생각했어요. 걱정됐죠. 엄마가 되고 싶지 않은데, 나 진짜 여자 맞나? 진짜 어른 맞나?"

블랙스톤은 진정한 사회학자답게도 자신의 경험을 이해하기 위해 연구로 눈을 돌렸다. 1970년대와 1980년대의 문헌들에서 아이를 낳지 않기로 선택한 여성들에 대한 많은 연구를 찾아냈지만 그것들은 이미 시들해진 뒤였다. 종신 재직권을 받은 2008년, 블랙스톤은 그런 현실을 바꿔보기로 마음먹었고, 연구를 할수록 자신에게 옳다고 느껴지는 결론에 가까이 다가가고 있다고 느꼈다. "엄마가 되지 않기로 결정한 특별한 순간이 저한테 있었던 것 같진 않아요. 제가 제 삶을 있는 그대로 좋아하고, 부모가 되지 않기로 선택해도 괜찮다는 사실을 받아들이게 된 건 수년간에 걸쳐서였어요."

블랙스톤은 자신의 선택을 좀 더 가시화하고, 부모가 되는 일이 사실상 하나의 선택지에 불과하다는 사실에 대해 대화의 장을 열고 싶다는 충동을 느꼈다. "제 생각에 어른다움과 부모 됨에 관한 대중의 인식에 빠져 있는 것 중 하나는 우리가 사실 그걸 선택할 수도, 선택하지 않을 수도 있다는 부분이었어요." 블랙스톤이 말한다. 그는 수십 명의 남성과 여성을 만나 아이를 낳지 않기로 한 결정에 관해 인터뷰했고, 『우리가 선택한 가족』[17]이라는 책을 써냈다. 블랙스톤은 아이를 낳지 않으면 부모로부터 온전한 어른이 되었다는 인정을 받지 못할 거라고 입을 모아 이야기했던 여성과 남성 한 명씩을 떠올린다. "그분들은 둘 다 혼자 살고 계셨고, 남자분은 자기 집을 갖고 계셨고, 둘 다 자기 일이 있었죠. 하지만 그분들은 아이를 낳지 않으면 불완전한 존재라는 시선을 받게 되는 거예요. 그리고…… 저는 그런 시선과 싸우고 있어요." 아이를 키우는 일에는 정말로 완전히 다른 수준의 책임이 뒤따르고, 좋은 부모가 되려면 정말로 어른스러운 결정들을 내려야 한다는 걸 알지만, 블랙스톤은 그것이 한 사람이 책임감이나 타인들을 돌보는 법을 배우는 유일한 경험이라고는 생각하지 않는다. 게다가, 그는 부모 되기가 이런 식으로 틀에 맞춰져왔던 것이 몹시 부적절하다고 생각한다. "부적절하다고 생각하는 이유는 모든 사람이 부모가 되는 일에 적합한지 그렇지 않은지 제가 알지 못하기 때문이에요. 그걸 모르는데 도대체 왜 사람들에게 그러기를 강요하는 거죠?" 블랙스톤은 또한 우리에게는 부모가 되는 것 이외의 방법들을 통해 이 세상과 아이들의 삶에 기여하는 사람들이 필요하다는 생각도 한다. "그러니 그동안 부모 되기가 한 사람을 곧바로 어른이 되게 해주는 단 하나의 경험으로 여겨져왔다는 걸 생각하면 그저 말문이 막히는 거예요."

블랙스톤의 연구에 따르면 아이를 낳지 않기로 결정하는 것 자체가 하나의 성장 경험이 될 수 있다. 그가 대화를 나눈 많은 사람들은 그 결정을 내리는 데 수년이 걸렸으며, 자신에게 옳다고 느껴지는 선택에 도달하기 위해 많은 심사숙고와 계획과 생각이 필요했다고 말해주었다. 블랙스톤은 이런 생각은 부모가 된 많은 사람들이 경험하고 설명하는 것과는 차원이 다르다고 믿는다. 대부분의 사람에게는 부모가 되는 것이 당연하게 여겨지는 규범이기 때문이다. "부모가 된 사람들이 자신의 선택에 대해 생각을 하지 않는다는 건 아니에요. 어떤 사람들은 굉장히 깊이 생각한다는 것도 알고요. 하지만 부모가 된 사람들은 그렇지 않은 사람들보다 자신의 선택에 대해 깊이 생각하지 않아도 되는 기회가 더 많다고 생각해요." 그가 설명한다. 적어도 그가 인터뷰한 한 여성은 부모가 되지 않기로 한 자신의 결정이 자신이 아는 부모가 된 사람 중 누구보다도 신중하고 조심스러운 고려를 거쳐 이루어진 것 같다고 말했다. 이 말을 들으니 마음속에서 어떤 해방감 같은 게 든다. 나만의 결정을 내릴 때 어느 쪽으로든 강요받은 적은 없었지만, 아마도 나는 이런 식으로 왔다갔다하는 것이 중요하고 가치 있는 과정임을 이해하기 시작한 것 같다. 나는 전에는 아이를 낳지 않기로 선택하는 것이 그 자체로 발달에 중요한 경험이고, 많은 성장 경험이 필요한 어른스러운 결정이라는 생각을 해보지 못했다. 그 성장 경험에는 그저 많은 사람들을 따라가는 것이 아니라, 부모님과 친척들이 원하는 것이나 친구들이 하고 있는 것 대신 자신이 정말로 원하는 것을 알아내는 일, 너는 누구이고 무엇을 할 수 있으며 네 인생에서 원하는 건 무엇이냐고 자신에게 진정으로 물어보는 일 등이 포함된다.

블랙스톤이 인터뷰했던 많은 사람들에게나, 블랙스톤 자신에게나, 아이를 갖지 않기로 결정한 일은 자신을 해방시켜주는 일이었던 것처럼 들린다. 하지만 깊게 생각해보면 이런 결정에 뒤따르는 손실도 있을 것 같다. 블랙스톤에게 그런 손실은 무엇이었을까? 그는 그것이 이런 논의에서 잘 이야기되지 않는 부분이기에 물어봐주어서 기쁘다고 대답한다. 그는 자신이 엄마가 되고 싶지 않다는 걸 알았지만 그로 인해 포기해야 하는 경험들도 있다는 점 또한 인정하게 되었다. 물론, 그 반대도 사실이다. 부모가 되면 당신은 아이를 갖지 않았더라면 할 수도 있었을 경험들을 필연적으로 포기하게 된다. 하지만 이런 손실들을 인정하는 일 또한 그 과정의 중요한 일부였고, 자신이 친구들이나 가족들이나 다른 여성들과 같은 경험을 하지 않게 될 것이며, 그래도 괜찮다는 걸 블랙스톤이 받아들이는 데는 몇 년이 걸렸다. 문득, 그의 목소리에 당황스러워하는 기색이 어린다. "솔직히 말해 제가 놓치게 될 것들 중에서, 이렇게 말하니까 너무 이상하게 들리지만요, 가장 슬프게 느껴지는 건 임신과 출산이 어떤 느낌일까 하는 거예요. 웃긴 건, 저와 대화를 나눈 너무도 많은 비출산 여성들은 그런 경험을 하지 않아도 돼서 너무도 기쁘다고 말했거든요. 하지만 그 경험이 우리 몸에 일으키는 변화와 그 느낌이라는 건 제게는 정말로 흥미진진한 일이기도 해요."

나 역시 그것이 흥미진진한 일이라고 느낀다. 어머니의 몸속에서 자라나는 아기라는 믿을 수 없는 기적. 아기가 그저 어머니의 배 속에서뿐 아니라 어머니의 마음속에서도 자라난다는 것. 나는 임신과 출산을 겪는 동안 여성의 뇌에 일어나는 변화들에 대해 더 알고 싶었다. 그래서 신경과학자이자 암스테르담대학교 메디컬센터 임신과 뇌 연구소 소장으로서 임신한 여성에게 생기는 신경학적 변화들을 연구해온 엘셀리너 혹제마에게 편지를 썼다. 혹제마는 이렇게 답장을 주었다. "사실 이 연구를 진행하는 동안 저 자신도 엄마가 되었기 때문에 결과를 보는 일이 개인적 차원에서도 매우 흥미로웠습니다. 연구자로 지내면서 여러 주제에 관한 데이터를 분석해봤지만 이렇게 확고하고 강렬한 변화는 본 적이 없어요. 저는 과학자로서, 그리고 엄마로서, 이만큼 저를 매혹시킬 어떤 주제도 생각해낼 수가 없네요." 나는 그에게 내가 좋아하는 질문을 한다. 당신은 어른인가요? 그리고 언제 어른이 되었나요? "저는 엄마가 된 일이 어른다움으로 향하는 제 여정을 정말로 완성시켜주었다는 느낌이 들어요. 아이들을 낳기 전의 저를 돌아보면, 많은 면에서 지금보다 미성숙한 다른 사람을 보고 있는 것 같아요. 하지만 아마도 또 20년이 지나면 저는 지금의 저를 돌아보면서 똑같이 느끼겠죠. 누가 알겠어요, 어쩌면 어른이 되는 일에는 끝이 없을지도요."

혹제마가 임신한 여성들의 뇌를 연구하기 시작했을 때 그 뇌에서 무슨 일이 일어나는지는 거의 알려져 있지 않았다. 연구자들은 임신과 엄마 되기가 비인간 동물들의 뇌에 변화를 일으킨다는 사실을 한동안 알고 있었지만, 그것은 인간 종에서는 사실상 연구된 적이 없는 주제였다. 혹제마와 동료들은 임신을 원하는 여성들이 엄마가 되어가는 동안 그들의 뇌를 스캔한 사진을 검토해 임신 전후를 비교하는 방법으로 이를 연구하기 시작했다. 또한 연구 기간 동안 임신을 원하지 않는 사람들도 대조군으로 설정해두었다.

훅제마의 팀이 발견한 사실은 너무나도 놀라웠다.[18] "변화가 너무나 강렬하고 일관적이어서, 뇌 변화만 가지고도 컴퓨터 알고리즘이 표본 집단에서 임신한 여성 전부를 자동으로 식별해낼 수 있을 정도였어요. 정말 이례적인 일이죠!" 그는 이렇게 적었다. 연구 결과에 따르면 임신은 뇌 구조에 매우 강렬하고 장기적인 변화들을 가져왔다. 연구자들은 여성 뇌의 다양한 부분에 있는 회백질 조직에서 여러 뚜렷한 변화를 발견했다. 심층 분석에서 훅제마는 이 부분들이 뇌의 다양한 연결망과 겹친다는 사실을 살펴보았다. 그리고 그가 '마음 이론theory of mind'이라 부르는 이론 중 역할을 맡아 하는 부분들에서 이런 변화들이 가장 강하게 나타난다는 사실을 보여주었다. 마음 이론은 타인의 심리적 상태, 감정과 생각 들을 이해하는 능력과 연관되어 있는데, 내게는 비온의 몽상 개념을 떠오르게 한다. 훅제마는 이렇게 설명한다. "당연하게도 육아에서 중요한 역할을 하는 능력이에요. 엄마한테는 자기 아기가 보내는 신호들을 읽고 뭐가 필요한지 알아내는 능력이 실로 중요하니까요." 마치 임신한 여성의 뇌가 몽상을 위한 능력을 키우고 있는 것 같다.

이 이론을 시험하기 위해, 훅제마는 여성이 엄마가 되어가는 준비 과정에 이 변화들이 관여하는지 알아내는 심층 분석을 실시했다.[19] 이 주제를 연구하는 한 가지 방법은 엄마가 자기 아기의 사진을 볼 때 뇌에 나타나는 반응을 살펴보는 것이었다. 연구 결과에 따르면 뇌에서 사진에 가장 강렬한 반응을 나타낸 부분들은 임신 기간 동안 가장 강렬한 구조적 변화가 생긴 부분들과 일치했다.

"이 구조적 변화들은 어떤 식으로든 여성의 뇌가 아기가 보내는 신호에 가장 적절하게 반응할 준비가 되도록, 따라서 여성이 아기 엄마라는 새로운 역할에 준비가 되도록 돕습니다." 훅제마가 설명한다. 그리고 이 변화들은 적어도 출산 후 2년 동안은 지속된다.

이것을 여성의 뇌에 있어 일종의 성장으로 볼 수 있는지 내가 묻자 훅제마는 이렇게 대답한다. "임신 기간의 뇌 변화는 뇌가 성숙하는 과정의 한 가지 형태로, 혹은 적어도 뇌가 삶의 다음 단계에 득이 되도록 분화되는 과정의 한 가지 형태로 볼 수 있을 것 같습니다." 이 변화들은 청소년기 뇌에 일어나는 변화들과 비교해볼 수 있는데, 청소년기의 변화 역시 임신했을 때 급증하는 것과 동일한 일부 호르몬의 증가에 좌우된다. 직접 비교해보니, 청소년기를 보내고 있는 소녀들과 임신 중인 여성들의 뇌 변화가 놀라울 만큼 비슷하다는 사실이 드러났다. 하지만 훅제마는 이것이 엄마가 되기 위한 준비로 향하는 유일한 길은 아니라고 지적한다. "당연하지만, 이건 임신 과정을 거치지 않는 사람은 엄마가 되기에 적합하지 않다는 뜻은 아니에요. 이를테면 아빠들이나 아이를 입양한 부모들을 생각해보세요." 이런 모성적 행동을 유발하는 여러 다양한 경로가 있다는 사실이 동물 연구에서 드러났다. 호르몬에 노출되거나 새끼 동물들과 오랫동안 함께 있는 상황 역시 뇌 변화와 모성적 행동을 유발할 수 있다.

훅제마의 대답들은 중요하게 느껴진다. 나는 내가 엄마가 되기 전에 먼저 준비가 되어야 하고 어른이 되어야 한다고 믿고 있었는데, 아마도 이 때문에 어른이 되는 방법이라는 문제가 내게 이 특정한 생애 단계에 이토록 긴급한 일이 되어버린 것 같기도 하다. 혹제마의 연구는 임신이 그 자체로, 신체적으로뿐 아니라 신경학적으로도 성장을 준비하는 과정임을 보여주는 듯하다. 이런 준비 상태는 오직 그 경험 자체를 통과해야만 도달할 수 있는 것이다. 우리는 아이를 임신한다고 해서 곧바로 부모가 되는 것이 아니며, 부모로 자라나는 것이다.

●

그리고 코로나바이러스감염증-19가 닥쳐왔다. 모두가 알던 대로의 삶은 뒤집혔다. 어른다움에 관해, 부모가 되는 일에 관해, 미래가 어떤 모습일지에 관해 질문하는 일은 헛되다고 느껴질지도 모르겠다. 치명적인 바이러스가 전국을 휩쓸고 있고, 우리는 그저 부모님을 안아드리는 것만으로도 그분들을 죽음에 이르게 할 수 있게 되었다. 영국 총리는 모두에게 집에 머무를 것을 권유하는데, 얼마나 오랫동안 그래야 하는지는 아무도 모른다. 아이들은 학교에 가지 않고, 사업들은 중단되고, 가정폭력은 급증하고 있다. 내 상황은 많은 사람들에 비해 훨씬 안정적이지만, 그럼에도 나는 몇 주 동안이나 글을 쓰는 게 불가능하다는 걸 깨닫고 있고, 낮에는 사회적으로 용납되는 것보다 많은 시간을 침대에 누워 보내고 있다. 우울증과 매우 비슷하게 느껴지는 상황이다. 이제는 전부 원격으로 진행되는 내담자들과의 상담을 위해, 연구들을 위해 마음을 가다듬지만, 내가 가까스로 할 수 있는 건 그게 전부다. 이 상황이 얼마나 오래 지속될지 알지 못하게 되자, 나는 나 자신을 위해 약간의 공간과 빛을, 약간의 명료함을 찾기 시작한다.

나는 이 장으로 돌아온다. 로즈와 히멀, 포너지, 블랙스톤, 그리고 혹제마와 진행한 인터뷰를 다시 읽어본다. 지금까지 써놓은 원고를 읽은 나는 내가 부모 되기에 관한 결정을 내리기 위해, 로즈처럼 엄마가 되거나 블랙스톤처럼 비출산을 택하기 위해 나 자신에게 얼마나 많은 압박을 가해왔는지를 깨닫는다. 어른이 되는 일을 향해 나 자신을 밀어붙여온 것과 똑같은 방식으로 내가 엄마가 되고 싶어한다는 확실한 결론을 향해 스스로를 얼마나 밀어붙여왔는지 깨닫는다. 내 상황 전체를 통틀어 가장 어른스럽지 못한 부분은 내가 아이를 가질 만큼 충분히 어른이라고 느끼지 못한다는 게 아니라, 나 자신을 어른으로 만들기 위해 아이들이 필요하다고 생각한다는 사실임을 깨닫게 된다. 내 정신분석을 통해, 나는 내가 인터뷰한 사람들을 포함해 타인들에게 얼마나 많이 의지하고 있는지, 내 안에서 성장의 과정을 경험할 수 있게 되기보다는 무엇이 나를 어른이 되게 해줄지 그들이 말해주기를 얼마나 바라고 있는지 알게 된다. 모든 정답을 맞히기 위해 내가 얼마나 열심히 노력하고 있었는지도 알게 된다.

이런 생각들이 머릿속을 맴돌면서 일종의 결론이 모습을 드러내기 시작한다. 지금 이 순간 나에게 가장 중요한 성장 경험은 결정과 결정 사이에서 왔다갔다 튀어 다니는 것을 멈추고, 대신 나의 무지한 상태를 받아들이고, 나 자신에게 내가 무엇을 느끼고 무엇을 원하는지 알아낼 시간을 주고, 무언가를 원하는 것과 원하지 않는 것 사이의 균형은 내가 통제할 수 있는 게 아님을 깨닫는 것이다. 이 일은 내가 서둘러 해낼 수 있는 일이 아님을 이해하는 것, 바로 이것이 내가 찾아낸 숨 돌릴 공간이다. 나는 이런 불확실성을—우리 주위에 가득한, 이제는 내 삶에서 예전 어느 때보다도 분명해진 불확실성을—직면하고, 견뎌내려고 애쓰고 있다.

지금까지 나는 이 책의 집필을 끝낼 때쯤이면 내가 임신한 상태가 되어 있기를, 그것이 삶에서나 글에서나 내가 써낼 수 있는 해피엔딩이기를 너무나도 소망해왔다. 하지만 이제 나는 내 해피엔딩이 어떤 모습이 될지 모르겠다. 이것이 이 생애 단계에서 매우 중요한 성장 경험, 우리의 아기방에 있는 유령들에게서 벗어날 길을 찾는 데 없어서는 안 되는 경험이라고 생각한다. 적어도 내게는 그렇다. 이것은 삶에서 당신이 욕망하는 것이 무엇인지 알아내고, 다른 모든 사람들이 당신에게 욕망하게 만들고 싶어하는 것으로부터, 당신 자신이 욕망해야만 한다고 생각하는 것으로부터, 가족과 문화와 사회가 당신에게 욕망하라고 가르치는 것으로부터 그것을 해방시키는 일이다. 내게 드문 평화의 순간들을 가져다주고 이따금씩 불안한 마음을 진정시켜주는 것은 언제나 금방 사라지고, 유지하기에 너무도 어려운 하나의 인식이다. 그것은 나의 결말이 내가 삶에서, 그리고 글에서 스스로 찾아내는 것이 되어야 한다는 인식이다. 나 혹은 다른 누군가가 내게 말해보라고 요구하는 이야기에 들어맞는 결말이 아니라.

# Chapter

# 4

## 길을 잃고 나서야
## 알게 되는 것

〈자유가 어떤 느낌인지 알았더라면〉

노래 니나 시몬

작곡 빌리 테일러 & 딕 댈러스

Nel mezzo del cammin di nostra vita
Mi ritrovai per una selva oscura,
Ché la diritta via era smarrita.


내 삶의 한복판
정신을 차려보니 캄캄한 숲속이었지,
길을 잃고서.


단테 알리기에리, 『신곡』 지옥편 제1곡. 나의 (몹시 엉성한) 번역[1]


아기가 뒤집기를 하려고 애쓰고 있다. 아기는 배를 깔고 엎드려 한 손으로 놀이 매트를 누르면서 한쪽 어깨와 가슴을 들어올린다. 바닥을 더 세게 밀어보지만 아직 몸을 들어올려 뒤집을 만큼 힘이 세지 못하다. 아기는 입을 열어 조그만 신음소리를 내고, 신음은 이내 좌절감에 찬 울음소리로 바뀐다. 아기는 팔과 목의 자잘한 근육들을 긴장시키며 더욱더 세게 밀어보지만, 팔이 털썩 내려앉자 발악하듯, 화를 내듯 새된 소리를 지르고는, 다시금 바닥에 엎드려 자존심이 상한 듯 울어댄다. 할머니가 다가와 아기의 머리를 쓰다듬으며 말한다. "걱정 마라 아가, 넌 해낼 거야." 할머니가 아기의 어깨를 부드럽게 들어올려 뒤집기를 하도록 도와주자 아기는 부드러운 신음소리를 낸다. 할머니는 아기의 머리 위에 걸린 장난감들을 짤랑거리며 아기가 등을 대고 눕게 해준다.

내가 처음으로 중년에 대해 생각해본 건 20대 중반, 언론계 첫 직장이었던 여성 잡지사에서 일할 때였다. 그 잡지의 주된 타깃은 40대와 50대 여성이었고, 그들 가운데 주목할 만한 이야기를 들려줄 수 있는 사람들을 찾아내 인터뷰하고 경험을 듣는 것이 내 일이었다. 나는 그들이 살아온 이야기를 듣는 일이 정말 좋았다. 그들 중 일부는 유명한 공인이었는데, 나는 운 좋게도 도린 로런스가 자신의 아들 스티븐에게 일어난 인종차별 살인사건 이후 어떻게 자기 삶을 의미 있게 만들려고 노력하고 있는지 들을 수 있었다. 다른 사람들은 이른바 '보통' 여성들이었는데, 경찰관이 되겠다는 어린 시절의 야망을 마흔두 살에 마침내 이뤄낸 패멀라 워튼, 쉰 살에 암벽등반을 시작해 새로운 열정을 발견한 케리 엘포드, 40대 후반에 예술학교에 들어가 지금은 예술가가 된 로즈 프리본 같은 사람들이 여기에 속했다. 나는 인터뷰이들이 경험하고 있는 생애 단계, 학자들은 중년기midlife라 부르곤 하고[2] 나머지 우리들은 중년middle age이라 부르는 그 시기에 매혹되었다. 그들의 삶의 궤적을 돌아보는 지금 질문 하나가 떠오른다. 인생의 이 특정한 시기에 이 여성들이 성장해 자기 자신이 될 수 있게 해준 것은 무엇이었을까?

어디에나 존재하는 '중년 여성'이라는 고정관념—지루하고, 재미없고, 한물갔다는—에 대해 내가 처음으로 의식하게 된 건 이 잡지사에서 일하면서였다. 그 전에는 별로 생각이 없었지만, 그 고정관념을 뒤집어놓는 누군가를 알게 되기 전까지 아마 나 역시 그 이야기가 사실이라고 여겼을 것이다. 나는 곧 그런 고정관념이 여성혐오적이고 연령차별적이며 몹시 화나는 것이라고 느끼기 시작했다. 내가 인터뷰했던 여성들은 지루하지 않았고, 그들의 삶 역시 지루하지 않았다. 그런 것들과는 거리가 멀었다. 생기가 넘쳤고, 'vital'이라는 단어의 두 가지 뜻 모두에 걸맞게 생명 유지에 꼭 필요하면서도 활력이 넘치는 사람들이었다. 그들이 각자의 가족과 우리 사회를 지탱하는 사람들로 보여서만이 아니라 가장 놀라운 성장과 발달의 시기를 거치고 있어서이기도 했다. 그들 중 대다수는 남다른 변화를 끊임없이 겪으며 살고 있었고, 자신이 삶에서 그 어느 때보다도 강렬하게 감정들을 느끼고, 나로서는 아직 이해할 수 있을 만큼 사랑해본 적은 없는 상실들에 직면해 있다고 설명했다. 가끔씩은 상상할 수 없을 만큼 비극적인, '그런 일이 제게 일어날 거라고는 한 번도 생각해보지 못했어요' 하는 식의 상실이었다. 하지만 종종 우리 대다수가 언젠가는 직면하게 될 평범하고 불가피한, 그럼에도 참담한 상실일 때도 있었다. 아이가 독립하면서 20년간 둘이서만 살아본 적 없는 반려자와 같이 살게 남겨진다거나, 일에 자신의 모든 것을 쏟아부은 뒤에 쓸모없다는 취급을 받는다거나, 몸이 변하고, 갱년기가 오고, 머리가 희끗희끗해지는 변화가 그런 상실에 속했다. 이것들은 분명 우리가 직면해야 하는 성장 경험 가운데서도 가장 힘들고 고통스러운 축에 들지 않을까? 내가 인터뷰했던 여성들 가운데 대다수는 자기 정체성의 상실, 자기 자신에 대한 망각, 그리고 성장하는 한편 자신의 다른 측면이 자라나게 하기 위해 자신을 새롭게 발견해야 할 필요성에 관해 이야기했다. 단테 알리기에리의 『신곡』 지옥편이 'Nel mezzo del cammin di nostra vita', 우리 삶의 여정 한복판에서, 'una selva oscura', 캄캄한 숲에서 길을 잃은 화자의 독백으로 시작하는 데는 이유가 있다.[3]

이 캄캄한 숲의 형체와 감촉을 느끼고 그 가장자리를 더듬어보자. 우리가 중년기라고 할 때, 그건 정확히 무엇을 뜻하는가? 놀랍지 않게도 이 질문에 쉬운 대답이란 존재하지 않는다. 이 주제로 박사논문[4]을 쓴 사회학자 베서니 모건 브렛은 이렇게 말한다. "저는 중년기를 정의하면서 7년을 보냈는데…… 명쾌한 정의가 있는 것 같지는 않습니다. 사람들에게 중년기를 스스로 정의해보라고 하면 보통 자기는 그 시기에 속하지 않는다고 할 거예요. 중년이 되려면 10년쯤 더 남았다고 할 겁니다." 학술 문헌들로 눈을 돌려보면, 중년기의 정의는 저자가 글을 쓰고 있던 시대에 따라 달라진다고 모건 브렛은 말한다. '중년의 위기'라는 구절을 널리 알린 엘리엇 자크는 그의 1965년 논문에서 중년이 35세에 시작된다고 했다.[5] 모건 브렛이 이 말을 할 때 내 입에서는 신경질적인 웃음이 튀어나온다. 중년기가 갑자기 불편할 정도로 가깝게 느껴져서다. "그러게요!" 모건 브렛이 대답한다. "하지만 그때는 기대수명이 70세였으니, 35세면 삶의 여정에서 절반 정도는 온 거였죠." 모건 브렛은 결국 중년기를 40세 무렵에 열려 60세 무렵에

닫히는 창문으로 정의하기로 했다. 물론 이 창문은 개인의 경험과 건강 상태, 살아가는 상황에 따라 각각 다르게 열리고 닫힐 것이다. 하지만 생애 과정을 다루는 문헌들을 깊이 들여다보면 이 창문의 창틀을 두고 여전히 아주 많은 논쟁이 이루어지고 있음을 알 수 있다. 어쨌거나 우리 중에 120세까지 살 수 있는 사람은 그리 많지 않으니 말이다.

중년기의 경계는 명확하지 않을지 모르지만, 중년기의 다른 특징들은 좀 더 명확하다. 모건 브렛은 자신의 저작과 연구에서 심리사회적 접근법을 택한다. "인간의 정신과 사회적 세계 사이의 접촉면을, 그리고 서로 얽혀 있는 그 두 가지가 왜 분리될 수 없는지를 고려한다는 뜻입니다. 왜냐하면 우리는 정신 없이 사회적인 것을 이해할 수 없고, 사회적인 것 없이 정신을 이해할 수 없기 때문입니다." 나는 모건 브렛의 단도직입적인 화법과 복잡하고 혼란스럽게 느껴지는 것을 단순화하지 않고 설명하는 능력에 놀란다. 그가 강연자로서도 분명 훌륭할 것이라 생각하는 나는 팬데믹 상황으로 인해 막 일자리를 잃었다는 그의 말에 너무도 부당하다는 생각이 든다. 2년쯤 지나 우리가 다시 연락을 취하고 내가 이 책의 집필을 끝마쳤을 때, 모건 브렛은 이제 학계를 떠나 아동청소년 상담사로 일하고 있다고 알려준다. 이유를 정확히 설명할 수는 없지만 나는 무척이나 가슴이 뭉클해진다. 그 행보가 타당하게 느껴진다. 상실로부터 무언가가 자라난 것처럼 느껴진다.

모건 브렛은 연구를 통해 중년기에 사람들이 직면하는 문제가 대체로 세 개의 범주로 나뉜다는 사실을 발견했다. 첫째는 육체 노화와 건강 문제, 둘째는 그때까지 성취한 것과 여전히 성취하고 싶은 것들과 관련된 문제, 그리고 셋째는 세대 간 관계로, 각각 나이를 먹어가며 돌봄이 점점 적게 필요해지는 아이들과 점점 많이 필요해지는 부모님, 그 양쪽과 연결을 유지하는 문제다.[6] 이 모든 것은 사람들이 서로 다른 수많은 감정을 한꺼번에 경험하게 하고, 한쪽에서 늘어난 책임감과 성숙해지고 지혜로워진 느낌, 그리고 다른 한쪽에서 늘어난 취약함과 분노, 슬픔, 불안 사이에 갈등이 일어나게 만든다. 이것이 모건 브렛이 이 시기를 "사건의 연속"이라고 부르는 이유다. "모든 것이 한꺼번에 충돌하게 되면 어떤 사람들에게는 다소 폭발과 비슷한 일이 일어날 수 있기 때문"이다. 지루하고 재미없고 한물간 것과는 거리가 멀다.

이제 마흔한 살이 된 모건 브렛에게 그가 어른인지 물어보자 단호히 "네"라고 대답한다. 그는 스물여덟 살 때 어른이 되었다. 그의 가까운 친척이 반려자에게 살해당했는데, 그들에게는 아이가 여덟 명이나 있었다. 그날 모건 브렛은 대학에 있었는데, 아무도 그에게 연락이 닿지 않았다. 그날 저녁 일을 마치고 친척 집으로 간 그는 아이들을 보고 물었다. "어, 안녕 얘들아, 엄마 아빠는 어디 가셨니?" 그 순간 그는 무슨 일이 일어났는지 알게 됐고, 그날 밤 아이들 중 세 명을 맡게 되었다. "그렇게 해서 저는 2007년 2월 21일 저녁 7시에 부모가 됐어요." 모건 브렛의 인생에서 가장 중요한 성장 경험이었던 이 일은 그를 어른이 되게 했다. "당신이 정말 어른스러운 일들을 다루고 있다고 해봐요. 젊은 사람으로서 삶 속을 그저 갈팡질팡하며 나아가는 게 아니라, 사회복지사업 회의에 나가고, 경찰을 상대하고, 법정 소송사건에서 증인이 되고, 부모 노릇을 하고 있다고요. 그러면 아주, 아주 빨리 어른이 될 거예요."

　이제 40대 초반인 모건 브렛은 자신이 연구하면서 그토록 여러 해를 보냈던 삶의 단계에 막 들어서는 중이다. 그는 중년기의 사람들이 심리사회학 분야에서, 그리고 다른 많은 분야에서도 그다지 연구되지 않고 경시되는,[7] 별로 인정받지 못하는 인구 집단을 이룬다고 말해준다. 나는 모건 브렛 자신이 중년기에 도달하기 전에 이 주제를 택하게 된 것이 흥미롭다고 여기면서 여기에 어떤 의미 같은 게 있을지 궁금해진다. 어쩌면 역사적으로 중년기에 관한 연구가 그토록 적은 이유에는 연구자들 자신이 대부분 중년기를 지나는 중이라는 사실도 있을지 모른다. 모건 브렛 역시 이 점을 궁금히 여긴다. "어쩌면 그 사람들은 자기가 속하는 범주를 인정하고 싶지 않은 건지도 몰라요." 아마 자신이 속한 집단을 연구하는 일은 다른 사람들을 연구하는 일보다 힘들 것이다. 그리고 아마도 그 점이 앞서 1, 2장을 쓰는 일이 내게 그토록 힘들었던 이유일 것이다. 자신이 속한 집단을 연구한다는 것은 자신들이 지닌 취약하고 빈약한 부분들을 인정하는 일이다. 그런 부분들을 온통 다른 집단들에서만—'저 사람들은 저물어가는 사람들이지만 우리는 인생의 전성기를 지나고 있어' 하는 식으로 노인들을 바라보거나, '저애들은 감정과 격동투성이인 애들이지만 우리는 완벽할 만큼 안정돼 있어' 하는 식으로 10대들을 바라보듯—찾아내는 것 대신에 말이다. 이런 태도들에서는 배울 만한 것이 없다.

존 사이먼스에게 어른이냐고 묻자, 그는 이렇게 대답한다. "그 질문에 그렇다고 대답한 사람이 있기는 한가요?" 사이먼스는 마흔여섯이고, 케임브리지대학교 인지신경과학 교수다. 그가 말한다. "분명 '어른'을 문자 그대로 정의하면 저는 어른이죠. 하지만 제가 어른이라고 느끼냐고요? 대부분의 시간엔 그렇지 않죠. 많은 사람들이 이렇게 생각할 것 같은데요. '아마 다가올 어느 날에는, 그런 날이 언제 올지는 아무도 모르지만, 그때는 지금보다 내가 더 어른 같다는 생각이 들 것 같아'라고요." 이 말을 들은 나는 놀란다. 내 사촌인 사이먼스는 사촌들 중 가장 나이가 많고 우리 할아버지의 손주들 중 제일 먼저 태어난 사람이라서 내게는 언제나 극도로 어른스러운 사람처럼 보였다. 심지어 그가 열다섯 살 때, 내 세 살 생일파티에서 아장아장 걷던 내 친구들과 나를 즐겁게 해주려고 마술사 흉내를 내던 때부터 그랬다. 아마 그때 특히 그랬을 것이다. 나는 언제나 그를 우러러보았고 그와 아내, 그들의 두 아들과 어울리는 게 즐거웠다. 어른다움으로 말하자면 등대 같은 사람이지만 결국 한 명의 중년 남자이기도 한 사이먼스가 자기 자신에 대해 이런 식으로 이야기하는 걸 들으니 심란하면서도 시원하다. 그가 말을 잇는다. "저는 여전히 다른 사람들을, 친구들과 동료들을 보면서 이렇게 생각해요. 아, 저 사람들은 정신을 차렸구나. 저 사람들은 계획이 있구나. 완전히 어른이구나. 어쩌면 다가올 어느 날에는 저도 그렇게 될 텐데, 그때까지는 계속 즉흥연기를 하면서 아무도 알아채지 못하기만 바라야죠." 사이먼스는 우리 중 많은 사람이 대부분의 시간에 이런 '가면증후군'으로 힘들어하고 있으며, "그렇지 않은 것처럼 보이는 사람들은 아마 그냥 그걸 숨기는 데 남들보다 능숙할 뿐일 거"라고 생각한다. 나이가 들면서 어른다움에 조금이라도 더 가까워진 것 같으냐고 그에게 묻자, 그는 그렇기도 하고 아니기도 하다고 대답한다. 나이가 들면서 사이먼스는 더 많은 상황을 다루게 되었고, 이런 경험을 통해 더 나은 대응 방법을 배워왔다. 하지만 그와 동시에 나이 들수록 그가 다뤄야 하는 상황들은 더 막중한 책임과, 그 한 사람뿐 아니라 그에게 의지하는 사람들에게도 영향을 미치는 결정을 내리는 일과 연관되게 되었다. "위험 부담이 더 커지죠." 우리가 어른이 되어갈수록 더 어른스러워지기를 요구받는다는 것이 내게는 유감스러운 진실처럼 보인다. 어른이 되었다는 느낌은 사이먼스가 조금씩 다가갈수록 그의 손이 닿는 곳에서 벗어나는 모양이다. 마치 우리 할아버지가 흔들거리고 있던 열쇠들처럼.

마침 내 사촌은 중년기의 뇌에 특별한 관심이 있는 인지신경과학자이기도 하다. 나는 오랜 세월 내 머릿속을 맴돌았지만 언제나 물어보기에는 너무 늦은 것처럼 느껴졌던 질문을 마침내 그에게 한다. 인지신경과학자는 뭘 하는 사람인가요? 사이먼스가 대답한다. "인지 기능과 인지 행동의 기저에 있는 뇌의 메커니즘을 이해하는 데 관심이 있는 사람이지요." 그는 우리 뇌의 서로 다른 부분들이 어떻게 상호작용을 일으켜 우리가 무언가를 기억하거나, 언어를 사용하거나, 문제를 해결하는 등의 일을 수행할 수 있게 하는지 연구한다. 그와 팀원들은 특정 활동을 할 때 뇌의 어느 부위가 활성화되는지 알아내기 위해 건강한 자원자들의 뇌를 스캔해 연구한다. 그리고 뇌에 가해진 손상이 그 활동의 수행에 어떤 영향을 끼치는지 알아내기 위해 뇌의 다양한 부위에 손상을 입은 사람들 또한 연구한다. 그들은 이 연구 결과 모두를 꼼꼼하게 살피면서 '공통된 결과와 유의미한 차이점'을 찾고, 뇌의 서로 다른 부분들이 우리가 삶을 살아가도록 돕기 위해 어떻게 협력하는지를 이론으로 만들어내려고 노력한다.

중년기에 대한 자신만의 정의를 내려달라고 하자, 사이먼스는 우선 20대 초반부터 40대까지의 초기 성인기에 대해, 그다음에는 60대부터 시작되는 후기 성인기에 대해 말해준다. "그 두 시기 사이인 40대부터 60대까지, 사람들 대부분이 중년, 혹은 중년기라고 생각하는 또 하나의 시기가 있어요." 나는 첫 언론사에서 내가 인터뷰했던 여성들을 떠올린다. 사회는 언제나 그들을 주로 반려자/아이/부모와 관련을 맺고 있는 아내/어머니/딸로(만) 정의하는 것처럼 보였다. 나도 모르게 굉장히 짜증이 난다. 중년기를 오직 그 양쪽에 있는 생애 단계들과 대조해 중간에 낀 작은 조각으로만 정의하는 건 문제가 있지 않나? 중년기를 그 시기의 고유한 단어들로 설명할 수는 없는 건가? 나는 그로부터 몇 달이 지나고 나서야 이 문제가 그토록 짜증스럽게 느껴졌던 이유에 대해 생각하게 되었다. 그건 내가 정신분석을 통해 자신이 자신의 말들이 아니라 다른 사람들과의 관계에 의해 정의되는 일의 충격을, 그리고 자신을 그렇게 정의하는 일의 충격을 깨닫기 시작한 일과 관련이 있는 것 같다.

사이먼스는 내가 말하고자 하는 바를 이해하지만, 이런 현상은 아주 최근까지 과학이—우리가 사회학에서 보았듯—연구해볼 만한 흥미로운 인생의 시기로서의 중년을 대체로 무시해왔다는 사실을 반영한다고 말해준다. 인지과학자들은 아동기 발달을 한 세기 동안, 혹은 그 이상 연구해왔고, 노년기는 수십 년 동안, 청소년기는 지난 20년 동안 연구해왔지만, 중년이 연구 주제로 등장한 것은 그저 지난 몇 년간에 불과하고, 이것은 아주 최근에 일어난 발전이다. 이렇게 중년이 무시받아온 이유는 우리 삶의 서로 다른 시기에 뇌에 일어나는 변화의 속도와도 일부 관련이 있다. 아동기 발달에서, 그리고 후기 성인기에, 변화의 효과는 몇 주에서 몇 달에 걸쳐 나타난다. "이 시기들은 변화가 일어나는 걸 볼 수 있는 기간이에요. 그리고 과학에서 변화란 유의미하게 유통되는 화폐예요. 우리가 차이를 측정하고 어떤 요소들이 변화에 영향을 주는지 이해하기 위해 노력하려면 우선 변화가 일어나야 해요. 그게 과학의 본질이에요." 사람들은 중년에는 많은 변화가 일어나지 않는다고 아주 최근까지 당연하게 가정해왔다. "중년은 거의 아무 일도 일어나지 않는 기간에 불과하고, 상당히 지루하며, 그러므로 연구할 가치가 별로 없다는 거였죠. 사람들은 삶에서 더 도발적이고 호기심을 자극하는 시기들을 위해 중년을 무시해왔어요." 하지만 더 이상은 그렇지 않다.

후기 성인기 사람들의 기억을 연구하는 동안, 사이먼스는 노년기 사람들에게 일어나는 일의 상당수가 그들이 노년기 전에 겪는 일에 의해 결정된다는 사실을 알게 되었다. 지금 그가 대답하려 애쓰는 질문은 이런 것이다. '우리는 40대나 50대에 일어나는 일 중에서 60대, 70대, 그리고 80대에 일어나게 될 일들을 예견하는 무언가를 알아볼 수 있을까?' 70세가 되어 기억상실을 겪고, 일들을 제대로 해낼 수 없게 되고, 자신을 돌보지도 못하게 된 A라는 사람과, 70세가 되었어도 도움이나 돌봄이 필요하다는 어떤 징후도 드러내지 않고, 기억력도 괜찮기만 한 B라는 사람 사이에 차이를 만들어내는 것은 무엇일까? 사이먼스와 동료들, 학생들은 그것이 무엇인지 규명하려고 애쓰고 있다. A와 B의 40대나 50대에 일어났을지도 모르는 어떤 일이 이유일까? 만약 그렇다면 그것은 40대와 50대의 사람들을 검사하면 알아낼 수 있는 것일까? 그리고 만약 그렇다면 그 사람들이 너무 심한 인지적 쇠퇴를 겪지 않도록 예방하기 위해 할 수 있는 일이 있을까? 이제 사람들은 중년기를 지루한 것과는 거리가 먼, 가장 크게 관심이 가는 극적인 시기로 이해하고 있다. "이 시기는 이제 정말로, 정말로 뜨거운 연구 분야예요." 슬픈 현실은 누군가가 이미 인지적 쇠퇴를 겪고 있다면 그 궤도를 변화시키기에는 늦었다는 것이다. "하지만 너무 늦은 건 아닐 수도 있어요. 중년일 때 발견해서 쇠퇴를 한동안 늦추고, 그 사람이 최대한 의미 있고 만족스럽고 풍요로운 삶을 가능한 한 오랫동안 살 수 있도록 약간의 지원을 해줄 수 있다면요."

나는 사이먼스에게 그의 작업이, 입으면 가시성이 높아지는 마술 망토처럼, 중년기의 사람들을 그저 노년기를 이해하기 위한 매개체로만 바라보기보다는 있는 그대로의 모습으로 바라보게 도와줄 수도 있을지 묻는다. 그는 내 도전을 받아들인다. "우리가 중년기의 뇌를 연구하는 건 주로 그 특징들이 노년기에 무엇을 의미하는지 알아내기 위해서예요. 물론 그렇죠. 하지만 그러려면 중년을 그 자체로 연구하고 이해하려고 노력해야 해요." 사이먼스와 팀원들은 중년이라는 시기를 이해하기 위해 어떤 종류의 질문들을 던져야 할지 알아내려 애쓰고 있다. 중년기에 접어든 뇌에서는, 그 사람들의 삶에서는, 능력에서는, 관심사에서는 무슨 일이 일어나는가? "중년을 제대로 이해한다면, 우린 아마도 그 시기가 그저 어떤 혼합물이나 '중간에서 일어나는 일'이 아니라는 사실을 발견하게 될 거예요." 사이먼스가 말한다. 그와 다른 연구자들이 그 분야에서 하는 작업은 중년기에 아무것도 변화하지 않는다는 가정이 그저 가정일 뿐이라는 사실을 보여주기 시작하고 있다. "중년기가 실은 그 자체로 정말 흥미진진한 생애 단계라는 깨달음이 늘어가고 있는 것 같아요. 중요하고 의미 있는 변화들이 많은 시기예요."

그래서 나는 사이먼스가 던진 질문을 그에게 되돌려준다. 중년기의 뇌에서는 무슨 일이 일어나는가? "이건 우리가 이제 막 진정으로 발견하기 시작한 거예요." 사이먼스는 말한다. 그 발견에 관한 내용은 나로서는 듣고 있기 힘든 이야기다. 세라제인 블레이크모어는 우리의 뇌가 청소년기와 초기 성인기를 거쳐 30대와 심지어는 40대에 들어서서도 계속 성장하고 발달할 수 있다고 했지만, 그리고 뇌 구조 측면에서 그것은 사실이지만, 그게 이야기의 전부는 아니다. 뇌 구조는 여전히 발달하고 있지만 그 기능은 우리가 생각하는 것보다도 훨씬 이른 시기에 이미 쇠퇴하기 시작했는지도 모른다. "아동기와 청소년기에 걸쳐 뇌 기능은 아마도 향상될 겁니다." 사이먼스가 말한다. "하지만 아마도 초기 성인기에 뇌 기능이 정점에 다다르고 나면 안타깝게도 오래지 않아 쇠퇴하게 될 겁니다. 그때부터 여러 가지가 악화되기 시작할 수 있죠." 초기 성인기부터라니! 그마저도 너그러운 거라니! 게다가 '여러 가지'라는 말은 기억을 하고 결정을 내리고 문제를 해결하고 계획을 하는 기능, 정보를 받아들이고 융통성 있게 이용하며, 이동시키고, 새로운 각본에 적용하는 능력을 의미한다. 또한 '악화된다'는 건 정말로, 정말로 악화된다는 뜻이다. "악화는 측정이 가능합니다. 심지어 40대에도 누군가의 뇌 기능은 20대 초반보다 떨어질 수 있어요." 맙소사.

이 변화는 전두엽에서 가장 뚜렷하게 볼 수 있다. 전두엽은 집행 기능이 자리잡은 곳이며, 우리가 계획을 세우고 문제를 해결하고 여러 상황에 대해 생각할 수 있게 하는 부분이다. "전두엽은 뇌에서 상당히 일찍부터 기능이 악화되기 시작하는 영역이에요. 특히 40대와 50대, 즉 중년에 일어나는 악화는 측정이 가능해요." 사이먼스가 말한다. 뇌 구조를 보여주는 일반적인 MRI와는 대조적으로, 기능적 자기 공명 영상, 즉 fMRI는 뇌가 맡은 일에 어떻게 반응하는지를 보여준다. 20세의 누군가를 fMRI 스캐너에 넣고 어떤 일을 수행하라고 요청하면 뇌에서 종종 전두엽을 포함하는 영역들이 활성화되는 게 보일 테지만, 40세의 누군가에게 같은 일을 하게 한다면 뇌의 그 영역들에서는 활동이 줄어든 것으로 나타날 가능성이 높다. 차이는 그만큼 극명할 수 있다. MRI 스캔은 또한 뇌 구조 자체의 변화들, 뉴런들이 죽고 시냅스들이 엉키면서 뇌의 여러 영역이 수축해 일어나는 뇌 위축처럼 노년기의 특징으로 알려진 변화들을 보여주기도 한다. 이것은 중년에 접어든 전두엽에서도 볼 수 있다.

나는 목소리에서 두려움을 지우려고 애쓰면서, 중년에 접어든 뇌가 이미 쇠퇴하고 있다면 그 뒤에도 우리가 계속 성장하는 것은 가능할지 사이먼스에게 묻는다. 블레이크모어에게서 처음 들은 '뇌 가소성'이 가능성과 희망의 진정한 원천이 되는 건 이 지점이다. 사이먼스는 뇌가 우리가 평생에 걸쳐 하는 경험에 따라 끊임없이 변화한다고 설명한다. "뇌는 적응하고, 새로운 연결들을 찾아내고, 그다지 유용하지 않은 낡은 연결들을 제거합니다. 이렇게 끊임없이 배선을 바꾸는 일은 언제나 진행되는데, 지금 이 대화를 나누는 우리 두 사람의 뇌에서도 그렇고요." 이것은 평생에 걸쳐 진행되는 일종의 성장으로 볼 수 있으며, 뇌가 중년이 되면 쇠퇴할 수 있지만 동시에 계속 발달할 수도 있음을 뜻한다. "중년이 되면 우리는 초기 성인기보다 신경의 제약이 훨씬 많은 상태로 활동하게 될 수 있지만, 그런 제약 하에서도 뇌 가소성이 자기 할 일을 해낼 여지는 여전히 굉장히 많습니다." 나는 다시금 숨쉬기가 조금 편해진다.

사이먼스 같은 전문가가 뇌 상태를 좋게 유지하는 방법이라 여기는 것 중 하나는 '인지예비능cognitive reserve'을 만드는 것이다. 사이먼스는 내 마음속에 깊은 우물 이미지 하나를 그려준다. 그것은 삶의 말년에 우리가 끌어다 쓸 수 있는 경험과 인지능력으로 가득한 우물이다. 증거에 따르면 인지예비능은 주로 새롭고 자극적인 경험들로부터 만들어지는데, 그것은 풍부하고 다채로운 사회생활을 하는 것에서부터 악기를 배우거나 스도쿠나 십자말풀이처럼 여러 가지 다양한 퍼즐을 푸는 것에 이르는 모든 것을 뜻한다. 이것이 뇌를 가능한 한 건강하게 유지하는 핵심처럼 보이고, 뇌가 할 수 있는 가장 자극적인 일 중 하나는 새로운 상황, 새로운 도전에 직면해 그것을 다루는 법을 알아내는 일로 보인다. 이는 인지예비능을 구축하고 우리 자신을 쇠퇴로부터 회복시키는 아주 강력한 방법이다. "우리가 스스로를 지루해지고 재미없어지게 놔두거나, 새로운 경험을 전혀 하지 않거나, 늘 똑같은 일들만 하며 판에 박힌 중년의 생활에 접어든다면 인지적 쇠퇴에 더욱 취약해질 가능성이 있습니다." 사이먼스는 말한다.

심리치료사가 되는 건 인지예비능이라는 우물을 채울 훌륭한 방법이라는 생각이 든다. 그 일을 하며 새롭고, 자극이 되고, 풍부하고, 다양한 경험들에 대해 얘기할 수 있으니 말이다. 봉쇄로 인해 외국으로 여행하거나 짜릿한 어드벤처 스포츠를 즐기거나 인스타그램에 올릴 만한 경치를 보는 일은 할 수 없게 됐지만, 이 시기에 심리치료사 교육생으로서의 내 경험들은 또 다른 사람이 자신의 삶과 가장 깊은 생각들과 감정들에 관해 이야기하는 걸 듣고, 그것에 대해 생각하고 이해하려 애쓰는 것만으로 얼마나 생동감을 느낄 수 있는지 내게 증명해주었다. 모든 상담 시간은 감정적이고 친밀하면서도 정중한 만남이고, 여기에는 심리치료사와 내담자 양쪽이 새로운 무언가에, 변화의 위험과 희망에 자신을 여는 경험이 포함된다. 비온이 "두 개의 성격이나 인격이 만날 때"[8] 창조된다고 말했던 "감정적 폭풍"은 강력하고, 놀라우며, 예측하기 힘든 것으로 분명 지루함이나 고루함과는 거리가 멀다. 그리고 내가 인터뷰하는 사람들이 내 내담자들은 아니지만, 내가 이 책을 위해 진행하고 있는 대화들에도 친밀함과 정중함이 공존한다. 당신이 곧 만나게 될 케미, 앨릭스 그리고 사라와의 인터뷰를 위해 질문들을 준비하고 있자니, 타인의 삶의 대략적인 모습과 세부 사항들을 발견하게 될 그 각각의 인터뷰가 새로운 모험으로 뛰어드는 몹시 유쾌한 경험이리라는 것이 조금 더 명확해진다. 매번 첫 번째 질문을 던지면서 나는 우리의 대화가 결국 어디로 향할지 전혀 모르지만, 내가 무엇을 해야 하는지는 안다. 나는 이 사람들에게 자신들의 이야기를 처음부터 끝까지, 아니 그보다는 처음부터 중간까지 할 수 있는 공간을 마련해주어야 한다. 나는 그들의 삶 속에서 나 자신이 길을 잃게 놔두고, 우리가 어디 있는지 살펴볼 필요가 있다. 그들이 이야기하고 내가 듣는 동안 우리 사이에는 무언가가 자라나고, 그 과정이 진행되며 나는 우리 자신이 길을 잃도록 놔두는 일의 가치를 깨닫기 시작한다. 삶에서, 어른다움의 의미를 탐구하는 과정에서, 정신분석에서, 우연히 들어가게된 어떤 캄캄한 숲 한복판에서 말이다. 나는 이것이 어른이 되는 과정의 중요한 일부이며 내가 전에는 나 자신에게 허용해본 적 없는 경험이라는 생각을 한다.

●

　케미와 나는 전화로 대화를 나눈다. 케미가 대답하자마자 그의 목소리에서는 따스함과 쾌활함이 느껴지고, 나는 나도 모르게 더 활기차게 듣게 된다. 케미의 웃음소리에는 어린애 같은 구석이 있고, 그 웃음은 케미가 나누는 대화에 자연스럽게 듬뿍듬뿍 뿌려지는 그만의 구두점 같다. 케미의 삶에서 서사를 빚어낸 충동과 결단력은 그가 이야기하는 방식, 그 이야기에 담긴 기백과 열정에서부터 직설적이고 간단명료한 말투에 이르기까지 구석구석 반영되어 있다. 케미에게 그가 어른인지 묻자, 그는 법적으로는 그렇다고, 어른이라고 인정한다. 자신은 쉰네 살이고, 사회적 기업 '더 소우 런던 프로젝트'의 크리에이티브 디렉터이며, 한 남자의 아내이자 스물세 살과 열일곱 살이 된 두 아들의 엄마이기도 하니 어른이어야만 한다고. 하지만 어른이라는 느낌이 드는지 묻자 케미는 조금 다른 대답을 한다. 기분 좋게 웃더니 이렇게 말한다. "아뇨, 아뇨, 아뇨, 아뇨. 아뇨, 그렇게 느껴지지는 않아요. 그저 쉰네 살이라는 꼬리표를 달고 있으니 어른처럼 행동해야 한다고 느낄 뿐이죠." 하지만 그 꼬리표도 케미가 스스로를 어떻게 느끼는지를 바꿔놓지는 못한다. "저는 제가 아주, 아주 어리다고 느껴요." 중년이 되는 일의 의미에 대해서라면, 케미는 단 한 세대 동안에 아주 많은 것이 바뀌었다고 생각한다. "1950년대에 저희 부모님을 봤을 때 그분들은 나이들어 보이는 행동을 하셨고, 그건 제가 하고 싶지 않다고 했던 한 가지 일이었어요. 저는 나이든 어른이 되고 싶지 않아요. 비교적 젊고, 여전히 활기차고, 세상과 관계 맺고, 가까이하기 쉬운 어른이 되고 싶어요." 케미는 노는 걸 좋아하고 재미를 추구하는 사람, 아직 낡지 않은 어른이라고 자신을 설명하고, 그가 중등학교 교사로 보낸 20년이 더 젊은 정신 상태에 닻을 내리게 도와줬다고 여긴다. "아이들이 저를 좋아한다는 점에서 저는 상당히 운이 좋았어요. 그애들은 저한테 자기들의 비밀 은어까지 알려줬죠." 아이들은 케미에게 '쌔끈한$^{peng}$'과 '쩐다$^{lit}$' 같은 단어들의 뜻을 가르쳐주었고, 나는 대화가 끝난 뒤 어번 딕셔너리$^{\bullet}$에서 그 말들을 검색해보아야만 한다는 사실에 마음에 상처가 난다.

중년기 딱 한가운데인 쉰 살 때, 케미는 자신의 일하는 삶을

---

• www.urbandictionary.com 사용자가 편집하는 사전 사이트로 주로 은어, 속어, 인터넷 유행어 등을 다루고 있다.

변화시킬 성장 경험에 뛰어들었고, 자신만의 패션 디자인 사업을 내겠다는 어린 시절의 꿈을 현실로 바꿔놓았으며, 그 사업은 이제 사회적 기업인 '더 소우 런던 프로젝트'가 되었다. 이것이 자기실현을 향한 얼마나 놀라운 움직임인지, 그리고 이 경험이 왜 케미의 삶에서 이 특정한 시기에만 일어날 수 있었는지 이해하기 위해서는 이야기가 시작된 곳으로, 아니 시작되기 전으로 돌아가야 한다.

나이지리아에 살던 케미의 부모님은 1960년대에 회계와 부기를 공부하던 젊은 부부로 런던에 이주해 왔다. 케미는 영국에서 태어났고, 당시 일과 공부를 하기 위해 영국에 온 많은 서아프리카 출신 부모들의 아이들과 마찬가지로 태어나자마자 민간 위탁 가정에—케미의 경우에는 브라이턴에 사는 백인 가족에게—맡겨졌다. 케미와 형제자매들은 2주일에 한 번씩 브라이턴을 방문하는 부모님을 만났고 학교가 쉬는 날에는 런던에서 부모님과 함께 시간을 보내곤 했다. 나머지 시간에는 위탁 가정에서 살면서 브라이턴에 있는 학교에 다녔다. "저는 정말 운 좋게도 멋진 위탁 가정을 만났어요. 저와 비슷한 시기에 위탁 가정에 맡겨진 다른 아이들이 모두 그렇지는 못했으리라는 것도 알고요." 그는 양부모로부터 받은 무한한 사랑과 애정에 대해, 자신을 너무도 애지중지했던 그들의 기억에 대해 말해준다. "저희를 정말 사랑해주셨어요. 응석받이로 자라난 건 아니지만 덕분에 특별한 대접을 받았어요." 특히 양어머니는 케미와 형제자매 모두가 얼마나 재능 있고 창의적인지 이야기해주곤 했다. "그분은 저희가 정말로 어렸을 때 저희 안에 그런 면이 있다는 걸 알아봐주셨고, 그건 저희의 현재를 이루는 강력한 토대가 되어주었죠." 케미와 형제자매들은 아주 어렸을 때부터 자신들에게 재능이 있다는 걸 알았고, 결국 어떤 일을 하게 되든 그 재능을 통해 창조적인 성취를 이뤄낼 야망도 있었다.

하지만 시간과 노력을 들이기만 하면 어른이 되어 하고 싶은 일을 못 하게 될 이유는 하나도 없다는 양어머니의 말과는 달리, 그들은 주위의 다른 사람들로부터는 매우 다른 메시지를 받았다. "그때는 아직 인종차별이 정면으로 닥쳐오던 때였어요." 케미는 말한다. 케미는 학교 가는 길에 그를 '깜둥이'나 '색이 짙다'거나 '아랍X'이라고 부르며 "너를 칼로 찌르면 피가 빨간색일까?" 하고 묻는 사람들을 지나쳐 걸어가곤 했다. 길거리에서만이 아니라 학교에서도 그랬다. "어린 시절에 영국에서 정말로 제 눈에 띄었던 건 당시의 교육제도가 흑인 아이들을 지지해주지 않는다는 점이었어요." 케미의 이 말이 내게는 엄청나게 절제된 표현처럼 들린다. 케미는 이 모든 것을 사무적인 말투로 이야기하지만, 양어머니의 반응에 대해 말하는 그의 목소리에서는 자부심과 애정이 울려나온다. "양어머니는 저희한테 정말 큰 힘이 돼주셨어요. 체구가 굉장히 작은 분이셔서 키가 150센티미터나 겨우 될까 말까 했는데, 그런 차별을 용납하지 않으셨죠. 양어머니가 저희 학교 아이들 대부분과 얘기를 끝내셨을 때는 아무도 감히 저희한테 다시 시비 걸 생각을 못 했어요." 하지만 그런 양어머니도 시야를 제한하고 성장을 억압하려고 위협하는 인종차별로부터 그들을 보호해줄 수는 없었다. 케미는 가슴에 굉장히 아프게 맺혀 있는 기억하나를 끄집어낸다. 중등학교 선택과 진로 상담을 위해 양어머니와 함께 학교에 가서 교사들을 만났을 때였다. "교사 한 명이 제 얼굴 바로 앞에서 이렇게 말하더라고요. '아, 너는 결국 공장에 가게 되겠구나. 어느 모로 보나 그렇게 똑똑한 애는 아니니까.'" 케미는 그때 양어머니의 얼굴에 떠올랐던 슬픔과 분노를, 양어머니가 케미와 형제자매들을 위해 어떻게 싸웠고, 그애들 모두가 재능있고 똑똑하며 밝은 미래가 앞날에 펼쳐져 있다고 교사들에게 어떻게 말했는지를 기억하고 있다. 하지만 케미는 교사에게 들은 말을, 너무나도 고통스럽고 충격적이었던 그 말을 안 들은 걸로 할 수는 없었다. "계속 생각했어요. 이게 내 인생의 총합이 될까? 하지만 난 재능도 있고 뛰어난데, 뭐든 할 수 있는데…… 그날 그 말을 들은 게 저한테 상처가 되었다는 걸 알아요." 케미는 우울한 무감각 상태에 빠졌던 일이 기억난다고 한다. 어린아이였던 케미의 자존감과 희망과 야망이 그토록 잔인하고 무식하게 꺾여버렸다고 생각하니 가슴이 아프다.

하지만 케미의 이야기는 거기서 끝나지 않는다. 그 말들은 케미를 상처 입히고 정신적 외상을 안겨줬지만, 케미는 어떻게든—아마도 가족들로부터 받아왔던 애정과 격려 덕분이 아닐까 싶다—그 말들을 그 교사가 틀렸음을 증명할 연료로 바꿀 능력을 찾아낼 수 있었다. 케미는 그 말들을 '디딤돌'로 삼았고, 그 순간을 성장 경험으로 바꿔놓았다. "다행히 제게 그 경험은 결국 모두에게 제가 뭐라도 될 사람이라는 걸 증명할 동기가 되어줬어요. 어떤 면에서는 절 도와줬다고 해야겠죠." 케미는 말한다.

케미는 학창 시절의 기억 하나를 더 들려준다. 이번에는 1970년대에 부모님이 케미와 형제자매들을 나이지리아에 데리고 돌아갔을 때의 기억이다. 케미는 교실에 앉아 있었고, 선생님이 아이들 모두에게 물었다. "여러분은 어른이 되면 뭐가 되고 싶어요?" 전에 그 영어 교사가 했던 말들이 머릿속을 맴도는 바람에 케미는 아무 말도 하지 않고 앉아 있었다. 하지만 그 교사의 말들은 이내 들리지 않게 되었다. 반 아이들이 기운 넘치는 들뜬 목소리로 각자의 대답을 외쳐댔기 때문이었다. "의사가 되고 싶어요!" "저는 변호사가 될래요!" 어안이 벙벙해진 케미는 새 친구들을 바라보고 그애들의 야망에 귀를 기울이며 생각했다. '이럴 수가. 되고 싶은 사람이 못 되게 나를 막을 게 아무것도 없잖아. 제도는 나를 깔아뭉개지 못해. 나도 뭔가가 될 수 있어.' 케미는 그곳의 선생님들과 사회는 자신과 맞서 싸우고 있지도 성장을 제한하려고 하고 있지도 않으며, 자신을 지지하고 도와주고 있다는 걸 깨달았다. 그러니 이제 재능과 창의력을 발휘하는 데 있어 한계는 케미 자신을 제외하고는 아무것도 없었다. "머릿속에서 작은 목소리 하나가 들려왔던 걸 절절히 기억해요. '켐, 넌 핑계 댈 것도 없잖아. 누구도 너는 흑인이기 때문에 뭔가를 할 수 없다고 말할 이유가 없어. 넌 이제 피부색이 같은 아이들로 가득한 교실에 있고, 너를 방해하는 건 아무것도 없는걸.' 그게 저에게는 정말로 자극이 됐어요."

이 일은 케미의 삶에서 그 시기에 일어난 많은 성장 경험 중 하나였다. 나이지리아로 간 것은 커다란 변화였고, 그 일은 수많은 더 작은 변화들을 가져왔다. 케미는 양가족과의 삶을 잃게 된 일을 애도해야 했을 뿐 아니라 태어나서 처음으로 다른 나라, 다른 문화 속에서 살게 된 일의 충격 또한 처리해야 했다. 그런데 그

나라는 혼란스럽게도 케미의 모국이었고, 동시에 케미가 익숙하지 않은 나라였다. 케미는 생물학적 부모님의 눈을 통해 자신의 나이지리아 전통을 이해하기는 했지만, 그리고 "저희가 아프리카인으로서 저희의 뿌리와 접촉하고 있기는 했지만, 사람은 본래 태어나면서부터 자신을 키워준 가족의 문화를 물려받는 법이고, 저는 영국인 백인 가족이 키워주고 있던 아이"였다. 나이지리아에서 모든 사람이 영어를 하기는 했지만, 케미와 형제자매들은 요루바어 역시 배우고 싶었고, 연장자들이 이야기할 때는 말대꾸를 해서는 안 된다는 것 같은 관습들도 이해하고 싶었다. "저희는 그런 것들을 너무도 빨리 배웠어요! 저희에게는 엄청난 도약이었죠. 다시 시작하는 것 같았고요."

나는 케미에게 어른이 된 지금, 영국과 나이지리아 양쪽에서 보낸 어린 시절을 돌아보면 어떤지 묻는다. "저는 제가 지닌 아프리카인으로서의 전통도 사랑하고, 영국인으로서의 전통도 사랑해요. 그것들 둘 다를 자랑스레 지니고 있죠. 두 나라 모두에서 살아봤다는 건 무척 놀라운 일이에요. 그게 저를 만들어온 것 같고요." 케미는 브라이턴에서 양가족과 함께했던 기억들과 그들이 선물해준 행복한 어린 시절을 소중하게 여긴다. 동시에, 그는 자신이 교육을, 그리고 어른이 되면 무엇이 될 수 있을지에 대한 감각을 박탈당했다고 느낀다. 케미는 만약 자신이 영국에 남아 중등학교에 다녔다면 지금 이룬 것들을 이루지 못했을 것임을 안다. "나이지리아가 제게 준 건 저도 무언가가 될 수 있고 무언가를 이뤄낼 수 있다는 자신에 대한 믿음이었어요. 저는 영국 사람들이 제가 절대로 못 할 거라고 말했던 모든 걸 해냈어요."

케미는 스물다섯 살 때 영국으로 돌아와 결혼하고, 아이들을 낳고, 미술 교사로 일을 시작했다. 그러고는 이른바 어른의 생활이라는 것을 해나갔다. 가르치는 일, 특히 학생들을 알게 되는 일은 즐거웠지만, 케미는 언제나 패션 디자인계에서 일하고 싶어했다. 그것은 그의 꿈이었고, 그는 '낮에는 교사, 밤에는 패션 디자이너'라는 제목을 단 자신의 블로그에 글을 썼다. 하지만 당분간은 꿈을 접어두어야 했다. 케미에게 최우선 사항은 아이들이었고, 주택 대출금을 내고 가족의 생활을 유지하기 위해서는 교사 일에 따라오는 안정과 규칙적인 봉급과 휴일이 필요했다. 하지만 그 일에 너무 만족하지 않으려고 경계하는 마음도 있었다. 케미는 학교 교무실에 앉아 동료 교사들이 나누는 잡담을 듣다가 교사 한 명이 이렇게 말하는 걸 우연히 들었던 일을 기억한다. "아, 난 여길 뜨기엔 나이가 너무 많아. 그냥 은퇴할 때까지 붙어 있어야지." 거기 앉아 자신이 하고 싶었던 모든 일들을 떠올리니 케미는 숨이 막히는 기분이었다. 편안하고 잘 아는 곳, 위험은 별로 없지만 패션 디자인계로 진출할 기회 또한 별로 없는 곳에 계속 있다가는 너무 늦어서 성장할 수 없다고 느껴지는 시기가 자신에게도 오리라는 걸 깨달았다.

케미가 그다음으로 커다란 성장 경험과 마주한 건 그가 막 중년기에 들어섰던 40대 중반이었다. 구조 조정 중인 학교가 케미가 담당하던 미술 수업을 줄이고 기본적인 계산 능력과 문해력 수업을 같이 맡아달라고 했다. 케미에게는 별로 매력적이지 못한 전망이었다. 그와 동시에 케미의 아들들이 예전보다 엄마를 덜 필요로 하게 되었다. 큰아들은 A레벨 시험 준비를 하고 있었고, 작은 아들은 중등학교에 들어갈 예정이었다. 두 아이는 내게는 무척 감동적으로 들리는 말을 케미에게 했다. "엄마, 우린 이제 어린애가 아니에요. 우린 괜찮아요. 엄마한테 요리하는 법을 배웠으니까 엄마가 집에 없어도 우리끼리 뭔가 후딱 만들어 먹을 수 있어요. 엄마처럼은 못 하겠지만, 아무튼 우리도 요리는 할 수 있어요." 두 아이는 자신들이 자라도록 엄마가 얼마나 많이 도와줬는지 알고 있으며, 이제 자신들이 엄마를 도와줄 차례라는 걸 알리고 싶었던 것 같다. 선물과도 같은 일이었다. "아이들이 저를 필요로 하는데 제가 그 자리에 없을지도 모른다는 걱정을 안 해도 된다는 게 너무도 확실했고, 위로가 되더라고요. 이제는 제 인생의 후반부에 접어든 기분이고, 아이들한테서 격려와 허락을 받으니 제가 하고 싶은 것들을 할 수 있는 무한한 자유가 생긴 것 같아요."

그건 해방이었다. 케미는 여러 해 전 교무실에서 자기 자신에게 했던 약속을 기억했고, 자신이 아는 세계가 주는 위안과 안전함에서 벗어나 두렵지만 흥미진진한 미지의 세계로 뛰어들기에 적절한 순간이 마침내 왔다고 느꼈다. 이런 변화가 가능했던 건 케미가 중년의 나이였기 때문이었다. 좋은 의미에서 '사건의 연속'이었던 중년기가 케미에게 발전하고 성장할 새로운 기회를 열어준 것이었다.

케미는 마침내 자신만의 패션 회사를 차릴 계획을 품고 직장을 떠났다. 하지만 이런 성장 경험 모두를 단번에 해낸 것은 아니었다. 그는 성인들을 가르치는 일자리를 얻어 저축하기 시작했고, 다음 걸음을 내딛는 데 필요한 여유를 좀 더 갖기 위해 아르바이트 일로 전환하기에 앞서 자신이 지고 있던 모든 빚을 하나하나

갚아나갔다. 마치 인생 후반을 규정지을 새로운 사업에 시동을 걸기 전 인생 전반에 청산되지 않은 일들을 모두 처리할 필요가 있다는 것처럼. 그리고 쉰 번째 생일 직전에, 케미는 그 일을 해냈다. 더 소우 런던 프로젝트가 탄생했고, 케미는 손님들을 위한 의상을 디자인하고 바느질을 통해 환경 파괴를 막을 책임을 교육하는 일에 하루하루 전념했다.

이 시기는 크고 작은 성장 경험들로 가득한 시기였다. "정말 재미있었고, 신이 났고, 또 때로는 겁이 나기도 했어요." 케미는 그렇게 말하고는, 일을 처음 시작하고 2주가 될 때까지 새로운 손님이 한 명도 오지 않아서 공포에 떨면서 작업실 임대료를 어떻게 내야 할지 걱정하곤 했다고 이야기한다. "하지만 저는 항상 밀어붙이는 사람이었거든요." 이 말을 하는 케미의 말투에서 당시의 그에게는 걱정도 있었지만 자신감과 열망, 그리고 기업가 정신도 있었다는 게 느껴진다. 케미는 작업실에 나가 카프탄*을 한 벌씩 만들어서 페이스북에 올리곤 했다. 한 친구가 그중 한 벌을 사고 싶다고 댓글을 달았고, 댓글들이 점점 늘어나더니, 오래지 않아 친구들의 친구들까지 작업실에 와서 옷들을 입어보고 싶다고 요청했다. 지금은 대학생이 된 케미의 옛 제자들이 소셜 미디어와 관련해 도움을 주었고, 인스타그램과 스냅챗 사용법을 가르쳐주었다. "저는 결정을 할 때는 온 힘을 다해서 했고, 저 자신에게 이렇게 말했어요. 만약 이게 실패해도 나는 다시 일어설 거고, 그 자리로 다시 돌아갈 거라고. 제가 한 일은 그게 거의 다예요."

중년기는 어른이 된다는 것의 의미를 재평가할 수 있게 해주

---

* 여자들이 입는 헐렁하고 길며 소매가 넓은 원피스.

었다. 케미는 이제 어른다움이 결코 하나의 고정된 개념일 수 없으며, 언제나 변화하고, 우리를 놀라게 하고, 시험한다는 의미에서 그것을 '살아 있는 기록'이라고 여긴다. 케미는 아직도 어머니에게 자신을 어른처럼 대해달라고 부탁하곤 하지만, 그의 어머니는 이렇게 대답할 뿐이다. "내 눈에는 네가 아직도 아기로 보이는걸." 그리고 이제 케미는 역할만 바뀌고 정확히 똑같은 대화를 자신의 스물세 살 아들과 하게 될 것이다. 케미가 농구와 축구 경기장에 데리고 다녔고, 이제는 너무도 독립적인 사람으로 자라나 케미가 예측하건대 5년만 지나면 "엄마, 저 결혼해요"라고 말할지도 모르는 청년. 이 청년이, 그리고 그의 남동생이 케미에게 어른다움의, 특히 부모와 자식 사이의 역학 관계는 언제나 변화할 수 있다는 사실을 가르쳐주었다. "그러니 제게 어른다움은 안정된 것이라기보다는 커지고, 작아지고, 끊임없이 변화하고, 나이가 들수록 진화하는 불꽃들을 일으키는 풀무와 비슷한 거죠."

우리가 대화를 나눌 때는 케미가 사업을 시작한 지 5년째고, 그는 분명 그 사실을 자랑스러워하고 있다. 첫 번째 봉쇄 기간 동안 국민보건서비스에 방호복과 보호 장비가 부족해지자, 케미는 자신이 아이를 낳았던 병원을 포함해 두 군데의 지역 병원에 보낼 수술복을 만들었다. 봉쇄가 끝난 이후 더 소우 런던 프로젝트는 어린이들과 청년들, 전과자들을 위해 바느질과 수공예 교육을 하고 있다. "제가 한밑천 잡고 있냐고요? 아뇨, 아직은 별로 그렇지 못해요. 하지만 저는 전보다는 훨씬 행복한 사람이 됐어요. 하고 싶은 일들이 있지만 결코 하지 않으면서 아, 난 그걸 하기엔 이제 너무 나이가 많아, 하고 혼잣말하는 사람들로 가득하던 그 교무실을 기억해요. 제가 절대 하고 싶지 않다고 생각했던 한 가지가 있다면 그런 일이었어요." 케미가 말한다. 케미가 어린 시절 보여주었던 용기와 회복력이 그의 기질에 넘쳐흐르면서 어른이 된 그를 정의하고, 인생 전반부에 그랬듯 후반부의 형태 역시 빚어내고 있는 것이 내 눈에는 보인다. 케미의 양부모는 오래전에 세상을 떠났지만, 최근 그들의 증손주들이 케미를 페이스북에서 찾아냈고, 기쁘게도 그의 위탁 가정에서 수년간 보관해두었던 케미의 어린 시절 사진들을 다수 보내주었다. 내게는 케미의 양어머니가 세상을 떠나고 오랜 세월이 지난 뒤에도 케미에게 자신감과 용기의 강력한 원천으로 남아 있으면서 그를 돕고 있는 것처럼 보인다. 케미가 계속 자기 자신으로 성장할 수 있도록, 그리고 그가 될 수 있는 존재보다 못한 존재로 그를 축소시키려 하는 압도적인 힘을 견뎌낼 수 있도록. 케미는 지금 자신이 삶의 한가운데에서 하고 있는 노력을 학교에서 그 말, 너는 똑똑하지 못해서 아무것도 이룰 수 없을 거라는 말을 들었던 일과 연결 짓는다. "너는 아무것도 되지 못할 거라는 말이 어떤 아이들에게는 무척 상처가 될지도 모릅니다. 그렇다고 그런 말들이 저를 상처 입히지 않았다거나, 저의 바탕을 이루는 데 영향을 미치지 않았다는 뜻은 아니에요. 하지만 제 안에는 언제나 이렇게 생각하는 부분이 있거든요. 나는 중요한 사람이 될 거야, 이게 내가 가진 기술들이고 나는 숨지 않을 거야. 그리고 전 그 자유를 즐기고 있어요."

사라와 나는 줌으로 만난다. 사라의 얼굴이 노트북 화면에 나타나고 몇 초 뒤 그가 말을 시작하자, 나는 기분이 좀 더 침착해지는 걸 느낀다. 사라의 목소리가 주는 조용한 리듬과 편안한 미소에는 어딘가 사람을 무척 안정시키는 구석이 있다. 무언가 느긋하고 햇볕을 받아 따뜻해진 것이 그에게서 퍼져 나오는 듯한데, 화면을 통해서도 그의 만족감이 느껴진다. 이렇게 평화로워 보이는 누군가를 만나니 기운이 나고 활기가 되살아나는 기분이다.

지금 쉰세 살인 사라에게 그가 어른인지 묻자 그는 이렇게 대답한다. "네, 맞아요, 네…… 좀 망설여지긴 하지만요." 사라는 자신이 직선보다는 '너절씨'나 핀볼 기계에 훨씬 더 가깝고 중간에 길을 잃은 흔적도 많은 경로를 거쳐 어른이 되었다고 설명한다.

사라는 어떤 면에서는 무척 빠른 속도로 어른이 되었다. 열 살이 되자 그는 키가 165센티미터에 이미 생리를 시작했고, 반 아이들보다 훨씬 일찍 신체적으로 성숙해지고 있었다. 다른 아이들은 모두 조그맣고 어려 보였던 반면, 자신은 "아이 속에 들어 있는 어른의 몸으로 거기 있었다"라고 사라는 말한다. 그가 자신을 설명하는 이런 방식에 나는 몹시 매료된다. 좀 더 직관적으로 말이 되는 것처럼 들리는 '어른의 몸속에 들어 있는 아이'가 아니라 '아이 속에 들어 있는 어른의 몸'이라니. 마치 이같이 너무 커다란 몸집이 사라의 아이다운 존재 방식 속에 스스로를 쑤셔넣어야 했고, 그에게 자신의 바깥으로 터져 나올 것 같은, 자신은 너무 크고 너무 다르다는 느낌을 남겨준 것만 같다. 신체적으로 눈에 띄는 것에 더해, 사라는 성도 외국 성이었고 아버지도 나이가 많았다. 사라의 아버지는 폴란드인이었는데 사라가 태어났을 때 마흔다섯 살이었다. 사라는 이 모든 것이 자신이 학교에서 괴롭힘을 많이 당하는 이유가 되었다고 생각한다. "하지만 안으로 움츠러드는 대신 저는 끝까지 싸웠고, 제가 좀 달라도 상관없다고 결론을 내렸어요. 저는 다른 존재가 되기로 마음먹었어요. 말하자면 그 사실과 어울려서 놀았다고나 할까요." 사라는 열한 살 때 펑크록을 알게 되었는데, 그것은 각성과도 같은 경험이었다. 케이트 부시와 데비 해리의 음악을 사랑했고, 그들을 스타일 아이콘 삼아 '펑크록 스타일의 꼬마'가 되었다. 사라는 '몹시 사나운 10대'로 자라났고, 반항아로 소문이 났으며, 열여덟 살 때 부모님의 집에서 이사를 나왔다. 하지만 내게는 이렇듯 어른스럽고 단호히 독립적인 외면 아래에 아마도 약간 불안해하면서 상황을 더 장악하고 싶어하는 어린 사람이 있었던 것처럼 들린다. 사라가 기억하는 어머니는 매우 단정치 못한 사람이었고, 어린 사라는 언제나 집이 몹시 지저분하다는 게 싫었다. "제가 어렸을 때 갖고 싶었던 거라고는 집에 있던 그 끔찍한 반자동 세탁기 대신 자동 세탁기 한 대랑 깔끔한 찬장, 깔끔한 서랍장밖에 없었어요. 저만의 집을 구해서 깔끔하게 살고 싶었죠." 그리고 정말로 이사를 갔을 때, 사라는 아버지의 존재가 주던 견실하고 안정된 느낌이 지독하게 그리웠다. "문을 잠글 사람도, 불을 꺼줄 사람도 없는 집에 갑자기 있게 됐는데, 전에는 저를 안전하게 지켜주는 아빠 없이 집에서 혼자 자본 적이 한 번도 없었거든요. 정말 무서웠어요."

부모님 집에서 이사를 나간 지 얼마 되지 않아 사라는 그 자신이 부모가 되었다. "저는 무척 나이 어린 엄마였어요." 그가 말한다. 사라는 열아홉 살에 임신해서 스무 살에 아들을 낳았다. 하지만 이 일로 훌쩍 어른이 되었는가 하면 전혀 그렇지 않았다. "그냥 두 명의 어린애가 서로를 키우는 것 같았어요. 저는 어른인 척하면서 즉흥연기를 하고 있었고요." 사라는 이용할 만한 보육 시설을 찾아낼 수가 없어서 아르바이트를 여러 개 했고 일하는 곳에 아이를 데려갔다. 아침 일찍 청소하는 일로 하루를 시작해 끝나고 나면 서점에서 교대 근무를 했고, 밤에는 두 번째 청소 일을 했다. 이 시기는 성장이라기보다는 생존의 시간에 가까웠다. "뭐든 얻으려면 싸워야 했어요. 존중도, 존엄도 싸워서 얻어내야 했죠. 정부가 싱글맘은 사회악이라고 말하고 있던 1980년대에 싱글맘으로 사는 건 굉장히 힘들었어요. 갑자기 모두가 저를 손가락질하고 있었으니까요. 사람들이 혐오를 제법 거침없이 입 밖에 내던 때였어요." 사라는 이별을 겪고 나서 어린 아들을 돌보던 시절 그저 거리를 지나가고 있던 자신에게 소리를 질러대던 사람들에 관해 이야기한다. "그런 일은 사람을 무디게 만드는 것 같아요. 좀 더 냉정해지는 거죠."

사라의 아들이 학교에서 집까지 걸어 돌아오고 집에서 한 시간쯤 혼자 시간을 보낼 만큼 자라자 사라는 중요한 질문을 자신에게 던질 짬이 났다. '내가 하고 싶은 건 뭐지?' 이제 아이는 자라면서 점점 혼자 있을 수 있게 되어가고 있었으니, 사라는 자신이 어느 방향으로 성장하고 싶은지 생각해볼 수 있었다. 커리어를 원했던 사라는 마크 앤 스펜서부터 부츠까지 시내 중심가에 있는 모든 유명 사업체에 편지를 써서 혹시 일자리가 있는지 물었다. 면접을 보러온 사라에게 깊은 인상을 받은 부츠의 관리자들은 그에게 약국 카운터를 보조하는 역할을 맡겼다. 일자리를 받아들이게 되면 전문 기술을 배우고 시험을 봐야 한다는 의미였으므로 겁이 났지만, 사라는 시도해보기로 했고, 첫 시험에서 너무도 높은 점수를 받아 놀라는 동시에 자신도 할 수 있을지 모른다는 깨달음을 얻게 되었다. "조제실에서 일하는 여자들을 바라보며 생각했어요. 저 사람들은 아는 것도 많고 경험도 정말 많구나. 나도 저 사람들처럼 되고 싶어. 정말 간절히 그걸 원하게 됐죠." 사라는 그다음 몇 년을 공부하고 일하고 시험을 치르면서 보냈고, 마침내 약품 정확도 검사 전문가 자격을 따냈다. "정말 자랑스러웠어요. 그걸 위해 엄청 열심히 노력했거든요." 하지만 사라가 자신의 커리어에서, 그리고 자기 정체성과 자신감에 있어 발전하고 성장하고 있었음에도 그는 여전히 자신이 어른이라고는 별로 느끼지 못했고, 그 이유의 일부는 다른 사람들이 그를 대하는 태도와 관련되어 있었다. "20대랑 30대 때는 사람들이, 특히 나이 많은 남자들이 저에게 깔보는 투로 말을 하곤 했어요." 사라는 말한다. 남자 손님에게 약에 대해 설명하고 있으면, 손님은 사라가 말한 모든 것을 일축하고 이렇게 말을 끊곤 했다. "그냥 저기 있는 남자 직원더러 와서 설명하라고 그래." 그러니 자기 안에서 어른처럼 느껴지지 않는 것에 더해, 사라는 주위의 많은 사람들로부터도 어른 취급을 받지 못했다. "사람들은 오랫동안, 아주 오랫동안 저를 어린애 취급했고, 그건 제가 30대 후반이 되어서야 조금씩 달라지기 시작했어요."

그때는 사라가 떠난 지 20년쯤 된 고향 리치먼드로 돌아가 부모님이 사는 곳 근처에 있는 집으로 이사를 했던 시기였다. 아들이 집을 떠났고 장기간 이어지던 관계도 끝이 났으므로, 사라는 그때가 돌아가기에 적절하다고 느꼈다. 이사하고 얼마 지나지 않아 사라 어머니의 절친한 친구가 사라를 자기 이웃에게 소개시켜주었는데, 이 이웃은 나중에 사라의 남편이 되었다. "제가 고향으로 돌아오니까 부모님이 갑자기 이렇게 마음먹으신 것 같았어요. '아, 이제 우린 늙어도 되겠구나.'" 사라가 말한다. 80대에 접어든 아버지의 건강이 악화되고 있었고, 어머니는 아버지를 돌보려고 애쓰고 있었다. 사라에게는 부모님과의 관계에서, 그리고 어른다움의 경험에서 새로운 국면이 시작되었다. 사라는 매일 아침 출근 전에 부모님 댁에 들러 안부를 확인했고, 점심시간에도 가끔씩 들렀고, 저녁에 퇴근하고 나서도 들르곤 했다. 사라는 부모님을 다시금, 이번에는 조금 더 성장 경험에 가까운 방식으로 알게 되었다. 사라는 자기 아버지를 무척 성숙하고 독단적이고 진지하고 지적인 남자로 묘사한다. "아버지는 제철공으로 아주 열심히 일하셨는데, 제 생각에는 자신의 지적인 능력을 써야 했던 만큼 쓰시지 못해서 좌절감을 느끼고 계셨던 것 같아요." 사라의 어머니는 아버지보다 나이가 열두 살 적었다. "어머니는 굉장히 미성숙하고 놀기를 아주 좋아하는 분이었어요. 매릴린 먼로랑 현란하고 황홀하고 경박한 것들을 사랑하셨어요." 사라는 부모님 댁에서 그분들과 시간을 보내는 일을 매우 좋아했다. 그가 이렇게 말할 때면 그가 여전히 얼마나 부모님을 그리워하는지가 느껴진다. "정말 좋은 환경이었어요. 엄마랑 아빠한테 잡담을 늘어놓을 수 있다는 건요." 사라는 남편과 함께 부모님을 돌봤고, 그 과정에서 자신이 성장하는 걸 느꼈다. "저는 언제나 궁금했어요. 부모님이 나이가 들면 나는 그분들을 돌봐드리고 싶을까? 그 모든 일이 굉장히 두렵게 느껴졌거든요. 그런데 알고 보니 부모님을 돌봐드릴 수 있다는 건 일종의 특권이었어요. 짐이 아니라요. 저는 너무나 운이 좋은 것 같아요. 그분들 삶에서 마지막 5년을 함께 보냈으니까요."

그리고 막 40대에 접어들며 중년기의 문턱에 서게 된 사라는 부모님 두 분을 모두 떠나보냈다. 먼저 아버지가, 그리고 2년 뒤에 어머니가 세상을 떠났다. 사라는 여든네 살에 가신 아버지의 죽음은 받아들일 수 있었지만, 그것보다 10년이나 젊은 나이에 돌아가신 어머니의 죽음에는 뭔가 뒤통수를 맞은 기분이 들었다. "그 전 몇 년 동안 엄마하고 아주 가까워져서 굉장히 친한 친구처럼 지냈거든요…… 전 엄마를 잃을 준비가 안 돼 있었어요." 사라는 어머니를 잃으면서 큰 상처를 입었다. 그 후유증을 묘사하는 그의 말을 듣는 건 고통스러운 일이다. "거대하고 육중한 슬픔의 벽이 후려쳐요. 완전히 넋을 잃게 되죠." 사라는 로봇처럼 몸을 움직여 그 슬픔의 시간을 채워주는, 상실이 남긴 텅 빈 공간으로 밀려드는 따분하고 행정적인 업무들을 헤치고 나아간 이야기를 들려준다. "사망진단서를 떼어오고, 장례식 절차를 짜고, 장례를 치르고, 집을 청소하고, 어머니의 소지품들을 정리하는 거죠." 하지만 그런 따분함 밑에는 세상을 떠났다고 믿기에는 견딜 수 없는 누군가를 잃은 순수한 고통이 언제라도 터져 나올 것처럼 위협하고 있었다. 어느 날 사라는 창고를 청소하다가 아버지의 물건이었던 아주 오래된 병들을 발견했다. "그때 처음 든 생각은 집 안으로 뛰어들어가서 엄마한테 제가 찾은 걸 알려드리는 거였어요. 그래서 막 달려가다가 문득 깨달았죠. 엄마한테 알려드릴 수가 없구나. 엄마는 돌아가셨구나. 강철로 된 벽이 갑자기 솟아올라서 거기 부딪치는 것 같은 일이에요. 그 벽이 또다시 후려치죠." 어머니가 사라에게 했던 마지막 말은 "울지 마, 아가"였고, 적어도 3년 동안 그 말들은 사라가 잠들기 전 마지막으로 머릿속에 들리곤 했다. "마치 엄마가 저를 안아주실 것만 같았어요. 밤마다, 밤마다, 밤마다 저는 엄마 생각을 했어요."

정신을 차려보니 사라는 계속 살아가려고 몸부림치고 있었다. 그가 일하던 동네 약국에 인원 변동이 생기면서 그는 예전보다 장시간 더 고되게, 더 적은 도움을 받으면서 일하게 되었다. 사라의 고통은 천천히 이루어지는 붕괴의 과정같이 들린다. "머릿속이 흐릿했고, 너무 피곤했고, 자는 동안 이를 너무 심하게 갈아서 특수한 마우스가드를 구입하고 턱에 마사지를 받아야 했어요." 사라는 모든 에너지를 잃었고, 내딛는 한 걸음 한 걸음이 "유사流沙 속을 헤치고 걷는 것" 같았다. 느껴지는 거라고는 자신이 소진되었다는 것밖에 없었고, 그는 자신감 넘치던 사람에서 스스로를 무가치하다고 느끼는 사람으로 변해버렸다. 지금, 너무도 에너지가 넘치고 눈부시게 빛나는 사라를 보고 있는 나는 그가 경험했던 것이 그라는 사람을 완전히 말라 죽게 하는 일이었겠구나 하고 그저 상상만 할 수 있을 뿐이다.

어느 날 저녁 사라는 이른 시간에 뜬눈으로 자리에 누워 있다가 일어나 침실을 빠져나왔고, 펜 한 자루와 종이 한 장을 가지고 부엌 식탁에 앉았다. 그는 말한다. "그냥 이런 생각이 들었어요. '더 이상 이렇게는 살 수 없어. 내게는 안전망이 필요해. 사표를 쓸 거야. 핸드백에 넣고 다니다가 또다시 정말 안 좋은 날이 오면 그냥 그만둘 거야.'" 사라는 손으로 사표를 써서 봉투에 넣었고,

아직 현금화할 엄두는 안 났지만 자유를 위해 자기 자신에게 수표를 한 장 썼다. 다음날 아침, 아침 식사를 하면서 사라는 남편에게 자기가 한 일을 말해주었다. 남편이 말했다. "그날이 오늘이에요. 직장에 태워다줄 테니 오늘 회사에 말해요. 우린 어떻게든 해나갈 거예요." 그래서 사라는 그렇게 했다. 남편이 "우린 어떻게든 해나갈 거예요"라는 그 말을 했을 때 "그건 너무도 커다랗고 따스한 포옹 같았어요. 세상에서 가장 부드러운 양털 플리스로 된 옷에 감싸이는 것 같았고, 모든 무거운 짐이 들려나가는 기분이었어요."

그다음에 일어난 일들은 내게는 사라의 삶에서 가장 큰 성장 경험들처럼 보이는데, 그 일들은 그가 중년일 때 찾아왔다. 이 경험들은 젊은 싱글맘으로서 차별에 대항하는 것보다, 약국 전문가 자격증을 따는 것보다, 심지어는 어머니를 잃는 것보다도 컸다. 사라에게는 돈을 받고 일할 일자리는 없었지만, 그 앞에는 그가 살면서 하게 될 가장 중요한 작업이 놓여 있었다. 이제 사라는 자신이 누군지 알아내고 살아갈 새로운 방법을 찾아야 했다. 그는 인생에서 두 번째로 '내가 하고 싶은 건 뭐지?'라는 질문에 직면한 자신을 발견했다. 이번에 그 대답은 간단했다. 사라는 수영을 하러 가고 싶었다. 하지만 당시에는 그 대답이 그렇게 간단하게 느껴지지는 않았다. 사라는 남편의 도움을 받아 계획을 짰다. 계획의 첫 단계는 집에서 1킬로미터가 채 안 되는 시내까지 걸어가는 것이었다. 전에는 아무것도 아닌 일이었지만 이제는 용기가 필요했다. "저는 생각했어요. 무서워. 시내까지 걸어가지 못하겠어. 언덕을 반쯤 올라갔는데 더 갈 수 없게 되면 어쩌지? 하지만 전 결국 했어요. 그리고 그 일을 했을 때는 이런 생각이 들었어요. 내가 해냈어! 내가 정말로 해냈다는 걸 믿을 수가 없어! 그건 정말이지 아주 커다란 일이었어요." 그런 다음 사라는 수영장까지 걸어갔다. 그런 다음에는 정말로 탈의실에 들어가 수영복을 입고 풀에 들어가야 했다. 갖가지 두려움이 머릿속을 스쳐갔다. 사라는 자신만 빼고 모두가 몸이 아주 탄탄할 거라고, 자신이 풀 바닥으로 가라앉아 빠져 죽을 거라고 상상했다. "하지만 그러다가 생각했죠. 음, 우리 엄마라면 뭐라고 하실까? 엄마라면 이러시겠지. '고개 높이 들고, 어서 가서 하렴.' 그래서 전 생각했어요. 그래, 옛날의 나였다면, 또 다른 사라였다면 어떻게 할까? 그 사라는 손가락을 두 개 치켜올려 세상한테 욕을 해주고는 이렇게 말하겠지. '이게 나거든. 나 들어간다. 옆으로 비켜.' 그리고 전 그렇게 했어요." 사라는 풀의 끝에서 끝까지 네 번 헤엄쳤고, 그러고는 집으로 돌아가 남은 오후 시간 내내 잠을 잤다. 수영장에 갈 때마다, 풀의 끝에서 끝까지 헤엄칠 때마다 힘과 회복력은 늘어났고, 사라는 자신에게서 무언가를 발견하기 시작했다. "수영을 하니 다시 저 자신이 느껴지기 시작했어요."

이 시간 동안, 사라는 어머니를 잃은 슬픔을 통과하는 동시에 일자리를 잃은 것에 대한 애도도 해야 했다. "저는 제 직업에 너무도 많은 자부심을 느끼고 있었고 정말 정말 열심히 일했거든요. 그 일을 다시 하지 못할 거라는 사실을 깨닫기까지는 시간이 꽤 오래 걸렸어요." 사라가 말한다. 하지만 약 10개월 후, 사라는 구인 광고 하나를 보게 되었다. 일주일에 이틀씩 그 지역 박물관의 기념품 상점과 입장료 받는 곳에서 하는 일이었다. 그 일은 약국 일과는 달랐다. 많이 달랐다. 하지만 사라는 면접에서 좋은 느낌을 받았다. 그는 그 일자리를 얻었고, 일주일에 이틀씩 근무하는 데 익숙해진 뒤 곧 사흘, 나흘, 때로는 닷새까지 일하게 되었다. 시간이 지나면서 사라는 자신감을 얻었다. 그가 일에 관해 말하는 걸 들어보면 정말로 즐겁게 일을 하고 팀원들을 좋아한다는 게 느껴진다. 상점에서 팔 물건의 품목 결정을 도울 때나, 전시물들을 정돈할 때나, 전시회를 위해 제2차 세계대전 때 쓰인 편지들을 옮겨적을 때나, 사라는 그 일이 새로운 방식으로 만족스럽다고 느낀다. "제가 가진 기술들을 사용하고 있다는 느낌이 들어요. 가치 있는 사람이 된 기분이고요."

사라가 자신의 가족, 세대, 그리고 어른다움을 이루는 지각판이 이동하고 있다고 뚜렷이 느낀 건 아들과 며느리가 그에게 곧 할머니가 될 거라고 알려왔을 때였다. 그때까지 사라는 집 옆 들판에 있는 어머니의 무덤을 일주일에 세 번이나 네 번씩 방문했었지만, 그 소식을 듣자 무언가가 달라졌고, 그의 방문은 서서히 줄어들어 일주일에 딱 한 번이 되었다. "그리고 지금은 그저 산책을 하다가 그리로 지나가게 될 때만 들러도 된다고 느껴요. 그 일을 놓아버렸을 때, 굉장히 건강해진 느낌이 들었어요. 엄마도 제가 놓아드려서 기뻐하실 것 같았고요." 사라는 그 전에 거쳐온 성장과 발전 기간을 통해 어머니를 잃은 일을 애도하고 자기 삶에서 다음 단계를 기대할 수 있게 되었던 것 같다. 그리고 자신이 할머니가 되던 순간 처음으로 어른이 된 기분이었다고 말한다. 자신의 아이가 아이를 낳은 것은 몹시 중대한 일로 느껴졌고, 손주를 향해 밀려오는 사랑은 너무도 즐겁고 새로운 경험이었다고. 나는 그것이 본질적으로 발달과 관련된 일이었는지 궁금해진다. "갑자기

제가 훨씬 더 성숙한 차원으로 올라간 기분이었어요. 마치 승진한 것처럼요." 사라는 말한다. 사라는 자신의 어머니가 손주를 보게 되었을 때 얼마나 기뻐했는지, 얼마나 편안하고 애정 어린 방식으로 할머니 역할을 맡았는지 열렬한 태도로 회상한다. "손주들 모두가 엄마를 몹시 좋아했고, 엄마네 집은 언제나 사람들로 가득했죠. 이런 식이었어요. '할머니 어디 계세요? 할머니! 할머니!' 우리 모두가 엄마를 '할머니'라고 불렀고, 엄마는 그 호칭을 아주 잘 받아들이셨어요. 이제는 제가 '할머니'라고 불릴 차례네요. 엄마 같은 할머니가 될 수 있다면, 그렇게 살갑고 따뜻하고 사람들을 잘 안아주는 할머니가 될 수 있다면. 제 마음속 깊은 곳에는 항상 그런 생각이 들어 있어요. 엄마는 제게 좋은 할머니가 되는 법으로 보이는 청사진을 남겨주셨어요. 엄마는 제 귓속에 울리는 메아리 같아요."

사랑했던 사람이 세상을 떠난 뒤에 그를 마음속에 품는 방식으로 너무도 아름답지 않은가. 그 사람이 자신의 삶으로 이어지게 하는 것. 귓속에 울리는 메아리처럼 간직하는 것.

사라에게 어른이 된다는 건 어떤 의미인지 묻자 그는 이렇게 대답한다. "그건 자신이 누구인지, 한 사람으로서 누구인지 알 만큼 성숙해지는 거예요. 그러기 위해서, 어른이 되기 위해서, 저는 삶의 여러 상황들을 혼자 다루고, 해결책을 찾고, 대처하고, 살아나가야 했죠." 지금보다 젊었을 때 사라는 이렇게 생각하곤 했다. 난 이거 감당 못 하겠어! 뭘 해야 될지 모르겠고, 누군가에게 물어보고, 조언을 좀 구해야겠어! 내가 몸을 뒤트는 구더기로 가득한 쓰레기통 뚜껑을 열어보고 엄마에게 전화를 해야만 했던 때가 떠오른다. 이제 사라는 자신이 부딪히는 어떤 문제든 자기 안에서 해결책을 찾아낼 수 있다는 걸 안다. "엄마가 돌아가셨을 때 저는 불길 속을 걸어가듯 상실을 견뎌내야 했고, 슬픔에서 벗어나 계속 살아나가고 성장해야 했고, 더욱 진정한 저 자신이 되어야 했어요." 그리고 사라는 그렇게 했다.

사라는 가끔씩은 자신이 여전히 "전적으로 즉흥연기를 하고 있는 것처럼" 느끼지만, 어떨 때는 자신이 정말로 어른이라는 생각이 들곤 한다고 말한다. 사라는 이렇게 생각한다. "이제 전 어른이에요." 그는 1년에 한 번씩 혼자서 비행기를 타고 미국에 있는 손주들을 보러 간다고 말해준다. "그렇게 커다란 비행기에 타서 안전벨트를 매고 앞좌석 포켓에 들어 있는 메뉴를 보고 있으면, 그리고 남자 승무원이 안전 시연을 해 보일 때면, 이런 생각이 드는 거죠. '이런, 내가 혼자서 비행기를 타고 있잖아!' 그러면 정말 제가 어른이 다 됐구나 싶어요."

●

앨릭스와 나는 전화로 이야기를 나누지만, 우리는 전에 한 번 직접 만난 적이 있다. 10대 때 아버지를 자살로 잃은 그의 이야기를 어느 신문에 싣기 위해 인터뷰했을 때였다.[9] 그때 그가 자기 앞가림은 할 수 있을 만큼 단단해 보인다고 생각했던 게 기억난다. 죽어가던 아버지에 대해 말할 때, 그리고 자신의 아들들에 대해 이야기할 때 떨리는 그의 목소리를 들으며 놀라고 가슴이 뭉클해졌던 것도 기억난다. 앨릭스가 자신에게 일어난 일에 대해 누군가에게 정말로 자세히 말한 것은 그때가 처음이었다는 사실에 나는 충격을 받았었다. 그로서는 1년이 지난 지금, 이 책을 위해 나와 인터뷰를 하는 지금이 그 이야기를 두 번째로 하는 것이다. "아뇨, 저는 제가 어른이라고 느껴지지 않아요. 그렇지는 않네요." 앨릭스가 말한다. 분명한 대답이다. 마흔여섯 살, 행복하게 결혼해 아이가 둘 있는 아버지이자 명백히 성인 남성으로 보이는 사람에게서 나온 것치고는 놀라운 대답일지 모르지만 말이다. 하지만 그가 이야기를 계속할수록, 오랫동안 묻어둔 감정들과 생각들이 마침내 말이 되어 나올수록, 나는 그 이유일지도 모르는 무언가를 이해하게 된다.

앨릭스는 자신이 어른이라고 느껴지지 않는 이유를 이해하려면 어린 시절부터 들여다보아야 한다는 걸 알고 있다. "어린 시절을 돌아보면 정말 최악이었어요. 행복했던 기억이 별로 없어요. 누군가가 저한테 책을 읽어준 기억도 없고요. 침대에 들어간 저를 누군가가 꼭 안아준 기억도 없어요. 그런 기억이라곤 하나도 없네요." 그가 말한다. 앨릭스가 다섯 살 때 부모님은 이혼했고, 그의 어머니는 그와 남동생을 돌볼 만큼 책임감 있는 사람으로 여겨지지 않았으므로 형제는 아버지와 의붓어머니와 함께 살았다. "아버지는 난감한 분이었어요." 이렇게 조심스럽게 말하는 앨릭스의 말투에서 나는 그가 자라나는 데 영향을 끼쳤던 공포와 위협을 감지한다. "신체적으로도 눈에 띄는 분이었죠. 제가 어렸을 때 축구 시합에 나가면 거기 온 다른 아버지들이 전부 무서워할 정도였어요. 정말 시끄럽게 고함을 질러대는 아버지였으니까요." 앨릭스의 아버지는 아이들이 속한 축구팀의 수석 코치였는데, 한번은 너무 세게 찬 공에 앨릭스가 맞아 손목이 부러지고 말았다. 하지만 그는 아들이 손목 골절을 증명할 수 있을 때까지 병원에 데려가주지 않았다. 그날 밤 정찬용 접시를 들어올리려던 앨릭스의 손목이 우지직 꺾였다. "아, 그래, 이제 뼈가 부러졌다는 걸 알겠다. 병원에 데려다주마." 아버지가 한 말은 그게 다였다.

　의붓어머니 역시 잔인하게 앨릭스를 괴롭히며 학대를 계속했다. "그 여자는 우리를 싫어했어요. 우리를 매일 때렸죠. 머리를 여기저기 때리고 욕을 하곤 했어요." 앨릭스가 토마토를 싫어한다는 걸 알게 되자 식탁에 내놓을 수 있을 때마다 토마토를 내놓았고, 토마토를 먹지 않는다는 이유로 앨릭스를 차고에 가두곤 했다. 앨릭스는 지금까지 토마토 냄새를 견디지 못한다. 열두 살 때, 앨릭스는 폭력에 폭력으로 맞섰다. 의붓어머니가 동생을 때리자 앨릭스는 "얘를 또 때리면 저도 당신을 때릴 거예요" 하고 말했지만, 그 여자는 동생을 또다시 때렸다. "그래서 저도 정말로, 제대로 그 여자를 때렸어요." 앨릭스는 아버지가 몹시 화낼 것 같아 걱정됐지만, 축구 연습이 끝나고 앨릭스와 동생을 데리러 온 아버지는 이렇게만 말했다. "아, 그 여자는 이제 거기 없을 거야." 앨릭스는 그때를 이렇게 기억한다. "저희는 잠깐 동안 아버지가 그 여자를 죽였나 싶었지만, 그 여자는 죽지 않고 살아 있었어요." 앨릭스와 남동생은 서로를 도왔지만, 어떤 면에서 앨릭스는 둘 가운데 어른의 영역에 속한 사람이 자신인 듯 더 책임감 있게 행동해야 한다고 느꼈다. "제가 아직 어리게 느껴진다고 말은 하지만, 사실 오랫동안 여러 가지 면에서 나이가 들었다고 느껴왔거든요. 저는 형이니까 항상 어깨에 엄청난 부담이 얹혀 있는 느낌이었어요. 어렸을 때 일어나는 일들로부터 동생을 보호해주어야 했으니까요. 지금 이런 대화를 하다 보니 그 사실이 명확해지는 것 같네요."

나는 공격성으로 진동하는 한 가정의 모습을 머릿속에 그려본다. 대화의 숨은 주제가 힘이고, 유일한 소통 방식이자 어른에게서 아이에게로 전해지는 언어가 폭력의 위협인 가족을. 앨릭스는 감정을 말로 표현하는 법을 배우지 못했고, 싸움으로 터뜨리는 법만 배웠다. 학교에서 괴롭힘을 당하면 그는 그 일에 관해 말을 할 수가 없어서 그저 맞서 싸우기만 했다. "전 감정을 차단하는 방법을 배웠어요." 앨릭스의 아내는 그가 감정을 드러내지 않는다고 불평한다. 앨릭스는 그 불만을 이해할 수는 있지만 자신이 어떻게 달라져야 할지는 알지 못한다. 어렸을 때 그에게는 감정을 느끼고 얘기하고 탐구하고 공유할 어떤 공간도 기회도 전혀 없었던 것이다. 그렇다고 앨릭스에게 감정이 없다는 뜻은 아니다. "저한테는 굉장히 감정적인 면도 있어요. 깊은 저수지가 하나 있어요. 마음속 깊은 곳에요. 어렸을 때 그곳에 수많은 감정들을 저장해두고 잠가놓았는데, 가끔씩은 그것들이 표면으로 끓어오르려고 하는 것 같아요." 감정들은 거기 있지만, 앨릭스가 그것을 말로 하기 위해서는 많은 노력이 필요하다. "화가는 자기 머릿속에 있는 그림을 시각화한 다음 그걸 옮기면 되죠. 그러니까, 그리면 돼요. 그런데 제가 그림을 그리려고 하면 다섯 살짜리가 그린 그림처럼 되어버려요. 그게 제가 감정을 가지고 느끼는 방식이에요. 머릿속으로는 이것저것에 대해 어떻게 느끼는지 알고 있지만, 그걸 실제로 표현하는 건 어렵게 느껴져요. 왜냐하면 그럴 때 저는 감정적이 되기 시작하니까요. 남자로서, 남자아이로서, 저는 언제나 감정을 드러내지 말라는 가르침을 받았고, 그래서 여전히 내면에 이런 갈등이, 감정을 표현하는 일에 대한 걱정이 있는 것 같아요." 앨릭스는 자신의 가장 큰 두려움은 어느 날 어떤 일이 계기가 되어 자신에게 일어났던 모든 일에 대해 울음이 터지는데, 그걸 멈출 수 있기는 한 건지 며칠이 지나도록 알 수가 없게 되는 거라고 아내에게 말한 적이 있다. 문득 바로 그렇게 우는 것이 정확하게 앨릭스에게 필요한 것인지도 모르겠다는 생각이 든다.

앨릭스가 10대 중반이 되자 아버지의 음주 문제는 급격히 악화되었다. 아버지는 술에 취한 채 사무실 책상에 엎드려 잠들곤 해서 당황한 고객들이 깨우려고 애를 써야 했고, 앨릭스의 A레벨 시험 준비학교에서 열린 학부모의 밤 행사에 참석해서도 술에 취해 있었다. "아버지는 어디서나 고주망태가 되곤 했어요." 어느 날 오후, 아버지가 집에서 사라졌다. 앨릭스는 아버지가 어디로 갔는지 알 수가 없었고, 친구들이나 가족들에게 전화를 걸어봐도 그들 역시 알지 못했다. 그날 밤, 앨릭스는 정원 가장자리 땅 위에 정신을 잃고 쓰러져 있는 아버지를 발견했다. 앨릭스는 그를 집으로 끌고 가 구급차를 불러야 했다. 다음날 아침 앨릭스는 토요일 근무를 하러 맥도날드로 출근하기 전에 병원에 있는 아버지를 보러 갔다. 이미 병원에서 나오는 중이었던 아버지는 앨릭스에게 꺼지라고 말하고는 그를 밀쳐버렸다. "그런 식이었어요." 앨릭스의 아버지는 그해 말에 자살 시도를 했고, 아버지의 전 여자친구 중 한 명은 앨릭스를 벽으로 밀어붙여 꼼짝 못 하게 하고는 이렇게 말했다. "네가 뭔가 하지 않으면 너희 아버지는 죽을 거야. 뭔가 해야 돼." 그가 말을 잇는다. "아버지를 병원에 가시게 하려고도 해봤어요. 이렇게 말하면서요. '보세요, 아버지 지금 문제가 있으시잖아요.' 하지만 아버지의 생각은 이랬어요. '돈을 내는 사람도 나고, 이 집도 내 집인데, 내 마음대로 하는 게 당연하지, 네가 뭔데 나한테 이래라저래라 하는 거냐?'" 앨릭스는 비난으로부터 자신을 방어하고 있는 것처럼 보인다. 그 비난은 오직 앨릭스 자신으로부터만 나오는 것이다. 나는 몹시 문제가 있었던 아버지에 대해 죄책감과 고통을 느끼는 채로 아들과 보호자 사이에, 책임지는 아이와 책임지는 어른 사이의 애매한 영역에 붙들려 있는 한 명의 무력한 청소년으로 앨릭스를 그려본다.

앨릭스의 아버지는 1991년 10월 29일에 자살했다. 그로부터 며칠 전이었던 토요일, 앨릭스는 교대 근무를 끝내고 저녁 6시 30분에 집에 돌아왔고, 부엌 한구석에 잠들어 있는 아버지를 발견했다. "전날 밤에 쌓여 있던 설거짓거리가 여전히 그대로 있더라고요." 앨릭스는 아버지를 깨우려 했다. "그랬더니 아버지가 저를 공격했어요. 제 사타구니를 무릎으로 찼고, 박치기를 하려고 했어요. 거기선 어찌어찌 빠져나왔는데, 아버지 덩치가 워낙 컸어요. 그다음에 기억나는 건 우리 사이에 주먹질이 오가고 있었다는 거예요." 앨릭스의 동생이 계단을 달려 내려와 아버지에게 뛰어들었고, 앨릭스는 밖으로 걸어나갔다. 그들이 그렇게 진짜 싸움을 한 건 그때가 처음이자 마지막이었다. "감정이 폭발해버렸고, 집 밖으로 나온 저는 울면서 그런 제 자신이 굉장히 쓰레기 같다고 생각했고, 그냥 화가 났어요." 앨릭스는 친구 집에서 하룻밤을 잤다. 다음날, 아버지는 사과를 했지만 앨릭스는 됐다고, "어젯밤으로 끝이라고" 대답했다. 아버지는 미안하다고, 대학 졸업 때까지 앨릭스를 지원해줄 테니 걱정하지 말라고 말했다. "그러자 전 돌아서서 이렇게 말했어요. '대체 그걸 어떻게 하실 생각인데요, 아빠? 자살조차 제대로 못 하시잖아요.' 앨릭스는 문을 꽝 닫고 걸어나가버렸다.

앨릭스는 그 길로 울버햄프턴으로 가서 친구들과 함께 주말을 보냈다. 그가 기억하기로 그날은 아름답고 햇빛 좋은 날이었다. 대학 기숙사 방에 앉아 차를 한잔 마시고 있는데 친구 한 명이 걸어 들어왔다. "완전히 유령처럼 얼굴이 창백했어요." 친구가 말했다. "너희 아버지, 돌아가셨대." 앨릭스는 울버햄프턴에서 기차를 타고 돌아온 일, 유스턴 역에서 할아버지와 만난 일, 승강장을 오랫동안 걸어간 일을 기억한다. 다음날 아침, 할아버지는 운전해서 앨릭스를 집에 데려다주었고, 차에서 내린 앨릭스는 이웃들의 커튼이 일제히 확 닫히는 걸 봤다.

앨릭스의 열여덟 번째 생일에서 두 달 전이었다. 소년에서 남자가 되기 직전, 이 비극적이고 복잡한 상실은 그를 훨씬 나이든 사람으로 만들어놓았다. "그렇게 이른 나이에 누군가를 잃는 일은 어떤 면에선가 성장을 가속화한다고 생각해요. 제 생각에 저는 삶에서 직면할 수 있는 최악의 일들 중 하나를 직면한 셈인데요, 그런 일은 그런 식으로 우리가 자신을 나이가 많고 경험도 있는 사람처럼 느끼게 만들죠." 앨릭스가 말한다. 그의 친구들의 머릿속에는 대학에서 무엇을 공부할지, 누가 누구를 좋아하는지, 어떤 밴드의 팬이 될지, 다음 럭비 시합에서는 어느 팀이 이길지 같은 종류의 질문들이 들어 있었다. 하지만 앨릭스는 열일곱 살의 나이로 교구 목사의 집에 찾아가 아버지의 장례식 계획을 세웠고,

이런 질문을 받고 있었다. "그럼 앨릭스, 너도 같은 곳에 묻히고 싶니? 지금 말해주면 좋겠구나. 무덤을 얼마나 깊이 팔지 알아야 되거든."

"나이에 비해 지나치게 성숙해진 느낌이 드는 동시에, 그 이면에는 분노가 있었어요. 그리고 감정적인 후유증 때문에 저는 계속 거의 미친 듯이 술을 마시고 마약을 해대면서 청소년기를 보내게 됐죠. 그것들 모두 그저 잊으려는 노력의 일부였던 것 같아요." 열아홉 살이 되자 앨릭스는 머리를 스킨헤드족처럼 아주 짧게 깎았고, 커다란 금 귀걸이와 금으로 된 체인 목걸이를 했다. 그는 20대 초반에 대학을 떠났고, 막 시작되려는 인생을 두고 들떠 있는 친구들을 바라보았다. "저는 그렇게 느껴지지 않았죠. 저는 삶에 너무 지친 기분이었어요." 럭비를 하면 앨릭스는 언제나 스크럼 맨 앞줄의 타이트헤드 프롭을, 가장 공격적이고 몸싸움이 많은 위치를 맡았다. 그는 세상에, 그리고 자신에게 일어난 일에 화가 나 있었고, 사정없이 싸워댔으며, 거기서 즐거움을 얻었다. "자기 힘에 자신감이 있고, 자신에게 일어났던 일들 때문에 항상 화가 나 있고, 부당함을 인지한 적이 있으면, 아주 작은 자극에도 예민하게 반응할 준비가 돼 있게 되죠." 앨릭스는 자기가 나쁜 놈은 아니었다고, 자신과 싸우고 싶어하는 사람이 많았기 때문에 싸움을 원치 않는 사람은 절대 괴롭히지 않았다고 말한다. 누군가가 그에게 총을 휘두른 적도, 칼을 휘두른 적도 있었다. 앨릭스는 허리띠와 막대기를 들고 싸웠다. 그는 자신처럼 행동했던 많은 사람들이 결국 감옥에 갇히거나 칼에 찔리거나 총에 맞았을지도 모른다고 인정한다. 자신은 운이 좋았다고 말이다.

굉장히 다른 의미가 될 수 있었을 텐데도, 앨릭스는 지금 돌아보면 이 시기가 정말로 가치 있었다고 생각한다. "저는 그 시간에서 빠져나왔고, 지금은 제게 도움이 되는 무언가를 그로부터 얻었다고 느껴요. 저는 너무도 격렬한 20대를 보낸 나머지 제 몸에서 모든 걸 끄집어낼 수 있었어요. 제가 했던 어떤 말과 행동들은 자랑스럽지 않지만, 한편으로는 어떤 인정을 하는 과정이었다는 생각도 들고, 일종의 성장이자 이 모든 분노를 내보내는 일이었다는 생각도 들어요." 하지만 당시에 앨릭스는 그저 갇힌 기분이었고, 청소년기의 삶에 갇혀 더는 자라날 수 없는 느낌이었다. 20대와는 다른 30대를 보내고 싶다면 그는 모든 것을 대대적으로 바꿔놓을 성장 경험을 해야 했다. "저도 속으로는 인정하고 있었던 것 같아요. 거기서 벗어나야 한다는 걸요. 늘 똑같이 게으른 생활을 하면서 너무 늦게까지 파티를 하고, 하루 종일 침대에 누워서 보내고 있었거든요. 완전히 새로운 곳에 저 자신을 데려다놓아야 했고 변화를 시도해야 했는데, 새로운 시선을 갖기 위해서는 지구 반대편으로 이주하는 것만 한 게 없더라고요."

스물아홉 살 때, 앨릭스는 태어나서부터 쭉 살아온 도시였던 서식스를 떠나 지구 반대편으로 이주했고, 그의 반려자는 6개월 뒤에 그를 따라갔다. 아버지가 자살한 뒤로 10년 동안, 앨릭스는 친구를 만날 때마다 그의 목소리 톤에서 자신에게 일어났던 일을 떠오르게 하는 말을 듣거나, 친구의 눈빛에서 그런 걸 보곤 했다. "이렇게 생각하는 친구들이 있었거든요. '음, 이것 봐, 이 친구는 굉장히 좋은 녀석이긴 한데 끔찍한 시간을 좀 보낸 적이 있으니까 계속 지켜봐야겠는데. 돌출 행동을 할지도 모르니까.' 모두가 저를 전혀 모르는 오스트레일리아로 옮겨가면서 저는 그런 친구들에 의해 규정되지 않게 됐어요." 대신 그의 머릿속 이야기는 이렇게 흘러갔다. "안녕, 나는 앨릭스고, 내가 되고 싶은 그 누구도 될 수 있어." 나는 이 말이 네이선슨이 알려준 또 다른 말, "나는 당신이 내게 바라는 무엇이든 될 수 있어요"라는 우리 내면의 구라쟁이의 말과는 몹시 다르게 느껴져 놀란다. 이 말은 앨릭스가 자기 자신을 정의하는 말이고, 남들에 의해 정의되기를 거부하는 말이며, 그가 강조하는 부분에 매우 중요한 변화를 가져왔다. "생각해보면, 제가 저 자신을 제가 잃어버린 것들로 정의하지 않고 제가 가진 것들로 정의하기 시작했던 건 그때가 처음이었어요."

그리고 그가 가진 것은 그 자신이 반려자와 함께 선택하고 그들 스스로의 힘으로 본다이에 만들어낸 삶이었다. "아마도 세상에서 가장 멋진 교외 지역"일 본다이에서 앨릭스는 사람들과 건물들, 기억을 유발하는 계기들로부터 신체적·감정적 거리를 유지할 수 있었고, 이제는 그가 정말로 누구인지 알아낼 수 있었다. 외국으로 이주하는 일에는 삶을 구성하고 관리하고 자기 결단을 내리는 데 있어서의 중요한 도전들—새로운 은행 계좌를 열고, 일자리를 찾고, 제대로 된 비자를 받는 일—이 포함되어 있었고, 이 모든 작은 성장 경험들은 더 큰 성장 경험들로 이어졌다. "저의 길어진 청소년기가 점점 끝나가고 있었어요. 완전히 끝나진 않았죠. 시드니에는 재미있는 곳이 정말 많거든요…… 그 시기는 제가 어떤 부류의 사람이 되고 싶은지 곰곰이 생각해볼 기회를 줬어요. 저는 신병 훈련소 스타일의 운동 프로그램에 들어갔고, 야외 생활을 시작했고, 수영도 다시 시작했어요. 그리고 거기서 결혼을 했고, 첫아이를 거기서 낳았기에, 저희한테는 정말 특별한 시간이기도 했죠."

긴 침묵이 흐르고 앨릭스가 다시 말하기 시작했을 때, 나는 그의 목소리 높이가 달라졌다는 걸 알아챈다. 목이 멘 콧소리처럼 들린다. 앨릭스의 목소리가 갈라지자 나도 모르게 눈에서 눈물이 흘러나온다. "제 아들이 태어나고 첫 한 시간을 함께 보냈어요." 아기가 태어난 뒤, 앨릭스는 새로 생긴 아들을 안아보았다. "멋진 가을날 아침 8시 30분이었어요. 저희는 아름다운 하늘을 함께 내다보고 있었고요." 아기와 피부 대 피부 접촉을 하면 유대감 형성에 도움이 된다고 조산사들이 말해서, 앨릭스는 셔츠를 벗고 가슴과 두 팔에 신생아의 부드러운 피부가 와닿는 걸 느꼈다. "전 거기 제 아들과 함께 서서, 그냥 아이를 안고 갖가지 약속들을 했어요. 아이를 실망시키지 않을 거라고, 자살하지 않을 거라고요. 그 순간, 저는 제게 저희 가족의 이야기를 변화시킬 힘이 있다는 걸 깨달았어요. 저는 과거를 되풀이하고 있는 게 아니라 제 아들이 생겨 있었어요. 여기서 이 이야기를 맡고 있는 사람은 저예요. 그리고 이 이야기는 괜찮을 거예요." 새로 아버지가 된 사람이 새로 태어난 아들을 안고 있던 그 첫 한 시간 동안, 앨릭스는 새로운 가능성들이 자신들 앞에 열리는 걸 보았다. "제 삶과 아들의 삶에 대해, 아들의 삶이 어떻게 될지에 대해 곰곰이 생각해보니 제가 인생의 절반 동안 해온 일의 정점에 있는 것처럼, 마침내 그 지점에 도달한 것처럼 느껴졌어요. 강력했어요. 저는 아들과 너무도 단단하게 이어져 있었죠. 저에게는 아버지가 되는 일이 전부예요. 그게 가장 중요하고, 제가 이 땅에 가장 튼튼하게 닻을 내리게 해주는 일이에요." 앨릭스는 자신의 아기방에 있던 유령들을 제압했고, 유령들은 물러났다. 이것이 그의 인생에서 가장 커다란 성장 경험이었다.

오스트레일리아에서 거의 10년을 보낸 뒤, 앨릭스와 가족들은 영국 서식스로, 그가 태어난 곳으로 다시 이주해 왔다. 앨릭스는 돌아와서 기뻤다. 그는 영국 남부의 구릉지대를, 해변을, 그곳의 축구팀을 사랑했다. 하지만 마흔 번째 생일과 진정한 중년기가 다가오면서 앨릭스는 또 하나의 중요한 성장 경험을 마주해야 했고, 이번 경험은 고통스러웠다. 그는 자신이 비교라는 치명적인 거미줄에 걸려 있다는 걸 깨달았다. "저보다 많은 걸 이뤄낸 몇몇 친구들, 회사에서 높은 자리까지 올라가거나, 스스로 자신의 사업체를 차린 친구들 때문에 정말로 스트레스를 받고 있었어요. 링크드인 사이트가 특히 위험한 점 중 하나는 세상 모든 사람이 자신보다 잘 해나가고 있다는 생각이 들게 만든다는 게 아닐까 싶어요." 이것은 청소년기에 들어선 빅토리아에게만큼이나 중년기에 들어선 앨릭스에게도 사실이었다. 이는 심리치료사 윈디 드라이든이 '비교병comparisonitis'이라고 불렀던 잔인한 자해 행동이다. 소셜 미디어는 이 병을 악화시키지만, 이 병이 소셜 미디어 때문에 생긴 건 아니다. 명백히 오래된, 인간이 기본적으로 지니고 있는 시샘으로, 기원전 4세기에 아리스토텔레스는 이것이 "다른 사람의 행운을 보고 느끼는 고통"이며 "우리가 가져야 하는 것을 가진 사람들"이 유발하는 것이라고 정의했다. 남들이 이룬 것을 이루고자 하는 필사적인 마음에 사로잡힌 앨릭스는 정상으로 올라갈 전략을 짜려고 애썼다. 승진과 임금 인상을 얻어내고 사다리를 올라가기 위해 신속하게 이직을 했지만, 그 사다리는 사실 어디로도 데려가주지 않는 에스허르의 계단이었다. 그래봤자 효과가 없었던 것이다. "그게 성공하기 위해 제가 해야 하는 일이라고 생각했는데, 저는 그저 저 자신을 점점 더 불행하게 만들고 있을 뿐이었어요."

그러다 그를 에스허르의 계단 같은 시샘의 계단에서 흔들어 떨어뜨리는 일이 일어났다. 그의 친구 중 한 명의 결혼생활이 무너져내렸고, 친구는 그동안 얻었던 것들의 대부분을 이혼 과정에서 잃어버렸다. 그 일은 앨릭스에게도 충격이었고, 그는 자신의 삶을 새로운 시각에서 바라보게 되었다. 앨릭스는 자신의 가정에 대해, 결혼생활에 대해, 가족에 대해 생각했다. "주위를 돌아보고는 생각했어요. 그거 알아? 나는 이 모든 걸 가지고 있다고." 앨릭스는 태어나서 처음으로 토끼와 거북이 우화를 이해하게 되었다. 자신의 속도로 계속 나아가면 그는 결국 경제적 안정을 얻고 주택 대출금도 다 갚게 될 것이었다. 자신의 길을 포기하지 않고 결혼생활과 아들들의 삶을 돌봐나가면, 그는 결국 크게 승진하는 것보다 더 가치 있는 편안한 삶을 살 수 있었다. 토끼와 거북이 우화를 남들이 가진 것에 대한 질투와 시샘에 맞서는 '대응 기제'로 사용하게 되면서 성공과 행복에 대한 앨릭스의 정의는 달라졌다. "그러자 무척 해방된 느낌이 들었어요." 앨릭스는 말한다. "전 모든 것의 기준을 경제적 성공이나 직업적인 지위에 두기보다는 가족이 있는 제 삶을 있는 그대로 즐기기 시작했어요. 저 자신을 학창 시절의 동창들과 맹목적으로 비교하는 일도 그만뒀고요." 이것은 그의 아기방에 있던 유령들을 대상으로 한 또 하나의 청산 작업이었고, 인생의 사명을 깨닫는 일이었고, 집안의 다른 남자들을 규정했던 관계의 실패, 학대, 중독의 고통스러운 역사로부터 벗어나는 일이었다. "이제 저는 삶에서 저의 역할이란 제 두 아들이 그런 고통을 겪지 않도록 기반을 만들어주는 일이라고 봐요. 부모가 서로에게 접시를 던져대고, 아버지가 의붓아버지한테 주먹질을 하고, 매일 밤 말다툼하는 소리가 나고 물주전자가 날아가고 유리잔이 깨지고, 그런 걸 그애들이 보지 않아도 되도록 말이죠. 제가 아이들에게 더 행복해질 기회를 줄 거라고 생각하면 저 자신으로서 행복하다고 느껴요. 아이들은 제가 겪은 일을 겪지 않을 테고, 전 그걸 성공적인 삶이라고 정의할 생각이에요."

이것은 내게 너무도 중요한 성장 경험으로 보인다. 그 경험에 대한 앨릭스의 이해와 내가 탐구하는 생애 단계마다 쌓여온 이해를 떠올려보니 성장 경험이라는 것이 정말로 무엇인지 더 분명하게 정의하는 데 도움이 되었다. 앞서 존재했던 사람들과 주위 사람들로부터 우리 자신을 분리하면서 전보다 자유롭게 앞으로 나아갈 수 있다는 느낌을 우리에게 주는 건 어려운 무언가를 통과하는 경험인 것 같다. 나는 우리가 남들에 대한 질투나 시샘에서 완전히 벗어날 수는 없다고 생각한다. 하지만 마음속에서 그것을 수용하고 함께 지내는 법을, 그것을 이용해 우리가 삶에서 정말로 원하는 것과 그저 정신을 산란하게 만드는 것을 구별하는 법을 배울 수 있다. 그것이 삶에 존재하는 좋은 것들에 감사하는 마음을 파괴하지 못하도록 예방하는 법 또한 배울 수 있다. 이런 탐구는 아마도 이 생애 단계에 가장 시급하겠지만 다른 모든 생애 단계에도 중요하게 작용하는 성장 경험일 것이다. 적어도 내게는 지금껏 그래왔다.

앨릭스가 어른이 되어가는 경험의 아주 많은 부분이 그 자신만의 정의—자신에 대한, 어린 시절에 대한, 어른다움에 대한, 아버지가 되는 일에 대한—를 찾아내고, 아버지로부터 아들에게 전해진 것들에서 벗어나는 일에 관련되어왔다는 사실이 내게는 새롭게 다가온다. 이것은 나 역시 정신분석을 받으면서, 그리고 이 책을 쓰면서 나만의 방식으로 거치게 될 과정이며, 여전히 해결하려고 노력하고 있는 중이다. 앨릭스는 중년이기 때문에 이 과정이 조금 더 가능했던 면이 있었다. 구체적으로는 그가 마흔네 살이 된 일이 그랬다. 앨릭스의 아버지는 세상을 떠났을 때 마흔네 살이었다. 앨릭스는 자신이 아버지보다 나이가 많아지기 시작하는 정확한 날짜를 알아냈다. "그 순간까지 아버지는 언제나 제 인생에 드리워져 있는 그림자였어요." 앨릭스는 말한다. 앨릭스는 10대 때 보았던, 전쟁이 끝난 뒤 나치들을 추적하는 한 남자에 관한 TV 드라마를 지금껏 잊은 적이 없다. 그 인물이 반복해 꾸는 악몽을 보여주는 한 장면을 그는 여전히 기억한다. 남자는 붕대를 감고 피투성이가 된 모습으로 자신이 짊어져야 했던 모든 것의 무게를 상징하는 나치 당원의 시체를 등에 지고 나르고 있다. "너무도 오랫동안 아버지에 대한 제 느낌이 그랬어요. 아버지는 무거운 짐처럼 느껴졌어요. 제 어깨에 걸쳐진 실체가 있는 몸처럼요." 인터뷰를 하기 2년 전인 2018년 6월, 앨릭스가 마흔네 살이 되고 조금 지났을 때, 그는 이런 기분이었다고 한다. "제가 그 몸을 등에 지고 계단을 계속 올라가다가, 갑자기 햇빛이 쏟아지는 출입구에 도착해서 그 몸을 내려놓은 기분이었어요. 아버지의 몸무게였던

100킬로그램을 내려놓았고, 그게 처음으로 제 어깨에서 내려간 것 같았어요. 그 무거운 짐이 저한테서 떨어져 나간 거예요."

그럼에도, 앨릭스가 성취해온 것들에도 불구하고, 가족들과 살아가는 만족스러운 삶에도 불구하고, 마침내 아버지라는 무거운 짐으로부터 그 자신을 해방시킨 일에도 불구하고, 그는 자신이 어른이라고 생각하지 않는다. 일 때문에 스트레스를 받으면 앨릭스는 가끔씩, 때로는 며칠씩, 어린 시절에 대한 분노에 완전히 삼켜진 상태로 되돌아가곤 한다. "거긴 저에게는 이상한 안식처에 가까워요." 그가 말한다. 그는 이럴 때 아내가 그를 걱정한다는 걸 안다. 아내에게 자신은 자살하지 않을 거라고 했고, 그건 진심이었지만, 그렇다고 그가 이제 비통함과 분노, 슬픔과 싸우지 않아도 된다는 건 아니다. "제가 아는 한 저는 지금 밝은 곳으로 나오는 중이고, 예전에 끌고 다니던 짐이 없어졌다는 느낌도 분명하지만, 그 경험들을 없었던 것으로 할 수는 없어요. 전두엽 절제술을 받고 그 모든 걸 잊어버리고 싶기도 하지만, 그럴 순 없어요." 어떤 기억들은 그가 다시 떠올리기에는 너무 힘들다. 가끔씩 그 기억들은 앨릭스의 머릿속에 영상으로 떠오르고, 하나의 기억에서 다음 기억으로 '슉 슉 슉' 넘어간다. 앨릭스는 그 기억들을 상자 안에 넣는 장면을 시각화해본다. 그 상자를 또 다른 상자 안에 넣고, 상자를 잠근 다음 열쇠를 마음의 다른 부분에 숨겨놓는다. "전에 어딘가에서 자살은 핵폭탄과 같다는 이야기를 읽었어요. 폭발과 직접적인 황폐화를 가져올 뿐 아니라 그 낙진이 너무도 오랫동안 지속된다는 점에서 그렇대요. 그건 극복하기에 가장 어려운 일 중 하나예요. 아마 그래서 제가 사실은 전혀 어른이 되지 못했다고 느끼는 건지도 몰라요. 어른다움을 향해 다가가는 동안 제게 일어난 일들과 완전히 화해해본 적도, 평화로운 상태에 도달해본 적도 없거든요." 앨릭스는 이 성장 경험 속에 여전히 갇혀 있고, 가끔씩은 끊임없이 떠오르는 괴로운 질문들을 막아낼 수가 없다. '내가 더 할 수 있는 일이 있었을까? 그 일을 막기 위해 무언가를 할 수도 있었던 걸까?' 가끔씩 그는 두 눈을 감고 겁에 질린 열일곱 살 소년으로 돌아가고, 아버지의 전 여자친구는 그에게 이렇게 소리친다. "앨릭스, 네가 뭔가 하지 않으면 너희 아버지는 죽을 거야."

하지만 눈을 뜨면, 그는 더 이상 그 열일곱 살 소년이 아니다. 이제 그는 두 아들을 둔 아버지고, 아들들은 그가 자라난 똑같은 마을에서, 그러나 아주 다른 가정에서 자라나고 있다. 자신이 10대 때 걸었던 거리를 걸을 때면 앨릭스는 더 이상 폭력적인 과거에 갇혀 있다고 느끼지 않는다. "전 지금의 제가 좋아요. 저 자신으로서 제법 행복하고 만족스러워요." 앨릭스가 그렇게 말하자 내 눈에 눈물이 고인다. 앨릭스에게는 서식스에서 나이들어가는 자신의 모습이 보인다고 한다. "가끔씩은 이런 생각이 들어요. 음, 이제 난 아마도 인생의 절반을 넘게 산 것 같네. 그건 이상한 기분이에요." 앨릭스의 어떤 부분은 그가 이미 삶의 절반 지점을 지나왔다고 생각하지만, 그의 다른 부분은 아직 그가 거기에 이르지 못했다고 느끼고, 앞으로 그것보다 더 많은 날들이 남아 있기를 바란다. 하지만 앨릭스가 이제 자신의 시간이 줄어들고 있음을 의식하고 있다는 건 분명하다. "봉쇄 기간에 매일 산책을 나갔는데, 저도 모르게 벤치에 앉아 있는 노인들을 보게 되고, 그 사람들 마음속을 조금 상상해보려고 하게 되더라고요. 궁금해요. 앞으로 살

날이 10년쯤밖에 남아 있지 않다는 걸 안다는 건 어떤 느낌일지."
나는 열일곱 살의 앨릭스가 교구 목사의 집 거실에 앉아 아버지와
같은 무덤에 묻히고 싶으냐는 질문을 받는 모습을 떠올린다. "목
사님한테는 이렇게 말했어요. '아뇨, 괜찮아요.'" 앨릭스가 말한다.
"그 무덤은 결국 1인용으로 팠어요."

━━━ ● ━━━

케미, 사라, 앨릭스. 서로 매우 다른 이야기를 지닌 이 세 명
은 모두 인생을 통과하는 길의 중간쯤에 캄캄한 숲속에서 길을 잃
고 숨을 쉬려고 발버둥치는 자신을 발견했다. 케미에게 그 경험은
교무실에서의 숨 막히는 느낌, 위험을 무릅쓰고 언제나 하고 싶
었던 일을 추구하는 것보다 단지 그 자리에 있는 게 더 쉽고 편하
기 때문에 자신 또한 그냥 그곳에 남게 될지도 모른다는 느낌이
었다. 사라는 어머니를 잃은 일에 직장에서의 압박감과 도움을 받
지 못하는 상태가 더해져 자는 동안 이를 너무도 심하게 갈게 되
는 바람에 마우스가드를 착용해야 했다. 앨릭스에게 그 경험은 어
깨에 완강하게 얹힌 채 그를 답답하게 짓눌러오던 아버지의 자살
이라는 짐이었다. 그리고 이들 각자는 매우 다른 이유로 중년기
에 자신에게 필요했던 숨 쉴 공간을, 신선한 공기 한 모금을 들이
마실 공간을 찾아냈다. 우리가 이런 경험들을 이상화하고, 이 이
야기들을 간단한 해피엔딩으로 듣게 될 위험도 있기는 하다. 하지
만 그것은 이들에게, 그리고 우리 자신에게 이로운 일은 아닐 것이
다. 이 사람들은 상투적이기보다는 복잡하고 미묘한 유형이며,

그들의 이야기는 그래서 더 풍부하다. 케미는 자신의 사회적 기업을 운영하는 일을 자랑스럽게 여기지만, 교사일 때 그랬듯 지금도 여전히 좌절과 희생과 어려움은 있다. 사라는 이제 어머니의 무덤에 매일 가야 한다고 느끼기보다는 그곳을 지나가는 길일 때만 찾아가지만, 여전히 어머니를 그리워하고, 여전히 거의 매일 밤 떠올리고, 여전히 "울지 마, 아가"라는 어머니의 말을 듣는다. 앨릭스는 어린 시절 굉장히 많은 고통을 겪었음에도 불구하고 혼자 힘으로 훌륭한 인생을 만들어냈고, 자신의 아기방에 있던 유령들을 거의 추방해버렸다. 하지만 그는 여전히 여러 겹의 상자 속에 넣고 잠가둔 어두운 생각들을 붙들고 싸우고 있고, 그 상자의 열쇠를 땅에 파묻고 위치를 잊어버릴 수 있기를 바라고 있다. 그럼에도 그들과 대화를 나눠본 나는 이런 생각이 든다. 이들 각자에게 다가온 이 생애 단계와 거기 포함된 성장 경험들이 그들을 두려워 숨죽이게 만들기는 했지만, 중년기에 도달한 일은 어떻게든 그들을 나아가게 해 두려움과 성장 경험을 통과하게 했고, 그들은 이제 전보다 자유롭게 숨을 쉬고 있다고.

중년기를 어른이 되기에 그토록 좋은 시기로 만드는 특징은 구체적으로 무엇일까?[10] 그리니치대학교 심리학과 부교수로 생애 과정이 전문 분야인[11] 올리버 로빈슨은 인생의 절반쯤을 지났다는 느낌이 주는 상징성이 중요한 것 같다고 말한다. "그건 우리가 여러 가지를 재평가할 위치에 도달했다는 느낌이거든요. 앞으로 살아갈 시간보다 지금껏 살아온 시간이 더 많을지도 모른다는 느낌이 이야기의 어조를 바꾸기 시작하는 시기죠." 로빈슨에게 중년기가 뜻하는 바의 핵심에 정말로 가까운 것은 그런 어조의 변화다. 로빈슨은 중간에 있다는 그 느낌의 질감과 정취를 설명하기 위해 정신분석학자 제임스 홀리스의 작업[12]을 끌어온다. "우리는 살아온 시간보다 우리 앞에 놓인 시간이 더 적다는 걸 깨닫습니다. 쇠퇴가 굉장히 분명하게 일어나지만 그와 동시에 성장 또한 계속되기 때문에 이상한 긴장감을 느끼게 되죠. 이렇게 반대되는 것들이 공존하는 느낌, 자신이 젊은 동시에 나이들었다는 느낌을 갖게 됩니다. 굉장히 모순적인 감정이죠. 그리고 죽음에 대해서도 생각이 많아지기 시작합니다. 우리가 어디로 가고 있는지 인식하게 되는 거죠." 로빈슨의 말을 들으며 나도 모르게 앨릭스를 떠올린다. 호브의 해안 산책로를 천천히 걸어 지나가며 벤치에 앉은 노부부들을 바라보고, 그들의 마음속을 상상해보면서 그토록 끝에 가까워진 느낌은 어떤 것일지 궁금해하는 앨릭스가 내 마음의 눈에 보이는 것 같다. "그리고 잘 진행된다면," 로빈슨이 말을 잇는다. "우리는 초기 성인기의 강렬한 야망을, 그러니까 현재의 순간을 즐기는 일을 그토록 어렵게 만드는 그 끊임없는 충동을, 그리고 자기 자신과 다른 사람들을 굉장히 쉽게 판단하려는 성향을 잃어버리기 시작하게 됩니다. 그건 어느 정도는 우리의 무의식과의 조우입니다. 수많은 환영들과 망상들과의 조우이고, 그것들을 알아차리게 될 기회죠." 중년기로의 심리적 이동, 즉 이 생애 단계의 진정한 성장 경험에는 우리의 자기도취적인 이상들을 놓아버리고 좀 더 단단하게 현실에 뿌리내린, 좀 더 어른스러운 무언가를 찾는 일, 우리 내면에서 토끼보다는 거북이를 발견하는 일이 포함되어 있다고 로빈슨은 말하고 있는 것 같다. "왜냐하면 그런 망상들의 반대편에는 말도 안 되게 단순한 답이 있거든요. '당신이 지금 있는 곳이 당신의 전부다.'" 너무나 뻔한 말이고, 머그컵에 필기체로 인쇄되어 있거나 인스타그램의 해변 사진에 캡션으로 들어가 있으면 의미 없어 보이기도 하는 말이지만, 나는 아직 그러지 못했으나 앨릭스는 그랬듯 스스로 그 의미를 깨닫게 되면 이 문장은 우리가 살아가는 방식을 바꿔놓을 수 있다. 로빈슨이 말을 잇는다. "그 깨달음이란 이런 겁니다. 다음에 나올 책은, 다음에 올 무엇무엇은, 절대로 우리를 행복하게 해주지 않을 거고, 우리가 갈망하는 명성을 가져다주지 않을 겁니다. 그건 다 개소리예요! 그런 일은 생기지 않을 겁니다. 왜냐하면 결국 우리의 전부는 우리가 지금 가지고 있는 것들일 뿐이니까요. 그리고 그걸 깨달은 다음엔, 어느 날 자리에 앉아 이렇게 생각할 수 있을 겁니다. 난 더 이상 누구와도 나 자신을 비교하지 않을 거야. 그냥 여기 있겠어. 여기도 괜찮으니까." 로빈슨은 덧붙인다. "저는 그렇게 할 수 있게 되는 데 40년 가까이 걸렸고, 여전히 그렇게 하는 법을 배우고 있어요." 로빈슨은 마흔세 살이다. 그에게 자신이 어른이라고 느끼는지 묻자 그는 망설임 없이 대답한다. "네."

모든 사람이 중년기에 이렇게 어른스러운 선禪의 차원에 도달하는 건 아니다. 어떤 이들에게는 어리석은 야망들이, 자기도취적인 이상들이, 다음에 올 새로운 것들이 너무도 유혹적으로 다가오기도 한다. 눈부신 자동차를 사는 일이든, 나이가 자신의 반밖에 안 되는 연인 때문에 가족을 떠나는 일이든, 혹은 중년의 위기로 알려진 다른 다양하고 뻔한 일들 중 하나든 간에 말이다. 사이먼스를 포함한 연구자들이 연구를 시작할 때까지는 이것이 중년기 특유의 유일하게 도발적인 셀링 포인트였고, 이 시기를 유명해지게 한 몇 안 되는 부분 중 하나였다. 이제 그런 특징은 너무나 진부한 고정관념이 된 까닭에, 그것에 관해 쓴다는 생각만으로도 나도 모르게 얼굴을 찡그리게 된다. 특히 내가 인터뷰한, 이 생애 단계에 있는 이렇게 많은 사람들이 자신의 삶에서 거대한 변화를 만들어내고, '중년의 위기' 모양을 한 깔끔한 줄거리로 절대 줄여 말할 수 없는 그토록 중요하고 의미심장한 전환을 겪었다는 사실을 떠올리면 그렇다. 하지만 엘리엇 자크가 '중년의 위기'라는 말을 처음으로 널리 알렸던 논문 「죽음과 중년의 위기」[13]를 읽을 때면, 나는 그가 쓴 모든 내용에 동의할 수는 없어도 어떤 부분은 상당히 설득력 있다고 느낀다. 특히 그가 단테를 인용한, 나 또한 이 장 첫머리에 인용해놓은 부분이 그렇다. 정신분석학자인 자크는 서른여섯 살의 한 내담자의 이야기를 전해주는데, 내담자는 이런 말을 한다. "지금까지 인생은 멀리 있는 수평선 말고는 아무것도 보이지 않는, 끝없이 올라가야 하는 언덕이었어요. 이제 저는 갑자기 언덕 꼭대기에 도달한 느낌인데, 앞에는 내리막길이 뻗어 있고, 길의 끝도 눈에 들어와요. 사실 충분히 멀어 보이긴 하지만, 그 끝에는 죽음이 존재한다는 걸 알아볼 수 있어요." 자크는 나중에 한 인터뷰에서 이 내담자가 실은 자신이었다고 밝혔다. 이것은 '너절씨'나 핀볼 기계를 닮은 우리의 발달 이론보다는 전통적인 삼각형 모양의 생애 과정 그래프에 가깝고, 설득력 있는 서사이기는 해도 내게는 여전히 너무 선형적으로 느껴진다. 하지만 어쩌면 이건 아직 중년기에 도달하지 않은 사람의 평가일지도 모른다(비록 나 또한 그 시기가 내게서 그리 멀리 있지 않다는 사실을 점점 더 실감하고 있기는 하지만 말이다). 자크는 이제는 다른 시대에서 온 것처럼—물론 그건 사실이다—읽히는 단락에서 이야기를 이어간다. "그 사람은 성장하기를 멈췄고, 늙어가기 시작했다. 그는 일련의 새로운 외부 환경들을 만나야만 한다. 어른의 삶에서 첫 번째 단계는 지나갔다. 가족과 직업 면에서는 자리가 잡혔고(혹은 그 사람이 그동안 적응에 심각하게 문제가 있었던 게 아닌 이상 자리가 잡혀 있어야 하고), 부모님들은 나이가 들었고, 아이들은 성인기의 문턱에 있다." 이 부분은 오늘날의 많은 사람들에게는 그저 해당되지 않는 이야기이고, 이제는 매우 낡은 것처럼 느껴진다. 나는 케미를 떠올린다. 케미는 직업 면에서 자리를 잡은 상태였지만 그 자리에서 완전히 벗어나 새로운 일을 시작했다. 나는 열여덟 살에 가족을 이룬 사라를 떠올리고, 아이가 없는 삶을 받아들이며 정말 행복하게 지내는 마흔일곱 살의 에이미 블랙스톤을 떠올린다. 이 사람들 가운데 누군가를 '적응에 심각하게 문제가 있었던' 사람으로 여기는 것은 오늘날에는 잘못되고 단정적인 판단으로 느껴진다.

하지만 자크가 그다음에 쓴 부분은…… 이 부분은 지금도 제법 말이 되는 것 같다. "청춘과 어린 시절은 지나가고 사라졌으며 애도를 요구한다. 성숙하고 독립적인 성인기의 성취가 주요한 심리적 과업으로 나타난다. 모순이 있다면 이 시기에 우리는 삶의 전성기, 다시 말해 성취의 단계에 들어서지만, 동시에 그 전성기와 성취는 낡은 것이 된다는 사실이다. 저 너머에 죽음이 놓여 있다." 이 부분에는 진실하게 다가오는 울림이 있다. 나는 이것이 중년기를 정의하는 면모라고 생각한다. 중년기를 '중간에 낀 조각'으로보다는 그 자체의 단어들로 가치 있게 정의하는 방법이다. 중년기는 그 안에서 변화가 일어나는 창문이며, 죽음의 불가피함이 몸을 움직여 금방이라도 덮칠 것처럼은 아니지만 더 이상 잊힌 상태로 먼 곳에 있는 것도 아닌 모양새로 시야에 들어오는 시기다. 죽음은 하나의 필터처럼 작용해 우리가 시간을 경험하는 방식을 바꿔놓는다. 우리가 그렇게 허용한다면 말이다. 이것은 중년기의 가장 중요한 성장 경험 중 하나다.

사라의 경우, 자기 자신에 대한 인식을 변화시키고 그로 하여금 자크가 '성숙하고 독립적인 성인기'라고 부른 시기로 들어가게 만든 것은 부모님의 죽음이었다. 모건 브렛은 중년기에 대한 자신의 연구에서 이것이 드문 일도 간단한 일도 아니라는 사실을 알아냈다. 부모님을 잃는 경험은 모건 브렛이 말했듯 "자신이 누군가의 자식이 아니라 어른이라고 느끼게 되는 중요한 순간"일 수 있지만, 동시에 "중년의 고아"처럼 느끼게 되는 일일 수도 있다. 나는 매일 밤 어머니의 목소리를 듣는 사라를, 어머니의 품에 안기고 싶다는 그의 소망을 떠올린다. 이런 양가성은, 다시 말해 서로 다른 두 가지 느낌이 공존하는 것은 중년기 경험의 핵심이라고 모건 브렛은 말한다. "어느 순간에는 막대한 양의 책임을 어깨에 짊어지고 있는 것처럼 느껴지고, 이제는 구세대가 되었기 때문에 가족 내에서도 좀 더 어른처럼 느껴지지만, 이런 느낌들은 쉽게 뒤집혀 분리와 상실을 느끼는, 부모를 잃고 어린애가 된 듯한 심리 상태로 변할 수 있습니다." 이것은 가장 성숙한 성인들조차도 버림받은 아이처럼 느껴지게 만드는 상실인데, 아동청소년 심리치료사 에어리얼 네이선슨은 이를 무척 아름답게 설명한다. "부모를 잃는 순간은 통렬합니다. 굉장히 고통스럽죠. 우리는 어른으로서 부모를 잃는 게 아닙니다. 우리의 나이와 상관없이 그 순간 느껴지는 건 아이로서의 우리가 부모를 잃은 기분이기 때문이죠." 하지만 우리가 건강한 성인이라면 우리의 어른인 부분이 내면의 아이에게 부모가 되어줌으로써 그 아이를 돌봐줄 수 있다고, 우리는 동시에 두 존재가 될 수 있다고 네이선슨은 설명한다. 그는 이야기를 계속한다. "저는 그 일이 제게 일어나던 순간을 기억합니다. 그 순간에 우리는 말하자면 두 가지를 동시에 느끼게 되죠. 우선 극도로 고통스럽고 어린애 같은 정신 상태로 감정을 느끼게 되는데, 그건 굉장히 무서우면서 슬픈 감정입니다. 하지만 우리는 동시에 좀 더 어른스러운 또 하나의 존재와도 접촉할 수 있게 되는데, 이 존재가 우리를 정신 차리게 해주죠." 이 어른은 아이를 "상냥하고 자애로운 태도로" 돌봐줄 수 있다. 내게는 이것이 어른이 되었다는 느낌의 의미, 자기 자신을 돌볼 수 있게 된다는 것의 의미에 대한 무척이나 감동적인 설명처럼 느껴진다. 네이선슨은 덧붙인다. "사별이 강렬한 파도의 형태로 다가오는 무언가라고 생각해보면, 어른으로서 우리는 파도와 파도 사이에 공간이 있다는 걸 알게 됩니다. 하지만 만약 우리가 어른의 정신 상태가 전혀 없이 그냥 아이로 남아 있다면, 우리는 파도가 영원히 계속될 것 같다고 느끼기 때문에 물에 빠지게 되죠. 만약 우리가 아이지만 그 아이 곁에 어른이 함께 있다면, 그 어른은 숨을 참을 수 있어요. 이번 파도가 지나가면 조금은 숨을 쉴 수 있게 되리라는 걸 알기 때문이죠." 나는 이 말을 잘 기억해두려 한다. 우리가 만들어가고 있는 정의에 더할 만한 어른다움의 매우 중요한 특징처럼 느껴지기 때문이다. 어른은 숨을 참을 수 있다. 이번 파도가 지나가면 조금은 숨을 쉴 수 있게 되리라는 걸 알기 때문에.

정신분석학자이자 『어떻게 살 것인가. 무엇을 할 것인가』[14]의 저자인 조시 코언은 내게는 최고의 (중년의) 삶을 살고 있는 사람처럼 보인다. 그는 줌으로 내게 말한다. "저는 삶의 다른 어떤 단계보다 지금 저 자신으로서 행복하다고 느낍니다." 그에게 어른이냐고 묻자 그는 이렇게 대답한다. "정말 유쾌한 질문이네요. 저는 그렇다고 대답하겠어요. 언제나 제일 위험하게 느껴지는 대답이지만요." 코언의 대답이 '그렇다'인 건 그가 자신의 내면에 있는 "어린애 같고 유치한 유아기의 성향들을", 그리고 자신이 얼마나 쉽고 빠르게 그런 상태로 되돌아갈 수 있는지를 "알고 있고 그것들에 민감하기" 때문이다. 하지만 그는 어떤 면에서는 자신이 어른이 되려고 태어난 사람 같다고 생각하기도 한다. 코언의 개인사와 성격을 살펴보면, 그는 실제로 어른의 삶에서 특징이 되는 상태들을 좋아한다. 그에게 이것은 가족을 만들고 부모의 역할을 맡는 것, 거기에 따라오는 "신뢰할 수 있고, 견실하며, 온화하고 예측 가능한 상태"가 되는 것을 의미하며, 이것은 그의 말에 따르면 그에게 "잘 어울리는" 중년기의 특징이다. 코언은 그것이 "기분이 쉽게 극단으로 치닫지 않는, 동요하지 않는 내면의 상태"와 관계가 있다고 생각한다. "저한테는 언제나 그런 게 있었던 것 같아요. 어른다움은 제게 어떤 면에서는 약간 집에 온 기분처럼 느껴져왔거든요."

이 말을 듣고는 생각한다. '와, 정말 대단한걸.' 견실함과 예측 가능성, 동요하지 않는 상태, 극단으로 치우치는 일이 드문 기분이라니. 이 사람이 말하는 것들에 대해 나는 아는 바가 별로 없다. 그가 하는 말을 알아들을 수는 있고, 그것이 어른이 된다는 것이 무엇인지에 관해 생각할 방법으로 의미 있게 느껴진다는 데도 동의하지만, 그가 설명하는 상태는 지금의 나에게는 가능하지 않은 것처럼 느껴진다. 지금 나는, 특히 정신분석을 받을 때면, 그보다는 부서지는 느낌에 더 가까운 것을 경험하고 있는 것 같다.

월요일, 화요일, 수요일, 그리고 목요일 아침이면, 나는 샤워를 하고 아침 식사를 한 다음 내 정신분석가의 상담실로 가는 대신 봉쇄 기간의 내 상담실로—즉 내 침실로—돌아와 침대에 등을 대고 눕고, 전화기를 '방해 금지 모드'로 돌려놓는다. 하지만 외적 불안의 볼륨이 낮춰져 있어도 내적 불안의 볼륨은 최대로 높아져 있다. 나는 이어폰을 끼고 정신분석가에게 전화를 건다. 정신분석가가 말한다. "안녕하세요." 내가 말한다. "안녕하세요." 그리고 침묵이 흐른다. 나는 머릿속에 떠오르는 것을 말하고, 정신분석가는 대답한다. 이 과정이 진행되는 동안 어째선지 내 마음은 부서져 나가는 것 같다. 마치 내 것이라고 여겼지만 사실은 한 번도 내게 속한 적 없었던 마음의 조각들이 떨어져 나가고, 나는 오직 나 자신의 마음의 조각들이 있어야 할 곳에 생긴 빈틈들과 함께 남겨지는 것 같은 기분이다. 내가 해파리처럼, 이리저리 흔들리는 거품처럼, 덜 자랐고, 아기 같고, 무정형이며, 무력하고, 알 수 없는 존재로 느껴진다. 내가 누군지, 내가 한 명이기는 한지, 내게 무언가를 깨닫거나 생각할 머리가 있기는 한지 모르겠다는 생각이 든다. 나는 내가 누구인지를 말하기 위해 그동안 얼마나 친구들과 부모님과 선생님들에게, 남편에게, 내 정신분석가에게 매달려왔는지, 내가 생각하고 느끼는 게 뭔지 그들이 말해주기를 얼마나 바라왔는지를 알게 된다. 내가 나 자신을 정말 모르기 때문에 했던 행동이었다. 이것들이 내 마음에서 떨어져 나가고 있는 부분들, 남들에게 속한 부분들이라고 나는 생각한다. 하지만 그 뒤에는 뭐가 남지? 내게는 그저 해파리와 빈틈들뿐인 것처럼 보인다. 나는 침대에 누워 이런 마음의 감각을 경험한다. 무언가 중요한 것, 무언가 나를 내가 되게 해주는 것, 무언가 나인 것이 있어야 하는 자리에 나 있는 구멍들로 가득한 마음의 감각을. 지금까지는 아무런 성과가 없었다. 나는 길을 잃었다. 하지만 내가 케미, 사라, 앨릭스로부터 배운 것이 있다면, 그건 길을 잃는 것이 어른이 되는 과정의 중요한 일부라는 것이다.

매번 상담 시간이 끝나면, 나는 햇볕이 좋은 날에는 잠시 발코니에 앉아 나무들을 내다보고, 그런 다음 책 작업을 시작하거나, 커피 한 잔을 내리거나, 정신분석학에 관한 자료를 읽는다. 다시 말해, 나는 다시금 마음을 가다듬고, 다른 모든 사람처럼 생각을 하고 감정을 느끼면서 나의 하루를, 어른처럼 보이는 이 삶을 살아나간다. 구글에서 해파리를 검색해본 나는 해파리에게 뇌도, 심장도, 눈도 없으며 어떤 해파리 화석들은 공룡 화석보다도 오래된 것으로, 6억 년이나 된 것으로 추정된다는 사실을 발견한다. 그럴싸한데, 나는 생각한다. 이것이 가끔씩 내게 찾아오는 느낌이다. 내가 진화가 덜 된 존재라는 느낌. 친구들과 가족들은 내가 정말이지 생각할 머리가 있고, 감정을 느낄 심장이 있으며, 세상을 볼 눈도 있는 사람으로 느껴진다고 나를 안심시켜준다. 내가 어른으로, 자아가 있는 사람으로, 덜 자란 것도 아니고 선사 시대에서 온 것 같지도 않은 사람으로 느껴진다고. 그리고 나 역시 내가 정신분석을 받고 있을 때는 제외해야겠지만, 이 책을 쓰고 있거나, 내담자와 함께 상담실에 앉아 있거나, 친구들과 술을 마실 때면 나 자신을 그렇게 여긴다는 걸 안다. 그럼 어느 쪽이 진짜 나일까? 이리저리 흔들리는 덜 자란 해파리와 어른 중에서? 글쎄, 코언이 그다음에 내게 하는 말을 곰곰이 생각해보며 나는 둘 다일 거라고 생각한다.

"저는 아동기와 성인기를 발달단계라기보다는 서로 다른 두 가지 정신 상태라고 생각합니다." 코언은 말한다. 두 개의 자리에 관한 클라인의 이론과 다르지 않다. "그 두 상태는 수평적인 관계입니다. 다시 말해 하나에서 다른 하나로 이행하는 위계 관계가 아니라는 거죠. 제가 '저는 어른이에요'라고 한다면 그건 제가 어른의 정신 상태에 들어서 있는 것처럼 느낀다는 뜻입니다. 제가 걸어가는 걸 보면, 혹은 사진 속에서 저를 보면, 아마도 한 명의 어른이 보일 겁니다. 그 나이에 들어서 있고, 그 나이에 맞는 정신 상태와 스타일에 들어서 있고, 그 나이에 맞는 겉모습을 걸치고 편안함을 느끼는 누군가가요." 나는 그저 나 자신을 조금 더 괴롭히기 위해, 정신분석학자의 관점에서 볼 때 어른의 정신 상태에 들어가 산다는 것은 어떤 느낌인지 설명해달라고 코언에게 부탁한다. 그는 이렇게 대답한다. "과도한 걱정을 짊어지지 않은 상태라고 해야겠네요. 나 자신 이외의 다른 누군가가 되어야 한다거나, 다른 누군가를 위해 자아를 연기해야 한다는 압박감이 딱히 느껴지지 않는 감각이죠. 그건 타인들의 기대로 인해 과도한 부담을 느끼지 않는 일종의 마음과 정신의 독립이에요." 그것이 내가 나 자신에게 너무도 간절히 원하고 갈망하는 것이어선지, 그 말들을 듣고 있기가 제법 힘들다. 그리고 나의 다음 질문—그렇게 어른이 되는 과정에는 무엇이 포함되나요?—에 대한 코언의 대답은 그 뒤로 몇 달 동안이나 내 머릿속을 맴돈다. 그것은 내가 상담을 받기 시작한 뒤로 내 정신분석가에게서 다른 형태로 내내 들어온 말이고, 다른 방식으로 이해하려고 애쓰고 있는 무언가인 것 같다. 코언은 말한다. "거기에는 점진적인 분리의 과정이 포함되어 있다고 생각해요. 우리가 누구이고, 어떤 사람인지 의식적 혹은 무의식적으로 규정하려 드는 주위 사람들로부터의 분리죠." 그것은 "제가 어떤 사람이 되기를 바라시죠?"라는 내면의 마케팅 담당자의 질문에서 벗어나는 것, 그 대신 "나는 누구지?"라고 묻는 것이다.

이 질문에 대한 대답을 나는 알지 못한다. 그 대답이 코언이 '유년기의 두 극단'이라고 말한 두 가지 사이 어디선가 길을 잃어버린 게 아닐까 싶다. 코언은 우리가 어린 시절에 한편으로는 놀이와 창의적인 삶, 자기탐구, 그리고 고독을 통해, 다른 한편으로는 어른의 세계에 대한 흉내내기와 모방, 순종을 통해 정체성을 벼려서 만들어낸다고 설명한다. 아이의 내면세계와 어른의 사회적 세계, 그 두 가지 길 모두에 들어서지 않고 건강한 중년이 될 수 있는 사람은 없다고 코언은 말한다. 그러나 서구 중산층의 삶의 특징 중 하나는 어른의 세계가 아이의 세계에 비해 너무도 많은 특권을 지니고 있다는 것이다. "창의적이고 탐구하기 좋아하는 아이의 삶은 기대와 성취, 어른의 목표들에 대한 순종이라는 길에 밀어넣어지고, 거기 갇히게 됩니다." 코언은 아이를 가정교사에게 보내고, 신경외과 의사나 대형 로펌의 파트너 변호사가 되기 위해서는 밟아야 하는 여러 단계가 있다고 아이가 네 살 때부터 알려주면서 거기에 발을 들여놓게 하는, 특정 부류 중산층 양육법의 숨 막히는 분위기를 묘사한다. "제 생각에 그런 양육법은 어른에 대한 일종의 패러디를 만들어낼 겁니다. 어른 같아 보이는 겉모습이 어떤 건지 전부 알고 있는 누군가를 아주 훌륭하게 흉내 낸 모사를 만들어낼 거예요." 코언은 아내와 함께 그들의 첫아이가 다닐 유치원을 방문했던 일과 그곳의 여성 원장에게 받았던 인상을 이야기해준다. "거기서는 모든 창의적 시도들에 대한 기본원칙이 아이들의 작품을 칭찬하지 않는다는 것이었어요. 그 원장님은 절대 '오, 정말 멋진 그림이구나. 너무 아름답네. 벽에 걸어놓자' 같은 말을 하시지 않더라고요." 코언은 원장이 한 다음과 같은 말을 매우 생생하게 기억한다. "저는 오직 '완성했니?'와 '이 작품이 마음에 드니?'라는 질문만 한답니다." 코언에게 이것은 중요한 질문이다. 그는 이런 질문들을 통해 아이의 그림이 어른의 세계로 전유되어 평가되고, 비교되고, 부족하다는 판정을 받는 게 아니라 아이의 세계에 속한 무언가로 남게 되었다고 이해한다. "원장님은 그 그림을 아이에게 주셨어요."

이 이야기는 내 가슴을 아프게 한다. 코언이 하는 다음과 같은 말에 나는 너무도 깊이 공감한다. "우리의 교육제도와 자녀 양육 경험에 있어서의 태도가 그런 것과는 너무나도 반대 방향으로 가고 있는 나머지, 우리는 아이들이 인생에서 기본적으로 할 일이 어른들을 기쁘게 하는 거라는 메시지를 항상 그애들에게 보내고 있는 것 같아요." 내가 마지막으로 나 자신을 위해 작품 하나를 완성시킨 게 언제인지, 성인이 된 뒤에 그런 일을 한 적이 있기는 한지 모르겠다. 지금껏 내 글쓰기의 동력은 타인들을 기쁘게 하는 작품을 창조하고자 하는 충동이었다. 그 충동은 어떤 면에서는 생산적이어서 내가 직업적으로 어느 정도 성공하도록 도와주기도 했지만, 나를 나 자신에게서 멀어지게 만들기도 했다. 그것은 내가 하는 행동의 많은 부분이 다른 사람들의 반응에 영향받는다는 뜻이었다. 정신분석이 내게 이 점을 이해할 방법을 제공하고 있으니, 나는 내가 이 책과 함께 다른 방식으로 글을 쓰고 존재할 수 있기를 바란다.

적어도 내가 정말로 진정한 중년기에 도달할 때까지 10년쯤은 더 남아 있으니 그때까지 나 자신의 이런 잃어버린 부분들을 찾으면 된다고 스스로 되뇐다. 그때까지는 내가 어떻게든 해낼 수 있기를, 그래서 코언이 경험한 것 같은 무언가를, "자기 자신에 이르는 시기"로서의 중년기를 느낄 수 있기를 바란다. 코언은 우리 가운데 많은 사람이 삶의 전반부―이를테면 45세까지―대부분을 여러 중요한 사건과 성취를 쌓고 외적·내적인 목적, 목표, 욕망과 비교해 우리 자신을 정의하면서 살아간다고 설명한다. "그건 굉장히 흥미진진하고 분명 굉장히 열중할 만한 일일 수 있어요. 소란스러운 일일 수도 있고요. 하지만 그건 우리가 우리 자신을 언제나 저 앞에 놓여 있는, 아직 오지 않은 무언가와 비교해 바라본다는 뜻이기도 해요. 아직 그다지 실현되지 않은 일인 거죠. 우리는 우리의 현재 자아에게 우리의 미래 자아를 참조하게 하고 있는 거예요." 코언이 그렇게 말하자, 나는 내가 지금 막 정확히 그런 행동을 했다는 걸 깨닫고 속이 메스꺼워진다. 나는 코언의 말들을 성취해야 할 중요한 일로, 내가 도달하기를 욕망하는 목표로, 내 현재 자아가 미래 자아에게 바라는 무언가로 바꿔놓았던 것이다.

하지만 코언은 중년기 근처에, 40대나 50대의 어느 순간에, 아마도 우리가 그 모든 걸 쌓아올리는 일은 이제 그만둬도 되겠다고 느끼는 순간이 올지도 모른다고 알려준다. 그것이 코언이 말하는 중년기의 삶이다. "우리가 바로 눈앞에 놓인 삶에 몰두하게 된다는 의미에서 그렇죠." 우리는 책을 읽는 도중이거나 식사를 하는 도중일 수 있는 것과 마찬가지로 살아가는 도중이다. 우리는 살아가는 일의 한가운데에 있다. 나는 다음번 승진과 임금 인상을 뒤쫓고 싶지 않다고 깨달은 앨릭스를, 그가 가족과 함께하는 삶을 얼마나 가치 있게 여기는지를 떠올린다. 코언이 이야기를 계속한다. "중년기는 눈앞에 있는 것을 즐기게 허락해줍니다. 사람들은 종종 즉시성과 연관된 삶의 측면들에 흥미를 느끼게 되죠. 정원 가꾸기가 될 수도 있고, 자연 속에서 산책하기가 될 수도, 빵 굽기가 될 수도 있습니다." 코언은 이것을 "중년기로부터 도망치기보다는 그것을 끌어안는 일"이라고 부른다. 이런 활동들에 끌린다는 건, 그 활동들이 거기 있는 이용 가능한 것들에, 그리고 우리가 어디에 있는지에 초점을 맞추게 허락해준다는 뜻이다. "정신없이 저 앞을 내다보는 상태, 정원이나 새들의 노랫소리에는 그다지 흥미를 느끼지 못하는 상태에 있지 않게 되죠." 이것은 중년기를 잘 살아가는 일의 핵심이며, 활기도 재미도 없는 상태와는 달리 활기차면서 자신에 대해 편안함을 느끼는 상태다. "그것은 반드시 무감각해졌다거나 싫증난 상태라고 할 수는 없는 안정된 상태와 관련이 있습니다. 중년의 삶이 적절히 잘 진행되고 있다면 우리는 새롭게 활기찬 감각을 얻게 됩니다. 그것은 다음에 올 무언가를 지칠 정도로 쫓아다니는 사람의 활기가 아니라, 자기 눈앞에 놓인 것들에 실제로 짜릿함을 느끼는 사람의 활기이기 때문이죠."

　나는 케미를, 그리고 누구의 지배도 받지 않으며 자신의 기술을 사용하고 다른 사람들에게 전해주는 일에서 그가 얻고 있는 성취감을 떠올려본다. 요크셔 데일스의 햇빛 속에서 정말로 빛나 보였던 사라를, 산책과 수영, 할머니가 되는 일을 통해 자기 자신으로 돌아가는 길을 찾아낸 그를 떠올린다. 자신에게 가장 중요한 것, 즉 가족을 자신이 이미 가지고 있다는 사실을 마침내 깨닫고는, 토끼처럼 앞서 달리는 일을 멈추고 그저 거북이로 있는 상태를 즐길 수 있게 된 앨릭스를 떠올린다. 하지만 나는 궁금해진다. 내가 또다시 중년기를 이상화할 위험에 빠져 있는 건가? 그렇게 말하는 건 이 사람들의 이야기를 '중년의 위기'로 요약해 말해버리는 것만큼이나, 사라는 번아웃에 빠졌고, 케미는 안정적인 커리어를 떠났고, 앨릭스는 다른 사람들과의 비교에 사로잡혀버렸다고 말하는 것만큼이나 피상적이고 일방적이고 틀린 설명일 것이다. 코언은 위기와 전환 사이에는 중요한 차이가 있다고 말해준다. "전환은 자신이 서 있는 곳과의 파괴적인 갈등을 유발하지 않습니다. 그건 우리가 자신을 위해 만들어온 삶을 파괴하지 않아도 된다는 뜻이에요. 한 장소에서 다른 장소로의 움직임이라 할 수 있지요." 이것은 내가 중년기의 고통과 기쁨에 관해, 그리고 특히 어른이 되는 일을 포함해 어떤 종류의 변화에든 수반되는 어려움과 쓰라림에 관해 생각할 때 잊지 않아야 하는 뉘앙스다. 심리학자 올리버 로빈슨이 나와의 인터뷰를 끝내며 했던 말이 떠오른다. "마지막 2분 동안 이 말을 하고 싶네요. 심리학에는 '만족'이 언제나 긍정적인 결과라는 다소 지나치게 단순화한 가정이 존재합니다. 어떤 환경에서는 그렇지요. 하지만 또 어떤 환경에서는 '불만' 또한 긍정적인 결과가 됩니다." 심리학과 정신의학이 잘못하고 있는 부분이 있다면 기분이 안 좋은 상태를 끊임없이 병리화한다는 점이라고 로빈슨은 생각한다. 이것은 다시 말해 슬프거나 불행하거나 불안한 느낌을 질병의 증상으로, 약물로 치료해 없애버려야 하는 잘못된 무언가로 여기는 것이다. 꼭 그렇게만 볼 수는 없다고 로빈슨은 말한다. "기분이 안 좋은 상태는 다른 어떤 것도 할 수 없는 방식으로 변화를 추진하는 요인입니다. 부정적인 감정이 강하게 든다면, 자신이 부서지는 것처럼 느껴진다면, 삶에서 바꿔야 하고 바꿀 수 있는 것이 무엇인지 주의 깊게 귀를 기울여보세요." 자신이 불행하다고 느끼는 것은 극도로 중요하고 가치 있는 경험이며, 우리는 그 경험이 무엇을 의미하는지 이해하는 법을 배워야 한다고 로빈슨은 말한다. "우리 삶의 모든 지점에서, 우리의 몸과 마음속에서 일어나는 부정적인 감정과 움직임을 보살피는 법을 배우고, 우리를 퇴행시키기보다는 다음 단계로 나아가게 해주는 변화를 적절히 만들어가는 법을 배우는 일은 매우 중요합니다." 나아가거나 퇴행하거나, 우리는 둘 중 하나를 선택해야 한다. 똑같은 자리에 있을 수는 없기 때문이다. 만약 우리가 행복하다면, 우리는 계속 행복할 수 있을 거라는 소망으로 그 상태를 유지하고 하던 일을 그저 계속하고 싶어할 것이다. "그게 행복의 즐거움이죠. 행복의 어리석은 면이기도 하고요." 어리석은 이유는, 당연하지만 우리가 아무리 열심히 애를 써도 시간은 지나가고, 변하지 않는 것은 아무것도 없기 때문이다.

이 모든 것을 곰곰이 생각하는 동안 사이먼스가 내게 처음으로 설명해주었던 '타성의 장벽barrier of inertia' 개념이 다시 머릿속에 떠오른다. 타성의 장벽이란 우리가 중년기의 새로운 경험들을, 인지예비능 강화를 돕고 미래에 닥쳐올 쇠퇴로부터 우리를 어느 정도 보호해주는 그 경험들을 하지 못하게 막는 무기력하고 게으른 느낌을 가리키는 용어다. 사이먼스는 이렇게 설명한다. "젊은 시절에 우리는 새로운 경험들을 갈망하죠. 계속 이렇게 생각하면서요. 아 그래, 난 진짜로 이비사섬에 가고 싶고, 마약을 해보고 싶고, 위험을 감수하고 싶어." 하지만 나이가 들수록, 어딘가에 정착할수록, 책임과 요구하는 것이 많은 직업과 부양가족을 떠맡을수록, "새로운 것들을 발견지도 해보지도 않으려 하는 타성이 생깁니다. 굳이 그러지 않는 쪽이 훨씬 더 쉬우니까요. 넷플릭스를 켜놓고 앉아서 '아, 그건 내일 하지 뭐' 이렇게 말하는 쪽이 훨씬 더 쉽죠." 하지만 우리가 일단 그 장벽을 깰 수 있다면, 어느 날 저녁 넷플릭스를 보는 대신 새로운 무언가를 하기로 선택할 수 있다면, 그 선택을 매일 저녁 다시 하는 것은 조금씩 더 쉬워질 거라고 사이먼스는 생각한다. 그리고 만약 그 관성을 꺾을 수 있다면, 우리는 결국 새로운 사람들을 만나는 일에서부터 외국어나 악기를 배우는 일에 이르기까지 새로운 일들을 하며 더 많은 시간을 보낼 수 있게 된다. 그러면 우리의 현재 생애 단계뿐 아니라 다음에 올 생애 단계들에도 변화가 일어날 수 있다. 그런 타성의 장벽을 뚫고 나아갈 수 있는 사람은 삶의 말년에 나타날 인지력 쇠퇴에 덜 취약해질 수도 있음을 시사하는 증거가 있다. "이 분야의 역사가 아직 너무 짧아서 그 사실이 증명되었다고 잘라 말할 수는 없습니다. 하지만 증거는 그쪽을 가리키고 있어요. 그게 희망이죠." 사이먼스는 사람들이 이 점을 이해하고 자신을 밀어붙여 그 장벽을 깨는 데 필요한 단계들을 밟도록 지원하거나 동기를 부여해줄 수 있는 개입 방법들을 연구하고 있다.

나는 궁금하다. 사람들이 새로운 무언가를 하기보다 넷플릭스 보기를 선택하는 데는 또 다른 이유가 있지 않을까. 나는 사람들이 자신이 직면하고 있는 현실에 관여하고 싶지 않기 때문에 밤마다 화면에 몰두하는 거라고 생각한다. 그리고 그 '사람들'에는 나도 포함된다. '현실'에는 우리가 느끼는 매일의 불행부터 시간은 지나가고 상실은 불가피하다는 잔인하고 변함없는 사실에 이르기까지 많은 것이 포함된다. 무언가 다른 것을 하기로 선택하기 위해서는, 화면에서 눈을 돌리기로 선택하기 위해서는 그 선택이 정말로 의미하는 바에 우리가 공감할 수 있어야 한다고 나는 생각한다. 그것은 활기찬 삶을 살기 위한 선택, 우리가 살아 있는 시간이 한정되어 있기에 우리의 뇌와 마음을 할 수 있을 때 활기찬 상태로 유지하려는 선택이다. 현실에 관여하고, 정말로 현실을 바라보고, 느끼고, 이해하려 애쓰고, 애도하기보다는, 우리를 더욱 살아 있다고 느끼게 해주는 일들, 우리를 계속 살아 있게 해주고 계속 성장하게 도와주는 일들을 하기보다는, 화면을 바라보며 마음과 뇌를 죽여버림으로써 현실을 피하고 싶다는 소망. 내게는 그것이 정말로 골치 아픈 타성의 장벽이다.

이 점을 곰곰이 생각하며 나는 내가 어른이 된다는 것에 대해 완전히 잘못 생각하고 있었음을 깨닫는다. 나는 내가 마침내 어른이 되어 성장에 관련된 이 모든 일을 끝낼 수 있기를 소망해왔다. 이제 그것이 정말로 위험한 소망이었다는 생각이 들기 시작한다. 중요한 것은 중년기에 도달할 무렵까지 어른이 되느냐의 문제가 아니다. 다 끝났네요, 대단히 감사합니다, 배지를 받을 수 있을까요? 하고 말하는 문제가 아닌 것이다. 중요한 것은 어떻게 중년을 통해서 그리고 그 이후로도 할 수 있는 한 계속 성장할 것인지다. 결승선으로서의 어른다움이 아니라, 끊임없는 변화와 발전과 자기 이해의 과정으로서의 어른다움이 중요한 것이다. 그것이 중년기의 결정적인 성장 경험이다.

　　나는 어른이 되어가는 이 모든 과정이 너무도, 너무도 어렵다는 걸 깨달아가고 있다. 내게는 이 모든 특권과, 애정이 넘치는 가족과, 사랑하는 반려자가 있는데도 그렇다. 그 점이—그것이 얼마나 어려운지가—지금까지 어른이 되는 일의 의미에 관해 알게 된 것 가운데 나를 가장 놀라게 한 것이다. 나는 비온을 인용한 구절을 새로운 방식으로 이해하게 된 것 같다. '모든 불쾌한 가능성 가운데 성장과 성숙이야말로 사람들이 가장 빈번하게 두려워하고 싫어하는 것'[15]인 이유를 알 것 같다. 그 상실, 그 좌절, 내가 낼 수 있는 속도보다 빨리 성장하고 싶다는 소망 때문일 것이다. 가끔씩 나는 이 장의 첫머리에 나오는, 간절히 몸을 일으키고 싶어 하지만 혼자서는 그럴 수 없는 아기 같은 기분이 되곤 한다. 나는 모든 것을 제대로 해내려고 무척이나 열심히 노력하는 일에 너무도 익숙해져 있는데, 어쩌면 그냥 노력을 멈추고, 나 자신이 넘어지게 내버려두고, 내 정신분석가가 나를 붙잡게 해야 할지도 모른다. 하지만 그건 내게는 그렇게 쉬운 일이 아니다. 그러려면 굉장히 오랜 시간이 걸릴지도 모른다는 생각이 든다. 그럼에도 지금으로서는 넘어질까봐 너무도 두려워하는 나의 일부를 인식하기 시작한 참이다. 사실은 내 것이 아니라 나에 대한 다른 사람들의 기대에 해당하는, 그리고 내가 기대하는 나 자신의 모습이 되어버리기도 한, 나라는 사람의 조각들의 모양을 느끼기 시작한 참이다. 내 안에 퍼져 나가는, 코언이 "어린애 같고 유치한 유아기의 성향들"이라고 묘사한 것들에 대해 호기심을 느끼기 시작한 참이다. 어쩌면 나는 어른이 되기 위해서는 그런 성향들에서 마법처럼 벗어나, 편집-분열적 자리를 향해 마지막으로 손을 흔들어 작별 인사를 하고 다시는 돌아오지 않아야 한다고 생각했던 건지도 모른다. 그 소망을 놓아버리기가 너무 어렵다. 적어도 이제 나는 내가 언제나 나라고 생각했던 토끼가 될 필요가 없다는 건 안다. 지금 당장은 길을 잃었다는 느낌이 크지만, 이런 길 잃음에 의미가 있으며, 길을 잃는 것은 어른이 되는 일의 중요한 한 부분이라는 것 또한 느껴진다. 이것이 내가 정신분석을 받으면서 직면하고 있는 도전이고, 어른이 되려고 발버둥치는 모든 사람이 직면하는 도전이다. 캄캄한 숲속에서 길을 잃은 채 혼자가 된 자신을 발견하고, 케미와 사라와 앨릭스가 그랬듯 그 경험의 진실을 바라보고, 우리가 누구이고 어디에 있는지 진정으로 생각해보려고 노력하는 일. 그것이 그 숲을 통과하는 유일한 길이다.

# Chapter 5

## 자신과 평화롭게 지내는 일

◉

〈그 몸이 다 되도록〉

노래 폴 사이먼

아기가 젖을 떼는 중이다. 겨울의 잿빛 아래 소파에 앉은 아기의 어머니는 내리기 시작한 빗소리를 들으며 수유브라 클립을 풀고 딸에게 유두를 내준다. 이제 하루의 모유 수유는 이렇게 딱 한 번이다. 하지만 아기는 평소처럼 어머니 쪽으로 바싹 달라붙으며 열심히 젖을 물지 않는다. 이번에는, 아기가 처음으로 똑바로 일어나 앉아 단호하게 고개를 돌린다. 놀란 어머니가 간신히 들릴 만큼 조그맣게 헉 소리를 낸다. "먹기 싫으니?" 반쯤은 질문으로, 반쯤은 그 답을 알면서 어머니가 말한다. "정말 먹기 싫어?" 하지만 어머니는 자기 딸의 결심을 느낄 수 있고, 그들이 한 고비를 넘겼다는 걸 알게 된다. 우리는 이 아이 안에서 어떤 내적 변화가 일어나 외적 움직임을 만들어낸 건지 궁금할 것이다. 아기는 모유에 질렸다고 느끼는 걸까? 성장해서 좀 더 분리될 준비가 된 걸까? 아니면, 자신이 여전히 너무나도 모유에 의존적이어서 겁이 난 나머지 다가오는 게 느껴지는 상실을 필사적으로 통제하고 싶어하는 걸까? 어머니는 아기의 뒤통수를 쳐다보고, 그 시선 속에는 해방감과 슬픔이, 다가올 자유로 격앙된 마음과 지난번 수유가 마지막 수유였음을 너무 늦게 깨달은 고통이 공존한다. 어머니는 브래지어 클립을 채우고, 아기를 꼭 끌어안아 놀이울 안에 내려놓은 다음 주전자를 채우러 간다.

당신이 나이를 먹었다면 당신은 어른이 된 것이다. 이것은 우리가 거의 언제나 부지불식간에 하는, 나이를 먹는 일이 자동적으로 어른다움과 연관된다는 가정이다. 그것은 무겁고 단단하고 의문의 여지가 없으며 확실한 진실 중 한 가지로 느껴진다. 마치 부모가 된 사람은 아기가 아니라거나, 어른들에게는 콘텐츠 보험이 있다거나, 고통은 나쁘다는 것처럼 말이다. 하지만 지금껏 내가 인터뷰한 사람들에게서 배운 모든 것과 내 경험을 통해 말하자면, 적정량을 섞어 적절한 온도에서 요리하면 어른 비슷한 무언가가 될지도 모르는 모든 다양한 재료 가운데, 나이가 가장 중요한 재료는 결코 아니다. 나이를 먹는 일과 어른이 되는 일 사이의 관계는 겉으로 보기보다, 우리가 그랬으면 하는 것보다 복잡하다. 그 복잡성을 유지할 수 있다면, 우리는 어른으로 성장하는 일이 무엇인지에 관한 이 모든 질문을 통해 어딘가에 도달할 수 있을지도 모른다.

　하지만 그 복잡성을 유지하는 일은 우리가 인생의 마지막 단계들에 관해 생각하기 시작하면서 점점 더 어려워진다. 성장한다는 것, 어른이 된다는 것, 아무튼 어른이라는 게 무엇인지 같은 질문들에 누군가가 이미 대답한 적이 있을 거라고, 그 누군가는 연금을 받거나, 버스 무료승차권이 있거나, 손주가 있는 사람일 거라고 생각하면 훨씬 더 위안이 된다. 하지만 약간의 불쾌감을 감당하려고 애써보는 것도 가치 있는 일이다. 우리가 인생의 마지막 10년을 살고 있는 사람들을 그저 연금과 버스 무료승차권과 손주들의 집합으로 축소해버린다면, 그건 그들과 우리 자신에게 중요하고 꼭 필요한 무언가를 박탈해버리는 일이 될 것이기 때문이다. 우리가 노인들에 대해 얘기할 때면 일어나는 일이 있다. 아마도 중년들이나 젊은 사람들에 대해 얘기할 때보다 더 심할 텐데, 고정관념과 일반화가 우리를 장악하고, 개성이라는 것이 존재한다는 생각, 모든 사람에게는 각각 고유한 정신과 일련의 경험들과 내면세계가 있다는 명백한 사실이 사라져버린다. 깊이도, 특색도, 진실함도 없이 훨씬 더 납작하고 우중충한 무언가가, 다른 사람들을 일련의 예단들로 축소해버리고 그들에게서 복잡성과 활기를 빼앗으려는 우리의 가장 저열한 충동에 호소하는 무언가가 모습을 드러낸다. 그것은 노년기의 역사를 연구하는 사학자 팻 테인이 내게 말한 것처럼 "일정한 나이가 지나면 모든 사람이 대체로 똑같아지고 비슷한 경험을 해봤을 거라고 가정하는 일의 어리석음"이다. "사람들은 그렇지 않아요. 사람들은 굉장히 다양하고, 그건 매우 중요합니다." 심리치료사가 되면서, 그리고 정신분석을 받으면서 내가 알게 된 가장 섬뜩하고 무서운 사실 중 하나는, 모든 사람이 타인과 완전히 다를 뿐 아니라 종종 자신이 자신이라고 생각하는 그 사람과도 완전히 다르다는 것이다.

늙어서도 성장을 계속하는 일은 어떤 모습일지 나는 궁금하다. 젊을 때 성장하는 것과는 다른 느낌일까? 그건 그렇고 '늙음'이란 무엇일까? 이 문장을 타이핑하는 동안 나는 이것이 얼마나 거대한 질문인지 깨닫는다. 아마도 가장 중요한 질문 중 하나일 것이다. 마치 '여자란 무엇일까?'나 '사랑이란 무엇일까?' '나쁘다는 건 무엇일까?'처럼 말이다. 몇 살까지 살아야 한다는 것처럼 '늙음'을 구성하는 객관적이고 외적인 현실이 있을까? 아니면 그건 나이와는 상관없이 우리가 우리 안에서 느끼거나 느끼지 않거나 하는 것일까? 그 두 가지 다일 수도 있을까?

생애 과정을 연구하는 연구자들[1]은 노년을 중년 다음에 오는 단계로 정의한다. 우리 가운데 거기 도달할 때까지 살아남는 사람들에게 노년기는 중간과 끝 사이, 중년기와 죽음 사이에 있는 조각이다. 사회학적으로든 의학적으로든, 신경과학적으로든 역사적으로든, 노년은 60세 근처 어디쯤에서 시작된다고 이야기한다. 나는 기대수명이 지금보다 짧았던 지난 세기들에는 사람들이 살면서 훨씬 더 이른 나이에 노년이 되었을 거라고 늘 상상해왔다. 사실 그것은 근본적으로 틀린 생각에 근거한 흔한 오해라고 테인은 설명한다. 역사적으로, 유아와 아동의 높은 사망률이 평균 기대수명을 낮추기는 했지만, 아동기가 지나서도 살아남은 사람들은 50대나 60대까지 살 "충분한 가능성"이 있었다고 테인은 말한다. 나는 우리의 늙음에 대한 개념이 수천 년 동안 별로 변하지 않았다는 사실을 읽으며 놀란다. 런던 버크벡칼리지의 역사학 객원교수인 테인은 자신의 저서 『노년의 역사』에서 다음과 같이 적고 있다. 고대 그리스에서 중세 유럽이나 19세기 북아메리카에 이르기까지, "노년이 정의되는 방식에는 수 세기에 걸쳐, 그리고 수많은 장소들에 걸쳐 주목할 만한 연속성이 존재했다."² 13세기 예루살렘의 십자군 왕국에서 60세 이상의 기사들은 병역을 면제받았다. 중세 영국에서 노동법상으로 남자들과 여자들의 강제 노역 의무는 60세까지였으며, 배심원 의무의 연령 상한선은 70세였다. 이는 오늘날과 크게 다르지 않은데, 현재 영국과 미국, 오스트레일리아에서 사람들은 60세와 70세 사이의 어느 시점부터 국민연금을 받으며, 70세 이상은 배심원 의무 면제권이 있다. 그리고 노년기는 언제 끝나는가? 이 질문만큼은 분명한 답이 있다. 그것은 죽음과 함께 끝난다. 이 말은 어떤 사람들에게는 노년기가 다른 어떤 단계보다도, 즉 유아기, 아동기, 청소년기, 성인 진입기, 초기 성인기 혹은 중년기보다도 훨씬 긴 시간에 걸쳐 이어진다는 뜻이다. 내가 이 글을 쓰는 지금, 현존하는 최장수 인물인 다나카 가네는 118세˙다. 이 사실은 그가 인생의 거의 절반쯤을 노인으로 보냈다는 뜻이다.

다나카 가네에게 노년기는 거의 60년간 지속되어왔다. 나는—이 책에서는 물론이고—우리의 삶에서 아주 긴 이야기를 차지할 가능성이 있는 이 시기에 대해 곰곰이 생각하면서, 노년기를 하나의 단일한 덩어리로 보기보다는 그것을 이루는 서로 다른 단계들에 대해 생각해볼 유의미한 방법을 찾다가, 버니스 뉴거튼이라는 미국 심리학자의 작업을 우연히 발견했다. 성인 발달과 나이듦의 심리학에 있어 전문가인 그는 1974년에 새로운 용어를 만들어냈다. '젊은 노년young-old'이었다. '바로 이거야.' 나는 생각했다. '이것이야말로 5장의 핵심을 이루는 역설이야.'

자신의 선구자적인 논문 「미국 사회에서의 연령 집단과 젊은

---

˙ 다나카 가네는 이 책이 영국에서 출판된 후인 2022년 4월 119세의 나이로 사망했다.

노년의 등장」³에서 뉴거튼은 자신이 생애주기상으로 나타나는 것을 목격한 새롭고 "유의미한 구분", 다시 말해 "젊은 노년과 나이든 노년 사이의 구분"을 확인했다. 나는 뉴거튼이 다음과 같은 문장들로 여기에 단서를 다는 방식이 마음에 든다. "실제 나이는 만족스러운 표지는 아니지만, 그럼에도 무시할 수 없는 표지이기는 하다. 그러므로 지나친 단순화의 위험을 감수하면서 말해보자면, 젊은 노년은 대략 55세에서 75세까지의 사람들로 구성된 집단이며, 75세 이상의 사람들로 구성된 나이든 노년과 구별된다." 이 문장들에서 나는 뉴거튼이 나 또한 발견한 사실들을 말하고 있다고 느낀다. 즉, 실제 나이가 생애 과정에 대한 사고방식으로서 매우 불충분하기는 하지만 그것을 피해 갈 방법은 없다는 것이다. 하지만 이 정의에서 나이보다 중요한 것은 이 젊은 노년 집단의 특징들인데, 1974년의 논문에 따르면 그 특징들은 "노년에 대한 케케묵은 고정관념들과는 현저하게 다르다." 젊은 노년에 속하는 사람들은 "비교적 건강하고, 비교적 돈이 많으며, 정치적으로도 적극적"이라고 뉴거튼은 썼다. 그들은 일찌감치 은퇴를 선택할 수도 있고, 40세 이후에 직업을 바꾸는 일부 사람들—케미 같은—을 포함해 65세 이후에도 일하기를 선택할 수 있다. 그들은 문화적 풍족함과 정치 참여를 원하며, "실제 나이에 기반한 독단적인 제약들이 사라지고, 젊은 사람이든 나이든 사람이든 누구에게나 자신의 욕구, 욕망, 능력과 일치하는 기회가 주어지는, 나이와 무관한 사회라고 불릴 만한 사회"를 만드는 일을 추구하기도 한다. 뉴거튼은 이 집단을 나중에 그가 "특별한 돌봄이 필요한 사람들"이라고 정의한 75세 이상의 '나이든 노년'과 구별했지만, 같은 논문에서 "80세의 어떤 사람들은 누가 봐도 60세의 어떤 사람들보다 활기가 넘치고 젊어 보인다"[4]고 인정하기도 했다. 뉴거튼은 우리에게 "가능한 어느 지점에서든 나이라는 차이를 무시하고 인간의 차이를 만드는 좀 더 유의미한 국면들에 집중함으로써 노인들을 다시 인류에 속하게 할 것"을 요청했다.

영국 도서관에 간 나는 탐욕스럽게 뉴거튼의 논문들을 읽어치웠고, 더 많은 논문을 읽을수록 내가 이 여성을 인터뷰해야 한다고 더욱 확신하게 되었다. 나는 그에게 삶의 이 단계를 정의하면서 어떤 기분이었는지 물어보고 싶었다. 아넷이 성인 진입기를 정의할 때 그랬듯 뉴거튼도 자기성찰의 기간을 거쳐야 했을까? 젊은 노년은 "특별한 돌봄이 필요한" 나이든 노년과 비교할 때 더 어른에 가까울까, 아니면 그 반대일까? 뉴거튼은 이 생애 단계가 어른다움에 있어 어떤 기회를 제공한다고 생각할까? 도서관에서 집으로 돌아가는 길, 리젠츠 운하를 따라 걸으며 우아한 엄마 백조와 회색 솜털로 뒤덮인 백조 새끼들이 물에 떠다니는 광경을 지켜보면서, 나는 뉴거튼이 어떤 모습과 목소리를 지니고 있을지 상상했는데 그가 대법관 루스 베이더 긴즈버그의 심리학자 버전이지 않을까 싶었다. 다음날 아침, 나는 커피잔과 노트북을 가지고 정원의 아롱진 그늘에 앉아 연락처를 알아내려고 뉴거튼의 이름을 구글에 검색했다. 〈뉴욕 타임스〉에 실린 그의 부고를 발견한 것은 그때였다. 부고는 이렇게 시작한다. "1940년대에 시카고대학교에서 나이듦에 대한 연구를 시작했을 때, 뉴거튼 박사는 그 분야에 과학적 문헌은 매우 적고 고정관념은 많다는 사실을 발견했고, 그 고정관념들을 부숴버리기로 했다."[5] 나는 계속 읽었고, 엄청난 상실감을 느꼈다. 뉴거튼은 무척 멋진 여성처럼 보였다. 네브래스카주 출신의 이 유대인 여성은 사람들이 나이듦에 대해 생각하는 방식을 바꿔놓았다. 그는 85세에 사망했다. 커피를 한 모금 마신 다음 계속 읽었다. 어머니와 마찬가지로 노년기에 대한 연구를 했다는 뉴거튼의 딸 데일에 관한 부분을 읽으며 생각했다. '전부 없어진 건 아니야! 데일이라는 사람을 인터뷰해서 그 사람이 어른다움의 문제와 젊은 노년에 대해 어떻게 생각하는지, 그리고 노년의 어머니를 어떻게 생각했는지 알아내야겠어. 오히려 더 좋은 결과물이 나올 거야!' 그러다 데일 역시 세상을 떠났다는 문장들을 읽게 되었다. 그 자신이 젊은 노년에 들어선 직후에 근육위축증으로 사망했다고 했다.[6] 나는 이 소식을 읽으며 내가 전혀 몰랐던, 아니 몇 분 전까지만 해도 존재했다는 사실조차 몰랐던 한 여성의 때 이른 죽음에 가슴이 아파오는 걸 느꼈다. 하지만 그 통증에 대해 오래 생각하지는 않았고, 커피 한 모금을 마시고는 연구 결과들을 스크롤해가며 계속 읽었다. 그러다 어느 심포지엄에서 발표되었던 한 편의 글을 발견했다. 사회과학에서의 나이듦을 연구하는 교수인 로버트 H. 빈스톡[7]이 쓴 「버니스 뉴거튼의 생애와 학문적 통찰력을 기념하는 헌사」였다. 빈스톡은 뉴거튼의 개념들을 요약하고 그것들의 광범위한 영향력을 입증하면서, 뉴거튼을 명석한 지성과 너그러움을 지닌 여성이자 그에게 일종의 멘토였던 사람으로 정말 따스하게, 존경을 품고 그려냈다. 구글에 로버트 H. 빈스톡을 검색해봤다. 그 역시 세상을 떠난 뒤였다. 이 지점에서, 나는 의자에 뒤로 기대앉아 커피와 노트북을 치우고 생각했다. 난 여기서 뭔가 하고 있어. 그런데 내가 뭘 하고 있는 거지?

　잠시 생각한 뒤에 알게 되었다. 나는 영감을 주는 이 매력적인 여성이 세상을 떠났고 내가 결코 그와 대화할 수 없게 되었다는 사실에서 고통을 느끼는 대신에, 가슴속의 그 통증과 함께하면서 그것을 마음속에 받아들여 이 상실을 느끼고 생각하고 애도하는 대신에, 머릿속에서, 그리고 구글에서 정신없이 돌아다니며 그를 대체해 인터뷰할 수 있는 다른 사람들을 찾으려 애쓰고 있었다. 현실을 받아들이고 상실을 애도하는 일로부터 도망치고 있었다. 죽음이란 사람들이 영원히 사라지고, 더 이상 어떤 질문들에도 대답할 수 없게 된다는 뜻이며, 삶은 계속되다가 끝나고, 그러면 그것은 정말로, 진정으로 끝이라는 이 깨달음을 마음에 품을 기회로부터 도망치고 있었다.

　나는 의자에 뒤로 기대앉아 두 눈을 감고 얼굴에 불어오는 산들바람을 느꼈다. 이 여성이 더 이상 살아 있지 않다는 사실을 생각하려고 노력했다. 그가 쓴 글들은 남아 있지만 그와 대화를 나눌 일은 없을 것이고, 그의 목소리를 들을 일도, 그를 너그러운 멘토라고 느낄 일도, 그리고 만약 그가 그것이 가능하다고 생각한다면 인생의 말년에 성장한다는 것이 무엇을 의미하는지 그의 생각들을 알게 될 일도 결코 없을 것이다. 눈물로 두 눈이 따끔거리는 걸 느끼며 생각했다. '아프다.' 무언가는 우리를 아프게 하고, 그렇게 아프게 한다는 건 중요한 일이다. 오래전 내가 조사를 시작하면서 배웠던 무언가가, 나를 감동시켰던 하나의 생각이 머릿속으로 흘러들어온다. 내가 기억하기로는 내터슨 호로위츠와 이야기를 나누면서 했던 생각인데, 동물들의 청소년기에 대한 그의 이해는 나의 10대 시절을 바라보는 내 인식을 바꿔놓았다. 그것은 어른이 되는 일은 고통스럽고 힘들며, 우리가 배우고 변화하고 성장하기 위해서는 고통스럽고 힘들어야만 한다는 생각이었다.

뉴거튼이 1970년대에 '젊은 노년의 나이'라고 불렀고, 1980년대에 사학자 피터 래슬릿이 '제3 연령기'라고 명명해 유명해진 이 생애 단계는 근대 초기 영국에서는 훨씬 더 일찍부터 '원기 왕성한 노년green old age'으로 알려져 있었다. 테인은 이 시기가 "건강과 활기, 그리고 쇠퇴해가는 몇몇 능력"[8]이 특징인 삶의 부분이라고 쓰고 있다. 이 시기는 긴 역사를 지니고 있지만 지금 이 시대에 가장 중요한 생애 단계다. 〈이코노미스트〉는 2020년대를 '젊은 노년의 시대', 혹은 에디토리얼에서 마치 이 인구 집단에 붙일 이름이 충분치 않다는 듯 제시한 단어로는 '청노년the yold'의 시대라고 명명했다.[9] 베이비붐의 정점은 1955년부터 1960년까지였고, 그때 태어난 베이비붐 세대가 2020년대에 60대 중반이 되면서, 2020년에 부유한 나라들에서 65세부터 74세까지의 인구는 1억 3400만 명에 이르는 것으로 추정되었고, 이는 해당 국가들의 인구에서 2000년의 8퍼센트보다 상승한 11퍼센트를 차지하는 것으로 나타났다. 어떤 대규모 연령 집단보다도 빠른 성장세다.[10]

나는 취리히대학교 성인발달심리학 연구 교수인 알렉산드라 프로인트에게 '젊은 노년'이 오늘날에 지니는 의미를 설명해달라고 부탁한다. 프로인트는 자신의 일생에서 노인에 대한 고정관념이 어떻게 변화해왔는지 들려주는 것으로 시작한다. "제가 어렸을 때, 사람들은 나이 많은 어른을 뚱뚱하고, 희끗희끗한 머리는 파마를 해서 온통 부풀려 모양을 내고, 볼품없는 원피스를 입은 여자로 정형화해 생각했어요. 그 사람들은 좀 덩치가 크긴 했지만 말하자면 친절하고 무해한 사람들이었어요. 그게 나이든 여성들을 '할머니'로 정형화한 모습이었죠. 나이든 남자들에 대해 말하자면, 음, 그 사람들은 말수가 적었어요. 성격이 괴팍할 수도 있었고, 지팡이를 갖고 다녔는데 누군가가 예의 바르게 행동하지 않으면 그걸 그 사람한테 휘둘렀죠. 그런 이미지였어요. 그리고 거기에는 극적인 변화가 있었죠." 프로인트는 그 변화를 이렇게 설명한다. 이제 이 단계에 가까워지는 사람들을 정형화한 모습은 건강하고 활동적인 모습이며, 만약 능력과 "주의 사항—돈"만 있다면 많은 사람들은 '이제 내가 언제나 하고 싶었던 일을 해야지' 하고 생각하면서 이 단계에 들어선다. 이것은 프로인트가 이 단계를 '버킷리스트 생애 단계'라고 부르는 이유이기도 하다. 프로인트의 연구는 이런 버킷리스트가 단지 고정관념 속만이 아니라 현실에도 존재하며, 그 내용은 서로 다를 수 있지만 다양한 사회경제적 스펙트럼에 걸쳐 발견된다는 사실을 보여준다. 부유한 사람들은 호화로운 여행 계획을 리스트에 올리는 반면, 그보다 덜 부유한 사람들은 공동체 텃밭에서 식물 가꾸기처럼 비용이 덜 드는 즐거운 일들을 포함시킨다. 버킷리스트에 오르는 다른 항목들로는 자선사업에 참여하기, 운동, 휴식, 독서, 그리고 친구들과 가족과 더 많은 시간 보내기 등이 있다.[11]

이 개념을 만들어낸 자신의 논문에서 프로인트는 이런 변화의 원인을 부분적으로는 우리의 수명이 연장되었다는 사실에 돌린다. 수명 연장은 거의 전 세계적으로 나타나는 현상이며, 프로인트는 이것을 "아마도 틀림없이 지난 몇 세기에 걸쳐 가장 극적이었을 인구통계학상의 변화"라고 부른다. 노년기를 규정하는 요소들이 2천 년에 걸쳐 크게 변하지 않았고, 능력 있는 노인들이 언제나 존재해온 건 사실이지만—테인에 따르면 베네치아 공화국의 총독이었던 엔리코 단돌로는 1204년 제4차 십자군을 이끌었을 때 97세였다—, 변한 게 있다면 나이드는 일이 20세기에 역사상 처음으로 평범한 일이 되었다는 것이다. 같은 시기에 의학에서 노인의학이라는 새로운 전문 분야가 국제적으로 발전한 것은 우연이 아니다. '노인의학'은 1909년 오스트리아계 미국인 의사인 이그나츠 내셔가 만들어낸 용어인데, 내셔는 노인들에 대한 의료를 진지하게 다룰 것을 요구하며 투쟁해야 했다. 테인은 이렇게 쓰고 있다. "내셔는 의사들이 노인들의 건강이 나쁘다는 사실에 충분히 주의를 기울이지 않는다고 생각했고, 그의 생각은 옳았다. 노인들은 살날이 얼마 남지 않았으므로 그들을 치료하려고 애쓰는 것은 가치 있는 일로 여겨지지 않았다."[12] 그 뒤에는 거의 반세기가 지난 1948년에 국민보건서비스가 등장해 영국의 모든 사람들에게 무료로 의료 서비스를 제공했고, 이제 우리 가운데 점점 더 많은 사람들이 더 오래 살며, 노년의 시간을 조금 더 건강한 상태로 살아간다. 물론 이것은 사회에서 좀 더 혜택받은 사람들에게 그러하며, 의료 불평등은 여전히 가혹한 부당함으로 남아 있지만 말이다. 프로인트는 자신의 논문에서, 더 길어진 삶에 대한 이런 기대로 인해 우리는 즐길 수 있는 활동들로 채워진 '버킷리스트'를 중년기 이후까지 미뤄둘 수도 있는데, 이는 그 시점까지 커리어를 추구하고 가정을 꾸리는 등 몹시 많은 것을 요구하는 일들에 몰두해 있기 때문이라는 이론을 세운다. 프로인트는 이런 구분이 "(일이나 가족 같은) 의무적인 목표들을 먼저 추구하고 만족은 뒤로 미루는 프로테스탄트 노동 윤리를 따르는 서양의 문화적 각본"에 순응하는 것이며, 오직 그런 다음에야 우리는 "은퇴한 뒤 '놀이'에 의지한다"[13]고 쓰고 있다. 마치 주요리를 먹고 야채도 다 먹은 뒤에야 디저트를 자신에게 허용하는 것과도 같다. 그러니 이제 '은퇴'라는 말을 들으면 우리는 자신을 돌보는 일을 포기한 채 심술궂고 인색하고 늙어빠진 모습으로 변해버린 사람들을 떠올리는 대신 마음의 눈을 통해 아주 다른 이미지를 보게 된다. 프로인트는 TV의 묘사와 광고를 보는 일이 이미지와 고정관념이 어떻게 변해왔는지를 살펴보는 훌륭한 방법이라고 말한다. "그런 것들을 보면 희끗희끗한 머리를 한 조지 클루니 타입의 매력적인 남자 노인이 나오죠. 여자들도 마찬가지예요. 여자들은 머리가 희끗희끗한 경우도 있지만 꼭 그런 건 아니고, 주름이 별로 없어요." 멋지게 옷을 차려입은 그들은 자전거를 타고, 하이킹을 하고, 유람선을 타고 있거나 해변을 따라 걷는 활기찬 모습으로 그려진다. 심지어는 비아그라 광고들도 이런 주제를 따라가는데, 광고 이미지들이 생물학적 나이와 관계된 변화들을 드러내기는 하지만, 그럴 때도 인물들은 성적으로 활기차고, 튼튼하고, 매력적인 모습으로 그려진다. 이 모든 것은 우리가 이 생애 단계를 인지하는 방식에 영향을 미친다. 프로인트는 이내 이것들이 다큐멘터리가 아니라 광고라는 사실을 인정한다. "물론 나이든 사람들은 실제로는 저렇지 않아요. 아침에 일어나면 당연히 피곤하고, 운동하고 싶다는 생각도 안 들죠. 집 청소와 설거지도 여전히 해야 하고요. 항상 해변에 비치는 햇살 같지는 않죠." 하지만 이런 이미지들은 분명 오늘날 우리가 초기 노년기를 어떻게 바라보는지에 대해 무언가 중요한 사실을 말해준다. "제가 보기에 많은 사람들은 그 시기가 광고에 나오는 것 같은 모습이기를 기대하는 것 같아요." 프로인트는 우리 대다수의 판타지 속에서 젊은 노년은 모두에게 친숙한 광고들 속 이미지—언제나 즐겁게 지내는 아름답고 튼튼하고 건강한 사람들의 이미지—를 하고 있다고 말한다. 그건 판타지지만, 여전히 궁금하다. 그럼 현실은 무엇일까? 그리고 그 판타지는 어른이 되는 일에 어떤 식으로 방해가 될 수 있을까?

세라 램은 자신의 저서 『동시대적 집착으로서의 '성공적으로 나이들기': 전 세계적인 관점』[14]의 첫머리에서 내가 가장 좋아하는 작가 중 한 명인 무라카미 하루키를 인용한다. "요절하는 일을 피해 간 사람들에게 주어지는 특권 중 하나는 늙어갈 권리라는 축복이다. 육체의 쇠퇴라는 영예가 기다리고 있고, 당신은 그 현실에 익숙해져야 한다."[15] 이 두 문장을 램의 책에서 다시 만났을 때, 그 문장들에 내 직관적인 이해를 뛰어넘는 중요한 의미가 담겨 있다는 걸 알았다. 나는 그것을 필사한 다음 마음속에 간직해 두었다.

매사추세츠주 월섬에 있는 브랜다이스대학교 인류학과 교수로서, 램은 나이듦을 "단순히 생물학적 과정으로서가 아니라 나이듦의 의미에 담긴 사람들의 믿음과 태도로서도 바라보면서, 또한 그것이 어떻게 느껴지며, 인간의 본질에 대한 생각들과 어떤 관련이 있는지도 살펴보면서" 특수한 렌즈를 통해 연구하고 있다고 말한다. 램은 우리가 생애 과정에 걸쳐 겪는 변화들에 대해 다음과 같은 질문들을 던진다. 이런 변화들은 무엇을 의미하는가?

우리는 그것들을 받아들이는가, 부인하는가? 나이듦은 좋은 것인가, 나쁜 것인가? 거기에는 어떤 종류의 낙인이 따라붙을 수 있는가? 그것은 젠더, 가족, 일과 어떻게 연관되는가? 램은 자신의 작업의 핵심에 "나이듦은 인간의 상태 가운데서도 매혹적인 한 부분이며, 운이 좋아 장수하게 되면 거치게 되는 과정"이라는 원칙이 있다고 말한다.

나는 온라인으로 램과 대화를 나눈다. 얼굴은 보이지 않지만, 그에게서 가장 먼저 알아차리게 되는 것 중 하나는 목소리다. 램의 목소리는 낙천적이고 활기차게 들리고, 태도는 몹시 따뜻하고 친절하다. 마치 나이듦이 언제나 해변에 비치는 햇살 같은 거라고 생각하는 사람의 목소리 같지만, 사실 램은 훨씬 더 신중한 방식으로 문제에 접근한다. 내가 늘 던지는, 당신은 어른이냐는 첫 질문을 던지자 램은 이렇게 대답한다. "재미있네요. 저는 정말로 제가 어른이라고 느끼는 것 같긴 해요. 하지만 그렇게 되는 데는 오래 걸렸죠. 저 자신이 지금 그 '젊은 노년'이라는 시기에 들어맞아요. 20대 때부터 나이듦을 연구해왔는데 올해 예순 살이 됐네요. 더 많은 사람들에게, 그리고 저 자신에게 '나 이제 늙고 있어'라고 말하기 시작했어요." 램은 서른다섯 살이나 마흔 살 가까이 될 때까지 자신이 어른이라고 생각하지 않았다. 계속 자신이 젊다고, 아마도 교수나 인류학과 교수가 되기에는 너무 젊다고 생각했다. 하지만 램은 이제 정말로 자신이 어른이 되었고 '늙수그레한 나이의 초입'에 들어섰다고 느낀다. 원칙적으로는 나이듦을 영예이자 특권으로 여기면서 저서 첫 페이지에 무라카미 하루키의 문장을 인용하고 있지만, 심지어 램조차도 자신을 그 범주에 넣기 시작하게 되니 나이드는 일의 의미에 관한 부정적인 고정관념들로부터 벗어나기가 힘들다고 한다. "요즘 사람들이 자기가 늙었다고 할 때 그 말에 내포된 뜻은, 특히 대중문화에서 그런데요, 활기가 떨어지고, 발전하고 있지 않고, 성장하고 배우기를 그만두고 있다는 것이고, 그런 의미들은 우리에게 스며듭니다. 저는 그런 고정관념들이 정말로 존재하고, 그렇기 때문에 늙음이라는 개념을 혼자 힘으로 기꺼이 받아들이기는 어렵다고 생각해요." 나이듦과 어른이 되는 일에 관해 생각할 때 필연적인 이런 갈등은 우리에게 중요한 질문 하나를 남긴다. 우리는 우리가 노화를 원하지 않는다는 사실에 대해 개인으로서, 하나의 문화로서, 사회로서 무엇을 하고 있는가?

이 질문에 대한 한 가지 대답은 '성공적으로 나이들기 운동'[16]과 그에 대한 램의 분석에서 찾아볼 수 있다. '성공적으로 나이들기'라는 말을 듣자마자 그 의미를 직관적으로 알 것 같았다. 당신이 나처럼 미국에서 보편적인 것이 된 노인학 이론에 무지하다고 하더라도, 사회학이나 건강이나 노년에 대해 아는 것이 없다고 하더라도, 성공적으로 나이든다는 것, 잘 나이든다는 것이 무슨 뜻인지는 알고 있을 것이다. 그것은 해변을 걷는 조지 클루니 같은 모습일 수도 있다. 램은 "'성공적으로 나이들기'는 나이드는 일의 부정적인 면들을 의술과 개인의 노력에 의해 점점 더 멀리로 밀어내거나 심지어는 사라지게 할 수도 있다고 고무적으로 상상한다"고 쓰면서, 이런 상상이 "예전에는 일반적으로 노년과 연관되었던 쇠퇴, 취약성, 의존성 같은 것들을 지워버리려는"[17] 우리의 모든 시도의 기저에서 발견된다고 덧붙인다. 내가 보기에 '성공적으로 나이들기'는 좀 더 화장품 용어처럼 들리는 '안티에이징' 의 의사 승인 버전 같다. 그것은 모든 면에서 사력을 다해 나이듦 과 싸우는 일로, 우리가 운동과 스도쿠와 보습을 통해 늙음을 몰 아낼 수 있다는 환상에서 기인하며, 다시 그 환상을 강화한다. 물 론 어불성설이다. 우리가 어린 시절 '까꿍 놀이'를 하면서 제일 먼 저 배우는 교훈 중 하나는 무언가를 보다가 눈을 감는다고 해서 그것이 사라지는 게 아니라는 사실이다. 나는 최근 마치 새로운 소식이라는 듯 "노화 과정은 멈출 수 없다는 전례 없는 연구 결과 나와"[18]라는 제목이 붙은 어느 신문 기사를 보고 웃을 수밖에 없 었다. "연구 결과 생물학적 제약 때문에 인간의 노화 속도는 늦출 수 없는 것으로 밝혀져"라는 부제 또한 똑같이 어이없었다. "곰은 숲속에 똥을 싼다"라는, 그만큼이나 획기적인 뉴스 기사를 읽게 되길 기대해봐야겠다. 그러나 '성공적으로 나이들기' 이데올로기 는 미국에서는 "굉장히 널리 퍼져 있고 내면화된 문화의 일부"라 고 램은 말한다. 램은 이 운동의 어떤 측면들은 "특수하게 미국적" 이지만, 그 영향력은 다른 나라들과 문화들에서도 느껴지는데, 영 국과 유럽에서는 '건강하게 나이들기'와 '활기차게 나이들기'라는 용어가 더 많이 쓰이고 있다고 덧붙인다. 성공적으로 나이들기 위 한 사고방식은 『내년에는 더 젊게』 『영원히 젊게 사는 법』 『젊어지 고 오래 사는 101가지 방법』 같은 제목의 인기 있는 자기계발서들 에서 찾아볼 수 있는데, 이런 책들의 목록은 한없이 계속된다. 이 같은 현상은 전체 시간의 절반쯤이 '성공적으로 나이들기'에 할당 되는 노인학 학회들에서도 볼 수 있고, 서구 세계에 사는 사람들 주위의 모든 곳에서, 값비싼 주름 방지 크림과 그것을 사고 싶어하는 우리의 마음에서, "이제는 60살이 새로운 40살"이라는 문구에서, 누군가를 늙었다고 일컫는 무례함에서, 젊음 지상주의가 만연한 우리 사회 어디서나, 하나의 문화적 명령의 형태로 찾아볼 수 있다.

　　나이듦에 대한 이런 태도에 너무도 깊이 물들어 있는 까닭에, 그런 태도가 우리의 심리와 문화에 대해 구체적인 무언가를 드러내준다는 사실을 깨닫기 어려울 수 있다. 그것은 '늙음은 나쁘다'는, 겉으로 보기에는 객관적인 사실의 반영에 반대되는 무언가다. 물론 '성공적으로 나이들기' 패러다임에는 많은 이점들이 존재한다. 운동을 많이 하고 지중해식 식단을 먹으면 건강에는 좋다. 우리가 이 생애 단계를 한직으로 내쫓기는 시기가 아니라 에너지와 열정이 넘치는 시기로 바라본다면, 더 창조적이고 충만한 삶을 주도해야겠다는 마음이 생길 수도 있다. 하지만 머리를 염색하는 일이 딱히 건강한 일은 아니고, 지팡이나 보청기가 필요한데도 쓰지 않으려 하는 태도에는 무언가 건강하지 못한 면이 있다. 램은 말한다. "우리가 '건강하게 나이들기'라고 부르는 많은 것들은 그저 '나이드는 일은 나쁘기' 때문에 나이듦을 부정하는 일일 뿐이에요. 우리는 건강하게 살려고 노력하면서도 노년을 삶의 일부로 받아들일 수 있습니다." 램은 인류학자 호러스 마이너의 말을 인용하며, 인류학의 연구 과제 중 하나는 그저 "낯선 것들을 친숙하게 만드는 것", 즉 밖으로 나가 주위를 둘러보며 다른 문화를 이해하려고 애쓰는 것뿐만이 아니라 "친숙한 것들을 낯설게 만드는 것", 즉 우리 사회를 별스러운 면들도, 편견들도 있고 스스로에게 거짓말도 하는 하나의 문화로 명확하고 투명하게 바라보려 노력하는 것이기도 하다고 말해준다. 이런 면에서, 그리고 다른 여러 면에서도 인류학은 정신분석학과 비슷한 점이 많다. 우리는 우리가 자신에게 하는 거짓말로 이루어진 머릿속의 배경 소음을 듣는 능력을 발달시킴으로써 친숙한 것들을 낯설게 만들 때만 변화와 성장을 바랄 수 있다. 그리고 너무도 친숙해진 것들의 낯선 면모를 깨닫는 일은 우리가 노년을 바라보는 방식에 있어 특히 중요하기도 하다. 왜냐하면 "'성공적으로 나이들기'라는 동시대의 패러다임은 나이듦을, 그리고 인간으로 산다는 것이 무엇을 뜻하는지를 상상하는 데 있어 유일한 방식도, 반드시 가장 좋거나 가장 인간적이거나 가장 영감을 주는 방식도 아니기 때문"이라고 램은 적고 있다.

그레이엄의 목소리는 다정하고, 그 목소리에는 불확실하고 자신 없는 느낌이 묻어 있다. 그건 인터뷰를 하는 동안 그가 이야기하는 통렬할 만큼 정확한 감정적 진실들에 내가 여러 번 허를 찔리게 된다는 뜻이다. 때때로, 나는 그가 살짝 망설이는 듯한 느린 말투에 담아 전하는 감정의 깊이에 놀라 숨을 헉 들이마신다. 나는 평소처럼 그에게 이렇게 묻는 것으로 시작한다. 당신은 어른인가요? "별로 그렇지는 않아요." 그레이엄이 대답한다. "저는 예순다섯 살이고 한 달 뒤면 예순여섯 살이 되는데, 수치상 어른이겠지만, 사실 제가 어른이라는 생각은 전혀 안 든다고 말해야 할 것 같네요." 그럼에도 그레이엄에게는 어딘가 내가 공감할 수 있고 나 역시 성장해서 도달할 수 있을 것 같은, 그렇게 멀게 느껴지지만은 않는 어른스러운 면이 있다. 어쩌면 그건 그가 자신의 어른스럽지 않은 면들에 대해 깊이 자각하고 있는 듯 보여서인지도 모르겠다. 그레이엄은 자기 자신의 어린애 같은 부분을 항상 잘 알고 있었고, 지금도 잘 알고 있다고 말한다. 그런 부분이 들어갈 공간을 어떻게 만들어야 하는지도 항상 잘 알았던 건 아니지만 말이다. 그레이엄은 어느 교육기관에서 강사로 40년 동안 일했고 최근에 은퇴했다. "그 기관에서는 겉치레를 하는 게 굉장히 중요했습니다. 그 안에서 살아남으려면 박식하고 권위 있으면서도 굉장히 쌩쌩해 보여야 했어요. 그렇게 겉치레를 하고 있을 때면 저는 그런 모습과는 거리가 멀고, 아주 연약하고 수줍음이 많은 데다 말수도 적은 제 내면 아이를 극복하려고 항상 애를 쓰곤 했죠." 그는 살아남기 위해 40년 동안 "진짜 저 자신이었던 이 사람을 끊임없이 무시하고 있었다"고 털어놓는다. 그레이엄의 목소리와 말하는 방식을 생각해볼 때 이 말은 이해가 간다. 그의 한쪽에는 우유부단하고 자신 없고 수줍어하는 아이가 있고, 다른 쪽에는 언변이 뛰어나고 두뇌가 명석하고 명민한 어른이 있다. 나는 절대로 자기 자신이 될 수 없다는, 언제나 진짜 자기 자신을 숨기고 있다는 그의 이런 감각에 호기심이 생긴다. 어떤 면에서는 그 감각에 정말로 공감할 수 있을 것 같은 느낌이 들지만—나 역시 어른처럼 보이는 등딱지로 진짜 나 자신을 숨겨왔다고 느끼니까—, 우리 사이에 차이점이 있다면 나는 이 연약한 부분을 너무도 효과적으로 차단해버린 나머지 아직 등딱지 밑에 누가 있는지도 알지 못하는 반면, 그레이엄은 왠지 진짜 자신의 모습을 알고 있는 것 같다는 점이다. 그레이엄은 누구일까?

우리는 맨 처음부터 시작한다. 리버풀 중앙병원에서 태어난 그레이엄은 삶의 첫 5년을 도시의 노동자계급 지역인 부틀에서, 숙모들과 삼촌들, 조부모님으로 이루어진 대규모 확대가족에 둘러싸여 보냈다. "그건 당시 가난이 흔했던 북부 지역에서 굉장히 전형적인 삶의 모습이었다고 생각해요." 그레이엄은 그렇게 말하며 주로 친척들의 집에 찾아가며 보냈던 행복했던 어린 시절을, 교사였던 아버지가 좀 더 잘사는 지역인 크로즈비로 이사를 가기에 충분한 돈을 모은 뒤에도 그런 방문이 오랫동안 계속됐던 일을 회상한다. "리버풀에 산다는 것, 그리고 항구와 가까운 곳에 산다는 것이 저희 가족의 삶에 주된 영향을 미쳤어요. 우리는 머지 강을 오르내리는 배들을 보려고 해안까지 걸어가곤 했죠." 어린 시절에 인상 깊었던 기억이 있다면 공유해달라고 청하자 그레이엄은 그가 세 살하고 6개월일 때 여동생이 태어났는데, 그때 기타를 선물로 받았다는 이야기를 들려준다. "플라스틱으로 만들어진 기타였는데 동생과 함께 제게로 왔죠. 저한테는 굉장히 영감을 주는 일이었어요. 당시 리버풀에서 우린 온통 음악에 둘러싸여 지냈는데, 그때가 비틀스가 급격히 인기를 얻고 있던 때였죠." 10대가 되자 그레이엄은 학교에서 친구들과 함께 록밴드를 결성해 동네 교회 강당에서 공연을 했다.

아버지와 선생님들에 대한 반항으로 머리를 기르고 모든 시간을 학교 공부 대신 밴드 연습을 하며 보낸 뒤, 그레이엄은 O레벨 시험을 말아먹고 결국 지방 대학에서 경영학 보통 1급 기술 검정이라고 불리는 것을 따기 위해 공부하게 되었다. 그레이엄이 하고 싶었던 일은 아니었지만—그가 정말로 하고 싶었던 건 음악을 공부하는 것이었다—, 놀라운 반전으로 그는 노무관리에 열렬한 관심을 갖게 되었고, 거기에 소질도 있었다. 그렇게 해서 결국 40년 동안 강사로서의 커리어가 이어지게 되었다.

그레이엄은 30대 중반에 어른으로서 밟아야 하는 모든 단계를 거쳐 집을 샀고, 결혼을 했고, 아버지가 되었지만, 그의 결혼생활은 딸이 일곱 살 때 파탄이 났다. 그는 그다음 10년 동안 "최대한 긍정적이 되려고 노력하면서 딸아이와 일에 자신을 바치기로 결심했다"고 한다. 일하면서 혼자 아이를 키우는 아버지로서, 그는 자기 자신을 위한, 다시 말해 자기탐구나 다른 관계들을 위한 시간을 별로 갖지 못했고, 당시 그의 개인적인 삶은 보류돼 있었던 것 같다. "이혼하고 나서 저는 말하자면, 이를테면 완전히…… 살아 있는 것 같다는 느낌이 들지 않았어요. 결혼생활이 무한히 이어질 줄 알았는데 그렇지 않더라고요." 그는 어느 시점에 이렇게 생각했다. '어떤 상황에든 몰두해야겠구나. 안 그랬다간 그냥 가라앉아버리고 말겠어.'

중요한 성장 경험은 그레이엄이 50대 초반이 되었을 때, 브리스톨의 그가 살던 곳 근처에 있던 아일랜드 포크 센터에서 바이올린 연주자를 구한다는 소식을 들었을 때 찾아왔다. "열 살쯤 됐을 때 학교에서 연주해본 뒤로는 바이올린을 손에 잡아보지 않았어요. 하지만 그걸 다시 집어들어보니 그 감촉도, 다시 연주하는 느낌도, 너무나도 옛날을 떠오르게 하더군요." 그에게 묻는다. 그 느낌이 어땠나요? 그의 아름다운 대답은 몹시 감동적으로 느껴진다. "그 느낌은, 그 느낌은…… 어땠지? 악기에는 굉장히 촉각적인 느낌이 있고, 거기에 짜릿함이 있거든요. 여기서 어떤 소리를 얻을 수 있을까? 하는 거죠. 그리고 그 나무, 나무로 된 몸체가 울림도 모양새도 굉장히 아름답거든요. 어렸을 때부터 어떤 악기든 볼 때마다 그렇게 느꼈어요. 지금 저에게는 악기들이 최고로…… 저는 BMW나 다른 무엇보다 악기 하나를 만져보거나, 보거나 하고 싶어요. 악기가 훨씬 더한 짜릿함을 주거든요. 그런데 브리스톨에서 바이올린을 다시 집어들었을 때, 그게 저를 학교에서 바이올린 연주를 하던 옛날로 옮겨놓았던 거예요."

어른이 되어 처음으로 바이올린을 손에 들었을 때, 그레이엄은 사실 연주를 제대로 하지 못했고, 계속하게 될 것 같다는 생각도 들지 않았다. "하지만 15년 동안 계속해왔죠. 그리고 이 바이올린이 놀라운 매개체가 되어주었고요."

그레이엄은 결국 런던으로 이사해 '이스트 런던 레이트 스타터스 오케스트라'에 들어갔고, 지금은 그가 자라난 곳으로 다시 옮겨온 뒤에 '요크셔 레이트 스타터스 스트링스'에 들어갔는데, 하나의 자선단체에 속한 이 두 조직은 성인이 되어 악기를 처음 접하는 사람들이 연주법을 배우고 공동체의 일원이 될 기회를 제공한다. 자신의 바이올린이 "음악을 만들어내는 멋진 악기였을 뿐 아니라 친구들을 사귀는 데도 멋진 도구가 되어주었다"고 그레이엄은 말한다. "취미가 같은 사람들 사이에서는 말을 사용하지 않고도 너무도 아름답고 편안하게 상호작용과 소통을 하는 방법이 있거든요." 언제나 한발 앞서는 것, 유능하고 말을 아주 잘하는 것이 중요했던 학계에서는 늘 그렇지는 않았다. "악기하고는 그런 게 없어요. 악기와 하나의 공동체를 이루는 느낌이에요. 거기서 나오는 근사한 종류의 공감대와 아름다움이 있죠."

그레이엄이 자신이 음악과 맺고 있는 관계에 대해 말하는 걸 듣고 있자니 선물을 받는 기분이다. 그는 몹시 개인적인 무언가를 공유하고 있고, 그의 목소리에서는 그가 살아 있다는 것이 느껴진다. 그가 이 이야기를 인생 말년의 성장에 관한 이야기의 일환으로 꺼낸 것이 몹시 흥미롭다고 나는 그에게 말해준다. 이 이야기는 사실 그의 어린 시절과, 좀 더 쉽게 들뜨고 활기찬 그의 일부와 연결되는 일에 관한 이야기처럼 들리기 때문이다. 강의실의 어른이 되어야 한다는 것이 강사로서 해야 할 직무였기에 그는 이 활기찬 부분을 억눌러야 했다. "맞아요, 바로 그거예요." 그레이엄이 대답한다. 그는 아일랜드 포크 모임에 들어간 일이 그의 어린애 같은 부분을 다시 일깨워줌으로써 진정한 자신이 될 기회를 얻었다고 느낀다. 그것이 바이올린을 다시 집어들었을 때 그레이엄이 느낀 것이었다. "어린 시절에는 새로운 것들을 발견하고, 우주에 대해 궁금해하고, 세상일에는 뭔가 마법적인 면이 있을 거라고 생각하는 부분이 있죠. 굉장히 천진난만한 부분인데요, 전 그걸 되찾았어요." 다른 많은 어른들이 그래 보이듯 단단해지지 못했기 때문에, 그레이엄은 많은 면에서 자신을 유별난 어른이라고 생각한다. 그에게는 여전히 연약한 데가 있다. "음악은 그 부분과 연결되어 있어요. 음악에서 오는 굉장히 강렬하고 직접적인 감정적 효과가 있고, 그 효과는 아직 탐험해보지 않은 것, 무언가 놀라운 것과 관련되어 있죠."

바이올린을 다시 집어드는 일은 그레이엄이 자기 자신과, 그리고 타인들과 예전과는 다른 종류의 관계를 맺기 위한 새로운 가능성들을 열어주었고, 그렇게 해서 그가 "이혼 이후 삶의 재건"이라고 부르는 것이 한 단계씩 시작되었다. 이것은 그레이엄에게 절실히 필요했던 인생 말년의 성장 경험이었다. 그것은 새로운 친구들을 사귀는 일로 시작되었고, 그 일은 그레이엄의 자존감에 정말로 도움이 되었다. 그는 사람들이 사실 자신을 좋아한다는 걸, 그리고 여자들은 사실 자신을 매력적이라고 생각한다는 걸 깨달았다. "그런 일이 전에는 별로 없었거든요." 이것은 그레이엄의 50대 초반에서 중반까지, 다시 말해 "우정이, 그리고 너무 거만해지지 않으면서 재미있고 자극이 되는 사람이 되는 일이 더 중요한 시기"에 일어난 일이었다. 시간이 지나면서 그레이엄은 서서히, 차츰차츰, "마음을 가다듬고 자신을 재건할 수" 있다는 사실을 깨달았다. 하지만 그는 예전의 그 사람이 아니었다. "저는 제가 다른 사람, 저 자신을 좀 더 편안하게 느끼는 사람이 되었다는 걸 깨달았어요. 어떤 지점에 이르러서는 이렇게 생각하게 됐죠. 난 그냥 나 자신이 되어야겠어. 나를 위해 지어진 집 안에서 다른 누군가가 되려고 애쓰지는 않을 거야. 난 그냥 나 자신이 될 거야." 얼마나 멋진 성장 경험인가.

3년 전, 예순세 살이 된 그레이엄은 반려자가 될 사람을 만났다. 그의 반려자는 그와 마찬가지로 젊은 노년기를 통과 중인 사람인데, 단지 나이에 있어서만 그런 건 아니다. "제 생각에 우리는 둘 다 다른 사람들이 뭐라고 생각하는지에는 별로 신경이 쓰이지 않는 지점에 도달한 것 같아요. 우린 그 사람들하고 경쟁하고 있지 않고, 서로에게 자신을 증명하려고 애쓰고 있지도 않죠." 봉쇄조차도 어떤 면에서는 그들에게 제법 긍정적인 작용을 했다. 그들의 삶에 덧붙여져 있던 갖가지 복잡한 문제들과 외부의 영향들이 사라지고 "굉장히 단순한 삶"이 남았기 때문이라고 그는 말한다. "이 나이에 관계를 맺는 일에는 일종의 인디언 서머• 효과가 있어서, 연기를 하거나 중요한 사람이 되어야 한다는 압박감이 별로 없는 것 같아요. 제 딸 세대에는, 그리고 아마도 선생님 세대에는, 중요한 사람이 되어야 하고, 어떤 인상을 주어야 하고, 항상 상호작용을 해야 한다는 압박감이 너무도 많을 텐데, 저는 그런 것들의 많은 부분이 상당히 인위적이라고 생각해요." 그레이엄이 이렇게 말했을 때 위안의 파도가 나를 씻어내리는 게 느껴진다. 그건 내가 정신분석을 통해 진실된 것을 말하는 누군가를 접하면 느끼게 된 감정이다. 나는 내가 어떤 인상을 주어야 한다는 그 외적이고 내적인 압박감으로부터—아동청소년 심리치료사 에어리얼 네이선슨이 1장에서 묘사했던 내 머릿속의 구라쟁이로부터—벗어날 수 있기를 바라지만, 그 압박감은 너무도 구석구석 스며들어 있고 은밀하게 퍼져 나가는 것이어서 나는 그저 그것을 알아보는 능력을 막 키우기 시작했을 뿐이다. 그럼에도 그건 발전이라고 생각한다. 그레이엄은 자신과 반려자가 예전과는 다르면서 새로운, 자신들에게 도움이 되는 방식으로 관계를 만들어가고 있다고, 그리고 그 과정에는 어떤 외적 압력도 그들이 어떻게 살게 될 거라는 가정도 존재하지 않는다고 설명한다. "우린 둘 다 아주 오랫동안 싱글로 지내왔기 때문에 서로 다른 점들이 있어요. 그래서 우리가 관계를 꾸려가는 방식은 함께 보내는 시간을 갖고, 따로따로

---

• 가을에서 늦가을 사이에 찾아오는 따스한 날씨에서 온 말로, 인생 말년의 포근하고 행복한 나날들을 뜻한다.

보내는 시간도 갖는 거예요. 오랫동안 혼자 살아왔기 때문에 제가 원하는 일을 하려면 혼자만의 시간과 공간이 필요하거든요." 그들은 따로 떨어져 살지만 주말에는 서로 방문해 함께 시간을 보내고, 그러면서도 두 사람 모두가 정말로 좋아했던 독신 생활의 구성 요소들은 계속 유지하고 있다. 내게는 이 생애 단계의 어떤 부분인가가 그레이엄이 마침내 자신을 편안하게 받아들이는 한 남자로 성장할 수 있게 느끼도록 의도해온 것처럼 보인다.

그레이엄이 학계의 커리어에서 은퇴하고, 반려자가 될 사람을 만나고, 런던을 떠나 북서부로 가서 자신이 성장한 지역 근처에, 반려자가 사는 곳 근처에 살게 된 것은 모두 비슷한 시기에 일어난 일이었다. 아직 그런 지 얼마 되지 않았고, 사실 일이라는 것을 이루고 있던 요소들이 그립다고 그는 말한다. "하지만 저는 늘 느리게 사는 삶을 좋아하고, 일 때문에 항상 너무 바쁜 건 원치 않는 사람으로 살아왔어요. 지금은 굉장히 편안한 일들을 하고 있고, 압박감 때문에 무언가를 하고 있지도 않아요. 하지만 동시에 무척 건설적으로, 제가 언제나 하고 싶어했던 활동들을 찾아내면서 지내고 있어요." 우리가 대화를 나누는 시점에는 봉쇄로 인해 요크셔 레이트 스타터스 스트링스 단원들이 함께 모여 연주를 할 수 없지만, 그레이엄은 혼자서 여러 악기를 연주하고, 피아노와 바이올린 연주법과 악보 보는 법을 독학하고, 정말로 읽고 싶은 책들을—지금은 조지 엘리엇의 『미들마치』를 읽고 있다—읽으면서 즐거운 시간을 보내고 있다. "그런 종류의 문학작품을 읽을 기회가 전에는 없었거든요. 지금은 산책을 하고, 운동을 하고, 잘 먹고, 그런 일들을 하고 있습니다. 이 생활이 얼마나 지속될지는 몰라도 정말 즐겁게 지내고 있어요."

마치 그레이엄이 '성공적으로 나이들기'라는 쿨에이드를 마시고 해변에 비치는 햇살을 자신만의 버전으로 바꿔놓은 방식으로 젊은 노년을 경험하고 있는 것처럼 들리지만, 그가 분명히 말하듯 그건 사실이 아니다. "어른이 되는 일에 따라오는 또 다른 불가피한 일은 신체적·정신적 악화예요. 병이죠. 저는 그 부분에 있어서는 상황이 비교적 괜찮은 편이지만, 2형 당뇨라는 진단을 받았어요. 저한테 그런 게 있다는 것도 몰랐죠."

일하느라 돌보지 못했던 건강을 조금 더 돌보고 나자 차도가 있었다. "전 그게 어른이 되는 일에 있어 굉장히 중요한 부분이라고 생각해요. 우리가 죽을 운명이라는 것, 그리고 삶의 본질을 깨닫는 거요. 몸에 생기는 문제들을 그냥 모른 척할 수는 없고, 몸을 돌봐줘야 하죠. 피할 수 없는 악화라는 게 존재하는데, 그런 악화를 받아들이는 일이 어른이 되는 일의 일부라고 생각해요. 예전처럼 몸이 튼튼하고 활기찬 상태가 아니게 됩니다. 많은 사람들이 그 사실을 받아들이지 않으려 하고, 그냥 계속 갈 수 있다고 생각하죠. 하지만 지금 저는 어떤 면으로 봐도 스물두 살 때의 저와는 조금도 같은 사람이라고 할 수 없어요." 나는 나이듦에 저항하려는 사고방식에 대한 내 의견을 그레이엄에게 들려주고는 그것에 대해 어떻게 생각하는지 묻는다. 그레이엄은 이렇게 대답한다. "자전거를 타는 젊은 사람을 보면, 혹은 사람들이 얘기하는 걸 들으면, 악화의 과정이라는 게 정말 피할 수 없고 굉장히 중요하구나 하고 깨닫게 되죠. 그건 몸과 마음의 모든 면에 일어나는 일이에요. 무언가를, 특히 기술 같은 걸 습득하는 속도도 예전만큼 빠르지 않게 돼요. 그리고 잘 잊어버리게 되죠. 사람들의 이름 같은 것도 그렇고요. 그런 일은 일어나고 있지 않다고 생각하고 싶지만, 일어나고 있는걸요." 그레이엄은 자신이 학계에서 일했기 때문에 비교적 활발한 두뇌를 지니고 있을 거라고 생각하고 있고, 운동도 반드시 규칙적으로 하려고 신경을 쓰고 있다. "하지만 피해 갈 방법은 없어요. 쇠퇴는 일어납니다. 그리고 그냥 생존할 수 있을 정도로 건강을 유지하게 되지, 쇠퇴에 맞서 싸우거나, 자기가 스무 살, 서른 살, 마흔 살인 척하려고 애쓰게 되지는 않아요. 그건 그냥 불가능한 일이니까요. 어떤 사람들은 맞서 싸우지만, 저는 그 악화의 정도라는 게 상당하니 그걸 편안하게 받아들이고, 갖가지 한계는 있지만 그 안에서 움직이려 애쓰는 게 최선의 행동이라고 생각해요. 그렇게 척을 하고, 나이들고 있다는 사실을 부인하려고 애쓰는 태도에는 저는 그냥 찬성하고 싶지가 않네요. 정말로 그건 불가능해요."

하지만 그렇다고 이런 변화들을 받아들이기가 쉬운 것은 아닌데, 그건 부분적으로는 사회가 이 생애 단계에 있는 사람들을 대하는 방식 때문이다. "이 나이의 안 좋은 점은 뒤처진 기분이 든다는 것, 그리고 상당히 쓸모—" 그는 마치 그 단어와 화해하고 있기는 하지만 그것이 여전히 고통스럽게 목에 걸린다는 듯 기침을 한다. "쓸모없어진 느낌이 든다는 거죠. 자신이 존재하거나 안 하거나 상관없다는 느낌이 듭니다. 갖가지 일에서 제외되고 의사소통 네트워크에서도 벗어나게 되니까요. 차별에 관한 이야기를 할 때도 크게 거론되지 않는 연령차별이 상당히 많다고 생각합니다." 그는 팬데믹 기간보다 더 그랬던 적은 없다고 느낀다. 그레이엄과 반려자는 취약 계층으로 분류되어 있고, 그래서 영국에서 첫 봉쇄 기간이 끝나고 다른 사람들이 활동을 재개했을 때도, 차폐 환자로 지정되었던 사람들에 대한 보호 조치가 해제되었을 때도, 두 사람은 그대로 집에 머물렀다.

그레이엄에게는 마주해야만 하는 상실의 경험들이 있다. 그 경험들은 고통스럽다. 그런 일이 전혀 일어나고 있지 않은 척하는 편이 더 쉬워 보일 수도 있다. 하지만 그레이엄은 그러면 너무도 많은 것을 잃어버리게 될 것 같다고 한다. 이 생애 단계를 있는 그 대로 경험함으로써 자기 자신에게, 그리고 다른 사람들에게 이 시기가 무언가 다른 것인 양 꾸며내는 대신 그것의 진실을 바라봄으로써, 그레이엄은 자신에게 젊은 노년기의 독특한 면을 경험할 기회를 주고 있다. 그가 이렇게 할 수 있는 건 부분적으로는 그의 상황 덕분이다. 그레이엄은 반려자를 만났고, 일하지 않아도 될 만큼 충분한 수입이 있으며, 그래서 그들은 즐겁게 지낼 시간이 있고, 그의 표현에 따르면 "그것에 죄책감을 느끼지 않는다". 그레이엄은 이 시기에는 죄책감을 느끼기가 너무도 쉽다고, 특히 40년 동안 일을 해왔고 꽉 짜인 하루를 꾸려나가는 방법에 대해 특정한 관점이 있는 사람이라면 더욱 그렇다고 설명한다. "그 부분은 여전히 극복하는 중이에요. 제 생각에 사람들은 시간이 충분히 있고, 서두를 필요도 없고, 아무것도 하지 않고 가만히 앉아서 시간을 보내도 된다는 걸 깨달아야 해요. 우리 두 사람은 지금의 순간들이 여기 있을 때 그것들을 즐기는 게 우리 자신에 대한 의무일 뿐, 다른 누구에 대한 의무도 아니라고 여기는 단계에 도달했어요." 그리고 여기에는 음악이 도움이 된다. "음악을 연주하는 일이 멋진 이유가 한 가지 있다면, 그게 전적으로 현재에 속해 있는 일이라는 점이에요. 연주 수준이 어떻든 현재의 순간 속에서 그 일을 즐기게 되죠. 그런 일은 굉장히 드물다고 생각해요." 그레이엄에게 일이란 언제나 만족을 지연시키는 것이었다. 무슨 일인가가 일어날 예정이고, 어떤 글이 발표될 예정이고, 보조금을 따낼 예정이고 하는 식으로 말이다. "그런 식으로 끝이 없었죠. 하지만 우리는 지금 이 순간 일어나는 일을 즐길 수 있는 지점에 도달해야 해요. 저는 아마도 그게 음악에서 가장 중요한 점일 거라고 생각합니다. 다른 모든 것은 차단되죠."

이 말은 내게 정신분석학자 조시 코언이 '삶의 한가운데 있는 상태'에 관해 했던 이야기를, 그리고 심리학자 올리버 로버트슨이 했던 다음과 같은 말을 떠오르게 한다. "어쩌면 우리는 어느 날 자리에 앉아 이렇게 생각할 수 있을 겁니다. 난 더 이상 누구와도 나 자신을 비교하지 않을 거야. 난 그냥 여기 있겠어. 여기도 괜찮으니까." 그레이엄의 말이 내게는 무척 어른스럽게 들리는데, 그 자신에게도 그렇게 들리는지 궁금하다. 그는 말한다. "어렵네요. 사실 여전히 어른이 된다는 게 무슨 뜻인지 모르겠어서요. 저는 언제나 나이에 비해 제 정신 상태가 굉장히 젊은 편이라고 느껴왔어요. 음악도, 강사로 생활해온 일도, 모든 게 거기에 도움이 되어준 것 같아요. 계속 새로운 생각들을 여러모로 활용하고 젊은 사람들을 상대해야 하니까요. 그래서 저는 제가 늙었다거나 완고하다고 느껴본 적은 없어요. 항상 제가 굉장히 젊고, 새로운 생각들에 열려 있다고 느껴왔죠." 그레이엄은 이를 깊게 생각해보고는 말한다. "만약 어른이 되는 일이 자기 자신과 평화롭게 지내게 되는 일이라면, 그 일은 저한테 일어났어요." 어른다움에 관한 정의로 말하자면, 이것은 지금까지 내가 마주쳐온 어떤 정의만큼이나 훌륭하다.

●

자기 자신과 평화롭게 지내게 되는 일. 이것만큼 노화에 저항하려는 정신(없는) 상태와 충돌하는 태도가 있을까? 내게 그렇게 저항하려는 사고방식은 소모전에 가까워 보인다. '성공적으로 나이들기'의 대열에 합류하면 의심할 여지없이 건강 면에서 몇몇 장점이 따라오긴 하지만, 나는 부작용의 위험 또한 심각하다고 생각한다. 우리는 결국 몸은 건강하지만 마음은 억눌린 채, 변화하고 발전하지 않으면서 똑같은 상태로만 남아 있으려 하는 사람, 오직 나이만 먹을 뿐 정신적으로는 전혀 성장하지 않는 사람이 될 수도 있다. 나는 아동청소년 심리치료사 에어리얼 네이선슨을 떠올린다. 어떤 청소년들은 자신이 보스가 된 것처럼 현재 일어나고 있는 일에 대한 통제감을 느끼기 위해 시간을 멈출 수 있는 것처럼 보이는 경험에서 위안을 찾는다고 그는 설명했었다. 그레이엄은 그것과는 아주 다른 어떤 일, 자신의 몸과 마음과 삶이 시간이 흐르면서 필연적으로 변화한다는 사실을 받아들였고, 이러한 인정은 그가 누구인지에 대한 더 깊고 풍부한 자각과 젊은 노년으로 사는 일의 모순을 끌어안을 더 큰 능력을 가져다준 것처럼 보인다.

'성공적으로 나이들기'라는 집착에는 '실패한 나이들기'라고 불릴 만한 어떤 공포가 내재해 있다고 볼 수 있다. 램은 미국에서 젊은 노년에 해당하는 사람들을 연구하면서 이 사실을 말해주는 무언가를 목격했다. 그는 '성공적으로 나이들기'가 "단지 내 몸이 어떻게 보일지 혹은 어떻게 보이지 않을지, 매력적이거나 그렇지 않을지에만 관련된 게 아니라 의존하는 일을 너무도 불편해하는 마음과도 관련이 있다"는 사실을 내가 이해하기를 간절히 바란다. 이런 불편함은 문화적인 것이며 개인주의와 자립이라는 개념, 즉 '사람은 남의 도움을 받지 않고 스스로 일을 해내야 하고, 성공해야 하고, 자신을 돌봐야 한다'는 생각에 얽매여 있다. 이것은 우리가 젊은 노년이든 나이든 노년이든 노년기뿐 아니라 모든 생애 단계에서 무의식적으로 경험하는 것이다. 자신이 그토록 독립적인 사람이라는 걸 증명해낸 청소년기의 샘에게서 그런 생각을 얼핏본 듯도 싶다. 내가 심리치료사가 아니라 내담자라는 사실을 못견뎌 하는 초기 성인기의 나에게서도 그 생각이 보인다. 처음으로 엄마가 된 로즈가 자신의 욕구를 표현하는 일이 얼마나 힘든지 설명했을 때도 그런 생각을 들은 것 같다. 수십 년 전 아버지를 잃은 일을 생각하면서도 오직 이른 아침에 혼자 있을 때만 울 수 있다고 말하던 중년의 앨릭스에게서도 그것을 느낄 수 있다. 어쩌면 젖을 떼는 아기조차도 그럴지 모른다. 그런 생각이 드러나지 않는 한 사람이 있다면 그레이엄이었다.

우리는 모두 어떤 식으로든 서로에게 의존하고 있고 혼자서는 채울 수 없는 욕구들도 있지만, 그 사실을 인정하고 싶어하지는 않는다. 그럼 우리의 의존성을 어떻게 하면 좋을까? 교육과 정신분석을 받는 과정에서 나는 그 부분에 대해 무언가를 이해하게 된 것 같다. '투사projection'라는 단어는 모두가 알 것이다. 투사는

1936년 안나 프로이트의 『자아와 방어기제』[19]에서 처음으로 간략히 알려진 10가지 심리적 방어기제 가운데 하나이며 정신분석학이 만들어낸 가장 유명한 단어 가운데 하나다. 그리고—투사의 그럴싸한 예를 들어본다면—모든 사람은 자신만 빼놓고 모두가 투사를 한다고 생각하는 것 같다. 지난 몇 년에 걸쳐 내가 알게 된 가장 불편한 사실 중 하나는 우리 대부분이 거의 언제나 무의식적으로 투사를 한다는 것이다. 그것은 우리가 좋아하지 않는 우리 자신의 부분들을 자기 것으로 인정하지 않고 남의 것으로 돌리는 하나의 방법이다. 이를테면 '의존적인 건 아주 나이가 많은 사람들이지, 나는 아니다' 같은 것이다. 램이 연구를 위해 어느 은퇴자 주택을 방문했을 때 본 행동이 이것인지도 모르겠다. 거기서는 치매의 징후들이 나타나기 시작했고 음식도 잘 먹지 못해서 턱받이를 해야 할 것 같은 사람들과 그렇지 않은 사람들이 실제로 분리되어 있었다. "나이들어 보이지 않고 비교적 튼튼한 사람들은 '나머지 저 사람들'하고 같이 식사하고 싶어하지 않았어요." 램은 이렇게 말한다. 비교적 건강한 거주자들은 가령 이런 말을 하곤 했다. "내가 여기 처음 들어왔을 때는 다들 걸어다니고 있었는데. 지금은, 식당 앞에 줄 서 있는 저 보행기들을 좀 봐요. 정말 안 좋다니까. 이렇게 보행기 천지인 곳에서 살고 싶지 않아요." 이런 종류의 이야기를 판단하기는 쉽지만, 나는 다가올 의존에 직면하는 두려움에 공감할 수 있다. 의존을 부인하고, 지머 보행기가 필요한 건 오직 저쪽에 있는 저 사람들뿐이라고 생각하며 그들로부터 최대한 거리를 두고 싶어하는 건 인간의 본성이다. 정신분석을 받는 내담자로서 나는 나 자신의 다소 의존적인 면을 보아야 했는데,

정말이지 그게 마음에 들지 않는다. 그게 싫다. 자기 자신의 욕구를, 그리고 자신이 다른 누군가에게 얼마나 의존하고 있는지를 알게 되는 일은 단연코 끔찍하다. 아마 내가 어렸을 때 자신을 어른의 영역에 가둬버린 데는 그런 무의식적인 이유도 있을지 모른다. 그렇게 하면 문이 잠겨 들어오지 못하는 나 자신의 취약하고 의존적인 부분들을 보지 않아도 됐으니까. 나는 종종 내 정신분석가에게 마음을 쓰는 일을 통해—마치 내가 아니라 그가 의존적인 사람인 것처럼—나의 그런 부분들로부터 도망치려고 한다. 나 자신의 욕구를 모른 척하기 위해 할 수 있는 일을 다 하지만, 그럼에도 나 자신의 진실을 보기 위해서는 그 욕구를 인정하는 일이 절대적으로 필요하다는 사실 또한 알고 있다.

의존을 두려워하는 우리의 마음에 관한 내 생각들을 램에게 전하자, 램은 이렇게 대답한다. "저는 그게 노화에 저항하기, 성공적으로 나이들기, 건강하게 나이들기 같은 이 온갖 패러다임에서 큰 부분을 차지한다고 생각해요. 어른이란, 그리고 좋은 어른이란 무엇인지에 대한 문화적 합의가 있는 거죠. 더 성공적이라는 건 자신을 돌볼 수 있으니 돌봄은 필요 없다는 뜻이고요." 나는 다시금 보루가 어른을 '자기 똥오줌은 가릴 줄 아는 사람'이라고 정의한 것을, 어른이 되는 것은 자신을 돌보는 법을 배우는 것이라는 애덤의 깨달음을 떠올린다. 그들의 말에는 많은 진실이 담겨 있지만, 그 진실은 일그러지고 왜곡되고 원래 형태를 알아볼 수 없을 만큼 비뚤어져 초자아의 잔인한 명령이 되어버릴 수도 있다고 생각한다. '어른이 된다는 건 다른 누구의 돌봄도 도움도 필요로 하지 않는 것이다'라는 형태로. 우리에게 의존성이란 어린이들과—

비록 아이들 자신은 의존을 좋아하지 않지만—우리가 연장자로 바라보는 사람들이 지니고 있을 때만 받아들일 수 있는 것일지도 모른다. 그것은 언제나 다른 사람들, 저편에 있는 사람들의 것이다. 어른인 누군가에게 의존적인 면이 있고, 그것이 어른으로서 경험의 일부일지도 모른다는 생각은 우리 대다수에게 결코 참을 수 없는 일처럼 보인다. '참을 수 없는'이란 용납할 수 없다는 뜻이고, 그러니 그것을 경험해서는 안 된다는 뜻이며, 그래서 그것은 부정된다. 노화에 저항하는 일은 우리 모두를 나이를 부인하는 사람들로 만든다. 만일 '오일 오브 올레이' 브랜드가 '의존에 저항하는' 크림을 만들어 팔 수 있다면 그들은 떼돈을 벌 것이다. 4장 첫머리에 등장했던 뒤집기를 하려고 애쓰는 아기와 마찬가지로, 우리에게도 가끔씩 도움이 필요하다. 아이러니한 건, 그 사실을 받아들이지 않는 일이야말로 어딘가 어른과는 거리가 멀고, 대단히 어른스럽지 못하며, 상당히 유아적이고, 꽤나 위험한 면이 있다는 것이다.

램은 우리 대다수와 비교할 때 자기 자신의 의존 혐오를 좀 더 잘 인지하고 있는 사람이다. 램은 쉰한 살이 된 직후에 암 진단을 받았다. 의사들은 램의 남편에게 램이 2년 안에 사망할 확률이 75퍼센트라고 했다. 램은 종양 제거 수술을 받은 뒤 병원 침대에 누워 간호사에게 이렇게 말했던 일을 기억한다. "있죠, 저 며칠 전에 보스턴 마라톤 대회에도 나갔었어요." 간호사는 램에게 기분이 좋아지도록 병원에서 마라톤복 상의를 입고 있으라고 제안했다. 램은 이 이야기 속에서 그의 표현에 따르면 "나는 사실 튼튼하고 활기찬 사람이고, 이건 그냥 일시적인 이상 상태"라는 하나의 이미지를 남들에게—그리고 자기 자신에게—보여주려는 자신의 욕구를 알아본다. 램은 자신 또한 의존성을 약점과 실패와 연관 지었던 때가 있었다고 말한다. "저는 문화인류학자이기 때문에 말하자면 우리의 문화에 대해 인식하고 있죠. 하지만 저 또한 그 문화의 일부이기 때문에 이것저것 흡수하는 거예요." 한편으로, 램은 자신이 나이든 것을 기뻐한다. "저는 학생들한테 제가 예순 살이라고 말해요. 그걸 숨기고 싶지 않아서요. 남편하고 파티도 크게 열려고 하고 있었는데 팬데믹이 터졌죠." 하지만 다른 한편으로는 이렇게 말한다. "예순 살이 된다는 게 어떤 면에서는 민망해요. 저의 일부는 제가 마흔이나 쉰 살이 되는 거면 좋겠다고 생각하죠." 이런 감정의 불일치, 나이듦에 대한 이런 양가성이야말로 무라카미 하루키의 그 인용문을 그토록 의미 있게 만드는 것이다. 램은 그 문장이 자신이 생각해내고 말하려고 애쓰던 바와 그토록 공명했던 이유를 말해준다. "나이든다는 건 축복이고, 거기에는 보통—글쎄요, 누구한테든 그럴 텐데—어떤 종류의 신체적 쇠퇴가 따라오죠. 우리는 그걸 배우고 성장할 수 있는 계기로 삼아 어떤 의미가 있는 것으로 여기려고 노력해야 해요." 그 인용문은 어떻게 우리가 생애 과정 전체를 인간이 되는 일의 일부로 여길 수 있는지를 전해준다. "그 전부를 포용하고, 그 전부로부터 무언가를 배우고, 그 전부를, 심지어는 죽음까지도 최대한 활용할 수 있게 됩니다." 이것은 램이 건강을 잃었다가 회복하면서 뼛속 깊이 느꼈던 것이다. "저는 살아가는 일에 대해 너무도 강렬한 기쁨의 감각이 생겼고, 살아가는 일과 삶의 진짜 가치를 알게 됐어요. 심지어 나무들에 달린 잎들이 너무나 강렬해 보이는 것만 봐도 그렇죠. 지금의 저한테서는 벌써 희미해져가고 있지만, 그런 감각은 이런 걸 깨닫게 도와주는 것 같아요. 삶이라는 것에 위태롭고 절박하다는 느낌을, 그리고 그것이 소중하다는 느낌을 부여해주는 게 하나 있다면 그건 삶이 영원히 지속될 수 없다는 사실이라는 거죠."

이것은 우리가 '성공적으로 나이들기'에 대대적으로 투자하면서 우리 몸과 마음이 악화되고 있다는 사실을 외면할 때, 고통스러운 현실에서 벗어나 노화에 저항하려 할 때 잃게 되는 것이다. 나이듦에는 해변에 비치는 햇살만큼이나 여러 가지 상실도 뒤따른다. 건강을 유지하기 위해 운동을 하는 것과, 노년으로부터 도망침으로써 그것을 무의식적으로 늦추려 하거나 마라톤복 상의가 암으로부터 자신을 지켜줄 수 있을 거라고 무의식적으로 믿고 바라는 것은 다르다. 그 두 가지는 같아 보일 수도 있다. 그저 60대에 들어선 한 사람이 달리기를 하러 나가는 거니까. 하지만 전자는 그레이엄이 설명했듯 건강의 가치를 제대로 알게 되는 뜻깊은 경험일 수 있는 반면에, 후자는 죽음을 피할 수 없다는 현실로부터의 정신없는 도피일 수 있다. 우리 모두는 우리가 때때로 삶에서 마주치는 상실을 감추려고 필사적으로 애를 쓴다. 이를테면 세상을 떠난 한 명의 인터뷰 후보자를 다른 후보자로 기를 쓰고 대체하는 방식처럼. 나는 이것이야말로 점진적으로 확산되는 성공적으로 나이들기 이데올로기의 일상적 징후들로, 내일은 오늘보다 젊어질 수 있다고 말하는 자기계발서들로, 노화의 어떤 신호도 악마화해버리는 주름 방지 크림 광고들로 나를 움직이게 하는 것이라고 생각한다. 이것들은 우리가 잃는 것 없이 나이를 먹을 수 있다고 암시하는 것처럼 보인다. 그리고 내 생각에 그건 어른이 되지 않고 나이를 먹는 일을 지지하는 것이다. 어른이 되는 일은 고통스럽다. 그것이 젊은 노년이라는 생애 단계가 그저 해변에 비치는 햇살 같기만 할 수는 없는 이유다. 어른이 되는 일을 계속하고 싶다면 그 일은 고통스러워야만 한다. 다른 모든 것은 거짓말이다.

생각해보면, 아기들과 아이들은 삶에서 아주 일찍부터 특별히 심각한 몇 번의 상실에 대처해야만 한다. 상황이 괜찮을 때조차 그렇다. 어린이집에, 보모에게, 혹은 학교에 가면서, 새로 태어난 동생과 부모님을 공유해야 하게 되면서, 엄마와 아빠가 자기 없이 둘이서만 시간을 보낸다는 사실을 깨닫게 되면서 말이다. 심리치료사로서 교육을 시작하기 전에는 이런 경험들이 얼마나 엄청난 것인지, 또한 어린이집에, 보모에게, 학교에 가는 일이 재미있고 신나서 주의를 분산시켜준다고는 해도 얼마나 고통스러운 것일지 생각해본 적이 없었다. 하지만 상실의 경험은 사실 그보다 훨씬 일찍 아기가 자궁을 떠나자마자, 어머니의 몸 안에 있다가 몸 바깥에 존재하게 되는 그 움직임 속에서 시작된다. 나는 하나의 개념을 이해해보려고 여전히 애를 쓴다. 자궁 안쪽에서는 영양분이 탯줄을 통해 끊임없이 공급되고, 공기가 아기의 피부에 닿는 일이 없기 때문에 추위로부터도 지속적으로 보호받으며, 아기는 어머니의 몸이 안아주고 받쳐주는 경험으로부터 떠나본 적이 없다는 것을. 출생에 의해 분리되는 순간, 특별한 경우가 아니라면 영양분이 끊임없이 공급되는 이 상태를 떠난 아기가 어떻게 결핍된 상태로—먹을 것과 따스함과 안아주는 손길이 결핍된 상태로—들어가는지를. 출생이 그토록 복잡하고 어렵고 고통스러운 과정인 것도 이상하지 않다. 나라도 밖으로 나오고 싶지 않았을 것 같다.

영유아 관찰을 하면서, 나는 몇 달이 지나는 동안 아기가 젖을 먹고 싶어하고, 젖을 먹고, 젖 먹기가 끝나고, 그런 다음 다시 젖을 먹고 싶어하는 일을 몇 번이고 반복해 경험하게 되며, 매번 이 과정에는 굶주림, 욕구, 만족, 상실의 경험이 포함된다는 사실을 살펴보았다. 그러다 어느 시점이 되면 아기는 5장의 첫머리에 나오는 아기처럼 젖을 떼게 된다. 젖을 떼면서 좀 더 영속적인 종류의 상실이 일어나는데, 그건 단지 모유에만 해당되는 상실은 아니다. 아기에게 이 경험이 얼마나 복잡한 일일지 생각해보면 묘하다. 멜라니 클라인은 영향력 있는 논문 「애도와 그것이 조울 상태와 맺는 관계」에서 젖떼기에 관해 다음과 같이 썼다. "애도의 대상이 되는 것은 어머니의 유방, 그리고 그 유방과 모유가 아기의 마음속에서 상징하게 된 모든 것, 다시 말해 사랑, 선함 그리고 안전이다."[20] 이 상실을 이해하는 일이 아기에게 얼마나 거대한 과업일지 상상해보려 애쓸 때면 나는 마음이 부서질 것 같지만, 이는 몹시 필요한 상실이다. 아기들은 각자 다른 방식으로 반응한다. 어떤 아기들은 슬픔을 가눌 수 없어 하고, 또 어떤 아기들은 담담하게 받아들이는 것처럼 보일 수도 있다. 어느 쪽이든, 정신분석학자들은 아기가 미래에 경험하게 되는 심리 발달은 결국 이 상실을 서서히 받아들이고 애도하는 능력에 달려 있다는 사실을 알아냈다. 이 말은 과장이 아니어서, 아기에게 이것은 가장 중요한 성장 경험이 된다.

클라인은 자신이 진행했던 영유아 관찰에서 이것이 우울적 자리와 편집-분열적 자리 사이에서 계속 동요하며 서서히 진행되는 과정임을 알아냈다. 우울적 자리에서 상실은 받아들일 수 있는 것이며, 유방은 좋은 것이고 그리운 존재지만, 편집-분열적 자리에서는 모든 상실이 부정되고, 그렇기 때문에 아무것도 그리워할 필요가 없어진다. 나는 클라인이 상실에 대한 이런 편집-분열적인 반응의 핵심 특징들—부정, 전능함, 정복, 이상화—에 관해 쓴 부분을 다시 읽으며 그것들 안에서 새로운 의미를 발견한다. 내게는 우리 사회가 '노화에 저항하는' 태도에서 정확히 이런 특징들을 공유하고 있는 것처럼 보인다. 변화의 부정, 시간을 붙잡아두는 전능한 힘, 상실에 대한 정복, 그리고 영원히 젊은 상태를 유지하는 우리 자신과 다른 사람들에 대한 이상화가 그것이다. 상실을 부정하고 대신 그것을 정복하는 일은 상실을 애도하고 고통을 느끼는 일의 반대항이다. 이런 존재 방식을 비판하고는 있지만 나 자신도 자주 이런 정신 상태가 된다는 사실을 명확히 하고 싶다. 쉬지 않고 여러 명의 인터뷰 후보자들을 찾아 헤맸을 때, 내 정신분석가가 여름휴가를 가서 자리를 비운 동안 매일 아침 운동 수업을 들으려고 등록했을 때 그랬다. 우리 가운데 대다수는 상실을 이렇게 정신없이 회피하는 태도를 이미 알고 있을 것이다. 초기 노년기가 되어 상실의 경험이 늘어나기 시작하면 그렇게 회피할 기회는 남아돌 정도로 많아진다. 하지만 또 다른 방법도 있다. 이런 상실들을 부정하고 그것들로부터 도망치는 대신에, 우리는 그것들을 애도할 수 있는 것이다.

애도는 고통스럽지만, 내가 교육을 받으며, 그리고 나 자신의 정신분석을 통해 배운 것이 있다면 애도가 정신건강에, 그리고 어른이 되는 일에 필수적이라는 사실이다. 클라인은 이렇게 썼다. "불행한 경험이 원인이 된 고통은 그 본질이 무엇이든 애도와 공통점이 있다. 그것은 유아기의 우울적 자리를 다시 활성화한다. 그리고 어떤 종류의 역경이든, 그것에 직면하고 그것을 극복하는 일에는 애도와 비슷한 정신적 작업이 뒤따른다."[21] 그리고 그 작업은 어렵고 고통스럽기는 하지만 그럴 만한 가치가 있는 일이다. 클라인은 계속해서 설명했다. "정신없이 방어적이었던 태도가 풀리고, 내면의 삶이 재건되기 시작하고, 내면의 관계들이 깊어질 때, 애도의 작업 단계들은 초기 발달에서 아기를 더 큰 독립성으로 이끄는 단계들과 비슷하다."[22] 클라인의 문장은 애도가 삶의 재건으로 이어질 수 있고, 우리가 우리 자신의 서로 다른 여러 부분과, 그리고 다른 사람들과 맺고 있는 관계 또한 깊어지게 할 수 있으며, 이것은 모든 생애 단계에서 우리가 얼마나 나이를 먹었든 상관없이 핵심적인 성장 경험을 구성하는 일종의 발달과 독립성으로 이어질 수 있다는 뜻으로 내게 다가온다.

우리가 어른이 되는 일을 향해 나이와 상관없이 아기처럼 걸음을 내디딜 수 있는 건 애도를 통해서다. 이는 내게 진정한 진실로, 정말로 의미 있게 다가오는 말이다. 마치 나이를 먹는 일에 아무 의미가 없다고 말하는 듯한 '나이는 그저 숫자에 불과하다' 같은 구절들의 반대항이다. 어른다움과 나이 사이에 반드시 상관관계가 있는 것은 아니며, 어른이 되는 일에 있어 나이가 가장 중요한 요소도 아니라는 이야기를 쓰기는 했지만, 나는 나이가 그저 숫자에 불과하다고는 생각하지 않는다. 나이듦이 아무것도 아니라는 말을 자신에게 들려주는 것은 나이가 가져다주는 의미를 부정하는 것이다. 이 생애 단계에서 필수적인 성장 경험은 우리 자신을 우리가 되고 싶은 모습으로가 아니라 있는 그대로의 모습으로 바라보는 것이다. 이는 우리가 삶에서 어디에 있는지를—시작보다는 끝에 가깝다는 사실을—이해하고, 악화를 피할 수는 없지만 성장 또한 여전히 가능한 현실을 이해하기 위해서다. 내게 그레이엄은 이 일을 해낸 것처럼 보인다. 물론 그 진실로부터 자기 자신을 차단하려는 유혹에 빠지기는 쉽다. 우리가 전능한 신처럼 죽음에서 벗어나고 그것을 정복할 수 있다는 근거 없는 이야기를 믿게 만드는 매혹은 강력하다. 죽음을 무한히 연기하는 힘을 지닌 철학자의 돌에 관한 고대 그리스 신화에서, 그리고 수 세기가 지난 뒤 그 돌의 이름을 딴 제목으로 베스트셀러 순위 정상에 오른 해리 포터 시리즈의 한 권에서 그 사실을 확인할 수 있다.[23] 죽음에서 벗어나고 나이듦을 피하고자 하는 우리의 집착은 정말로 뿌리가 깊다. 하지만 그런 유혹에 굴복해 그 진실과 그것이 의미하는 바로부터 우리 자신을 차단해버리는 일은—노화에 저항하는 태도로 삶에 접근하는 일은—그 진실이 가져다줄 수 있는 자양분으로부터, 거기서 자라날 수 있는 것들로부터 우리 자신을 차단해버리는 일이 될 것이다. 이는 내가 무라카미 하루키의 인용문을 읽으며 이해한 사실이기도 하다. "요절하는 일을 피해 간 사람들에게 주어지는 특권 중 하나는 늙어갈 권리라는 축복이다. 육체의 쇠퇴라는 영예가 기다리고 있고, 당신은 그 현실에 익숙해져야 한다." 그 현실에 익숙해지지 않는다면 어른이 되는 일이라는 영예와 특권을 자신에게서 박탈하는 것이다.

우리 가운데 일부가 그런 영예와 특권을 스스로 부정하는 이유는 무엇일까? 나는 최근 무라카미 하루키의 또 다른 책이자 장편소설인 『기사단장 죽이기』를 읽고 있는데, 거기에는 두 인물이 나이듦에 관해 이야기하는 부분이 나온다. "'인생에서 가장 경악스러운 것이 노년'이라는 말을 한 사람이 누구지? 그가 물었다. 나는 그 질문에는 대답할 수 없었다. 그 말을 들어본 적이 없었던 것이다. 하지만 그 말은 아마 사실일 것이었다. 노년은 죽음보다도 커다란 충격임에 틀림없다. 그것은 우리의 상상을 훨씬 넘어서는 것이다."[24] 그 변화의 충격이란 내 삶의 현 단계에서 상상할 수 있는 것을 훨씬 넘어서는 것임에 틀림없다. 하지만 나는 나처럼 무지하고 그것이 어떤 것인지 알 수 없는 상태에서도 그 충격에, 그리고 변하지 않아도 됐으면 하는 바람에 공감하는 일이 가능한지 궁금하다. 프로인트 교수는 어떤 사람들에게는 그 충격을 견뎌내고 평생 노년이 될 때까지 계속 성장하는 능력이 있지만, 모든 사람에게 다 해당하는 얘기는 아니라고 말한다. "모두가 그런 건 아니에요. 모두가 이런 기회를 잡는 건 아니죠. 어느 시점이 되면 근본적으로 문을 닫아걸고 더 이상 변화를 원치 않는 사람들이 있습니다. 그런 사람들은 자신의 성장을 방해하면서 자신에게서 무언가를 빼앗아버리는 거라고 생각해요." 나 역시 내 삶에서 여러 번 스스로 그렇게 해왔다는 생각이 든다. 정신분석이 내가 다시 나자신을 여는 데 도움이 되어주었으면 하는 바람이다. 성장해 어른이 되는 과정에 대해 프로인트가 들려준 이야기가 또 하나 있는데, 지금 이 글을 쓰는 동안 떠오른다. 프로인트는 이런 변화에 핵심적인 것이 다음과 같은 깨달음이라고 했다. "바로 이거야. 이건 시험 가동을 해보는 게 아니야. 이게 내 인생이야. 내 인생은 시간이 지나 언젠가 시작될 그런 것이 아니야.' 많은 사람들이 말하자면 삶이 시작되기를, 진정으로 시작되기를 기다리면서 삶의 끝까지 걸어가죠. 자신이 삶의 한복판에 있다는 걸 모르는 채로요. 하지만 그들을 위해 다가오는 또 다른 삶 같은 건 없어요."

이건 내 이야기라는 생각이 든다. 나는 어른다움이 찾아오기를 기다리면서, 그때가 되면 내 인생이 시작될 거라고 생각해왔던 것 같다. 얼마나 무지한 생각이었는지! 프로인트에게 어른이 되는 일의 일부는 이 같은 깨달음이다. "이게 나야, 그리고 이게 내 삶이야. 이건 시험 가동도 게임도 아니고, 이게 내 삶이야." 프로인트는 이 깨달음이 우리를 좀 더 어른스러운 상태로 나아가게 할 수 있다고 말해준다. 그것은 '아 맙소사, 내가 정말 죽게 되겠구나'라는 깨달음이다.

●

그레이엄이 어른이 되는 일의 의미에 대한 자신의 상像을 정립해가는 방식은, 그리고 그가 "자기 자신과 평화롭게 지내게 되는 일"이라는 구절에 이르게 된 사실은, 프로인트가 말하는 "내가 정말 죽게 되겠구나"라는 깨달음과 함께 사회심리학자 기타야마 시노부와 그의 매혹적인 연구를 떠오르게 한다. 우리는 줌으로 만나고, 그와 가상으로 함께 있게 된 나는 곧바로 마음이 편해진다. 사무실 의자에 편안하게 앉은 기타야마는 정직한 얼굴, 교수 같은 안경 아래 호기심과 지성과 친절함이 뒤섞인 듯한 꾸밈없고 자연스러운 표정을 짓고 있다. 그는 유머감각이 뛰어나다. 우리가 대화를 나눌 시간은 많지 않고, 그래서 나는 다급한 마음이지만, 그는 그렇지 않다. 어른다움을 향한 자신의 여정과 젊은 노년이 되는 일이 자신에게 무엇을 의미해왔는지를 아낌없이 공유해주는 기타야마의 이야기를 들으며, 나는 우리에게 시간이 더 있었으면 하고 바란다. 기타야마는 앤아버에 있는 미시간대학교 문화 및 인지 프로그램의 책임자이자 심리학과 교수로서 수십 년간 아시아인과 미국인의 정신적 과정에 나타나는 문화적 유사점과 차이점을 연구해왔다.[25] 쉰 살이 되어 중년기에 들어섰을 때 기타야마는 이렇게 생각했다. "아 맙소사, 나는 문화에 관한 이 연구를 계속해왔는데, 어쩌면 남은 인생에서 이 연구를 곱씹으면서 비슷한 일을 계속하기만 할 수는 없을 것 같네— 그건 재미는 있겠지만, 엄청나게 설레는 일은 아니에요. 그 모든 걸 해보고 나니 뭔가 다른 걸 해야겠다는 생각이 들었죠." 기타야마는 자신에게 매우 중요한 질문을 던졌다. '만약에 내가 죽는 것 말고 무언가를 하고 싶다면, 그건 뭘까?' 그의 대답은 신경과학이었다. "그건 말이 됐죠." 기타야마가 설명한다. "문화 연구자로서 저는 문화가 어떤 면에서는 우리의 피부 아래 아주 깊은 곳까지 스며들 수 있다는 사실을 보여주려고 언제나 노력하고 있으니까요. 뇌와 심장, 심혈관계는 분명 피부 아래 있으니, 뇌와 생리 기능의 내부 역학을 문화적 힘의 작용으로 바라보고 접근하는 것도 좋은 생각이라고 느꼈죠." 기타야마에게 이 시기는 변화의 시간이었다. "다행히 저는 위기라고 할 만한 건 없었지만, 이건 말하자면 그 시기를 전후해 일어난 여러 가지 일들을 한곳으로 모은 다음 그것들에 일종의 변화가 생기도록 힘을 보태는 일이었어요. 저는 좀 더 다차원적인 사람이 되었고, 아마 그건 나쁜 일은 아닐 거예요. 제 생각에 저는 어떤 면에서 서서히 발전해온 것 같아요. 성장은 기록될 수 있죠. 저는 성장의 증거로 해석할 수 있는 무언가를 어찌어찌 해낼 수 있었어요." 그건 그가 어른이 되었다는 뜻이라는 생각이 든다.

이제 예순두 살이 된 기타야마는 나이든다는 것의 의미에 대해, 그리고 젊은 노년이라는 생애 단계가 그가 태어났고 지금도 종종 찾아가는 일본과, 그가 현재 살고 있는 미국에서 어떻게 다른지에 대해 생각해왔다. 그는 미국적인 방식이—그의 설명에 따르면 '성공적으로 나이들기'에 관한 우리의 생각들과 매우 비슷한데—문화에 깊이 뿌리박혀 있다고 믿는다. "저는 밥 딜런의 노래 〈포에버 영〉을 정말로 좋아해요." 기타야마가 말한다. 그 곡은 밥 딜런이 1970년대에 자기 아들에게 자장가로 들려주려고 작곡한 노래다. "딜런은 어쩌면 그때의 시간과 장소를 묘사하고 있었는지도 모르겠지만, 한편으로는 그 노래가 그 시간과 장소의 형태를 빚어내기도 했거든요. 그건 역동적인 예술이고, 문화의 재생산이라 할 수 있죠." 자신의 최근 논문 「후기 성인기의 문화와 웰빙: 이론과 증명」에서 기타야마는 이렇게 설명한다. "이 곡을 쓰면서 딜런은 미국 문화의 핵심적인 교의를 강조하기도 한다. 미국은 독립적이고, 능동적이고, 긍정적인 사람들을 위한 나라다. 이런 특징들은 젊은 에너지와 열광을 요구한다. 그러므로 '영원히 젊은' 상태로 남아 있으라는 문화적 명령이 필요한 것이다."[26] 혹은 기타야마가 내게 들려준 표현을 빌리자면, "미국인들은 자신들이 젊지 않을 때도 젊다고 자신을 속이기 위해 너무도 열심히 일하는" 것이다.

여기에는 기타야마가 긍정적이라고 생각하는 몇 가지 측면이 있다. "저는 부분적으로는 그게 정말 즐거워요. 왜냐하면 대학원 학생들과 상호작용하면서 저는 저 자신을 그 열정 가득한 젊은 친구들과 동등한 존재로 규정하거든요. 우린 함께 작업하고, 그러기 위해서는 정말로 에너지가 넘쳐야 하고, 이것저것 잘 해내야 하고, 정말로 그 특수한 연구 프로젝트나 실험에 전념해야 하죠." 실험 결과가 20밀리세컨드의 반응시간 차이를 보일 때 그토록 신경을 많이 쓰려면 살짝 미쳐 있어야 한다고 기타야마는 말한다. 그렇게 작은 변화에 짜릿함을 느끼는 건 오직 젊음 덕분이다. "나이가 들수록 우리에겐 더 큰 지혜가 생기고, 이런 깨달음도 생기게 되죠. '아 맙소사, 두 가지 상태가 20밀리세컨드 차이가 난다고 세상이 바뀌진 않을 거야. 그리고 누가 여기 신경 쓰겠어?'" 기타야마는 이런 점들이 미국적인 사회화의 긍정적 측면이라고 느낀다. "더 이상 젊지 않을 때도 우리는 젊음 곁에, 젊음이 주는 에너지 곁에 머무르고, 일종의 개척자 정신을 유지합니다. 그리고 그건 젊은 사람들과 함께 일하는 데, 아마도 계속 젊게 사는 데 도움이 되겠죠." 하지만 일본에서는 이야기가 다르다. "일본은 매우 다릅니다. 나이가 들면 나이가 든 거죠. 이런 생물학적 현실에 맞서 싸워봤자 아무 소용이 없다고 생각합니다. 일단 나이가 든 사람은 그 자체로 의미 있는 자리에 있게 되고, 그렇기 때문에 자신이 아닌 무언가가 되려고 애를 쓰는 건 타당하지 않은 일인 거죠." 그 대신 초점은 삶을 정교하게 만드는 일로, 새로운 역할을 구축하는 일로 옮겨간다. "우리는 수년간 얻어온 관점으로부터 우리가 무엇을 보고 싶어하는지 깨달아야 합니다. 그리고 필연적으로, 우리는 결국 무언가 다른 걸 하게 되죠."

기타야마는 자신의 논문에서 젊음을 보존하려는 미국적 이상이, 즉 노화에 저항하는 접근법이, 원기 왕성하고 젊은 상태로 머물러 있고자 하는 개인의 열망과 나이로 인한 쇠퇴라는 현실 사이에 중요한 부조화를 일으킨다는 견해를 제시하고 그것을 뒷받침할 증거를 든다. 그는 노년의 삶이 상당히 다르게 구성되는 불교나 유교 같은 여타 문화적 전통들과는 달리, 미국의 주류 문화권에는 사실상 나이별로 나뉜 사회적 역할이 없다고—다시 말해 그저 젊은 성인이나 중년의 성인으로서의 역할이 계속된다고—설명한다. 동아시아 문화권에는 나이에 따라 뚜렷하게 차별화된 역할과 과업, 구분 들이 있어서 때가 되면 유급노동이나 격렬한 운동은 손주들을 돌보고 가벼운 물리치료를 받는 일로 대체된다. 이 점, 그리고 가족과 공동체 내에서의 연장자를 향한 존경은 아시아의 노인들이 말년의 삶에 적응할 수 있도록 돕는 보호 요인이 되어줄 수 있다. 반면 미국인들은 "수동성, 고립, 사회적 삶으로부터의 이탈"에 직면하게 될 수 있다고 기타야마는 말한다. 그는 나이듦에 대한 이런 두 가지 다른 접근법이—자신이 있는 곳에서 의미를 찾거나, 혹은 자신이 있던 곳에 계속 남아 있으려 애쓰는 일에서 의미를 찾거나—노년에 대한 우리의 경험에 완전히 다른 영향을 미친다고 단언한다.

나는 일본인이면서 미국인이기도 한 기타야마가 노년에 접어드는 일에 대한 이 두 가지 사고 방식을 어떻게 생각하는지 궁금하다. 그가 말한다. "저는 지금 미국에 있고, 제 대학원 학생들과 함께 작업하는 게 즐겁고, 사실은 젊지 않은데도 젊어 보이려고 하는 동료들에게 온통 둘러싸여 있어요. 그러다 일본에 가면, 거기서는 제가 맡아야 하는 어떤 역할들로 저를 밀어넣으려는 압박이 더 크게 느껴집니다. 그러니 그건 부정적인 측면이죠." 그리고 긍정적인 측면도 있다. 나이별로 나뉜 성장의 이런 범주들은 삶의 의미를 유지하는 데 도움이 되어줄 수 있다. "왜냐하면 자신이 될 수 없는 누군가인 척할 필요가 없기 때문이죠. 문화가 나이에 따라 나뉜 역할들을 제공하기 때문에, 거기에 맞춰 사는 일이 행복하기만 하다면 의미를 구축하기는 훨씬 쉽습니다." 만약 당신이 동아시아 사회에서, 그런 종류의 구조 속에서 자라난 사람이라면 나이들어가는 역할에 순응하는 일이 억압적이거나 억누르는 느낌으로 다가오지는 않을 거라고 기타야마는 말한다. "그건 세상의 자연스러운 존재 방식이니까…… 반드시 억압적이지는 않지만, 그렇게 해석될 수도 있지요." 물론, 기타야마는 문화 전체를 이야기하고 있지 그 안에 있는 개인들, 저마다 고유한 존재이고 자신만의 경험들을 지니고 있는 개인들을 이야기하고 있는 게 아니다. "정말 조심해야 돼요. 저는 그저 데이터만 보고 어떤 집단 전체를 좋거나 나쁘다는 식으로 서술하고 싶지 않거든요. 어떤 데이터나 연구에도 드러나지 않는 다른 측면들이 있을 수 있으니까요." 그는 그렇게 말하며 일본의 자살률이 매우 높다는 사실을 언급한다. 하지만 우리가 실수를 유도하는 정형화와 일반화라는 깊은 구멍들을 인지하며 조심스럽게 걸음을 옮긴다면, 나이듦에 대한 이 두 가지 접근법은 우리가 어른이 되는 일의 의미에 관해 생각하도록 도와줄 수 있다. "그것들은 매우 다른 두 가지 원형이고,

비록 어느 곳에든 순수한 형태로는 존재하지 않는다 해도, 그것들에 대해 생각해보면 나이듦과 성장에 있어 매우 다른 어떤 패턴들을 이해하는 데 도움이 될 겁니다."

이 두 개의 패러다임, 삶에 대한 이 두 가지 접근법을 머릿속으로 이리저리 굴려보는 동안, 내게는 그레이엄과 그가 젊은 노년기에 내린 결정, 자신이 어린 시절에 자라난 지역으로 돌아가 살기로 한 결정이 다시 떠오른다. 그 일이 어땠는지 묻자 그레이엄은 이렇게 대답한다. "집에 돌아온 느낌이에요. 좋은 점도 나쁜 점도 있다는 면에서요." 그레이엄은 "고향이 그립다는 느낌이 크죠. 제가 50년 전에 마지막으로 봤던 건물을 보면 제 어린 시절도 생각나고, 위안이 되는 느낌도, 설레는 기분도 약간 되살아나니까요"라고 말하면서 산업이 발달한 북부로 돌아와 마음이 얼마나 편안한지 설명한다. "저는 성장기를 리버풀 항구에서 보내서 산업 건축물들을 정말 좋아하고, 이런 테라스하우스들도 아늑해서 좋아요. 테라스하우스에 사시는 조부모님과 숙모들을 찾아가곤 했는데, 언제나 조그만 태아가 된 것처럼 아늑한 기분이었어요." 나는 그가 말하는 "집에 돌아온 느낌"이 가장 따뜻하고, 안심이 되고, 자궁 속에 있는 듯한 느낌이라는 걸 안다. "그리고 그럼에도, 실망스러운 기분도 약간 들어요. 모든 게 기억만 못하니까요. 여러 가지 의미에서, 우리는 옛날의 그곳으로 돌아갈 수는 없어요. 그리로 돌아갈 수 있다고 여기거나 그곳을 되찾으려 애쓰는 건 가망 없는 일이에요. 예전의 관계들로도, 예전의 친구들에게도 절대 돌아갈 수 없어요." 나는 빅토리아를, 그가 대학교 첫 학기를 마치고 집으로 돌아가 가족들과 다시금 같이 지내게 되었지만 모든 것이 예전과는 너무도 다르게 다가오는 걸 발견했을 때 느꼈던 기분을 떠올린다. 빅토리아와 그레이엄 두 사람에게 어른이 되는 일은 그 상실을 받아들이는 동시에 자신의 과거에 속한 무언가를 의미 있는 방식으로 간직할 방법을 찾아내는 일, '집'이라는 단어의 새로운 의미를 찾아내는 일을 뜻한다는 생각이 든다. 나는 이것이 기타야마가 일본 문화에서 관찰되는 나이에 따라 나뉜 사회적 역할에 관해 이야기할 때 말하는 바라고 생각한다. 또한 그레이엄이 내게 이렇게 이야기할 때 말하는 바라고도 생각한다. "제가 돌아온 이유가 그저 집에 돌아오기 위해서만이 아니라 반려자와 함께 있기 위해, 그리고 여기서 다시 오케스트라 같은 새로운 활동들을 시작하고, 그와 관련된 새로운 관계들을 맺기 위해서라는 걸 저는 인식하고 있어요. 그 모임은 저를 굉장히 환대해줬고, 그들을 처음으로 만났을 때는 그들이 있는 집으로 돌아온 기분이었어요."

살던 아파트를 떠나 북서부로 다시 이사하기 전에 그레이엄은 잡동사니를 치우는 과정을 거쳤는데, 그는 내가 이 과정을 외면과 내면 모두에 해당하는 것으로 이해해주길 바랐다. "물질적 대상은 심리적 대상과 관계가 있어요. 우리가 물건들에 연연하는 건 그것들이 과거의 잔여물이기 때문이죠." 그레이엄이 말한다. 그는 자신이 가진 물건 하나하나를 살피며 결정을 내려야 했다. "굉장히 어려운 과정이에요. 어떤 물건을 보고 저건 버려야겠다고 생각하지만, 다시 보면 이런 생각이 들거든요. 아니야, 저건 그냥 둬야겠어. 중요할 수도 있으니까요. 아니면 자신한테 어떤 의미가 있었으니까요." 그는 결국 무엇을 그대로 둘지에 관한 기준은 지금 자신이 무엇을 원하는지에 달려 있다는 걸 깨달았다. 그가 읽고 싶은 책들, 그가 듣고 싶은 음악, 그리고 레코드플레이어 한 대처럼. "첨단 기기는 없어요. 제 삶은 상당히 간소해졌거든요. 저는 그저 제가 즐기는 것들에만 집중하고 있어요." "그 물건들과 끝까지 간 다음 그것들이 떠나가는 걸 보는 일", 그에게 더 이상 필요하지 않은 과거의 물건들을 떠나보내는 일은 기분 좋게 느껴졌다. 그레이엄이 묘사하는 과정은 우리가 초기 노년기에 접어들면서 직면하게 되는 어떤 성장 경험들을 이해하기 위한 멋진 은유처럼 느껴진다. 이것이 곤도 마리에가, 그리고 잡동사니 처리법에 관한 그의 책들이 그토록 인기를 끌어온 이유라고 나는 생각한다. 우리가 삶에서 유지하고 싶어하는 것과 떠나보내려고 애쓰는 것에 관한 질문들은 평생에 걸쳐, 그러나 특히 전환의 시기에, 그리고 아마도 우리가 삶의 마지막 장들에 가까워질 때 유독 우리를 괴롭히는 질문들일 것이다. 그레이엄은 이렇게 설명한다. "가끔씩 저는 부정적인 관계나 쓸데없는 일에 휘말리게 되는데요. 그럴 때는 이렇게 말합니다. 상관없어, 잊어버리자, 놔버리는 거야. 그건 전부 그 두 가지 잡동사니를, 물질적인 것과 정신적인 것을 동시에 처리하는 과정에서 일어난 일이었어요. 필요 없는 물건들을 내다버리는 일은 중요하지만, 뭔가를 놓아버리는 일은 아주, 아주, 아주 어렵죠."

바로 이거야, 나는 생각한다. 이것이 초기 노년기의 핵심적인 성장 경험이다. 비록 그것은 청소년기를 비롯해 어른이 되어가는 모든 단계에 뿌리를 내리고 있지만 말이다. 나는 토치가 자신의 성적 지향에 대한 부모님의 반응을 보고 느꼈던 감정들을 놓아버린 일을 떠올린다. 애덤이 기어코 성공해야겠다는 절박한 마음을 놓아버린 일을 떠올린다. 엄마가 되어야겠다는 기대를 놓아버린 에이미를 떠올리고, 앨릭스가 자신의 어깨에서 아버지라는 짐을 내려놓은 일을 떠올린다. 모든 걸 잘 해내고 싶은 욕망을 놓아버리려 애쓰는 나를 떠올린다. 이것은 노화에 저항하는 사고방식이 우리에게 직면하지 않아도 된다고 말하는, 그러나 일본 문화에서는 절대적으로 필요한 가치를 지닌 것으로 여겨지는 성장 경험이다. 놓아버리는 것.

기타야마는 자신이 연구에서 어느 쪽의 문화도 판단하려 하지 않았으며 다만 양쪽 문화를 더 잘 이해하기 위해 두 문화를 모두 연구하고자 했음을 분명히 한다. 그럼에도 나는 나도 모르게 일본을 이상화하고 유럽과 미국을 낮게 평가하는 쪽으로 이끌려 간다. 하지만 그것은 기타야마가 하려던 일이 아니었다. 그는 미국인과 일본인 모두가 그 연구로 인해 조금씩 기분이 상했다고 말해준다. 하지만 나는 서구 문화의 어떤 측면들이 굉장히 오해하고 있는 무언가가 있다고 진심으로 생각한다. 어쩌면 그레이엄과 동아시아 문화의 어떤 측면들은 그렇게 심하게 오해하고 있지는 않을지도 모른다. 아니면 적어도 서구 문화와 똑같은 방식으로 오해하지는 않을지도 모른다. 그 무언가란, 기분이 나쁜 상태는 나쁜 것이라는 가정이다. 이것은 올리버 로빈슨이 '기분이 나쁜 상태의 병리화'라고 불렀던 것, 다시 말해 가끔씩 정신건강 전문가들이 기분이 나쁜 상태를 치료해야 할 병처럼 취급하는 문제와 연결된다. 이 말은 아마 잘 해봤자 별나게 들리고, 최악의 경우에는 피학적으로 들리며, 그 중간 위치에서는 모순되게 들릴 것이다. 적어도 내게는 그랬다. 나는 정신분석을 받은 지 2년째가 되어서야

기분이 나쁜 상태가 나쁘다는 것이, 이를테면 고통을 느끼는 일이 나쁜 일이라는 것이 얼마나 근거 없는 억측인지 마침내 알아차리기 시작했다. 그것은 내가 이해하는 데 오래 걸린 문제다. 언젠가 몹시 힘든 시간을 보내고 있을 때 내 정신분석가가 이렇게 말한 게 기억난다. "어쩌면 당신은 고통을 원하지 않는 건지도 몰라요." 그때 고통에 대해 생각하는 또 다른 방식이 있음을 깨달은 나는 충격을 받았다. 그것은 고통을 중요하고 의미심장한 경험으로 바라보고 존중하는 방식이었다. 슬픔이나 불행, 혹은 어떤 종류의 고통이든 느끼는 것이 나쁜 일이라고 가정하는 건 너무도 당연해 보이는 일이다. 나는 당신이 그 가정에 의문을 가져주기를 바란다. 기타야마 역시 그렇다. 그 역시 이 점에 대한 연구를 해온 사람이다.

기타야마는 설명한다. "서구 문명은 슬픔과 행복이 일직선으로 이어져 있다는 생각에 몹시 강렬하게 몰두하는 경향이 있어요. 슬픔은 여기 있고." 그가 한 손으로 손짓하며 말한다. "행복은 여기 있죠." 그가 다른 손으로 먼 곳을 가리키며 말한다. "그리고 옮겨가는 과정은 굉장히 직선에 가깝다는 거예요. 같은 방향으로 계속 나아가면 제대로 가고 있는 거고, 준비가 되어 있는 거예요. 하지만 궤도가 한번 다른 곳을 향하면 곤경에 처한 거죠. 신체적 고통도 나쁘고(넌 상태가 좋지 않아) 정신적 고통도 아주 나쁜 거예요(넌 상태가 좋지 않아!)." 이것은 너무 명백해서 말할 필요도 없어 보인다. 우리에게는 명백해 보이고 흔들리지 않는 견고하고 자명한 진실처럼 느껴질지 모르지만, 모든 사람에게 진실은 아니어서 실은 말할 필요가 있다는 점만 빼면 말이다. 동아시아의 철학은 그와는 매우 다르다고 기타야마는 말한다. "보름달은 다음날 그것이 완전한 상태를 잃어가기 시작하기 전에 우리가 마지막으로 보게 되는 형태죠. 그건 우리가 몹시 행복할 때 주의해야 한다는 것에 대한 훌륭한 은유예요. 누군가와 사랑에 빠졌는데 그 사랑이 보름달처럼 느껴진다면 조심해야 해요. 내일이면 이지러지기 시작할지 모르니까요." 우리 할아버지가 이 말을 들으셨다면 "사람은 기분이 좋아야 계속 나아갈 수 있는 거란다"라고 하셨을 것이다. 하지만 기타야마는 똑같은 순환 이론을 행복과 슬픔의 문제로 확장해본다면 우리의 마음을 약간은 보호할 수 있을지도 모른다고 주장한다. "우리가 지금 당장은 비참할 수 있지만, 생존하고 있는 한, 음식을 먹고 충분히 잠을 자는 한 내일은 더 나은 하루가 될 수 있어요. 그러니 불행 속에도 약간의 희망은 있는 거죠."

기타야마는 기분이 나쁜 상태가 미국과 일본에서 각각 다른 가능성으로 받아들여진다는 이론을 세웠고, 이런 문화적 차이가 얼마나 "피부 아래" 깊숙이 스며들어 있는지 알아내기 위해 "기분이 나쁜 상태가 언제나 건강하지 못한 것은 아니다"라는 연구를 고안해냈다.[27] 그는 이 연구에서 슬픔이라는 감정적 경험을 스트레스를 받고 위협을 느낄 때 나타나는 신체 증상들과 연결 지었고, 슬픔을 느낄 때 미국인은 일본인보다 위협을 받고 있을 때의 신체 증상들을 더 많이 드러낸다고 주장했다. "위협이란 뭘까요?" 기타야마가 묻는다. 다행히도 내게 대답을 기대하는 것 같지는 않다. 진화론적으로 말하면 위협이란 우리 몸이 손상을 입을 거라는 예상이라고 그는 설명한다. 예를 들어 갑자기 눈앞에 커다란 곰이 나타나면 우리는 위협을 느낀다. 우리의 뇌가 어떻게든 이 커다란 짐승이 우리를 죽일 수 있다는 지식을 습득했기 때문에, 단지 시각적 자극만으로도 염증을 비롯해 일련의 다양한 반응들을 일으키기에 충분한 것이다. 염증은 언제나 부상에 따라오는 박테리아 감염에 맞서 싸우기 위한 우리 몸의 첫 번째 방어선이 되어왔고, 지금도 그렇다. 당신이 곧 커다란 곰에게 물어뜯기게 되리라는 두려움에 빠진 원시인이든, 혹은 휴대폰으로 이메일을 읽으며 앞을 보지 않고 걷다가 넘어져서 무릎이 깨졌든, 염증은 당신의 몸이 상처를 통해 들어올 수 있는 박테리아에 맞서 싸우게 도와줄 것이다. 인간과 원숭이는 신체 부상의 위협에 반응하기 위해 이런 체계를 지니고 진화해왔는데, 이것은 "사회적 상호작용이라는 인간의 체계에 깊이 스며든 굉장히 원초적인 생물학적 반응이다." 하지만 염증은 오직 신체 부상의 위협에 대한 반응으로서만 일어나는 것은 아니다. 그것은 정신적 스트레스에 대한 반응으로 일어나기도 하며, 정신적 스트레스가 사라지지 않으면 염증은 감염에 맞서 싸우는 유용하고 시의적절한 방법이 아니라 심혈관계에 손상을 일으키는 만성적인 문제로 변해버릴 수도 있다. 기타야마는 자신의 연구에서 한 무리의 미국인과 일본인 참가자들을 조사함으로써 "기분이 나쁜 상태가 언제나 건강하지 못한 것은 아니"라는 사실을 입증했다. 그는 미국인에게서는 이른바 부정적인 감정들로 이루어진 경험과 (위협을 드러내는 다른 생물학적 표지들 가운데) 염증의 증가 사이에 연관성이 있음을 찾아냈지만, 일본인에게서는 찾아내지 못했다. "부정적인 정동은 미국인에게는 굉장히 강력한 위협이 되는 자극이지만 일본인에게는 그렇지 않습니다. 그게 우리의 연구가 말해주는 바죠." 기타야마는 미국에서는 기분이 나쁜 상태가 "자아상에 대한 위협의 원천"이기 때문에 고통을 느끼는 일이 더 많은 스트레스를 일으키는 반면, 일본에서는 그것이 "자연스럽고 삶에 꼭 필요한 것"으로 이해된다는 사실로 이 결과들을 설명할 수 있다고 믿는다.

　이 연구가 하는 일은 친숙한 것을 낯설게 만드는 일이다. 우리는 기분이 나쁜 상태가 나쁜 것이라고 가정하는데, 어떤 면에서 서구에 사는 대다수 사람들에게 그것은 사실이다. 하지만 일본 문화에서는 사실이 아니다. 일본 문화에서 그것은 좋은 것도 나쁜 것도 아니고, 그저 존재하는 하나의 상태일 뿐이다. 정신분석을 받고 정신분석에 관해 공부하는 과정에서, 그리고 그 결과 많은 변화를 겪고 있는 내 인간관계를 통해 배운 것이 있다면, 가장 중요한 것은 진실이라는 명제다. 괴로워하는 일, 기분이 나쁘다고 느끼는 일, 고통을 느끼는 일, 상실을 느끼는 일, 채울 수 없는 욕구를 느끼는 일, 이 모든 것은 피할 수 없는 삶의 일부다. 우리는 삶의 어느 시점에선가 이런 감정을 경험할 것이고, 그 감정은 우리를 상처 입힐 것이다. 상처받는 일은 괜찮다. 나쁜 게 아니다. 나쁜 게 있다면 정말로 기분이 나쁠 때 그렇게 느끼지 않으려고 애쓰는 일, 기분이 나쁘지 않다고 자신을 속이는 일, 기분이 나빠져서는 안 된다고 되뇌는 일, 다른 사람들의 기분을 대신 나쁘게 함으로써 우리 안의 나쁨을 다른 사람들에게 풀어버리려 하는 일, 혹은 약물이나 알코올을 사용해 나쁜 감정들을 마비시키는 일일 것이다. 이런 일들이야말로 우리에게 손상을 입히는 일들이다. (나를 포함한) 내담자들은 종종 심리치료가 자신의 고통을 없애주기를 바라지만, 정신분석학자 윌프레드 비온은 "분석의 경험이 고통을 느끼는 내담자의 능력을 향상시키는 것"²⁸, 즉 나쁜 감정을 느끼는 일을 더 잘하게 만드는 것 또한 마찬가지로 중요하다고 쓰고 있다. 기분 나쁜 상태가 사실 나쁜 것이 아니기 때문에, 나이드는 일 역시 사실 나쁜 것이 아니다. 하지만 나이듦을 이유로 기분이 나빠지는 일을 피하기 위해 영원히 젊은 상태에 머무를 수 있다고 자신을 속인다면, 음, 사실이 그렇지 않다고 판명될 때 정말로 아주 힘들어질 수 있다. 우리가 처한 상황의 고통스러운 진실에 직면할 수 없을 때, 우리는 애도하고 발전할 기회를 스스로 박탈한다. 고통을 느끼는 일은 우리를 상처 입히지만 성장을 촉진한다. 그것을 피한다면 우리는 어른이 되는 일로부터 뒷걸음치게 되는 것이다.

정신분석을 받기 전에는, 사실이지만 알고 싶지 않은 나에 대한 지식들을 계속 모르는 상태로 있기 위해 내가 얼마나 자주 나를 보호하는지 전혀 알지 못했다. 하지만 정신분석을 받으면서 나는 아주 불쾌하고도 엄연한 사실들에 직면해야만 했다. 나는 영악하기도 하고, 누군가를 시기하기도 하고, 우월감을 느끼기도 한다. 나는 내가 내담자라는 사실을, 어린애 같다는 사실을 견디지 못한다. 내가 스스로 갖추지 못하는 무언가를 누군가에게 받는 일을, 혹은 받을 필요가 있다는 사실 그 자체를 받아들이는 일을 참지 못한다. 실은 이 문장들을 타이핑하는 동안 나는 얼굴을 찡그리고 있다. 나는 내가 무의식적으로 인종차별, 연령차별, 여성혐오를 저지르고, 비겁하고 파괴적인 일을 할 수 있는 사람이라는 걸 알게 되었다. 스스로 이런 힘겨운 진실의 일부를 들을 수 있게 되는 데는 3년 동안의 심리치료가 필요했고, 나는 아직도 그 과정

중에 있다. 그것은 매우 고통스러운 경험이다. 하지만 나는 그 고통에 가치가 있다고 믿어야 한다. 나는 우리가 우리 자신의 이런 부분에 관해 알고 있거나 모르기를 선택하거나 둘 중 하나라고 믿는다. 그리고 모르기를 선택하면, 우리가 그 부분의 명령에 따라 행동할 가능성은 훨씬 커지게 된다. 그리고 나는 오직 이런 힘겹고 고통스러운 진실에 대한 이해를 통해서만 성장하기를 바랄 수 있다고 믿는다.

유명한 정신분석학자 존 스타이너는 최근의 한 강의에서 정신분석학자의 임무는 이해하는 것이라고 말했다.[29] 이것은 정신분석이 인지행동치료나 명상 같은 여타 형태의 치료들과 그토록 다른 이유이기도 하다고 그는 설명했다. 인지행동치료사의 임무, 그리고 정신과 의사의 임무는 도움을 주는 것이다. 어떤 심리치료사들이 취하는 정신분석학적 태도가 내담자에게 몹시 소외감을 느끼게 한다면, 그 이유에는 이 사실도 포함될 것이다. 우리는 심리치료사가 우리를 도와주고 공감해주고 안심시켜주는 사람일 거라고 생각하는 데 익숙하다. 내담자를 안심시키지 않는 것은 심리치료사 입장에서는 극도로 어렵고 많은 훈련을 요하는 일일 수 있는데, 바로 이것이 내가 교육 과정에서 배워온 것이다. 내담자를 돕고 안심시켜주려고 애쓰는 것은 실은 그들의 감정적 현실 속 진실을 이해하려는 노력에 방해가 될 수도 있다. 그렇기 때문에 안도감을 주지 않는 것이 중요하다. 누군가가 문제가 있거나 자신을 부정적으로 생각하고 있을 때, 당신은 괜찮다는 말로 그 사람을 안심시키려 한다면 우리는 그 사람의 말을 정말로 듣고 있는 것이 아니다. 우리의 견해가 그 사람의 견해보다 타당하다고 말하면서 강요하고 있는 것이다. 우리가 그 사람에게 이렇게 저렇게 하라고 말해준다면, 즉 그를 도우려고 한다면, 우리의 조언은 그 특수한 상황에서 도움이 될 수도 있지만 심각하게 도움이 안 되는 결과를 가져올 수도 있다. 하지만 우리가 그의 문제를 이해하고, 그런 믿음이 과거의 어느 부분에서 오는 것이며 어떻게 그의 머릿속에 계속 머물러 있는지 탐구하고, 그에게 일어나고 있는 일의 감정적 진실을 이해하고, 그 진실을 그에게 들리는 방식으로 전할 수 있다면, 우리는 그에게 자신의 상황을 이해하고 스스로 결정을 내릴 기회를 주게 된다. 그것은 하나의 해방이다. 아마도 내가 어느 강의에서 들은 말 중에서 가장 아름답고 간단한 문장으로 스타이너는 이렇게 말했다. "이해하는 일에는 치유하는 힘이 있습니다." 여기서 이해란 단순히 감정이입으로서의 이해가 아니라 무지에 반대되는 인식으로서의 이해를 뜻한다. 이것은 우리가 과학적으로 설명할 수 없는, 그저 진실이다. 우리의 고통을 느끼고, 그것이 어디서 오는지 감각하고, 그것을 말로 표현할 수 있는 것과, "이름 없는 공포"[30]라는 윌프레드 비온의 표현을 떠오르게 하는 무겁고 막연하고 단편적인 경험에 압도되는 것은 다르다.

윌프레드 비온에게 진실은 정신의 양식이었다. 그는 다음과 같이 썼다. "생명체가 먹을 것에 의존하듯, 건강한 정신적 성장은 진실에 의존하는 것처럼 보인다."[31] 비온의 아내 프란체스카 비온은 회고록에 이렇게 적었다. "진실이 없으면 정신은 굶어 죽고 만다."[32] 비온의 작업 일부를 읽어보고 나서—그 대부분은 적어도 처음에는 전혀 이해할 수 없는 내용이었지만—나는 정신분석학이란 진실을 나침반 삼고 이해를 목적지 삼아 우리가 계속하는 여행이라고 생각하게 되었다. 비록 우리를 진로에서 이탈하게 만드는 내면의 여러 가지 힘, 다시 말해 방어에 의해 우리의 주의가 다른 곳으로 옮아가면서 그 목적지가 끊임없이 바뀌지만 말이다. 이런 의미에서, 어쩌면 정신분석학은 우리가 이 책에서 거치고 있는 여정과 어딘가 공통점이 있을지도 모른다. 윌프레드 비온은 매 상담 시간의 형태와 색깔을 결정하는 것은 세상의 진실을 감당하는 내담자와 분석가의 능력이라고 믿었다. 혹은 둘 중 누군가가 진실이 주는 고통을 견딜 수 없어서 그것에 등을 돌리거나 피해야만 하는지의 여부라고 믿었다. 이것이 우리가 '성공적으로 나이들기', 혹은 노화에 저항하는 사고방식에 사로잡혀 있을 때 하는 행동이다. 우리는 모두가 죽을 것이고, 그중 일부는—운 좋은 사람들일까?—먼저 나이를 먹는다는 진실을 부인한다. 만약 우리가 이 진실을 받아들일 수 있다면, 적어도 가끔은 그럴 수 있다면, 우리는 어른이 될 진정한 기회를, 그레이엄의 말을 빌리자면 자신과 평화롭게 지낼 기회를 갖게 된다. 하지만 그보다 먼저, 우리는 상실에 대해 애도를 해야 한다. 그 끔찍하고 끔찍한 상실들에 대해. 우리가 저지른 실수들, 우리가 하지 못한 일들, 우리가 실망시킨 사람들, 우리가 떠나고 싶었지만 이어갔던 관계들, 우리가 떠났지만 이어갈 수도 있었던 관계들에 대해. 초기 노년기에 도달해 처음으로 말년의 문턱에 서보는 일에는, 어떤 사람들에게 그런 애도를 예전보다 더 가능한 것으로 만들어주는 무언가가 있는 것 같다.

실라에게 일어난 일이 바로 그렇다고 나는 생각한다. 우리가 처음 나눈 대화에서 실라는 그가 중년이 되었을 때 다른 여자가 생긴 남편이 갑작스레 그와 어린 아들을 버리고 떠났다는 이야기를 들려주었다. 실라는 완전히 무너져내렸다. 하지만 그로부터 몇 년 뒤 실라는 한 남자를 만나 사랑에 빠졌고, 그들은 실라가 이혼한 지 10년이 조금 지났을 때 결혼했다. 첫 번째에는 잘되지 않았지만, 다시 시도해보는 일에 몰두한 실라는 전혀 두려움이 없어 보였고, 나는 그의 회복력과 어떤 고통을 겪었든 충만한 삶을 살고자 하는 그의 결심에 깊은 인상을 받았다. 나는 인생 말년에 두 번째 결혼을 통해 어른이 되는 일에 관한 이런 이야기가 우리의 인터뷰 내용이 될 거라고 생각했다. 하지만 이 책을 위해 실라를 인터뷰했을 때 그런 질문들은 어째선지 그다지 적절해 보이지 않았다. 사실 실라에게는 내게 들려줄 전혀 다른 이야기가 있었다.

실라에게 언제 어른이 되었느냐고 묻자 그는 이렇게 대답한다. "그건 아주 명확해요. 열다섯 살 때라고 말하겠어요. 왜냐하면 제가 열다섯 살 때 집을 떠났으니까요. 입고 있던 옷 그대로 가진 것도 없이." 그의 목소리에는 의심이라고는 묻어 있지 않다. "저는 거의 그 문을 걸어나가자마자 어른이 됐어요." 이제 예순네 살이 된 실라는 자신이 새로운 생애 단계에 들어서고 있다는 사실을 자각하고 있고, 이 시기를 설명하는 '젊은 노년'이라는 말이 무척이나 적합하다고 느낀다. "저는 계속 건강을 유지하려고 노력하고 싶어요. 그래서 우린 운동을 많이 하죠. 저하고 남편요." 그들은 발레 스트레칭과 고강도 인터벌 트레이닝과 요가를 한다. "남편이랑 마음을 모아 그게 조그만 보험 같은 거라고 결론을 내렸어요. 전에는 일해야지, 집 관리해야지, 아들 돌봐야지, 해야 할 일이 너무 많았고, 그런 걸 전부 균형을 맞추느라 시간을 낼 수가 없었죠. 지금은 시간이 조금 더 생겼어요." 실라가 지금 직면하고 있는 중요한 질문은 '언제 은퇴해야 하는가'다. "저는 이제 연금이 나오고 주택 대출금도 없으니까, 재정적으로 말하자면 지금 은퇴해도 되긴 해요. 그런데 제 일이 좋거든요. 그러니 언제 이렇게 말할 건가 하는 문제가 남죠. '좋아요, 제가 나이가 너무 많아지거나 건강이 너무 안 좋아지기 전에 여행을 가게끔 일을 그만둬야 할 때가 있다면 바로 지금인 것 같네요.' 음, 그 문제를 수정 구슬처럼 열심히 들여다보고 있어요." 내게는 실라가 은퇴를 앞둔 사람처럼 느껴지지 않는다. 그는 이제 막 승진을 했고, 자신의 커리어에 대해 너무도 흥미진진하고 활기차게 이야기를 해서 듣는 사람도 기운이 날 정도다. 그럼에도 불구하고, 나는 실라가 건강상의 문제들이 곧 나타날 거라는 사실에 몹시 민감하다는 걸 느낄 수 있다. 그는 노년을 피하기 위해서가 아니라 영원히 일을 계속할 수는 없으리라는 걸 알기 때문에 튼튼한 몸을 유지하고 있다.

그 전에, 실라가 내게 일과 운동 이야기를 하기 전에, 내가 어른이 되는 일에 관련된 경험들이 있는지 묻자 그는 훨씬 더 고통스러운 이야기를 들려주었다. "유아돌연사증후군으로 아기를 잃었던 적이 있어요. 지금껏 단 한 번도 한 적 없는 얘기예요. 흥미로우실지도 모르겠네요……" 실라는 그렇게 말하더니 다른 생각에 빠져든다. 그러더니 자신의 이야기를 들려준다. 그가 직장에서 면접을 담당했던 한 여성이 등장하는, 끝에서 시작하는 이야기다. 그 응시자의 이력서 취미 난에는 요가와 필라테스 같은 보통의 취미도 포함돼 있었지만 그가 '영매'라는 사항도 적혀 있었다. 실라는 이렇게 설명한다. "저는 정말로 재미있게 들린다고 말하고는, 영매라는 게 학습해서 된 건지 타고난 재능인지 물었어요. 영매 교육 같은 걸 받고 싶었던 적은 없는데, 남편은 항상 제가 직감이 뛰어나다고 하고, 제가 남들이 알아차리지 못하는 걸 많이 알아차리기는 하거든요." 그 응시자는 취업이 되었다. 몇 달 뒤 실라가 그와 함께 기차를 타고 회의를 하러 런던으로 가면서 일 얘기를 나누고 있는데, 그 신입 직원이 갑자기 이렇게 말하는 것이었다. "제가 뭐 좀 여쭤봐도 될까요?" 신입 직원은 실라에게 아이가 죽은 적이 있었는지 물었다.

실라는 말한다. "저는 너무도 깜짝 놀랐어요. 충격을 받았죠. 살아 있는 사람 중에 그걸 아는 사람은 이제 아무도 없거든요. 저는...... 저는 차마 그 무덤에 찾아갈 엄두도 내지 못했고, 40년도 더 전에 일어난 일이었고, 아무도, 제 가장 친한 친구도, 제 아들도, 전남편도, 지금 남편도 전혀 모르는 일이에요. 누구한테도 그 얘기를 하지 않았거든요." 하지만 동료가 그 질문을 던졌을 때 무언가가 달라졌다. 실라는 그 순간 당연히 동요했고, 겁에 질렸다. 하지만 그 질문의 영향력은 그 순간을 훨씬 넘어서는 것이었다. "판도라의 상자가 열린 거였죠."

실라는 어린 시절에 좀 더 가까운 지점에서부터 자신의 이야기를 들려준다. "저는 열다섯 살에 갈 곳도 없이 집을 나왔어요. 아버지가 저와 어머니에게 가하는 언어폭력을 참을 수가 없었거든요. 그 모든 게 어느 날 터질 지경이 됐고, 그걸로 끝이었어요. 저는 집을 떠났고 다시는 돌아가지 않았죠." 실라는 아버지에게 아마도 정신적인 문제가 있어서 자신의 행동을 통제하지 못했을 거라고 생각하지만, 당시에는 그저 아버지가 끔찍하다고 느낄 수밖에 없었다. "믿을 수 없을 만큼 까다롭고 강압적이고 불쾌한 사람이었어요. 가끔씩 정말로 못된 말을 했고, 그러고는 나중에 엄청 후회했죠." 실라는 어머니와는 계속 가깝게 지냈지만 집으로 다시 들어가 지내지는 않았다. 대신 남자 친구와 그 가족이 같이 사는 집에 들어가 지냈고, 임신을 했다. 1972년 10월, 아들 피터가 태어났을 때 실라는 열여섯 살이었다. 피터는 1973년 1월에 죽었다.

"유아돌연사증후군이었어요. 너무 큰 충격이었고, 그 일 때문에 생긴 정신적 외상도 그냥 너무 끔찍했죠. 우린 돈이 없었고, 사실 살 곳도 없었어요. 아이 아빠 어머니네 집에 얹혀 살고 있었으니까요. 아기를 묻어줄 돈도 없어서 빌려야 했고, 장례식장에 매주 돈을 갚아야 했는데, 그게 몇 달이나 계속됐죠." 실라는 말한다. 피터의 아버지와 실라의 관계는 악화되었고, 그들은 오래지 않아 헤어졌다. "피터를 잃었다는 충격과 함께, 제 인생에 부모님도, 남자 친구도, 어떤 안정적인 관계도 없이 저는 완전히 혼자였어요. 그저 제 삶을 계속 살아나가야 했죠. 추억에 잠기거나 생각을 할 수도 없었어요. 그런 건 전부 어딘가에 넣고 문을 잠가버렸다고 할까요." 수년간 피터의 생일과 기일마다 실라는 피터를 생각하고 기억했다. "하지만 그 무덤에 다시 가지는 않았어요. 피터가 묻힌 날 이후로 거기 가본 적이 없어요."

하지만 동료 직원과 대화를 나눈 뒤 무언가가 변했다. "이런 생각이 들더라고요. 무덤에 가보고 싶다. 피터한테 가보고 싶다. 그냥 그러고 싶다." 기차 여행에서 동료 직원이 한 질문이 "쇠사슬을 풀었고, 자물쇠가 상자에서 떨어져 나간 것"이었다.

나는 실라에게 피터의 죽음에 대해 슬퍼해본 적이 있느냐고 묻는다. "아뇨, 절대 그러지 않았어요. 절대 슬퍼하지 않았어요. 죄책감은 있는 것 같아요. 그애의 삶은 너무 짧았으니까요. 그 모든 게 모두에게 너무도 심란한 일이었어요. 그건 그저…… 상상할 수 없는 일이었어요. 너무 큰 충격이었고요. 전 확실히 그 일에 대해 준비가 되어 있지 않았고, 어떻게 처리해야 할지도 몰랐고, 그래서 그걸 다룰 수 있었던 유일한 방법은 모든 걸 차단해버리고 그저 계속 살아나가는 것, 그냥 그 일에 대해 말하지 않는 것이었어요. 그냥, 이런 일들은 말하지 않는 게 더 쉬우니까요." 하지만 동료 직원이 그 질문을 던진 뒤로는 실라의 인생에서 처음으로 더이상 그렇지가 않게 되었다. 피터에 대해 말하지 않는 것이 더 이상 쉽지 않게 되었다. "그 일이 제게 마음을 털어놓을 기회를 줬어요. 저는 남편에게 말하기로 결심했어요. 그 얘기를 남편과 나누고 싶은지 자문해봤는데, 이런 생각이 들었어요. 음, 그러면 안될 이유가 뭐가 있어? 난 그 무덤에 가보고 싶고, 남편은 내 친구고, 나를 사랑하고, 나를 판단하지 않을 거야. 전 그날 일과 그 결정을 남편과 나누고 싶었어요." 실라가 이야기를 계속한다. "우리는 무덤에 찾아갔어요. 몰랐는데, 거기에는 피터의 이름과 그애가 죽은 날짜가 새겨져 있더군요. 하지만 1972년 일이라 글자들이 여럿 떨어져 나가 있었어요. 정말 엉망이었죠. 묘석을 새로 세우고 레터링도 새로 하고 싶었어요. 그래서 정말 예쁜 묘석을 몇 개 구입했어요. 검은색이지만 반짝이는 것들로요. 무덤은 이제 정말 사랑스러워 보여요. 효과가 있었어요. 거의 위안에 가까운 일이었달까요." 실라가 그저 피터의 무덤에만 갔던 건 아니었다. 그는 자신의 전 남자 친구 어머니의 무덤도 찾아냈다. 자신과 함께 살았고, 피터가 태어났을 때 아기 돌보는 걸 도와준 분이었다. 그 무덤도 마찬가지로 엉망이 되어 있었다. "그 무덤도 정돈하고 싶었어요. 피터가 태어났을 때 그분은 너무나도, 너무나도 잘해주셨고, 저는 너무 어렸는데, 그분이 저를 많이 도와주셨거든요." 실라가 이 말을 하자 나는 몹시 가슴이 뭉클해진다. 그 모든 세월이 지난 뒤에 무언가 아주 중요한 일이 일어나고 있는 것 같다. 애도와 보상이.

내가 보기에 이 상자가 열리기 위해서는 두 가지 일이 일어날 필요가 있었던 것 같다. 그것은 그저 실라의 동료 직원이 질문을 던졌기 때문만은 아니었고, 그 직원이 질문을 실라의 인생에서 이 특별한 시기에, 그가 초기 노년기라는 이 단계에 들어서고 있고, 노년이 다가오고, 살아온 날보다 앞으로 살아갈 시간이 더 적게 남아 있는 이 시기에 던졌기 때문에 일어난 일이기도 했다. 실라는 말한다. "그 특별한 일이 너무도 충격적이었기 때문에 저는 그걸 묻어버렸어요. 묻어버렸지만, 그런 다음 다시 열어서 처리했죠. 그동안 무덤에 가지 않았던 게 조금 부끄럽기도 했지만, 제가 왜 가지 않았는지도 알게 됐어요." 자신의 나이가 이 과정에 일조한 부분이 있다고 생각하는지 묻자 실라는 대답한다. "60대가 된다는 것에는 뭔가가 있어요…… 60대에 들어서면 삶이란 게 얼마나 연약한지 더 잘 의식하게 돼요. 친한 친구들을 잃어버리는 일은 이미 시작됐고, 죽음이든 쓸모없는 존재가 되는 것이든 이혼이든 사람들에게 크나큰 충격과 슬픔을 가져다주는 일들을 목격하기도 했고요. 지금 제게는 손주들도 생겼는데, 그건 굉장히 큰 선물이었고 엄청난 감정을 느끼게 해주는 일이었어요. 저는 제가 손주들을 보면 기분이 어떨지 알지도 못했고 예상해본 적도 없었거든요." 그리고 실라는 인생의 지금 이 시기에 과거를 돌아보기 시작했다고 한다. "엄마가 그리워요. 많이 생각나고요. 엄마는 2011년에 돌아가셨는데, 우린 정말 친했거든요. 그러니까, 무슨 일이 있었는지, 과거에 뭐가 있는지, 그리고 자신이 언제 죽게 될 지, 모든 게 제대로 돼 있는지, 그런 것들을 생각하게 되는 거예요. 솔직히 말해서 저는 제가 사랑하는 사람들을 위해 할 수 있는 모든 걸 다 했다고 생각하며 무덤에 들어갈 수 있을 것 같아요."

나는 젊은 노년기에는 유달리 애도와 그로 인한 성장을 조금 더 가능해지게 하는 무언가가, 다시 말해 죽음에 대해, 그것이 점점 더 가까워지는 느낌에 대해 인식하게 하는 무언가가 있다는 걸 깨닫는 중이다. 상실을 겪은 뒤 40년이 넘게 지나 그것을 마주하면서, 실라는 마침내 초기 청소년기의 끔찍하고 충격적인 경험을 애도하기 시작할 수 있었다. 그리고 그것과 함께, 실라는 자신과 평화롭게 지내는 일로 통하는 길을 찾아냈다. 내게는—실라가 그 일을 이런 식으로 생각할지는 모르겠지만, 내게는—이것은 일종의 성장이었다.

●

정신분석학의 개념들에 처음으로 흥미가 생겼을 때, 그것에 대해 정말로 무언가를 알게 되기 전에—아니 그보다는, 안다고 생각하게 되기 전에—나는 『내면의 삶: 정신분석과 성격의 성장』이라는 책을 읽었다. 훌륭한 저자이자 정신분석학자이며 영국 정신분석학회 회원인 마고 와들의 책이었다.[33] 초기 유아기에서 시작해 노년기에서 끝나는 너무도 아름다운 이 책은 내가 전에 읽어본 책들과 무척이나 다르다. 이 책은 유아, 어린이, 10대, 성인 그리고 노인의 내면세계로 들어가는 여행인데, 우리가 삶이라는 과정에 걸쳐 심리적으로 어떻게 움직이고 변화하는지, 그리고 서로 다른 정신분석학자들이 발달에 대해 어떤 방식으로 생각해왔는지를 탐구한다. 우리에게 새로운 방향을 제시하고 삶에서 우리의 위치를 다시 확인하게 해주는 책들이 몇 권 있는데, 내게는 이 책이 그런 일을 해주었다. 이 책은 또 내 친구와 나를 저자에게 약간 반하게 만들어서 우리는 그를 "여왕 마고"라고 부르기도 했다. 첫 번째 봉쇄가 시작되기 몇 달 전 우리의 여왕이 인터뷰에 동의해주었을 때, 나는 기쁨과 불안을 동시에 느꼈다. 다른 사람들에게는 해리 케인이나 비욘세 인터뷰와 비슷한 일일지도 모르겠다. 평평한 곳에는 죄다 책들이 쌓아올려져 있는, 정교한 방식으로 혼란스러운 와들의 거실에 앉아 나는 그에게 묻는다. "당신은 어른인가요?" "절대 아니에요." 와들이 대답한다. "아뇨. 저는 항상…… 저에 대해 굉장히 자신이 없었어요." 와들은 일흔세 살이다. 그리고 그는 콘텐츠 보험이라는 것에 대해 들어본 적이 없다고 한다.

"정직하게 말하자면 저는 여전히 어른이 되는 일을 힘들어하고 있다고 해야 할 것 같네요." 그는 자신에게 아이들과 의붓자식들과 손주들이 있다고 말한다. "그러니 정말로 어른이 된 기분이어야 하겠죠. 하지만 저는…… 누군가가 정말로 그런 기분을 느낄 거라는 생각이 들지 않네요. 저는 그냥 못 느껴요." 와들은 여전히 자신이 배울 게 산더미 같다고 느낀다. "제가 어른이 되어가고 있다고, 어른이 되어야 한다고는 항상 느끼죠. 하지만 저는 우리가 어른이라고 불리는 존재가 된다는 생각이 별로 안 들어요."

우리는 그저 성장하고 있는 상태이기를 소망할 수 있을 뿐 성장이 끝난 상태는 될 수 없다고 그는 말하고 있는 것 같다. 과거의, 완료된 무언가의 반대항으로서 현재 시제로 진행 중인 성장을 바랄 수 있을 뿐이라고. 사실 그는 이렇게 말한다. "어른이란 자신이 언제나 더 발전할 수 있고, 인생을 사는 동안 그 길에는 끝이 없다는 걸 아는 능력을 내면에 지닌 사람이에요. 어떤 사람들이 다른 사람들보다 끝에 더 가까이 가기는 하죠. 그걸 견딜 수 있고, '아, 안 돼, 난 그 일을 해보지 않았어'라는 생각의 족쇄 속에서 사라져버리지 않을 수 있는 사람, 이를테면 자신의 부족한 점들을 계속 견딜 수 있는 사람, 그리고 자기 아이들에게 줄 수 있는 최선의 것을 주는 사람이 어른이라고 저는 생각해요. '어른이 되었다'고 불리는 궁극적인 상태 같은 건 없다고 봐요. 그건 하나의 과정이고, 운이 좋으면 우린 그 과정을 계속할 수 있죠."

이 말을 듣는 내 머릿속에서는 폭죽들이 터지는 것 같다. 나는 이 책을 쓰는 일을 통해 다른 사람들이 어떻게 어른이 되었는지, 어른이 되는 일이 그들에게 무엇을 의미하는지 배우고, 그다음에는 나 자신이 그 일을 할 수 있게 되기를 간절히 바라고 있었다. 그런 일은…… 일어나지 않은 것 같다. 나는 나와 마찬가지로 어른이 되는 일을 힘들어하는 사람들의 말을 귀 기울여 듣고 온갖 다양한 분야의 전문가들과 대화를 나눴고, 그들의 이야기와 연구들이 매혹적이라고 느끼지만, 그들이 나를 도와줄 수는 없다는, 적어도 내가 바라던 방식으로 그럴 수는 없다는 다소 괴로운 자각을 하게 되었다. 나는 억지로 어른이 될 수는 없는 것이다. 정신분석을 받는 동안, 나는 내가 이 책을 쓰는 일을 내 정신분석가에 대한 의존을 피하기 위한 방법으로 이용해왔을 가능성이 상당히 높다는 사실을 알게 되었다. 나 자신에 대한 진실을 알아내는 데 도움이 될 과정에 온전히 관여하기보다는, 내게 그가 필요하다는 사실을 부인하고 정신분석의 바깥에서 어른이 되려고 애쓰면서 말이다. 정말이지 '어이쿠'였다. 하지만 심지어 어른다움이 전보다 더 닿을 수 없는 곳에 있는 듯 느껴지기는 해도, 나는 내가 이런 자각들을 통해 정말로 변화하고, 성장하고 있다고 느낀다. 내 머릿속에서, 정신분석을 받으면서, 이 책을 쓰는 과정에서, 그리고 팬데믹을 통과하며 살아가는 일 속에서 계속 진행 중에 있다. 나는 그것이—결코 지속적으로는 아니지만 가끔씩은—세상의 진실을 조금 더 선명하게 보는 능력과 관계되어 있다고 생각한다. 나는 어른이 되지는 못했을지 모르지만, 그 이유와 그것의 의미에 관해 조금 더 이해하게 되었고, 가끔씩은 나 자신을 조금 더 많이 용서할 수 있게 되었다. 이해하지 못하는 것보다는 나을 것이다. 여왕 마고의 말들을 타이핑하면서, 나는 내가 어른다움을 하나의 질문에 대한 대답이자 언젠가 상황이 정리되면 내가 도달하게 될 상태라고 생각하는 일을 그만두어야 한다는 것을 깨닫는다. 그 생각을 놓아버리는 건 고통스럽다. 대답을 찾아 헤매고, 모든 문제를, 혹은 적어도 대부분의 문제를 해결해주리라고 생각했던 무언가를 향해 손을 뻗는 건 위로가 되는 일이었다. 할아버지의 열쇠들에 희망을 갖고 있던 그 아기처럼 말이다. 이렇게 바랐던 상태를 애도하는 것은 정말로 쓰라린 성장 경험이다. 하지만 약간은 위안이 되기도 한다. 내가 발견해가고 있는 이런 새로운 형태의 어른다움은 더 두렵기만 한 것이 아니라 더 흥미롭기도 하니까.

"너무 힘드네요." 내가 여왕 마고에게 이렇게 말하자, 그는 내가 들어본 말 가운데 최고로 친절한 말들로 대답해준다. 나는 그 말들을 옮겨 적은 원고의 사진을 찍어 친구들에게 보내주고, 나 역시 가끔씩 들여다보기 위해 간직해둔다.

이제 그것을 당신에게도 보여주겠다.

모야: 너무 힘드네요.
여왕 마고: 정말 힘들죠.
모야: 정말 마음대로 안 돼요.
여왕 마고: 네, 정말 그래요.

# Chapter 6

## 삶은 계속된다

◉

〈내 속엔 사람이 너무도 많아〉

노래 밥 딜런

아기가 소통을 하고 있다. 아기는 좋아하는 책의 페이지를 넘기는 아버지의 무릎에 앉아 그를 올려다보며 손으로 그의 턱을 만진다. "바바 아." 아기가 그렇게 말하자 아버지가 대답한다. "그래, 너는 이 얘기를 좋아하지, 그치?" 아버지는 자기 모자를 돌려받고 싶어하는 곰이야기를 아기에게 계속 읽어주고, 모자를 훔쳐간 말썽꾸러기 토끼를 본 아기는 아버지의 무릎 위에서 통통 튀어오르며 손바닥으로 책을 두드리면서 소리친다. "아 아아아, 아 아아 아아!" "맞아." 아버지가 웃음기 어린 목소리로 말한다. "토끼가 그랬네. 그치?" 아기는 아버지에게 얼굴 가득 미소를 지으며 대답한다. "어 어어, 응 어 우어 어어." 아버지가 대답한다. "아하. 내 생각도 그래. 페이지 넘길까?" 아기는 두 팔을 아버지의 목으로 뻗어올리며 말한다. "아가가가." 아버지는 아기를 꼭 안아주며 되풀이한다. "아가가가."

아기는 다시 책으로 돌아오고, 아버지는 페이지를 넘기고, 그들의 대화는 계속된다.

지난주에 아버지가 코로나바이러스 백신을 맞으셨다. 아버지는 86세다. 병원에 가야 할 때가 아니면 9개월이 넘도록 집과 정원 밖으로 나가신 적이 없었다. 아버지가 백신을 맞게 될 거라는 사실을 알았을 때 나는 밀려오는 감정들에 사로잡혔고, 처음에는 그 감정들을 이해할 수가 없어서 그저 울기만 했다. 지금 그것들을 말로 옮기려 애쓰면서 돌아보니, 당연히 안도감과 행복감도 있었지만 무언가 황폐함에 가까운 느낌도 들었다는 생각이 든다. 그 모든 죽음, 폐쇄된 학교들, 실내에서만 이루어지는 이상한 생활, 그 모든 게 현실이 되었으니까. 하지만 그 순간에 가장 컸던 건 열렬히 감사하는 마음이었던 것 같다.

　아버지는 세계에서 처음으로 임상실험 이외의 코로나 백신 접종을 한 사람들 중 한 명이었다. 최초 접종자는 마거릿 키넌이었는데, 그는 백신이 자신이 바랄 수 있는 이른 생일선물 중 최고라고 말했고, 그다음 주에 아흔한 살이 되었다. 뉴스를 보고, 첫날 백신을 맞은 80세 이상 사람들의 인터뷰를 들으며 나는 따스한 기운과 희망이 가슴속에 차오르는 걸 느꼈다. 백신이라는 선물을 처음 받는 대상이 바로 이 사람들이라는 사실에는 무언가 몹시 감동적인 데가 있었다. 그건 올바른 일처럼 느껴졌다. 우리가 돈과 권력을 가장 많이 지닌 사람들보다 바이러스에 가장 취약한 사람들에게 우선순위를 주고 있다는 건 하나의 국가로서 자랑스러워할 만한 일처럼 느껴졌다.

하지만 그런 따뜻한 자부심 아래 훨씬 더 어두운 진실이 숨겨져 있음을 나는 안다. 그 진실이란 이 연령대의 사람들이 팬데믹 기간에 지독하게 방치되었다는 사실이다. 당시 영국 보건부 장관은 정부가 요양원에 있는 사람들을 위한 '원형 보호 지대'를 구축했다고 하원에서 말했지만, 실제로는 코로나 양성 진단을 받은 환자들이 병원에서 그런 요양원들로 보내졌고, 거기서 바이러스가 퍼져 수천 명의 거주자가 사망했다.[1] 개인 차원에서는 수많은 젊고 건강한 사람들이 몹시 치명적인 질병에 걸렸던 것 같은데, 당시에는 이 사실을 알아차리기가 어려웠다. 영국에서 팬데믹이 시작된 직후 첫 사망자가 나왔다는 소식이 대대적으로 보도되었을 때, 뉴스 진행자들은 사망자 수를 알려준 다음 그들의 나이나 그들이 앓고 있던 기저질환을 말해주곤 했다. 인류학자 세라 램또한 미국에서 이런 현상을 알아차렸다. "뉴스에서 사망자 소식을보도할 때면 언제나 기저질환에 대한 언급이 나오거나, 사망자들이 나이가 많다는 이야기가 나오거나 둘 중 하나였어요." 램은 그럴 경우 일부 시청자들은 이렇게 생각할 거라고 지적한다. '아, 저건 다른 사람들이고 나는 괜찮을 거야.' 그리고 만약 사망자들이그런 범주 중 하나에 들어맞지 않으면, 다시 말해 나이가 많거나아픈 사람이 아니면, 그러면 그건 걱정스러운 일이었다. "그러면그게 자기가 될 수도 있으니까요." 어린이책 작가 마이클 로즌은 코로나바이러스에서 회복하는 동안 〈투데이〉 프로그램과 했던 인터뷰에서 이런 점을 잘 표현했다. 그때 로즌은 70대 초반의 한 사람으로서 팬데믹 상황이 시작되고 자신의 증상이 몹시 심해지기 전에 느꼈던 분위기에 대해 말하고 있었다. "거기 앉아 있는데 벌써 전국에서 사람들이 이렇게 말하고 있는 것 같더라고요. 음, 이건 노인들이 걸리는 병이니까 그렇게 중요하지 않아. 사람들이 정말로 노인들은 그렇게 중요하지 않다고 말했는지는 확실치 않은데요, 그래도 그 사람들이 그렇게 말하는 것처럼 느껴졌어요. 지금 돌이켜 생각해보니, 그 사람들, 그렇게 말하고 있었던 게 맞다는 생각이 드네요. 그 사람들, 그렇게 생각하고 있었던 게 맞아요. 마치 어째선지는 모르겠지만 일종의 분기점이 되는 순간이 있다는 듯이, 당신은 일흔 살이지, 그럼 우리는 당신네 무더기를 전부 폐기 처분할 수 있어…… 왜냐하면 당신들은 어쨌든 곧 죽을 거니까, 이렇게 생각하고 있었어요. 인구 중 일부가 그렇게 중요하지 않다고 생각하기 시작하는 순간, 그건 너무나 치명적이고 당연히 소름끼치는 일이 된다고 생각해요. 제가 서른 살이어도 그게 소름끼치는 일로 느껴졌으면 좋겠어요. 저는 일흔 살이 넘었기 때문에 그게 명백하게 소름끼치는 일로 느껴지거든요."[2]

로즌의 말이 옳다. 좀 역겹긴 하지만 스스로에게 정말 정직해지자면, 초기에 뉴스 보도들을 들었을 때, 사망자가 나처럼 젊은 사람이 아니라 노인이라는 걸 들었을 때, 슬픔과 공감 속에서도 나 역시 분명 안도감과 비슷한 무언가를 느꼈다. 당시에는 그 감정을 의식하지 못했지만 말이다. 부모님 두 분이 다 위험군이었고 내가 그분들을 지독하게 걱정하고 있었는데도 그랬다. 좀 더 받아들이기 쉬운 면모 뒤에 숨어 있는, 자기를 보존하려는 나와 인류의 추한 면을, 어떤 생명을 다른 생명보다 가치 없는 것으로 취급할 능력이 있는 그 부분을 인정하는 건 정말이지 너무도 소름 끼치는 일이다. 하지만 무의식적으로 이렇게 반응한 것이 나만은 아니었다는 걸 안다. 램은 팬데믹을 겪어온 많은 국가들에서 이와 똑같이 혼란스럽고 모순된 현상이 나타났다고 지적했다. "많은 사회에서 사람들은 지금까지 기꺼이 노인들을 저버렸고, 그들이 죽어가고 있다는 것에 별로 신경 쓰지 않았어요. 하지만 다른 한편으로는 주의를 기울여야 한다는 이야기도 나오고 있어요. 이 사람들은 우리 삶에서 소중한 사람들이니까 모두 마스크를 쓰고 경계를 늦추지 말아야 한다는, 노인들을 위해 우리가 조심해야 한다는 이야기죠. 사람들은 두 가지 관점을 동시에 갖고 있어요. 노인들을 버려도 괜찮다는 것과 노인들은 가치 있는 사람들이라는 거예요." 이런 위선은 노년과 노인들을 바라보는 우리 사회의 심각하게 분열되고 양가적인 시선의 일면을 드러내주는 것 같다. 한편으로는 노인들을 존경하고 우러러보면서도 다른 한편으로는 그들을 얕잡아 보고, 묵살하고, 말을 걸 때도 덜 자란 유아를 대하는 듯한 우리의 방식을. 오직 이 혼란스러운 부조화 속에 담긴 진실을 목격할 때만, 우리 가운데 아주 많은 사람들이 이 점에서 실수를 저지르고 있다는 걸 알게 될 때만, 우리는 이 시기의 진정한 의미를 정말로 이해하기 시작할 수 있다. 이 책을 쓰면서, 특히 이 장을 쓰면서, 나는 한 사람의 일생에서 마지막 몇 년이 그 이상은 아닐지라도 다른 모든 날들만큼이나 소중하다는 걸 처음으로 알게 되었다. 이 시기가 그 전에 지나간 세월보다 덜 가치 있다고 여기는 것은 너무도 큰 잘못이다. 다르기는 하지만 절대 가치가 덜하지는 않다. 왜냐하면 다른 무엇보다도 성장할 수 있는 여지가 아직 너무도 많기 때문이다. 그리고 이 시기는 성장할 마지막 기회다.

학술 문헌에서는 제4 연령기라고 언급되고, 버니스 뉴거튼은 "나이든 노년"[3]이라고 불렀던 삶의 이 마지막 단계는 이제 그 어느 때보다도 더 많은 사람들이 경험하는 현실이다. 이는 사람들이 100살 생일을 맞을 가능성이 높아졌다는 사실에서 인상적으로 드러난다. 팻 테인은 『노년의 역사』에서 이렇게 말한다. "100살이나 혹은 그보다 조금 넘게 사는 소수의 사람들은 어느 시대에나 있었다. 21세기 초에는 어느 때보다 많은 사람들이 100살까지 살았지만, 100살을 훌쩍 넘긴 나이까지 사는 사람은 여전히 드물다. 이따금씩 120살 가까이 사는 사람들이 있기는 하지만 말이다."[4] 20세기 초 영국에서는 1년에 평균 74명이 100살 생일을 맞았다. 20세기 말에 그 수는 3000명이 되었고, 2019년에는 1만 3000명으로 늘어났다.[5] 미국과 오스트레일리아에서도 같은 경향이 나타난다. 내가 어렸을 때 사람들이 100살이 되면 여왕으로부터 편지를 받는다는 걸 알게 되었던 일이 기억난다. 이제 그 일은 그렇게 드물기만 한 사건은 아니다. 노인의학의 발달, 국민보건서비스의 영향, 제1차 세계대전에 뒤따른 첫 번째 베이비붐이라는 타이밍의 결합은 노년기를 보내는 사람들의 비율을 급증하게 했다. 1966년 영국에서 75세 이상 인구는 240만 명이었는데, 2016년에는 530만 명으로 늘어났다.[6] 90세 이상 인구는 2019년까지 30년에 걸쳐 거의 세 배로 늘어났다.[7] 2016년 미국에서 85세 이상 인구는 640만 명이었고, 2040년에는 그 두 배가 넘는 1460만 명으로 늘어나 129퍼센트 증가할 것으로 예상되었다.[8] 2017년 오스트레일리아에서 85세 이상 인구는 50만 명이 안 됐지만, 30년 뒤에 이 수치는 세 배로 늘어날 것으로 예상되었다.[9] 이 수치들이 코로나바이러스의 결과로 어떻게 변할지 생각하면 견디기가 힘들다. 물론 단지 노령까지 살아남는다고 해서 그 사람이 반드시 건강하다는 뜻은 아니지만, 반드시 건강하지 못하다는 뜻도 아니다. 테인은 예전이었다면 사망을 초래했을 급성질환으로부터 회복된 사람이 거기 뒤따르는 관절염, 당뇨병, 알츠하이머병 같은 만성질환으로 쓰러지는 일이 많기는 했지만, 영국에서 노인의학이 발달하고 국민보건서비스가 도입된 결과, 20세기 말에 80대와 90대까지 살았던 사람들의 대다수는 급성질환에 걸리지 않았고, 자신을 건강하고 스스로 활동할 수 있는 사람으로 여겼다고 설명한다. 물론 나이, 계층, 젠더에 따라 차이는 있었지만 말이다.

프리드리히실러 예나대학교 일반심리학과 학과장인 클라우스 로터문트 교수는 나와 이야기를 나누면서 내가 사용하는 '젊은 노년'과 '나이든 노년'이라는 용어에 대해 한마디한다. "젊은 노년과 나이든 노년이라는 이 구분에 대해 알고는 있지만, 저는 개인적으로 그 용어들을 그다지 많이 사용하지 않습니다." 로터문트는 '우리가 나이가 들면 어떤 변화가 생기나요?' 하는 식으로 간단하게 묻는 쪽을 선호한다고 한다. 그는 노년에 일종의 전반부와 후반부가 있음을 알리는 건 중요하다고 인정한다. "하지만 저는 그 둘 사이에 분명하고 뚜렷한 선을 긋지는 않을 거예요. 같은 사람이라도 어떤 영역에서는 전형적으로 젊은 노년이지만 다른 영역에서는 이미 나이든 노년일 테니까요." 만약 당신이 직장을 잃고 취업 시장에 재진입할 방법이 없다면, 당신은 일의 영역에서는 나이든 노년으로 간주될 것이다. 하지만 여가와 건강, 성격 발달 같은 다른 영역에서는 여전히 젊은 노년에 매우 가까울 수 있다. 이는 우리의 뇌가 어떤 방식으로 성숙하는지에 대해 신경과학자 블레이크모어가 했던 설명을 떠오르게 한다. 우리 뇌의 어떤 부분은 다른 부분보다 먼저 발달하며, 사람마다 그 속도가 다르다는 것을. 이는 나를 중요한 지점으로 이끈다. 이 책의 각 장에 사용된, 오해를 낳을 소지가 있는 명료한 생애 단계 구분을 주의해주시기 바란다. 이렇게 말하기에는 조금 늦은 듯하지만 그래도 말해야겠다. 이 책의 장 구분은 모두 허구로 꾸며낸 것이다. 이 책이 정말로 삶이라는 과정을 대변한다면 각 장의 구분은 없어야 할 것이다. 성인기와 노년기를 향해 빙글빙글 돌면서 나아갔다가 다시 청소년기로, 거기서 더 물러나 유아기로 돌아가고, 그런 다음 다시 중년기를 향해 나아가고, 그렇게 끊임없이 계속되는 텍스트만 있을 것이다. 우리 모두에게 다행한 일이지만, 나는 일종의 명료성과 가독성을 위해 실험에 가까운 문학적 형식은 포기했다. 그럼에도 그렇게 포기한 일에는 대가가 따른다는 사실을 인정해야 할 것같다. 나는 '젊은 노년'과 '나이든 노년'이라는 말을 삶에서 서로 구별되는 분리된 시기를 가리키는 것처럼 사용하는 일 또한 두 시기 모두를 섣불리 판단하는 일이 될 수 있다는 로터문트의 말이 이점을 잘 드러내준다고 생각한다. "'젊은 노년'과 '나이든 노년'이라는 이런 구분을 사용하는 일에는 젊은 노년은 좋고 나이든 노년은 나쁘다고 평가하는 요소가 강하게 포함되어 있거든요. 그러니 그냥 통틀어서 어떤 변화가 생기는지 말하는 게 나을 것 같아요. 나이가 들면 많은 변화가 생기죠."

이제 그 변화들에 대해 이야기해보자. "우리가 갖게 되는 기회에 변화가 생깁니다. 우리가 가진 자원과 기능적인 역량에도요." 로터문트가 말한다. "우리는 나이가 들면서 이 점에 있어서는 무언가를 잃어버리게 될 겁니다. 적어도 평균적으로 사람들은 예전보다 덜 튼튼해지고, 덜 건강해지고, 기억에도 결함이 생기게 되죠. 우리가 지닌 엄청난 가변성을 고려할 때 이건 전 세계적인 추세예요." 하지만 심리학적으로 말할 때 나이가 든다는 건 좀 다른 이야기이며, 단지 상실에만 관련된 이야기도 아니다. "노인들은 생산성generativity●과 초월성, 도덕규범에 더 많은 관심을 보입니다. 이런 것들이 더 중요한 것들이지요. 반면 젊은 사람들은 나중에 수익을 거두어들이기 위해 지금 무언가를 하는 일에 주력합니다." 어떤 젊은이들이 가질 수 있는, 이를테면 커리어에서 큰 야망을 이루려는 장기적인 목표 같은 것은 "노년이 되면 의미를 상실하는데, 이것은 장래에 대한 전망이 예전보다 좁아지기 때문입니다. 그래서 사람들은 자신의 내면에서 이미 의미 있다고 규정된 다른 형태의 목표들로 옮겨가게 되죠. 행동하는 바로 그 순간에 그 행동의 의미를 명백하게 볼 수 있는 목표들로요." 이렇게 다른 종류의 의미를 발견하려고 애쓰는 일이 노년기에 어른이 되는 일의 핵심이라고 나는 생각한다. 그리고 이전의 장들에서 우리가 알게 됐듯, 젊은 노년기에 '성공적으로 나이들기'에 지나치게 집중하면 이런 전환을 준비할 매우 중요한 시간을 자기 자신으로부터 빼

● 자신이 지닌 지식, 기술, 능력 들을 후대에 전달하고픈 욕구.

앗게 된다고 로터문트는 주장한다. "'안티에이징'은 노화의 부정적인 형태와 싸우는 일이지만, 이런 문구들은 당연히 노화의 이미지 가운데 부정적인 측면이 가장 두드러진다는 사실을 보여줍니다. 그리고 사람들에게 노화를 피할 수 있다는 환상을 심으면, 나이듦에 대한 긍정적인 이미지를 만들어낼 동기가 없어지죠. 노년이나 노인들로부터 거리를 둠으로써 우리는 어쩔 수 없이 나이드는 일과 연관된 발달 과업들을 숙달하는 일을 더 어렵게 느끼게 될지도 모릅니다. 그리고 우리는 조만간 나이가 들게 될 겁니다. 대부분은 그렇죠." 만약 노년이 찾아오지 않기를 바라는 대신 그 시기를 직면하고, 그 시기에 대해 생각하고 의견을 가져본다면, 우리는 그 시기를 준비할 수 있다. "나이드는 일이 그저 나쁘고 위협적인 일이기만 하다면, 우리가 할 수 있는 일은 그것을 피하려 노력하는 것밖에는 없게 되죠. 하지만 조만간 우리가 늙었다는 사실을 더 이상 부인할 수 없는 때가 올 거예요. 그리고 당신은 그것에 대해 준비를 해두지 않았고, 아무런 계획도 세워놓지 않았고, 좋은 삶을 사는 데 꼭 필요한 일들을 해두지 않았다는 사실도요."

로터문트는 노인들의 목표를 젊은 사람들의 목표와 비교하는 많은 연구를 했고[10] 여러 실험을 고안해냈는데, 이 실험들은 사람들이 모든 연령대에서 자기 삶이 곧 끝날 거라고 상상하게 되면 목표를 바꾼다는 사실을 보여주었다. 로터문트는 자신이 발견해낸 사실들에 힘입어 말년의 삶에 의미를 가져다주는 이러한 변화가 그가 "미래 시간 지평의 축소"라고 부르는 일과 관련되어 있다는 결론을 내렸다. 이것은 나이든 노년기를 규정하는 특징이며, 아마도 이 시기를 이전의 생애 단계들과 근본적으로 구별 짓는 가장 중요한 요소일 것이다. 이 시기가 되면 우리는 의심할 여지없이 인생의 마지막 장에 와 있는 것이다. "시간이 제한되어 있으면 우리는 곧바로 모든 걸 다 할 수는 없다는 사실을 알게 된다는 게 결정적입니다. 시간이 제한되어 있으면 우리는 대단히 선택적으로 행동하게 되죠. 그러게 되면 가장 중요한 것에 집중하게 되고요." 나는 그레이엄과 그가 했던 외적이면서 내적인 잡동사니 치우기가 떠오른다. 로터문트는 이런 행동이 죽음에 대한 불안에서 나온 겁에 질린 반응이 아니라는 사실을 강조하고 싶어한다. 이는 시간에는 한계가 있기에 시간이 매우 소중하다는 사실을 깨닫는 것이다. 이런 변화를 일으키는 것은 죽음에 대한 인식이 아니라 시간의 한계에 대한 인식이라고 그는 말한다. 나는 처음에는 이것이 중요하지 않은 이야기라고 생각했다. 왜냐하면 결국 시간에 한계를 부여하는 건 죽음이니까. 하지만 이제는 그 점을 강조하는 로터문트가 옳다고 생각한다. 여기서 그어야 할 중요한 선은 긴급한 것과 중요한 것은 다르다는 사실이다. 로터문트는 계속해서 말한다. "젊은 시절에는 다르죠. 여전히 무언가를 시도해볼 수 있으니까요. 중요한 일은 나중에 할 수 있기 때문에 그저 하고 싶다는 이유만으로 무언가를 할 수 있습니다. 하지만 나이가 들어서 중요하지 않은 일들을 먼저 한다는 건 중요한 일들을 결코 할 수 없을지도 모른다는, 중요한 것들을 접할 기회가 다시는 없을지도 모른다는 뜻이에요." 이런 연마의 과정, 가장 중요한 일들을 체로 쳐서 골라내는 과정이 나이든 노년기의 핵심적 성장 경험이라고 나는 생각한다. 어쩌면 그것은 삶에서 훨씬 더 이른 시기에도 뿌리내리고 있을지 모른다. 나는 뭔가를 해내고 싶다면 하루 종일 소셜 미디어만 들여다보고 있을 수는 없다는 빅토리아의 깨달음을 떠올린다. 키즈 오브 컬러에서 인생의 사명을 찾아낸 록시 레거니를, 토끼보다는 거북이가 되기로 선택했던 앨릭스를, 그리고 첫아들의 무덤을 찾아갔던 실라를 떠올린다. 삶의 이 단계에서 이런 성장 경험은 또 다른 성장 경험, 다시 말해 우리의 삶이 끝을 향해 다가가고 있다는 이해에 기초하고 있기 때문에 더욱 중요하다. 이 것들은 이 생애 단계를 규정하는 성장 경험이며, 몸을 움츠려 노년기를 피하지 않고 이 시기를 통과해 나가며 어른이 되는 일에 꼭 필요하다. 로터문트가 말했듯이. "이것은 변화이자 발달 과업이고 일종의 성장이기도 합니다. 진정으로, 지속적으로 중요한 것에 집중하는 방식으로 삶을 살아간다는 것은요."

꠳

랍비 제프리 뉴먼의 집에 도착해 초인종을 누르면서 나는 평소보다 긴장한다. 자유주의 유대교 신자인 나는 성장하면서 주말이면 히브리어 읽는 법을 배우고 남자아이들을 만나기 위해(꼭 이 순서대로는 아니다) 회당에서 열리는 수업에 나가곤 했다. 내가 랍비를 약간 교장 선생님처럼 바라보게 된 건 그때인 듯하다. 그러니 어쩌면 내 불안은 그 일과 뭔가 관련이 있는지도 모르겠다. 게다가, 이 인터뷰는 내가 가장 처음으로 진행한 인터뷰 중 하나였다. 팬데믹 상황이 터지기 전, 누군가의 집에 찾아가는 일이 전적으로 평범한 일이었을 때, 그게 곧 불법이 될 거라고는 전혀 생각하지 못했을 때였다.

그로부터 몇 주 전, 나는 멸종 반란 시위에서 촬영되어 널리 퍼진 동영상 하나를 보았다. 떠들썩한 시위자들과 경찰들이 배경에 깔린 그 영상에서는 슈트를 입고 야물커를 쓰고 탈리스를 걸친—유대교 신자들이 쓰는 테두리 없는 작은 모자를 쓰고 기도용 숄을 걸쳤다는 뜻이다—70대의 한 랍비가 체포되어 사람들을 뚫고 걸어나가고 있었다. 한 독실한 남자가 자신의 신념을 위해 그렇게 평화적인 방식으로 법을 어기는 광경을 본 나는 가슴이 뭉클해졌고, 곧바로 그 남자가 삶의 마지막 단계에 어른이 되는 일에 대해 무슨 말을 들려줄지 알고 싶어졌다.

여러 달이 지난 지금, 부엌 식탁에 앉은 나는 머릿속을 맴도는 할 일 목록을 밀어내고 우리가 인터뷰했던 날의 기억들과 감정들이 눈앞에 펼쳐지게 하려고 애쓰고 있다. 랍비 뉴먼의 거실에서 갈색 가죽 소파에 앉아 녹음기를 꺼내고, 녹음 버튼을 누르고, 버튼이 잘 눌렸는지 거듭 확인하던 일이 기억난다. 나무 바닥, 바닥에서 천장까지 채우고 있던 책장들, 돌출된 창들 그리고 희미한 조명이 기억난다. 긴장하고 있던 내 마음이 거의 곧바로 편안해졌던 일도 기억난다. 뉴먼의 낮은 목소리, 그가 심사숙고 끝에 무척이나 느리게 말하던 속도, 그리고 내 질문에 대해 곰곰이 생각하고 한 마디 한 마디 신중하게 골라 대답하느라 흐르던 긴 침묵이 긴장을 풀어주어서였다. 나는 자신의 삶에 대해 말하는 그에게 귀를 기울인다. 그가 말하는 방식에서는 이런 얘기도 말없이 들려오는 것 같다. "부디 서두르지 마세요. 시간을 들여야 해요. 이건 중요한 일이에요."

뉴먼이 어른이 되는 일에 관해 이야기하기 시작한다. 그는

1941년, 제2차 세계대전 초반에 태어났다. 그는 학교에서 그를 너무도 심하게 괴롭혀 자살하고 싶어지게 만들었던 라틴어 교사 이야기를 들려준다. 살아오는 동안 정신적으로 무너졌지만 견뎌냈던 여러 번의 일들에 대해, 심리치료와 명상이 그에게 어떻게 안정감을 느끼게 도와주었는지에 대해 설명한다. 아버지의 죽음에 대해서도 들려준다. 자신의 가족—아내와 아이들, 손주들—에 대해서도 들려준다. 일찌감치 했고 이혼으로 끝났던 첫 번째 결혼 이야기와 자신이 그 일로 어머니를 탓했다는 이야기도 들려준다. 어머니가 그를 놓아주는 일을 너무 힘들어하는 바람에 그는 어머니로부터 떨어져 살기 위해 이른 나이에 결혼할 수밖에 없었다. 어느 날 오후 뉴먼과 어머니가 단둘이 집에 있었는데, 치유를 돕는 어떤 의식에 관한 아이디어가 그에게 떠올랐다. 뉴먼은 자신의 탈리스를 어머니의 어깨에 걸쳐주고, 흐느껴 우는 어머니의 몸을 부드럽게 흔들며 위로해주었다. 그는 이 모든 것이 자신에게는 어른이 되는 경험이었다고 말한다. 그리고 그 일은 여전히 일어나고 있다. 그 과정은 진행 중이다.

이제 일흔여덟 살이 된 뉴먼에게 어른이 되는 일은 어떻게 느껴지는지 알고 싶다. 글쎄요, 일흔 살 생일이 좀 크긴 했지요, 그는 그렇게 말한다. "겁이 났어요. 일흔 살이 된다는 것에 굉장히 겁이 났죠." 뉴먼은 시편 90장 10절에 일흔 살의 중요성이 등장한다고 언급하고, 나는 이제야 시편을 찾아보고 그것을 그의 두려움과 연결 지어본다. "우리의 연수가 칠십이요 강건하면 팔십이라도 그 연수의 자랑은 수고와 슬픔뿐이요 신속히 가니 우리가 날아가나이다." 뉴먼에게 일흔 살이 되는 일은 다음과 같은 뜻으로 다가왔다. "더 이상 피할 수 없어요. 일흔 살 이후로는 '어르신'이라는 사실에서 도망칠 수가 없는 거죠. 어떤 특정한 순간이 되면 어르신이 될 기회가 생겨요." 나이듦이라는 특권과 축복받은 권리와 영예에 관해 말했던 무라카미 하루키의 인용문이 떠오른다. 그 특정한 순간이 되어 그런 기회가 생겼을 때 삶에 어떤 변화가 일어났는지 묻자 뉴먼은 건조하게 대답한다. "그 순간에는 아무것도 변하지 않았어요. 이런 경계를 통과하는 일에 가끔씩 좋은 점이 있다면, 그 반대편으로 나와서는 사실은 그냥 또 하루가 이어질 뿐이라는 걸 깨닫는 거예요." 사실 뉴먼에게 변화는 그로부터 10년 전, 그가 쉰아홉 살 때 지역사회의 랍비—특수한 회당에서 진행되는 모임의 지도자—로 일하기를 그만두면서 시작되었다. 그 경험이 은퇴와 같은 것이었는지 묻자 뉴먼은 고개를 젓는다. "아뇨. 그건 변화였습니다." 그의 일상이 변화한 건 이때였다. 그의 말에 따르면 "제가 정말로 마음을 쓰는 일들을 할" 수 있는, 그에게 정말로 중요한 일들을 할 자유와 시간이 생긴 것이었다. 그건 꼭 필요한 성장 경험이었다. "그때부터는 제 삶에서 굉장히, 굉장히 흥미진진한 시기가 이어졌어요." 뉴먼이 이제 자신의 삶은 "현재를 살아가는 일에 관해 전보다 훨씬 더 많이 배우고, 도움이 되는 존재가 된다는 것이 무엇인지 발견하는 일들"로 채워져 있다고 말할 때, 나는 노년기에 인생의 목표가 변화한다고 했던 로터문트의 설명이 떠오른다. 뉴먼과 아내의 몸은 변화하고 있고, 그들은 노화의 과정을 경험하고 신체적인 문제들을 마주해야 하는 참이다. "그리고 그럼에도 우리 두 사람은 우리가 분명히 자각해야 한다는 걸 알게 된 것 같아요. 우리 삶의 이 부분이 단지 병원에 가고 의사들을 만나는 것 같은, 어쩔 수 없이 20년 전보다 많이 일어나는 일들로만 이루어져 있지는 않다는 것을요. 인생에 의미를 선사하는 건 그런 게 아니에요. 의미는 더 깊은 참여를 통해 찾아오죠. 그러니 그게 지금 이 순간 일어나고 있는 일인 것 같네요." 이것이 '도움이 되는 존재가 된다는 것'이 뉴먼에게 의미하는 바인 듯하다. "이제 무엇을 봐도 제게는 그것에 대해 배워야 할 이유가 있어요. 변화를 가져오기 위해 우리는 무엇을 해야 할까? 이 세상이 조금 더 우리가 바라는 모습이 되도록 돕기 위해서는? 그런 것들을 알아내기 위해서죠." 이것은 뉴먼이 어른으로 사는 내내 여러 가지 방식으로 하려고 노력해온 일이다. 그는 수십 년간 기후변화에 맞서는 투쟁을 해오기도 했는데, 달라진 게 있다면 지금은 그것이 그가 유일하게 힘을 쏟아붓는 일이 되었다는 점이다. 멸종 반란 모임에서 다른 사람들과, 젊은 사람들과 나이든 사람들 모두와 함께 탐구하는 자리는 지금의 뉴먼에게 "굉장히 생산적인 장소"다. 그가 지금의 생애 단계를 다른 렌즈를 통해, 그리고 '연장자다움'이라는 다른 이름을 통해 생각할 수 있게 된 건 이런 탐구들을 통해서다.

"서구에서 연장자다움은 사라졌어요." 뉴먼이 말한다. "그리고 저는 그것을 재발견하는 일이 너무나도 필요하다고 생각합니다." 나는 연장자다움이 무엇을 뜻하는지 묻지만 뉴먼은 내게 말해줄 만큼 명확한 정의는 갖고 있지 않다고 한다. 내게 어른다움이 그렇듯, 연장자다움은 뉴먼이 여전히 생각하고, 알아내고 있는 것이다. 하지만 그는 몇 가지 힌트를 준다. "어느 날 갑자기 연장자가 된 것 같다고 느껴지는 게 아니에요. 자신에게 고유한 문화

속에서 연장자로 선택되는 겁니다. 다른 사람들이 우리에게 연장자다움을 접하게 해주는 거죠." 뉴먼은 멸종 반란 모임 내에 연장자 그룹을 만드는 일을 도와달라는 초대를 받았고, 콜롬비아, 페루, 멕시코, 북아메리카, 인도, 필리핀, 뉴질랜드, 오스트레일리아, 북극 지역을 비롯해 전 세계 17개국을 대표하는 연장자들이 한자리에 모이는 회의에 참석했다. 생각하고, 사람들을 만나고, 토론하고, 심사숙고하는 그 모든 과정을 통해 뉴먼은 연장자가 되는 일에는 몇 가지 독특한 특징이 있다는 결론을 내리게 되었다. "분명 그건 현명함과 관련이 있어요. 우리가 자신이 연장자라고 절대 말하거나 생각하지 않는 이유도 그거예요. 그건 겸손함과도 관련이 있으니까요. 알 수 있는 거라고는 우리가 연장자다움을 향해 나아가고 있다는 것일 뿐, 결코 거기 이르렀다는 사실은 아니에요. 연장자다움은 호기심, 친절과 자각, 감수성, 그리고 용기와도 관련이 있죠. 연장자로 받아들이는 사람이 그 모든 걸 다 갖추고 있지는 못할 수도 있지만, 일군의 특징들은 갖추고 있어야 할 거예요." 알 수 있는 거라고는 우리가 그것을 향해 나아가고 있다는 것일 뿐, 결코 거기 이르렀다는 사실은 아니다. 나는 한숨을 쉬며 연장자다움에 대한 진실이 어른다움에 대한 진실이기도 하다는 걸 깨닫는다. 할아버지가 내 눈앞에 흔들거렸던 열쇠들이 더 멀리로 사라진다.

　나는 랍비 뉴먼이 한 사람의 연장자로서 그레타 툰베리부터 시작해 기후파업으로 학교에 가지 않고 있는 어린이들, 그리고 그들이 느끼는 절망에 이르기까지 기후운동의 젊은 부문에 대해서는 어떻게 생각하는지 궁금하다. 뉴먼은 다음과 같이 말했다. 그의 말이 중요하다는 생각이 들어 길게 인용한다.

저는 그 운동이 굉장히 광범위한 인식에 영향을 미치는 일이라고 생각합니다. 그렇게 인식하는 건 특히 젊은이들인데, 우리 중 대다수가 각각 다른 시기에 경험하는 청소년기에 그러하듯 그들은 매우 이상주의적인 사람들입니다. 우리는 부당함을, 핵무기를, 베트남전을, 가난과 기아와 폭력과 이라크전을 목격합니다. 그리고 우리는 변화를 가져오기 위해 노력하면서 가능한 모든 방법으로 항의하지요. 지금 여기의 젊은이들은 잠재적으로 죽음이 가득한 세상을 봅니다. 동물들과 곤충들, 가뭄과 화재와 기근을 봅니다. 그들은 우리가 살고 있는 '가까스로'의 사회, 세계의 다른 지역들에서 일어나는 농작물 부족이나 에너지 부족에 매우 빠르게 영향받을 수 있는 이 사회에 대해 알고 있을지도 모릅니다. 그들은 되먹임 고리*와 폭포효과**, 그리고 과학자들과 정치인들을 막론하고 변화가 일어나는 속도에 대해 신중한 권위자들이 지금껏 해온 예측을 훨씬 뛰어넘는 과학적 인식을 갖추고 있을지도 모릅니다.

뉴먼 역시 이 모든 것을 본다. 그리고 그는 희망 또한 품고 있다. "우리는 상황이 얼마나 나빠질지 알지 못하고, 마찬가지로 가끔씩은 알려지지 않는 긍정적인 일들이 있다는 사실도 알지 못합니다. 세계 곳곳에서 많은 일들이 일어나고 있고, 그 일들은 다른

* 시스템이 산출한 결과가 되돌아와 시스템에 다시 영향을 미치고 다음 결과가 변화하게 되는 순환 구조.
** 앞서 일어난 기후재난이 또 다른 재난을 더욱 악화·가속화하며 연쇄적으로 증폭시키는 현상.

방식으로 긍정적인 변화를 가져올 수도 있습니다."

나는 체포되었던 일에 관해 뉴먼에게 묻는다. 그가 말하는 방식에서 그 일이 몹시 중요한 경험이었음이 느껴진다. 그 사건의 여파 속에서 뉴먼은 그것이 연장자가 되기 위한 일종의 입회 의식이었음을 깨달았다. 나는 그 일이 '도움이 되는' 일이었음을 이해한다. 체포되는 일이 젊은 사람의 앞날에 끼칠 악영향보다 뉴먼의 앞날에 끼칠 악영향이 훨씬 적기도 했고, 뉴먼은 백인 중산층 노인으로서 경찰의 수중에서 다른 사람들보다 더 안전함을 느낄 수 있기도 했다. 뉴먼은 겁이 났다고 말한다. "하지만 그건 제가 거쳐야 하는 일이었어요. 전에는 경찰과 문제가 있었던 적이 한 번도 없었거든요. 제가 권위를 겁내는 편이라서요. 그건 한발 걸어 나갈 준비를 하는 것 같은 일이었어요." 용기란 두려움을 느끼고 그 두려움을 인정하지만 그럼에도 불구하고 해야 하는 일을 함으로써 생겨나는 것 같다. 그것이 연장자로서의 용기다. 뉴먼은 자신과 멸종 반란 모임의 동료 회원들이 런던시에서 열린 시위에 참여했던 그날 일어났던 일에 관해 들려준다. 그들은 경찰이 시위자들을 에워싸고 있던 곳에 도착했고, 랍비 뉴먼은 '신성한 의지'라고 불리는 어떤 글을 읽었다. "멸종 반란 모임 회원 한 분이 쓰신 아주 강력하고 짧은 글인데, 가끔씩 회원들끼리 모임 전에, 우리를 그 순간 속에 단단히 발 디디게 하기 위해 읽곤 하죠. 내용을 조금 소개해보면 이런 거예요. '이 순간, 잠시 시간을 내 우리가 여기 있는 이유를 돌아봅시다. 이 아름다운 세상을, 우리에게 먹을 것과 자양분을 주는 이 행성을 기억하고, 우리 자신뿐 아니라 모두를 위해 이곳을 지켜나가야 한다는 걸 떠올려봅시다.' 이것보다 그렇게 길진 않아요." 뉴먼은 시위에서 이 글을 큰 소리로 읽었고, 그가 읽기 시작하자 주위의 모든 사람이 한 구절 한 구절 그것을 따라 하면서 소리가 메아리쳤다. "그러다가 소리가 굉장히 커졌어요. 경찰은 우리를 괴롭히며 길 건너편으로 데려가려 하는 일을 멈췄고, 그 지역 전체가 신성한 의지의 소리로 가득 찼어요. 우리가 읽기를 끝냈을 때, 저는 제가 해야 하는 일이라고는 그 땅 위에 있는 것밖에 없다는 것을 알았어요. 아스팔트 포장재로 된 바닥이었지만 흙으로 된 땅처럼 느껴졌습니다. 저는 그 자리에 주저앉았고, 움직이지 않을 생각이었죠." 경찰 한 명이 다가와 자리에서 일어나지 않으면 체포될 거라고 부드럽고 정중하게 알렸다. "그리고 저는 말했죠. 네, 압니다, 고맙습니다. 저는 체포되겠습니다."

일흔일곱 살의 랍비에게 생애 단계에서 가장 중요한 성장 경험이 체포되는 일이었다니 다소 예상치 못한 일이다. 이 순간은 내가 이 책을 쓰면서 어른이 된다는 것이 정말로 무엇을 의미하는지에 대해 처음보다 더 혼란을 느꼈던 수많은 순간 가운데 하나였다. 하지만 어른다움에 대한 명쾌하고 확고하고 변함없는 정의에, 그리고 그 상태에 도달할 거라는 생각을 놓아버려야 한다는 걸 알게 된 지금, 나는 거기 담긴 모순과 역설을 나 자신의 것만큼이나 조금 더 포용할 수 있게 된 듯하다. 이것은 내게 중요한 성장 경험이었다. 나는 어른다움의 복잡성을, 어른이 된다는 것이 각각의 생애 단계에서 서로 다르다는 것을, 그리고 같은 생애 단계에서도 서로 다른 것을 의미한다는 사실을 조금 더 편안하게 받아들일 수 있게 된 것 같다. 어른다움은 분리되고 독립된 개인이 될 수 있는 능력을 의미한다. 하지만 타인에 대한 자신의 의존성을, 그들과 그들의 도움이 필요하다는 사실을 받아들이는 능력을 의미하기도 한다. 어른다움은 타인이 바라는 사람보다는 자기 자신이 되기 위해 스스로 방향을 결정할 내적 동력을 발달시키는 일을 의미한다. 하지만 어떤 것들은 달라질 수 없고, 많은 것이 우리의 통제를 벗어나 있으며, 상실에 대해서는 애도가 필요하다는 사실에 대한 수용을 의미하기도 한다. 어른다움은 자신의 실수를 타인의 탓으로 돌리기보다는 스스로 책임을 지고 결정을 내리는 일을 의미한다. 하지만 동시에 우리는 전능한 존재가 아니며, 타인들의 결정에 영향을 받고, 그 결정에 대해서는 책임이 없다는 사실을 인정하는 일을 의미하기도 한다. 나는 랍비 뉴먼이 연장자다움에 대해 이야기하는 방식이 마음에 들었다. 우리도 같은 방식으로 어른다움에 관해 생각해볼 수 있을 것 같다. 일군의 특징들이라는 개념, 우리가 무언가를 향해 나아가는 것이 그것에 이르는 일에 가장 가까워질 수 있는 상태라는 인식, 현명함, 겸손함, 친절함, 자각, 감수성, 그리고 용기 같은 자질들. 마치 어른이 된다는 것이 무슨 의미인지에 관해 이 모든 이야기와 인터뷰를 통해 내 머릿속에서 만들어지고 있던 생각들을 뉴먼이 말로 표현해준 것 같다.

　나는 이런 일군의 특징들의 훌륭한 예를 포그에게서 발견한다. '포그Pog'라는 애칭은 그의 이름 머리글자의 철자를 바꿔 만든 이름이자 포고 스틱●의 줄임말이다. 우리는 어느 날 아침 줌으로 2시간 15분 동안 대화를 나누는데, 나는 포그가 입을 떼자마자 우리의 대화가 즐거울 것임을 알아차린다. 그의 통통 튀는 목소리와

---

● 기다란 막대기 아랫부분에 용수철이 달린 발판이 있어 콩콩거리며 타고 놀 수 있는 놀이기구.

단호하게 격려하는 느낌을 주는 말하기 방식에 담긴 리듬 때문인 것 같다. 포그는 많이 웃고, 나를 웃고 싶어지게 만든다. 농담을 하는 건 아니지만, 그가 하는 말 대부분에 짓궂으면서도 유머러스한 묘미가 배어 있다. 그가 과거와 현재의 삶에 관해 이야기하는 걸 귀 기울여 듣는 건 짜릿한 일이다. 가끔씩은 짓궂은 장난을 좋아하고 자기가 그에 능하다는 걸 아는 10대 소녀와 대화하는 것 같은 기분도 든다.

포그에게 이 책이 어떤 내용인지, 혹은 적어도 내가 생각하기에는 어떤 내용인지 살짝 말해준 다음 이런 종류의 질문들에 관심이 있는지, 다시 말해 어른이 된다는 것이 무엇을 의미하는지에, 그리고 겉으로는 어른처럼—심지어는 나이 많은 어른처럼—보이는 사람들이 속으로는 어른이 아닐 가능성에 관심이 있는지도 물어본다. "그건 같이 탐구해보고 싶네요. 정말이지 그러고 싶어요. 왜냐하면 저도 그에 관해 생각하기 시작했는데 사실 굉장히 충격을 받은 상태거든요." 포그는 재미있어하는 얼굴로 이렇게 말한다. "저는 정말이지 제가 어른이라고는 생각 안 해요. 그리고 저는 아흔 살이고요."

포그가 이야기를 계속한다. "하지만 정말로 저를 기쁘게 하는 건, 이건 살짝 잘난 체하는 거 같은데요, 진짜로 유치한 즐거움들이에요. 왜 있잖아요, 이렇게 박수를 짝 치고는 '와! 저것 좀 봐!' 하고 말하는 것 같은. 전 어째선지 아직도 그런 게 있고, 그게 너무 좋아요. 아주 하찮은 것들일 수도 있겠지만요." '잘난 체'는 아주 적합한 말은 아닌 것 같다. 내게 포그의 말은 자신이 느끼는 것에 대해 대단한 자부심을 지니고 그것을 즐거워하는 사람, 혹은 비밀스럽고 강력한 힘을 지닌 사람의 말처럼 들린다. "전 그래서 너무 감사해요. 그게 저의 주된 결론이에요. 그렇게 심오하지는 않죠?" 포그가 자신의 말을 일축하며 덧붙인다. 그가 심오하지는 않다고 말하는 이유는 알 것 같다. 그건 머그잔이나 필통에 인쇄된, '인생을 살아갈 가치 있게 만드는 건 단순한 즐거움들이다!!!!!' 하는 식의 의미 없고 뻔하고 토 나오는 말들로 너무도 쉽게 변해 버릴 수 있는 생각에 속하니까. 하지만 나는 포그가 굉장히 심오한 무언가에 대해 이야기하고 있다고 생각한다. 일상생활에서 놀라움을 느끼는 어린애 같은 능력을 당연하게 여기기는 너무도 쉽다. 하지만 우리가 우울해지거나 불안해지거나 슬퍼져서 그 능력이 사라질 때, 그건 너무도 치명적이고 죽음과 닮아 있는 일이 된다. 사람들 대부분이 그럴 거라 생각하지만 내게도 그런 아침들이 있었다. 울면서 깨어났던 아침, 설명할 수 없는 압박감이 너무도 심해 이를 악물어야 침대에서 겨우 나올 수 있었던 아침, 얼굴에 느껴지는 햇빛이나 새로 내린 커피 향기, 애정 어린 반려자의 손길처럼 하루를 편안하게 시작하게 해주는 안락한 즐거움들조차 아무것도 불러일으키지 못하는 아침들이. 그리고 그런 즐거움들이 돌아오는 걸 알아챌 때면, 무언가가 우리 안에서 자라나고, 나뭇잎에 난 잎맥들의 복잡한 아름다움이나 거미줄에 파리를 가두는 거미의 치명적인 정확함이나 찻잔에 담가두었던 초콜릿 호브 노브 비스킷에서 차를 핥으며 천상의 위로를 맛보는 일에 다시금 자연스럽게, 어린아이처럼 매혹되는 자신을 발견할 때…… 그건 삶으로 돌아오는 느낌이다. 내게는 이것이 포그가 이야기하고 있는 것이라는 생각이 든다. 그러자 바이올린을 연주하는 그레이엄이, 재봉틀 앞에 앉은 케미가, 아이들의 귓불에 딱밤을 먹이는 히멀이, 자신의 사회운동에 너무도 활기차게 몰두해 있는 레거니가, 어느 일요일에 자전거를 타는 보루가, 시골길을 잽싸게 달려가는 그의 곁을 쌩쌩 지나쳐 멀어져가는 젖소들이 떠오른다. 그동안 내가 인터뷰한 모든 사람들은 이 점에 대해 어떤 식으로든 언급했고, 내가 다음과 같은 사실을 깨닫도록 도와주었다. 어떤 생애 단계에서든 우리가 얼마만큼 어른다운지의 문제는, 성장을 계속할 수 있는지 아니면 길 어디쯤에서 멈춰버릴 것인지의 문제는, 우리 내면의 어린 자아들에게—지나 윌리엄스의 표현을 빌리자면 우리라는 나무줄기에 새겨진 동심원들에—어떻게 공감하는지와 중요한 관련이 있다. 다시 말해 그 자아들을 간직하고, 그들을 용납하고 돌봐줄 방법을 찾아내고, 그들이 우리를 살게 할 수 있도록 우리 각자의 내면 아이들을 살아가게 하는 능력과 관련이 있다.

포그는 몰타섬에서 태어났는데, 그의 아버지는 그곳에서 영국 해군 잠수함의 기관실 수석 기관사로 일했다. 포그는 자랑스럽게 말한다. "아직도 믿을 수가 없지만, 1929년에 어머니는 휴일을 맞아 아버지를 만나고 싶어졌고, 그래서 기차로 유럽을 가로질렀고, 어머니의 우아한 표현에 따르면 '몰타섬의 햇빛이 아니었다면 저는 태어날 수가 없었을' 거래요." 몇 달 뒤 포그의 어머니는 "임신한 채 혼자서 다시 그 길을 갔는데, 제가 태어날 때 아버지와 같이 있기 위해서"였다. "제가 기억하는 바에 따르면, 그리고 가족들이 나중에 말해준 바에 따르면 두 분은 미친 듯이 사랑에 빠져 있었어요." 하지만 전쟁이 일어나기 직전, 포그가 아홉 살이었던 1939년에, 포그의 아버지는 잠수함 HMS 테티스가 해상 시험에서 가라앉은 악명 높은 참사로 목숨을 잃은 아흔아홉 명 중 한 명이 되고 말았다. "너무 일찍 가셨죠. 슬프게도 그 일은 우리 어머니의 정신에 영향을 끼쳤어요. 타고 있던 사람들이 구조되는지 보려고 사흘을 기다리는 동안에요." 어머니는 포그가 열세 살 때 조현병 진단을 받았고, 오늘날의 전문용어로는 정신병원 입원치료 명령을 받았다. 포그는 사촌에게 입양되었다. 나는 그에게 이런 상실들로부터 어떤 영향을 받았다고 느끼는지 묻는다. "그 뒤에 결혼을 하고 엄마가 되면서 제가 찾은 안정에 극도로 감사하는 마음을 갖게 되었죠. 제가 가진 기억들은 오직 사랑받은 기억들뿐이고, 사랑받지 않은 기억은 하나도 없어요. 어린 시절에 대해 제가 할 수 있는 이야기는 그 정도가 다네요."

포그는 교회 성가대원으로 활동하다가 남편 브라이언을 만났다. 그들은 결혼하기 전에 "몇 년이나 지속되는 만남을 가졌다"고 한다. "우리 두 사람 중 누군가가 관계에 질려 시들해져서는 다른 누군가와 같이 지내곤 했어요. 그때는 '같이 지낸다'는 게 요즘과는 다른 걸 뜻하는 말이었거든요. 결혼 전에 성관계를 하는 건 그냥 안 되는 일이었어요. 다른 건 다 해도 됐는데, 그게 엄청 좋은 훈련이 됐죠. 그렇게 해서 전희를 배우고 그랬으니까. 근데 진짜 섹스는 안 했어요." 결국 이렇게 몇 년을 보낸 끝에 그들은 사랑하는 사이가 되었고, "다른 사람들처럼 결혼을 했다". 그들은 아이 셋을 낳았다. 인생에서 가장 좋았던 때가 언제였는지 묻자 포그는 엄마가 된 일에 관해 이야기한다. "애들이 10대가 되니까요, 오 맙소사, 완전히 망나니들이었어요. 아주 제대로 반항을 하더라고요. 그치만 세상에, 애들이 있어서 그렇게 재미있을 수가 없었고, 지금도 그래요. 엄마가 된 일은 처음부터 끝까지 좋았고, 지금도 여전히 좋아요. 제가 사랑하는 것만큼이나 정말로 좋아하기도 하는, 이제 어른이 된 이 세 명과 함께할 수 있다는 게 굉장한 특권이라고 느껴요. 그애들은 셋 모두 완전히 다르지만, 제가 순수하게 좋아하는 세 명의 어른이고, 그러니 그게 제 인생에서 가장 큰 부분이라고 생각해요." 눈물이 핑 도는 걸 느끼지 않고 이 부분을 읽을 수 없을 것 같다. 그건 포그가 그 사랑—자신의 아이에 대한 어머니의 사랑—을 알고 싶어하고 직접 경험하고 싶어하는 나의 일부와 나를 접촉하게 해주기 때문이 아닐까.

이것들은 모두 각각 다른 방식으로 어른이 되는 경험이지만, 포그가 말하고 싶은 비교적 최근의 경험도 있다. "무슨 일이 일어났냐면, 제 남편이 알츠하이머병에 걸렸어요." 포그는 말한다. "그때가 저 자신에 대해 굉장히 불쾌한 사실들을 알게 된 때예요. 저는 인내심이 부족하고, 공감도 부족해요. 그때가…… 네, 그때가 굉장히 중요한 성장이 이루어진 시기였어요. 끔찍한 건 모두가 이렇게 말한다는 거예요. 오, 당신은 정말 훌륭했어요, 당신은 브라이언을 너무 잘 돌봐줬어요, 하고요. 하지만 전 진실을 알아요, 모야. 그리고 그건 중요한 성장이었어요."

브라이언은 진단을 받고 나서 8년 동안 집에서 살았고, 포그는 그의 풀타임 보호자가 되었다. "저는 브라이언을 서서히 잃어갔어요. 진짜 브라이언을요." 포그는 말한다. "겉모습은 판지를 오려 만든 것처럼 티 하나 없이 완벽했어요. 브라이언은 옷을 잘 차려입었고, 몸가짐도 깨끗하고 단정하게 유지했고, 전과 똑같아 보였거든요. 사실 모두가 이렇게 말하곤 했어요. 브라이언 좋아 보이지 않아요? 포그, 당신이 브라이언을 잘 돌봐주고 있나봐요. 하지만 진짜 브라이언은 8년에 걸쳐 사라졌어요. 사람들은 알츠하이머병을 '긴 작별'이라고 부르는데, 그건 아주, 아주 정확한 설명이에요." 브라이언을 돌보는 삶은 점점 더 힘들어졌고, 아이들은 포그가 너무 무리한 나머지 브라이언보다 먼저 세상을 떠날까봐 걱정했다. "이제 와 알게 된 건데 애들 셋이서 브라이언을 시설로 보내려고 자기들끼리 계획을 짜고 있었더라고요. 끝이 가까워오면서 저는 집에서 전혀 나갈 수가 없게 됐어요." 일주일에 한 번 미용실에 가는 걸 빼고는 그랬다. 그게 포그에게는 심리치료 같은 일이었다. "전 이렇게 생각하곤 했어요. 음, 만약에 내가 나가 있는 동안에 브라이언이 뭔가 끔찍한 짓을 하면 난 틀림없이 죄책감을 안고 살아야겠지. 하지만 나한테도 삶이라는 게 조금은 필요해. 안 그러면 무너져버릴 것 같아. 하지만 저는 그저 한 시간 동안만 자리를 비웠다가 서둘러 돌아오곤 했죠."

　브라이언은 시설에 들어가지 않았다. 그는 5년 전, 포그가 여든다섯 살 때 죽었다. 포그는 어두우면서도 가슴 뭉클한 유머를 담아 그의 죽음에 관해 이야기한다. "우리가 친구들이랑 식사를 하러 나갔는데, 고맙게도 심장 덕분에 브라이언이 갑자기 세상을 떠났어요. '가시발새우 튀김이랑 감자튀김 좀 주세요'라는 유명한 마지막 말을 남기고서요. 그러고는 말 그대로 죽어버리더라고요. 짜잔. 딸꾹질을 하더니 죽었어요. 좋은 죽음이라는 게 존재한다면, 그게 그런 죽음이었어요." 그건 포그에게도 더할 나위 없이 좋은 일이었다. "저는 식당에서 친구들에 둘러싸여 있었어요. 식당 주인을 알고 있었는데, 그 사람이 와서 저를 꼭 안아주고는 뜨거운 차를 준비해줬어요. 제 친구들도 저를 안아줬고요. 그저 믿을 수 없었죠. 정말로 아름다운 죽음이었다고 생각해요. 제가 그 자리에 있어서 브라이언이 가는 걸 봤다는 사실, 그렇게 많은 사람들한테 일어나는 일은 아니죠. 가장 사랑하는 사람이 정말로 세상을 떠나는 자리에 함께한다는 건 정말 멋진 일이라고 생각해요. 놀랍죠. 정말로 놀라워요."

누군가가 죽음에 대해 이런 식으로 말하는 걸 전에는 들어본 적이 없는 나는 알고 싶어진다. 어떤 점이 놀라웠던 걸까? 포그는 이렇게 설명한다. "글쎄요, 육신은 여전히 거기 있어요. 그래서 전 브라이언을 안고 그 사람 귀에 속삭였지요. 청각은 맨 마지막에 상실되니까 전해지기를 바라면서요. 전해졌는지는 모르겠어요. 하지만 그건 종결이에요. 진짜 종결이지요, 그렇지 않나요? 사람들이 죽는 거 보셨을 거예요. 시체가 돼서 구급차에 실리는 걸 보셨을 거예요. 돌아보니 그게 전부예요. 그건 종결이에요." 포그가 이렇게 표현하는 걸 들으니 정말이지 무척 놀랍게 들린다.

남편이 죽고 난 뒤 자신의 상황과 자신을 휩쓸었던 혼란스럽고 압도적인 감정의 도가니에 대해 너무도 정직하게 말하는 포그에게 나는 놀란다. "끔찍한 건 브라이언이 죽은 것에 제가 너무도 감사한 마음이었다는 거예요. 어려운 일이죠, 뒤죽박죽된 감정을 나중에 다루는 게요." 포그는 또다시 모두가 다음과 같이 말하는 상황에 놓인 자신을 발견했다. "오, 포그, 당신은 정말 훌륭했어요. 삶의 방향을 바꿨잖아요." "그런데 저는 이렇게 생각하고 있어요. 글쎄, 난 브라이언을 시설에 보내고 싶지 않았기 때문에 그저 너무 감사했지만, 더 이상 버틸 수 있을 것 같지도 않았어. 지독한 상황이었는데 그 사람이 죽어서 모든 게 해결된 거예요. 오 하느님, 그건 끔찍한 일이지만, 그냥 우리가 완벽하지 않다는 걸 인정하는 일이기도 해요. 알츠하이머병에 걸린 누군가를 돌보는 사람은 누구든 정말 힘든 시간을 보내게 되고, 아주 솔직히 말하면 그 순수한 절망 때문에 기꺼이 살인도 하려 할 거예요. 그리고 그 모든 게 사라지고, 그날 밤 집에 가서 몇 번이나 깨지 않아도 될 거라는 사실을 알게 되니까……" 포그는 잠시 말을 멈추고 나를 본다. "이 얘기 계속 주저리주저리 해드려요?" 포그가 묻자 나는 계속해달라고, 중요한 이야기라는 생각이 든다고 대답한다. 사랑하는 사람의 보호자가 되는 경험이 얼마나 힘들 수 있는지에 대해, 그것이 슬픔의 경험을 어떻게 복잡하게 만드는지에 대해 더 많은 사람들이 정직해질 수 있다면, 설령 포그와 경험은 다르더라도 사람들이 외로움과 죄책감을 덜 느끼는 데 도움이 될 거라고 포그에게 말해준다.

"그 사람이 죽고 나서 저는 말하자면 제 삶을 다시 살아가기 시작했어요." 하지만 이건 포그가 느껴도 되는 감정은 아니었다. "애도를 해야 하고, 슬픔을 가누지 못해야 하고, 온통 그렇죠. 하지만 힘든 시기는 아니었어요. 저는 더 이상 그런 삶을 살아가지 않아도 된다는 사실에 너무도 압도적인 감사함을 느끼고 있었거든요." 포그가 사람들이 어떻게 자신을 일종의 성인으로 묘사하면서 이상화하는지에 대해 이야기할 때, 나는 그것이 우리가 사실은 끔찍한 경험을 정화하는 방식이 아닐까 궁금해진다. 당사자가 아닌 우리는 어떤 사람들이 치매에 걸린 사랑하는 사람을 날이면 날마다 돌보면서 힘들어한다는 게 정말로 어떤 건지, 그 진실을 알게 되는 일을 차마 견딜 수 없는 게 아닐까. 진실은 포그가 성인군자가 아니라는 것이고, 이 경험이 포그가 정말로 싫어하는 그 자신의 어떤 부분들을 끌어냈다는 것이고, 포그가 그것을 부인하거나 치워버리려고 하기보다는 인정할 만큼 용기 있고 정직한 사람이라는 것이다. "아, 그래요." 포그가 말한다. "그래요, 맞아요. 저는 그런 부분들이 있다는 걸 언제나 알고 있었어요. 우리는 우리 자신을 알죠, 조금이라도 분별력이 있다면요, 그렇지 않나요? 어두운 모퉁이에 숨어 기다리는 그런 작은 부분들도 알고요. 적어도 저는 저 자신의 그런 부분을 알아요." 포그는 혼자 힘으로 그런 어두운 모퉁이들을 알게 되었다. 나는 나의 그런 부분들을 알아내려면 정신분석이 필요한데 말이다.

슬픔은 브라이언이 죽고 18개월이 지난 뒤에야 찾아왔다. "갑자기 모든 게 변했어요. 굉장히 눈치 빠른 이웃이 있는데, 그 사람이 갑자기 그러더라고요. '포그, 당신 변했네요. 완전히 다른 사람이 됐어요.'" 포그는 그때 일어난 일을, 그리고 이웃이 알아차린 것을 "제 성격이 완전히 부드러워졌어요"라는 말로 설명한다. "그때까지는 아마도 바깥으로 보여주기 위한 일종의 껍데기 같은 게 있었던 것 같아요." 내게도 있는 거북이 등딱지, 나의 껍데기를 떠올리며 나는 포그에게 그 껍데기가 그저 18개월 동안만 있었던 것인지, 아니면 포그의 인생 내내 있었던 것인지 묻는다. "아마도 제 인생 내내 있었던 것 같네요. 있죠, 저는 모든 걸 잘 해내는 사람이었어요. 그리고 저는 상황을 통제하고 있는 것처럼 보이는 걸 정말로 좋아해요. 확실히, 그때는 제가 쇼를 하고 있다는 것도 깨닫지 못한 채로 그렇게 쇼를 하고 있었어요." 그러다 그는 갑자기 쇼를 그만두게 되었다. "저는 슬퍼하고 있었어요. 아시겠지만 모든 걸 다 하고 있었죠. 감상적인 느낌에 울고, 감상적인 노래에 울고, 뭐 그런 것들을요. 기억을 되새기면서요. 진심으로 애도를 했어요. 그럴 수 있어서 정말 감사해요. 지금은 그게 정상적인 일로 느껴지니까요."

포그는 애도를 했고, 그런 다음 성장했다. 그 애도가 무척 중요했던 건 그때부터 수년간 그가 좋은 삶을 살 수 있었기 때문이다. "새로운 상황에 익숙해지는 데는 시간이 걸렸지만 지금까지는 정말 멋졌어요. 새로운 삶을 살 수 있는 기회를 얻게 된 기분이에요." 이런 변화가 포그의 일상의 경험을 어떻게 바꿔놓았는지 물었다. "자유의 감각이 생겼어요." 그 감각은—코로나바이러스 이전에는—더 많이 "사람들과 어울리고, 실컷 먹고, 실컷 술을 마시는 일"을 뜻했다고 한다. "네, 분명히 실컷 술을 마시는 거, 공연이랑 영화를 보러 가는 거, 뮤직 페스티벌에 가는 거, 뭐 그런 거죠." 포그가 말하는 자유란 거친 모험을 하러 떠나거나 멀리 떨어진 나라들로 여행하는 일, 새로운 취미나 활동 같은 것을 뜻하는 건 아니다. 가족과 함께 몇 번 휴가를 보내기는 했지만 말이다. "그냥 평화롭게 책을 읽을 수 있다는 게, 제가 먹고 싶은 걸 원할 때 먹을 수 있다는 게 너무 좋았어요. 브라이언은 고기랑 채소 두 가지, 그리고 뭐든 튀긴 걸 같이 먹었죠. 저는 샐러드를 좋아하고, 고기는 별로고, 토마토랑 토스트에 올린 반숙 달걀처럼 유치원 음식 같은 걸 좋아해요. 그러니 정말 좋았어요. 완전히 저만 생각해도 되는 자유의 감각인 거죠. 그게 너무 좋았어요." 포그는 심지어 봉쇄 기간에도 대부분의 시간에 외롭다고 느끼지 않았다고 한다.

"저는 혼자 사는 걸 정말로 좋아해요. 그런데 물론 결혼하면 못 그러죠. 그냥 못 그러게 되죠. 부모님의 집에서 신혼집으로 옮겨갈 뿐이니까요. 혼자 사는 경험을 해본 건 과부가 되고 난 다음부터였어요. 그리고 그건 새롭고 짜릿한 경험이에요. 정말 그래요."

애도의 과정이 자신에게는 성장하는 기간이었다고 포그는 말한다. "그 일에 관한 한 저는 정말로 어른이 되었다고 생각해요. 하지만 도대체가, 제가 몇 살이었던 거죠? 여든다섯 살이었어요! 정말 엄청난 시기였는데, 여든다섯 살이 될 때까지 그런 경험을 못 해봤던 거예요!" 그때가 정말로 어른이 되었던 때라고 생각하세요? 그에게 묻는다. "그게 다 끝난 과정이라고 생각하지는 않을래요. 아직도 갈 길이 멀거든요. 미안해요, 하지만 정말 그래요."

나는 내가 읽어온 학자들의 문헌에 따르면 포그는 이제 '나이든 노년'이라고 불리는 생애 단계에 들어섰다고 말해준다. 그러자 포그는 씁쓸하게 대답한다. "내 그럴 줄 알았지." 나는 그런 명칭이 그가 느끼는 바에 어울리는지 궁금하다. "지금 유일하게 달라진 점이 있다면, 이건 코로나바이러스 때문은 아닌데요, 저 자신이 죽을 운명이라는 걸 굉장히 의식하게 됐다는 거예요. 심장에 문제가 있다는 진단을 받은 뒤로 그런 것 같아요. 진짜 문제는 아니고, 그냥 심장이 좀 비대해졌고 박동이 불규칙하다는 건데, 그래도 제가 언제든 갈 수 있다는 사실을 굉장히 의식하고 있어요. 그렇다고 엄청나게 신경이 쓰인다는 건 아니고요. 왜냐하면 상태가 좋아지지는 않을 거란 사실을 받아들였거든요…… 반드시 나빠지는 건 아니지만 더 좋아지지는 않을 거예요." 포그는 가끔씩 전에 느껴본 어떤 감정과도 다른 새로운 감정이 밀려온다고 한다.

"가끔씩은 지쳤다는 느낌이 들어요. 그건 정말로 웃긴 느낌이에요, 모야. 굉장히 낯설어서, 가끔씩은 혼자서 이렇게 생각하죠. 내가 혹시 모르는 사이에 우울증에 걸린 건가? 근데 그런 것 같지는 않거든요. 그래도 가끔씩은 지쳤다는 느낌이 들어요. '뭘 하기가 귀찮다'는 느낌은 아니에요. 굉장히 이상한 느낌이고, 사실 전 아직 그걸 제대로 처리하지 못하고 있어요." 이 느낌은 삶에 다가가는 포그의 태도와 관련되어 있다. "이전의, 말하자면 3년 전의 태도하고는 완전히 달라요. 그때는 아직 삶이 영원히 계속될 거라고 생각하고 있었죠. 이제는 그러지 않으리란 걸 의식하고 있어요. 굉장히 예외적인 상태인데, 다른 사람들도 이런 상태를 거쳐가는지는 전혀 모르겠어요. 이런 건 누구한테 물어보는 것도 아니잖아요?" 포그가 미소 짓는다. "너는 죽어가는 일에 대해 어떻게 느끼니? 친구들한테 이렇게 말하고 다니지는 않잖아요."

나는 포그가 이 말을 해서 기쁘다. 그것이 정확히 내가 그에게 하고 싶은 질문이기 때문이다. 그리고 나는 그 질문을 한다. "죽어가는 일에 대해 어떻게 느끼세요?" 포그는 곧바로 대답한다. "죽고 싶지 않죠. 하지만 이제 제가 죽게 될 거라는 사실을 확실히 알겠어요. 더 이상 어떤 것도 당연하게 여기지 않아요. 아무것도 기대하지 않는다거나, 앞날에 대한 계획을 세우지 않는다거나, 그런 뜻이 아니라, 제가 존재하고 있어서 어떤 일을 하게 될 거라고 당연하게 생각하거나 가정하지 않는다는 뜻이에요. 그러다가 어떤 일이 생기면 우린 이렇게 생각하죠. 오 맙소사, 내가 정말로 계속 살고 싶어하는구나." 포그는 골똘히 생각에 잠긴다. "어쩌면, 모르겠어요, 겸손해진다고 해야 할까요? 잘 모르겠네요. 말했듯이 제가 아직 그 느낌을 제대로 처리하지 못해서요." 포그의 이야기에 귀를 기울이고, 한편으로는 자신이 죽게 될 거라는 현실을 직면하고, 죽음이 진짜이고 임박해 있으며 그저 다른 사람들에게 일어나는 일만은 아니라는 사실을 이해할 수 있는 상태로, 그리고 다른 한편으로는 그 일이 자신에게 일어나지 않기를 자신이 얼마나 바라는지 느끼는 상태로, 그가 이렇게 동요하는 것을 목격한다는 건 하나의 특권 같다. 이 일을 포그가 설명하는 방식으로 경험할 수 있다는 건 굉장히 커다란 성취라고 생각한다. 내게 사람들 대부분이 하루를 살아가는 유일한 방식은 우리가 죽지 않을 거라고 어느 정도 전제하는 것처럼 보이니까. 포그는 말한다. "음, 당신은 당신이 죽지 않을 거라고 당연히 생각하죠? 아무튼 전 항상 그랬거든요." 이것은 포그에게 중요한 변화다. 이제 그는 죽음을 피할 수 없다는 걸 안다. 우리가 대화를 나누기 약 18개월 전, 포그는 자신이 '포승길'—포그의 저승길—이라고 부르는 것에 대한 계획을 세웠다. "제 장례식을 어떻게 할 건지는 전적으로 가족들한테 달려 있지만, 어떤 음악을 틀면 좋을지랑 라이브 밴드를 구할 수 있으면 한 팀 구해봐도 좋겠다는 말은 해놨어요." 이것은 무척 귀중한 경험처럼, 삶과 죽음의 현실을 직시하는 일이자, 그 현실을 견디는 데서 의미를 찾는 일처럼 들린다. 준비가 됐다는 느낌이 드는 순간들도 있느냐고 그에게 묻는다. "그런 순간들이 있죠…… 준비가 됐다는 느낌이 든다고는 할 수 없어도, 죽어도 상관없다는 생각이 들 때는 있어요. 피할 수 없는 일을 부분적으로 받아들이고 있는 게 아닐까 해요. 그리고 그건 나름대로 굉장히 위안이 되는 일이에요. 저는 더 이상 두렵지 않아요."

나는 성장하고 어른이 되는 일이 당연히 나이와 결부되어 있다는 우리 사회의 가정에 대해, 다시 말해 20대나 30대의 어느 시점에 모두가 정말로 어른이 되고 정말로 성장한다는 가정에 대해 포그가 어떻게 생각할지 궁금하다. 내가 이 책을 쓰면서, 그리고 포그 같은 사람들과 이야기를 나누면서 알아가고 있는 건 그 일이 그렇게 이루어지지 않는다는 사실이다. 내게는 우리 모두가 일생에 걸쳐 어떤 경험들을 하고, 그 경험들을 통해 어른이 되거나 어른이 되지 않는 것처럼 살아갈 수 있고, 우리는 가끔은 어른의 마음 상태로 살 수 있지만 가끔은 그럴 수 없는 것처럼 보인다. 나는 포그가 이제 어른이 되었다고 느끼는지 궁금하다. 죽음에 직면하고 그것을 받아들이는 일이 진정으로 어른이 되는 순간인지. 세상의 진실에 직면하고, 영원한 삶이 가능한 판타지 세계에서는 살지 않게 되는 순간인지. 포그는 이렇게 말한다. "진정한 종류의 내면의 성장, 그런 정신적 태도, 저는 아직 거기에는 이르지 못한 것 같아요. 여전히 할 일이 있다는 생각이 들거든요. 그게 무슨 일인지는 잘 모르겠지만요. 주위 상황이 갑자기 할 일을 만들어줄지도 모르죠. 제 건강이 엄청나게 많이 나빠지면, 그런 일은 없었으면 좋겠지만 만약에 제가 결국 계속 침대 신세를 지게 된다면, 그게 대처해야 될 또 다른 상황, 제가 정신적으로 더 성숙해질 상황이 되겠죠. 배워야 할 것들이 있어요. 줌 사용법이나 뭐 그런 걸 말하는 건 아니에요, 어휴, 그게 정신을 좀 차리게 만들어주긴 했지만요. 제 말이 무슨 뜻이냐면, 그런 게 우리 안에 있다는 거예요. 제가 정확히 무슨 말을 하려는 건지는 모르겠지만, 전 저한테 있어 그 과정이 다 끝났다는 생각은 안 들거든요. 아직 배우지 못한 것들이 있다고 생각해요."

포그가 이 문제에 대한 답을 찾으려 애쓰고, 이 문제를 골똘히 생각하고, 자신이 말하려는 바가 무엇인지에 대해 자기 자신과, 그리고 나와 대화를 나누는 걸 귀 기울여 들으면서 나는 무척 감동을 받는다. 포그가 공유해준 생각들로부터 이해하게 된 건 그가 아흔 살이고 많은 상실을 경험하고 그것을 애도해왔을지는 모르지만, 그리고 몇몇 근사한 경험들과 무서운 경험들과 슬픈 경험들을 하고, 자기 자신에 대해 꽤 많이 알게 됐을지는 모르지만, 그는 여전히 해야 할 일이 있다고 느낀다는 것이다. 이것이 포그가 일생에 걸쳐 완료하게 될 과정인지, 혹은 죽음에 의해 끝나지만 완결되지는 않을 과정인지 묻자 그가 답한다. "완결되지 않는 과정이기를 바란다고 해도 될까요? 왜냐하면, 그렇게 되면 그 과정은 어떤 면에서는 일종의 불멸인 셈이니까요, 그렇지 않나요? 제가 죽게 될 거라는 사실과 그 모든 걸 받아들일 수는 있지만, 만약 여전히 뭔가 조그만 불꽃 같은 게 있어서, 그게 더 배울 것들이 있을지도 모른다고 말한다면, 그건 기대할 만한 무언가가 아닐까요?"

마음이 느끼는 방식에 있어 젊은 시절에 비해 지금 가장 다르게 느껴지는 것들은 뭐냐고 그에게 묻는다. "그건 생각해보지 않아서, 대답할 수 있을지 잘 모르겠네요." 포그는 대답한다. 나는 부탁이니 필요한 만큼 시간을 들여 생각해보라고 그에게 말하고, 시간이 흐른 다음 대답을 들을 수 있었다. "평화인 것 같아요. 그리고 더 이상은…… 더 이상은 애쓰지 않아도 된다는 거요. 겉치레를 별로 하지 않는 거. 그렇다고 옷차림을 말하는 건 아니고요……

어떤 고요함이 있어요. 평화가 정확한 말일 것 같네요. 지금까지는 그래요. 생각할 수 있는 건 평화라는 단어가 전부네요. 그 단어 말고는 떠올릴 수가 없어요." 이것이 포그에게는 어른의 마음 상태가 된다는 것의 의미일 거라고 나는 말한다. "그래요." 그가 말한다. "맞아요. 자기 자신을, 자신이 어떤 존재가 되었는지를 진정으로 받아들이는 거죠."

마지막 장에 대해 생각하기 시작했을 때 나는 궁금했다. 만약 노년기에 성장할 수 있는 특권을 즐겁게 누리는 사람이 있다면, 그에게는 피할 수 없는 신체적·인지적 쇠퇴와 동시에 심리적 발달이 계속되는 걸까? 그 사람의 건강이 더 좋아지거나 나빠지게 된다면 어떨까? 이런 특권은 포그 같은 사람들을 위해 마련되어 있는 것일까, 아니면 그의 남편이 그랬듯 치매로 고통받는 사람들도 이 생애 단계에서 어떤 종류의 성장을 경험할 수 있는 것일까? 그런 성장은 어떤 모습일까?

길 리빙스턴은 유니버시티칼리지 런던의 노인정신의학 교수이며, 내가 그의 조카와 결혼했으니 내게는 시고모이기도 하다. 리빙스턴은 내가 살면서 만나본 가장 존경스럽고 인상적이고 현명한 사람 중 한 명이다. 내가 위기 상황에서 본능적으로 전화를 걸고 싶은 여성인데, 그는 뭘 해야 할지 알 것이고, 친절하고 유능한 대답을 해줄 것이기 때문이다. 리빙스턴은 아이가 둘 있는데 그 아이들에게도 각자의 아이들이 있고, 조카들은 아홉이나 되고(게다가 그들의 반려자들도 있고), 그 조카들의 아들딸들로 구성된 계속 늘어나는 무리는 말할 것도 없으므로, 나는 상황이 정말로, 확실하게 심각할 때만 전화를 한다. 리빙스턴은 또 상당히 바쁘기도 한데, 치매에 관해서는 영국에서 가장 존경받는 권위자 중 한명이기 때문이다. 만약 내가 아는 사람 중에 정말로 어른인 사람이 있다면 그가 바로 그런 사람이다. 내 첫 질문은 그가 어른인지 하는 것이고, 그의 대답은 곧바로 나온다. "네."

리빙스턴은 (그를 이렇게 부르자니 정말, 정말 이상하다) 치매를 전문 분야로 삼고 싶어서 정신의학을 시작한 건 아니다. "하지만 공부를 좀 더 하자 그 분야가 제가 관심 있는 모든 것을 망라하고 있다는 걸 깨달았어요. 저는 사람들의 지적 능력과 가족 관계에 관심이 있습니다. 사람들의 기분과 경험에도 관심이 있고요. 신체적 질병에도 관심이 있어요. 그리고 치매라는 이 병과 그로 인해 가족 내에서 일어나는 일에는 그 모든 요소가 한데 모여 있어요. 저는 두 가지 면에서 이 병에 끌렸어요. 우선 제가 쓸모 있는 일을 할 수 있겠다는 생각이 들었고요. 거기에 더해 이 요소들이 어떻게 상호작용을 하는지, 그리고 사람들이 이 병에 어떻게 대처하고, 그 대처가 병에 따라서뿐 아니라 개인과 그의 가족이라는 맥락에 따라서도 얼마나 달라질 수 있는지에 정말로 관심이 있기도 했어요." 우리는 '치매'라는 단어를 사용할 때 종종 그것이 하나의 질병을 가리킨다고 생각하지만, 사실은 다양한 증상을 지닌 여러 형태의 치매가 존재한다. 그리고 치매라는 말 자체는 '뇌에 생기는 각종 질병들로 인해 일어나는 일군의 증상들'을 가리키는 용어다. 그뿐 아니라 치매는 저마다 다른 시기에 사람들의 뇌에서 각기 다른 부분들에 영향을 끼치고, 저마다 다른 속도로 진행되기 때문에, 환자는 자신만의 개별적 방식으로 영향을 받는다. 하지만 가장 중증인 단계에서는 증상들이 개별적이지 않고, 환자들이 겪는 장애도 무척 비슷하게 나타난다고 리빙스턴은 알려준다. 그 시점이 될 때까지는, "어떤 사람은 치매가 있어도 굉장히 쾌활하게 자기 삶을 즐길 수 있고, 또 어떤 사람은 굉장히 힘들어할 수 있는데, 그건 우리가 예상한 것과 다를 수도 있고, 본인들이 예상한 것과 다를 수도 있습니다."

치매를 유발하는 것으로 가장 널리 알려진 질병은 알츠하이머병이다. 리빙스턴은 설명한다. "이 병에 걸리면 많은 뇌세포가 죽고, 서로 뒤엉켜서 세포 바깥쪽에 응집이 생기게 됩니다. 그리고 세포들이 죽어가기 때문에 뇌는 수축하고, 점점 줄어들게 되죠." 또한 아밀로이드라고 불리는 단백질 침전물도 생기고, 남은 뇌세포 주위에는 뇌세포들이 서로 정보를 주고받으며 소통할 수 있게 해주는 필수적인 화학물질—신경전달물질—이 부족해진다. 혈관성 치매라고 불리는 또 다른 질병은 "대뇌피질에 생기는 심근경색"이라고 할 수 있는데, "뇌에 혈액이 충분히 공급되지 않아서 그 일부가, 혹은 많은 부분이 죽어버린 상태"라고 한다. 그다음으로 널리 알려진 것은 루이소체 치매라고 불리는 질병이다. "음, 제가 처음으로 그 병을 공부하기 시작했을 때는 그에 대한 설명조차 나와 있지 않았답니다." 루이소체는 뇌세포 내부에 형성되는 비정상적인 단백질 덩어리를 가리키는 이름인데, 이것은 파킨슨병 환자에게서도 발견된다. 파킨슨병 환자 대부분은 약 12년에서 15년 뒤에 치매 증상 또한 보이게 되는데, 이는 루이소체가 대뇌피질—

뇌의 바깥층을 이루는 회색 물질로 다른 기능 가운데서도 특히 지각, 사고, 기억에 핵심적인 역할을 한다—로 퍼져서다. 비교적 잘 알려진 이 병들은 모두 우리가 치매라고 알고 있는 일군의 증상들을 유발한다.

리빙스턴은 높이 평가받는 과학 전문지 〈더 랜싯〉으로부터 전 세계 과학자들이 한데 모여 치매의 원인과 예방 및 치료법에 대해 더 많은 것을 알아내기 위해 공동으로 연구하고 작업하는 치매 위원회의 책임자를 맡아달라는 요청을 받았다.[11] 2020년에 열린 이 위원회의 최근 회의에서 리빙스턴과 동료들은 전 세계에서 발생하는 모든 치매의 약 40퍼센트는 예방할 수 있는 것임을 알아냈다. 리빙스턴은 알아낸 사실 중에서도 "저를 가장 놀라게 한 것은, 그리고 우리가 연구를 시작했을 때는 예상하지 못했던 것은, 보청기예요. 연구들에 따르면 보청기와 관련된 문제가 집단적으로도, 개인적으로도 가장 중요한 위험 인자입니다"라고 말한다. 인터뷰를 마치고도 오랫동안 이 점에 대해 생각하고 있는 나 자신을 발견한다. 이는 무척 의미심장해 보인다. 청력을 상실하는 것이 아니라 보청기를 사용하지 않는 것이 위험 인자다. 청각장애가 있는 개인들 중에서도 보청기를 사용하는 사람들에게는 초과 위험이 생기지 않는다는 사실을 보여주는 연구 결과들이 있다. 내 추측으로는 손상은 청각을 잃는다는 사실에서 오는 것이 아니라 청각 능력의 상실이 주는 영향에서 비롯된다. 그러니까 사회적 고립, 외로움, 예전처럼 다른 사람들에게 관여하고, 그들과 연결되고, 소통할 수 없어지는 것 때문에 생기는 게 아닐까. 리빙스턴과 동료들의 연구는 다른 연구 결과들을 뒷받침하면서, 모두가 예상하듯 규칙적으로 운동하고, 건강한 식단으로 식사하고, 과도한 음주를 삼가고, 금연하는 것 같은 모든 일이 치매를 경험할 위험을 줄이는 데 많은 도움이 되지만, 필요할 때 보청기를 사용하는 일만큼 많은 도움이 되지는 않는다는 사실을 밝혀냈다.

보청기를 발명한 사람이 누구인지 알아내고 싶어진 나는 위키피디아의 구렁에 빠져 한동안 몹시 즐거워한다.[12] 그 사람은 밀러 리즈 허치슨이라는 남자로 1876년 앨라배마주에서 태어났다. 그는 또한 '클랙슨'이라는 상표명의 자동차 경적 또한 발명했는데, 〈뉴욕 타임스〉에 실린 허치슨의 부고 기사를 읽으며 나는 마크 트웨인이 그에게 이렇게 말한 적이 있다는 걸 알게 된다. "당신은 사람들이 청각을 상실하게 하려고 클랙슨 경적을 발명했군요. 그 사람들이 청각을 되찾기 위해 당신의 보청기를 쓰게 하려고요."[13] 허치슨이 첫 번째 보청기를 개발한 것은 1895년, 그가 열아홉 살 때였다. 허치슨은 거기에 훨씬 더 호기심을 자극하는 보청기 이름을 붙였다. 그가 왜 보청기 개발을 시작했는지 아는가? 어린 시절, 허치슨에게는 성홍열로 청각을 잃은 라이먼 굴드라는 친구가 있었다. 아마도 이 비범한 남자가 셀 수 없이 많은 사람들을 청각 상실의 충격으로부터—그로 인해 발생할 수 있는 치매는 말할 것도 없고—보호하게 된 까닭은 친구의 의사소통을 돕고 싶다는 어린 시절의 소망이었을 것이다.

치매를 연구하기 시작했을 때, 리빙스턴은 언젠가 자신의 부모님 두 분 모두가 그 병으로 고통받게 되리라는 사실까지는 알지 못했다. 리빙스턴은 자신의 연구가 자신의 경험에 영향을 미쳤다고 생각한다. 그가 실질적으로—아직 건강할 때 위임장에 서명하라고 부모님에게 부탁하는 것 같은—취해야 하는 조치를 알고 있었고, 어떤 가족들이 그렇듯 병을 인정하지 않는 일을 경험하지 않았다는 면에서 그렇다. 리빙스턴은 어머니가 운전을 하거나 자기 집에서 혼자 사는 일이 더 이상 안전하지 않다는 현실을 아마도 다른 사람들보다 먼저 깨달았다. "많은 사람들이 저만큼 위험을 인식하지 못한 것 같았어요. 그게 그냥 한 번 일어난 일이고 아마 다시는 일어나지 않을 거라고 생각하는 대신에, 저는 그게 그저 더 악화되기만 할 것이고 그렇게 놔둬서는 안 된다는 걸 알았거든요." 리빙스턴은 자신이 했던 모든 연구가 상황을 받아들이는 데 도움이 되었다고 생각한다. 그의 어머니는 상태가 극적으로 달라졌고, 그건 가족 모두가 적응해야 한다는 뜻이었다. 리빙스턴은 가족들에게 이렇게 말하곤 했다. "어머니가 지금 어떤 모습이든 그게 어머니예요. 그래요, 달라졌죠. 하지만 지금 어떤 사람이든 그게 진짜 어머니예요. 지금 이 시간도 정말로 정당하게 어머니 인생의 일부예요. 어머니가 선택한 것도 아니고 원한 것도 아니지만, 이 시간도 어머니의 삶이고 정당하다고요. 그리고 전 그게 도움이 됐다고 생각해요." 나는 리빙스턴에게 치매 환자들이 인지적 쇠퇴를 경험하는 것과 동시에 계속 발달하고 성장할 수 있다고 생각하는지 묻는다. "환자들이 성장하고 있다고 생각할 수는 없어요." 리빙스턴이 대답한다. "그렇진 않죠."

조해나 위그는 사회노인학자—노년기를 연구하는 사회학

자―이면서 미국 메인주에서 '해변의 목사관'[14]이라는 요양원을 운영하고 있다. 나는 영국 도서관에서 자료를 찾다가 그가 쓴, 호기심을 자아내는 제목의 논문을 우연히 발견했다. 「사회적으로 사망한 사람들 사이의 친밀함: 치매 중기부터 말기까지의 시설 거주 노인들 사이의 친밀함 살펴보기」.[15] 몇 주 뒤, 나는 여섯 살 난 딸이 축구 연습을 마치면 데려가려고 차에서 기다리는 위그와 영상 통화를 한다. 위그의 목소리 톤, 그 리듬과 억양에서는 진행성 신경질환이 있는 사람들을 돌보며 보낸 수십 년의 세월이 느껴지고, 그가 하는 모든 말은 명료하면서도 너그러운 느낌으로 울려 퍼진다. 위그의 이야기를 귀 기울여 듣는 일은 마냥 기쁜데, 특히 그가 요양원의 이전 거주자들과 그들의 삶에 대해, 자신의 연구와 그것이 가져다주는 성취감에 대해 말할 때 그렇다. 위그의 어머니는 심리치료사, 아버지는 의사였는데, 위그는 부모님을 볼 때마다 그 두 분야의 본질이 지성과 돌봄이라는 걸 느낀다. 이것은 위그가 요양원을 운영하는 자신의 일―연구하는 일, 지적으로 면밀하고 탄탄한 돌봄 모델을 고안하는 일, 그리고 배려하는 마음을 담아 돌봄을 제공하는 일의 결합이다―에서도 마찬가지로 느끼는 것이다. 하지만 위그는 그 일을 오직 자신만의 방식으로 하고 있기도 하다. "저는 사람들을 몸으로 돕는 일을 하고 가장 사소한 방식으로 그들을 돌보면서, 화장실에 데려가고, 양치질을 해주고, 면도를 해주면서 너무도 큰 보람을 느껴요."

이 모든 일에 대한 위그의 접근법은 그의 할머니로부터 영향을 받아 만들어진 것이다. "할머니가 예술가셨거든요." 위그가 말한다. "조각가요. 자연의 세계와 삶의 미학과 색채들과 굉장히 조화를 이루며 사셨죠. 너무도 친절하고 다정한 분이셨어요. 할머니와 할아버지는 스웨덴 혈통이고 이민 1세대셨죠. 할머니는 그저 믿을 수 없을 만큼 다정한 분이셨어요." 위그의 할머니는 치매 증상을 보이기 시작했고, 상태가 나빠지자 집에서 더 많은 도움이 필요하게 되었다. 1990년대 초반에서 중반에 걸친 이 시기에 미국에서 치매의 대안이라고는 위그가 "대규모 시설에서의 돌봄"이라고 설명하는 것밖에 없었다. "그리고 그 시설이란, 문들은 전부 잠겨 있고, 복도는 길고, 굉장히 삭막한, 의료 프로토콜의 영향력이 큰 대규모 요양원들을 말하는 거였죠." 당시 각자 가족을 꾸려 살던 다른 형제자매들과 달리 학생이었던 위그에게는 80대 할머니를 삶의 마지막까지 돌볼 시간이 있었다. "그때 할머니를 돌보며 깨달은 건, 할머니가 정말로 마지막 순간까지 그 자리에 존재하셨다는 거예요. 할머니가 자연의 세계에 대한 이해를 계속 이어나가셨던 방식을 잊을 수가 없어요. 할머니는 전하고 싶었던 것을 언어로 명확하게 표현할 수는 없으셨는지도 몰라요. 하지만 저한테는 본질적인 것, 할머니의 마음, 그리고 주위에서 일어나고 있던 일들, 이런 것들이 충분히 들리게 말씀하실 수 있었어요." 할머니에 대해 위그가 나누기 좋아하는 이야기가 하나 있다. 위그와 할머니, 그리고 위그의 여러 대학원 친구들이 테이블 앞에 앉아 있었는데, 할머니가 갑자기 '생일 축하합니다' 노래를 부르기 시작했다. 위그의 동료 중 한 명이 말했다. "에스터 할머니, 오늘이 누구 생일인데요?" 그러자 할머니는 이렇게 대답했다. "몰라. 하지만 파티를 하자고." 위그에게는 "그렇게 인지적으로 큰 문제가 있었는데도, 할머니의 마음의 조각들은 그걸 뚫고 뿜어져 나오는 것"

처럼 보였다. 할머니를 돌봤던 경험은 위그의 세계관을 빚어냈고, 목사관 또한 빚어냈다.

목사관을 설립했을 때는 미국에서 치매가 금기시되던 시기였다고 위그는 말한다. "정말로 금기였죠. 환자들은 배척당했어요. 부속 건물에 수용되었고, 문은 잠겼죠. 거기서 일어난 일은 끔찍했어요. 어마어마한 공포가 존재했어요. 우리 모두 이렇게 될 거고, 우리 자신의 껍데기처럼 변해버릴 거고, 정말로 아무것도 남지 않게 될 거라는 공포였죠." 20년 전 자신만의 요양원을 세우면서 그는 그것과는 아주 다른 어떤 일을 하고 싶었다. "치매를 비낙인화하는 게 목표였어요. 돌봄을 위해 찾아온 가족들에게, 전 지금도 매일 일하면서 이 말을 하는데요, 이렇게 말하는 거죠. '그동안 사랑하는 사람이 인도적인 방식으로 대우받게 하느라 그토록 불쾌한 경험들을 하셨다니 유감입니다. 이곳의 현실은 다릅니다.'" 위그의 생각은 장기적으로 돌봄을 받는 노인들의 탈시설화를 지지하는 운동인 에덴 얼터너티브, 그리고 치매 돌봄의 선구자인 톰 킷우드의 작업에 영향을 받아 형성되었다. 킷우드의 작업은 위그의 표현에 따르면 "우리가 인간이라는 감각에는 우리의 언어 사용보다, 신체 능력보다, 심지어는 심리적 안정보다 훨씬 더 큰 회복력이 존재한다"는 핵심 사상에 기초한 인간 중심 돌봄 모델이었다.

이리저리 돌아다니고, 행동을 반복하고, 질문을 많이 하고, 죽은 사람들을 찾는 등의 치매 증상을 약으로 치료하는 대신에, 위그는 거주자들의 욕구를 정상적인 것으로 보고 거기에 적응하는 맞춤한 요양원과 돌봄 체계를 고안해냈다. 그렇다면 그건 현실에서는 어떤 모습일까? '배회'로 알려진 증상을 예로 들어보자. 많은 요양원에서 거주자들을 안전하게 보호하기 위해 문을 잠가 두지만, 거주자들은 영문도 모른 채 원하는 곳에 갈 수 없기 때문에 이는 매우 괴로운 일이 될 수도 있다. 목사관의 문에는 자물쇠가 달려 있지 않다. 대신 동작 탐지기들이 있어서, 탐지기가 울릴 때마다 직원이 벨트에 차고 있는 버저의 진동으로 알림을 받고, 산책을 원하는 거주자와 함께 나간다. 직원들은 또한 배회 행동에 대한 접근법을 거주자 한 사람 한 사람 각자에게 맞게 정교하게 조정해왔다고 위그는 설명한다. "그 사람의 하루 리듬을 배우게 되면,"—목사관은 거주자가 여덟 명뿐인 대단히 친밀한 환경이기 때문에 이 시스템이 가능하고, 직원들은 거주자들의 일상에 아주 깊이 관여하고 있다—"그 사람이 언제 산책을 가고 싶어하는지 알게 되죠. 그래서 우린 거주자들의 하루 일과에서 그가 몹시 나가고 싶어하기 전 시간대에 산책 일정을 넣어둡니다. 그러면 거주자들은 산책을 다녀와서 긴장을 풀죠. 표현 방식에 있어 거주자들이 욕구를 말하지 않는다는 것 때문에 그렇게 힘들게 애쓰지 않아도 됩니다." 그건 각 개인의 리듬과 욕구, 개성을 알게 되는 일이고, 대규모의 제도적 돌봄에는 마련되어 있지 않은 것이라고 위그는 말한다. "이것은 구성 요소의 사회학입니다. 우리는 시설을, 그리고 그것이 어떻게 기능하는지를, 그런 다음에는 탈시설화의 방법을 이해해야 합니다." 직원들은 소속을 알아볼 수 있게 하는 어떤 옷도 입지 않는다. "우리는 모두 가족이고, 그건 위계 감각을 줄이고 사람들을 좀 더 편안하게 느끼게 만들죠. 관계를 맺고 있는 사람이 이래라저래라 시키는 책임자가 아니라 손주나 조카딸인 것처럼요." 물론 이 모든 것에는 비용이 들고, 목사관의 이용 요금이 좀 더 의료 시설에 가까운 요양원들과 비슷하기는 해도 많은 가족들은 사랑하는 사람을 목사관에 보낼 만큼의 여력이 없다. 그만큼의 여력이 있는 사람들은 목사관 가족의 일원이 된다. 위그는 말한다. "저는 이런 돌봄 모델을 창조하려고 20년 이상 노력해 왔습니다. 이 개인들이 존엄을 갖고 좋은 돌봄을 받으면서 정상적인 상태로 가능한 한 정상적인 삶을 살아갈 수 있는, 그리고 삶이 계속될 수 있는 문화를 만들어내는 돌봄 모델을요. 그리고 결국 그 일은 실현됐죠."

나는 거주자들에 대해 말하는 위그의 말투가 설득력 있다고 느끼지만, 치매가 우리가 인간이라는 감각을 없애버리지 않을 수도 있다는 생각을 이해하기는 힘들다. 그 감각이 없어지는 걸 본 적이 있는 것 같아서다. 위그는 내가 이해하기 힘들어하는 것에 놀라지 않는다. 그는 우리 사회가 인지능력에 너무도 엄청난 가치를 부여하는 방식을 설명하기 위해 '초인지 사회hypercognitive society'라는 용어를 만들어낸 의료윤리학자 스티븐 G. 포스트를 인용한다. 이 말은 누군가가 치매를 경험하기 시작할 때 종종 사회 연결망으로부터 거리가 생기고 멀어지는 이유를 설명하는 데 도움이 된다. 즉, 치매 진단은 사실상 사회적 사형선고일 수도 있다는 것이다. 하지만 위그가 작업을 통해 발견한 것은 이런 사회적 죽음이 치매 자체로부터 생겨나는 것이나 그 병의 증상이 아니라는 것이다. 친밀한 관계, 우정, 그리고 로맨스는 치매 환자들 사이에서도 나타날 수 있고, 사실 자주 나타난다. 내가 영국 도서관에서 읽었던 그 첫 번째 논문에서, 위그는 자신의 작업으로부터 관찰 기록을 제시하는데, 그 기록은 중기부터 후기 단계까지의 치매가 있는 거주자들 사이에 다채로운 친밀한 관계가 가능하다는 증거를 제시한다. 내가 이 부분에 대해 묻자 위그는 이렇게 말한다. "보세요, 우린 치매가 있고 서로 사랑에 빠지는 사람들을 돌보고 있습니다. 그건 부인할 수 없는 사실이에요. 그런 일이 일어나는 게 보이거든요. 그분들은 테이블 위로 손을 잡고 서로를 놓아주지 않으려 해요. 10대들이 하는 행동, 사람들이 미친 듯 사랑에 빠졌을 때 하는 행동이라면 뭐든지 다 하죠. 사람과 사람 사이에 일어나는 친밀한 연결의 모든 측면이 나타난답니다." 위그는 이전에 거주자로 지냈던 두 사람의 이야기를 들려준다. 남자는 바닷가재를 잡는 어부였고 여자는 그 지역 주민이자 대가족을 꾸려낸 사람이었는데, 둘 다 80대 초반이었다. "두 분의 시선이 서로 얽히는 순간부터 그 사이에는 아주 확실한 욕망이, 그다음에는 사랑이 생겨났어요." 둘은 침실로 함께 들어가 문을 잠그곤 했고, 걱정이 된 직원이 무슨 일인지 확인하려고 문을 따자 "그분들은 속옷만 입고 침대에 들어가 서로를 껴안고 애무하고 있었어요. 아주 힘든 시기에 자신을 기분 좋게 만들어줄 수 있는 누군가를 찾아냈다는 걸 너무도 아름답고 사랑스럽게 표현하고 계셨죠."

위그는 사회적 사형선고를 내리는 주체가 치매에 걸리지 않은 건강한 사람들, 그리고 상당히 이해가 가는 일이긴 하지만 가끔씩은 치매에 걸린 소중한 사람에게 공감하기 어려워하는 사람들이라는 결론을 내렸다. "제가 가족분들에게 끊임없이 권장해드리는 건 소중한 분과의 관계를 잃지 않도록 그 관계를 재정의하라는 거예요." 위그가 말한다. 위그가 돌봐온 거주자 중에는 소중한 사람들과 예전처럼 소통을 할 수 없을 만큼 인지기능을 상실하자 가족들이 그 상실을 견디지 못하고 손을 놓아버린 사람들이 많았다. "그런 가족들은 찾아오지 않아요. 시간을 내지도 않고요. 너무 거북하고 고통스러운 일이에요." 그런 일을 지켜보는 건 힘들다고 위그는 말한다. 하지만 언제나 일이 그렇게 진행되는 건 아니다. 위그가 돌봄을 제공했던 가족 중에는 격려와 지지에 힘입어 "그 사람이 여전히 거기 있다는 걸 깨달을 수 있게 된" 이들도 많았다고 한다. "손길이든, 얼굴 표정이든, 목소리 톤이든, 우리가 참여하고 있는 게 분명한 다른 의사소통 방법들도 있거든요." 사랑하는 사람이 하는 말을 치매가 있는 사람이 정확하게 알아들을 수는 없더라도, 말의 리듬과 목소리의 음색을 듣고 알아차릴 수는 있고, 바로 그것이 의사소통이라고 위그는 말한다. 위그는 거주자들에게 소중한 사람들이 이 점을 이해하도록 최선을 다해 돕는 것이 자신의 임무 중 하나라고 여긴다. 이는 특히 반려자와 새로운 방식으로 소통하는 법을 배우려는 사람에게 크게 효과적일 수 있다. "저는 이렇게 말씀드려요. '당신이 다시 이분의 반려자가 되실 수 있었으면 좋겠습니다. 돌봄을 제공하는 사람, 받는 사람 간의 위계를 갖지 마시고, 그냥 이분이 사랑하는 사람이 되어주셨으면 합니다.' 그리고 마침내 그 일이 일어나는 걸 볼 때면, 그 반려자가 그토록 오랫동안 사랑했던 그 사람의 본질과 재결합할 수 있다는 걸 깨닫죠."

위그는 이 일이 잘되면 사랑하는 관계는 지속될 수 있고, 또 지속시켜주는 것이 될 수 있다고 했다. 정말로 마지막까지 말이다. 위그는 자신들이 돌봤던, 교사였다가 거의 말을 하지 못하게 된 한 여성의 이야기를 들려주었다. "그분은 치매에 걸리지 않았더라도 사는 동안 대부분 조용한 사람이었을 거라는 인상이었어요. 굉장히 얌전했죠." 위그가 말한다. "그분 따님이 와서 어머니 발치에 앉곤 했어요. 바닥에요. 중년이 된 딸이었죠. 어머니는 쿠션이 깔린 의자에 굉장히 꼿꼿하게 앉아서 그저 딸의 머리를 쓰다듬었어요. 이 어머니는 가모장이야, 이런 느낌이 딱 오더라고요. 그런 분이었어요. 따님은 자기가 딸이라는 걸 알려주는 이런 연결을 만들어내면서 자기 어머니한테 약간의 평범함과 약간의 존중을 선물하고 있었죠." 딸은 어머니가 자기 머리를 쓰다듬게 놔두고는, 어머니에게 말을 걸고 가족끼리 찍은 사진들을 보여주며 누가 누군지 가리켜 보이곤 했다. "하지만 절대 어머니한테 질문을 하지는 않았어요. 뭘 되돌려받고 싶어하지 않았죠. 그저 어머니랑 함께 존재하면서 그가 받아들일 수 있는 것을 받아들이게 놔뒀어요. 우리가 아는 바로는 그 어머니는 아주 많은 걸 이해하고 계셨거나, 아주 조금밖에 이해하지 못하셨거나 둘 중 하나였지만, 그 자리에서 일어나고 있던 일은 어머니와 딸 사이의 애정 어린 연결이었어요. 어떻게 봐도 그걸 부인할 순 없었죠. 그분은 앞에 있는 사람이 자기 딸인 걸 아셨어요. 아름다운 광경이었죠."

나는 위그에게 목사관에서 지냈던 다른 사람들 이야기도 해달라고 부탁한다. 위그는 가장 젊은 거주자가 55세였고, 일부는 60대 초반과 중반이었지만 대부분은 80대 이상이었다고 말해준다. 그들 대부분은 치매라는 점만 빼면 매우 건강하다. 그들에게는 훌륭한 돌봄을 찾아낼 시간과 에너지, 그리고 비용을 부담할 수 있는 가족이 있다. 거주자 대부분은 교양 있는 사람들이며, 일부는 교양 수준이 굉장히 높다. 이렇게 자세한 정보를 말해줄 때 위그는 학구적인 사회학자 같다. 하지만 내가 거주자들의 성격에 관해 물으며 그들이 어떤 사람들인지 말해달라고 부탁하자, 위그는 학교에서 사귄 친구들 얘기를 전부 늘어놓는 어린아이처럼 활기차고 들뜬 목소리로 말한다. "온갖 성격이 다 있지요." 위그가 얼굴 가득 미소를 지으며 말한다. "수년간 너무 재미있는 분들을 돌봐드렸어요. 우리가 돌봐드리는 많은 분들은 굉장히 생산적이고 존경받는 삶을 살아오셨고, 엄청난 내력이 있는 분들이에요." 위그는 CIA에서 일하는 여성들이 별로 없었던 옛날에 그 일을 했던 한 여성에게 돌봄을 제공한 적이 있다. "그런데도, 그 일에 대해 물으면 그분은 그러시곤 했어요. '아, 아니에요. 특이한 데라곤 별로 없는 일이었어요.'" 한 여성 거주자는 캐나다 노바스코샤주에서 최초로 유기농 농사를 지었던 농부였다. "그리고 얼마 전에 돌아가신 한 남자분은 소아심장외과 의사로 획기적인 일을 해낸 분이었는데, 심장질환이 있는 아기들이 태어날 때 죽는 경우가 거의 대부분이던 시절에 굉장히 많은 생명을 구하셨어요." 거주자 대다수가 공유하는 어떤 특징들도 있다고 위그는 말한다. 어떤 사람들은 상당히 집착이 심하고, 어떤 사람들은 일정에 꽤 관심이 많다. "그러니까 분명 직업에서, 그리고 가정에서 아이들을 돌보는 동안 이분들의 삶에 주어졌던 패턴들이 보이는 거죠. 하지만 동시에 그 패턴들에는 깊이도 있답니다." 치매는 그들의 개성을 없애버리지 못한다. 위그는 유명 작가였던 어느 거주자에 대해 말해준다. "책을 한 권 드리면 그분은 그걸 읽곤 했는데, 그냥 그 사람을 만들고 유지해온 게 언어라는 걸 알 수 있었죠. 그분은 자기가 읽는 책에 관해 항상 말로 구체적인 대화를 나눌 수 있는 건 아니었고 설명할 수도 없었지만, 그분이 책 읽는 걸 듣고 정신으로 그 모든 걸 이해하려고 애쓰는 걸 지켜보는 일은 굉장히, 굉장히 강렬했어요. 그 사람이 어떤 사람이었는지, 타고난 인간성을 볼 수 있었죠." 물론, 치매에 걸리지 않은 사람들과 마찬가지로 치매에 걸린 사람들도 각양각색이어서 "돌보기가 아주 힘든 분들도 있었다"고 위그는 말한다. "저희가 돌봐드렸던 모든 분들이 있는 그대로 아름답고 사랑스러웠다고 주장할 생각은 없어요." 하지만 거주자들의 행동이 어떻든, 위그는 그들의 괴로움을 이해하고 그것이 어디에서 오는지 귀 기울여 들으려고 노력한다.

위그는 내가 그동안 도달하려고 애써왔던 것과 심오하게 연결되는 것처럼 느껴지는 어떤 말을 한다. 그것은 어른이 되는 일이 나와 내 거북이 등딱지에게, 가짜인 것과 진짜인 것 사이에서 고심하는 우리 모두에게 무엇을 의미할 필요가 있는지에 대한 통찰이다. "아직은 사람들이 안 믿겠지만, 이건 언젠가 일어날 일이에요. 우리가 평생 사회적 삶에서 살아남기 위해 만들어내는 사회적 고치가 있잖아요. 그건 사실 유아기에 생겨나고, 우리는 그때부터 이 미친 세상을 뚫고 나가는 법을 배우기 시작하거든요. 치매의 아름다운 효과 중 하나는 그 사회적 고치가 천천히 벗겨져 나간다는 거예요. 그리고 순식간에, 그 사람 속에 있던 믿을 수 없이 연약하고 굉장히 진짜인, 있는 그대로의 인간성이 드러나는 거죠." 소아심장외과 의사였던 어느 거주자에게 일어난 일도 그랬다. 목사관 관리자가 자신이 낳은 아기를 모두에게 소개시켜주려고 목사관에 데리고 왔을 때, 이 은퇴한 의사는 곧바로 청진기를 달라고 했다. "그러더니 아마도 그가 살려냈을 그 모든 아기들을 안았던 것처럼 아기를 안고, 심장 소리를 들으려고 했어요. 누가 그래달라고 부탁해서가 아니라 아이의 심장박동을 확인하고, 아이 어머니를 보고 '예쁘고 건강한 아이를 두셨네요'라고 확실히 말하기 위해서요. 그러니 그 사람이 어떤 사람이었는지, 본질은 삶의 마지막까지 생생하게 남아 있었던 거죠." 이유를 설명할 수는 없지만, 나는 이 이야기를 읽을 때마다 눈물이 난다. 아마 그 이유는 노년과 새로운 삶에 가까워진 이 남자의 친절함과 너그러움, 악화된 가운데서도 진실하고 아름다운 무언가를 그대로 간직한 마음의 역설과 관련이 있을 것이다.

위그는 자신을 다른 사람들은 볼 수 없는 이 모든 인간성을 보는 비밀스러운 세계의 일원으로 느끼는 것 같다. "제가 본 것 같은 것들을 보면 그냥 숨을 헉 들이쉬게 될 거예요. 이 사람들은 항상 무가치한 사람들로 인식되는데, 그건 너무도 부적절한 일이에요." 위그가 말한다. 목사관을 열고 20년이 지난 지금, 그는 "이 개인들의 인간성이 변함없이 남아 있다는 걸 전보다 100배는 더 강렬하게 느낀다"고 한다. 나는 위그에게 그의 이야기에 감동을 받았다고, 그의 작업이 정말로 내가 알아내려는 것의 핵심을 찌르는 듯하다고 말해준다. 우리는 성장이란 유년기와 청소년기와 초기 성인기에 이루어지는 거라고 생각하는 일이 얼마나 많은가. 우리가 일단―어쨌든 공식적으로―어른이 되면, 그리고 특히 노년기에 다다르면 우리의 이야기는 그저 쇠퇴에 관한 이야기가 되어버리는 경우가 얼마나 많은가. 하지만 위그가 껍데기들이 벗겨져나가는 일에 관해 이야기할 때, 변함없이 남아 있는 인간성에 관해 이야기할 때, 그는 이렇게 말하고 있는 듯하다. 우리는 아마도 이러한 상실과 함께 진실한 무언가를 향한 내면의 움직임의 이야기를 읽어낼 수도 있다고. 이 과정이 어떤 형태론가 계속될 수도 있고, 위그가 보기에 어떤 사람들에게는 치매 경험이 그럴 수도 있다고. "그럼 이건 어떤 면에서는 일종의 성장이라고 할 수도 있을까요?" 나는 묻는다. 이건 유도 질문이다. 나도 안다. 그런데 위그는 걸려든다. "당연하죠, 당연히 그래요." 그는 이렇게 대답한다. "그건 성장이죠."

치매가 있는 사람들은 성장한다기보다는 유아기로 돌아가는 거라는 생각이 있다. 셰익스피어의 "제2의 유년기"라는 말에서부터 많은 사람들이 아기들에게 말할 때의 목소리를 노인들에게도 똑같이 사용한다는 점에 이르기까지 어디서나 찾아볼 수 있는, 이 생각에 대한 위그의 견해가 궁금하다. 위그는 이 시기의 사람들을 어린애 취급하는 건 아주, 아주 위험한 일이라고 말한다. 위그가 돌보는 거주자들에게 특징이 있다면 "교육을 받고, 아이를 키우고, 자신의 부모님을 돌보면서 대단한 삶을 오랫동안 살았다는 것"이다. "제가 그분들을 돌봐드리고 있지만 그런 건 그냥 사라지는 게 아니죠." 그러니 위그는 그들에게 자신의 도움이 필요하다는 걸 알지만, 그들이 자기 딸인 것처럼, 아직 어른이 되지 못한 존재인 것처럼 인식하는 일은 결코 없다. "제가 저희 할머니를 돌봐드릴 때도 그랬어요. 할머니를 아이로 인식한 적은 결코 없었거든요. 알아듣기 어렵게 횡설수설하시고 똑바로 말씀을 못 하실 때도요. 할머니가 뭘 언급하는지 알 만큼은 충분히 알아들을 수 있었어요. 할머니는 독실한 분이셨고, 신앙이 있으셨고, 앉아서 새들을 바라볼 때는 찬양을 부르곤 하셨어요. 그 일을 아주 좋아하셨죠. 이러시곤 했어요. '새-새 새-새 새-새. 새-새 새-새 새-새.' 굉장히 리드미컬했고, 약간 영적이기도 했고, 자연 세계와 무척이나 조화를 이룬 말이었어요. 그러니 저한테는 전혀 횡설수설로 들리지 않았죠." 위그는 우리가 누군가의 행동을 맥락과 관련지어 해석할 수 있다면—여기에는 우리가 관계맺고 있는 사람에 대한 깊은 이해가 필요한데—그 사람을 어린애 취급하기는 무척 어려운 일이라고 믿는다. "저는 한 번도 경험해본 적 없는 일이에요. 그리고 그건 제가 관심 가져왔던 부분이 그 사람이 누구이고 누구였는지여서 그런 것 같아요."

그럼에도 목사관에서 흔히 볼 수 있는 광경은 나이든 남성 거주자가 아기 인형을 자기 아이나 손주처럼 안고 있는 광경이다. "여든 살 먹은 아버지나 할아버지가 아기 인형을 껴안고, 정답게 속삭이고, 쓰다듬고, 인형한테 넌 정말 예쁘구나, 하고 말해주는 걸 보기가 가족들로서는 가끔씩 굉장히 힘들기도 하죠." 하지만 위그와 동료들에게 그건 무척 감동적인 광경이다. "인간이 어떻게 계속 성장하고 발전해 나가는지 얘기하면서, 여든다섯 살 된 남자 노인이 실물 크기의 아기 인형을 살아 있는 것처럼 대하고, 자기 아이들이나 손주들에게 했을 법한 행동을 모두 하는 모습을 보이는 건 인간의 계속되는 성장이 아니라고 저를 설득할 수는 없어요." 이런 남성들은 아기 인형을 서로와 공유하고, 다른 일을 할 때도 가지고 다니면서 진짜 아기인 것처럼 인형과 관계를 형성한다. "그리고 그 행동에서 우리는 인간성의 깊이를 볼 수 있죠." 위그는 이것의 핵심이 "우리가 항상 경험하게 되는 인간성의 아름다움"이라고 말한다.

위그가 자신의 거주자들에게 귀 기울이는 방식으로 누군가를 경청하는 일은 급진적인 행동이다. 또한 가장 오래되고 본능적인 연민의 행위이기도 하다. 형태와 느낌 면에서 내가 이 장의 첫머리에 묘사했던 종류의 듣기, 아버지와 어린 딸 사이에 일어나는 듣기와 비슷하다. 내가 이 말을 하는 건 위그가 돌보는 거주자들이 어린애 같다고 생각해서가 아니다. 부모가 자기 아이의 말을 세심히 듣기 위해 열린 마음과 연민을 발달시키는 방식이, 우리 모두가 서로의 말을 귀담아듣기 위해 발달시킬 필요가 있는 열린 마음과 연민에서 그렇게 멀지 않다고 생각하기 때문이다. 그것은 동시대의 우리 세계를 특징짓는 '듣지 않는' 행위들의 반대항이고, 특정 주제에 관해 폭풍처럼 트윗들이 쏟아지는 현상이나 '정신건강 개선을 위한' 단계별 온라인 자기계발 프로그램의 반대항이다. 위그가 묘사하는 종류의 듣기와 이해는 내가 내 정신분석가에게서 경험하는 종류의 듣기, 그리고 심리치료사로서 내담자들에게 제공하려고 노력하는 종류의 듣기와 매우 유사하다. 이는 말하는 것의 내용뿐 아니라 그것이 전해지는 방식을 통해, 침묵 속에 전달되는 의미를 이해하려고 노력하는 종류의 듣기다. 이는 곧 당신에게 한 사람의 내면세계의 분위기를 알게 해주는 일이다. 누군가의 뇌와 육체가 증상만 가득 담긴 자루인 것처럼 한 사람을 바라보는 것에 반대하는 일이며, 이해하고자 하는 입장에서 한 사람을 만나는 데 몰두하는 일이다.

나는 심리치료사로 교육을 받고, 정신분석을 받아야 했던 것과 마찬가지로, 나 자신의 말을 경청하는 방법을 알지 못했기에

이 책을 써야만 했다. 내게는 정신분석이 매우 특별한 종류의 보청기처럼, 자기 자신과 다른 사람들의 목소리를 새로운 방식으로 듣고 소통하게 해주는 보청기처럼 느껴진다. 나는 어른이 된다는 것이 무슨 뜻인지, 내가 왜 아직 어른이 아닌지 알아내고 싶어서 책을 쓰기 시작했고, 집필을 끝낼 무렵에는 내가 어른이 되어 있기를—그것이 나의 해피엔딩이기를—바랐다. 나는 나 자신을 어른이 되게 하고 싶었다. 이제는 내가 잘못된 질문을 하고 있었다는 사실이, 아니 그보다는 그 질문이 바뀌었다는 사실이 느껴진다. 이제 그 질문은 '나는 왜 어른이 되는 일을 끝마치지 못했는가'가 아니라 '평생 어떻게 어른이 되어가는 일을 계속할 수 있을까'가 되었다. 나는 어른이 무엇이고 어른이 된다는 건 또 무엇인지, 그 정의를 찾아내고 싶었다. 이제는 그 정의가 개인마다 모두 다를 것이고, 우리 각자가 직면하는 성장 경험에 따라 순간순간 달라질 것임을 이해한다. 이제 나는 이 책을 쓰는 일을 통해, 내가 받는 정신분석을 통해, 내 내담자들을 통해, 너무도 많은 매혹적인 사람들과 대화하는 일을 통해, 어른이 되는 일은 결코 멈추지 않는다는, 우리가 운이 좋다면 삶의 맨 마지막까지 결코 그러지 않는다는 사실을 실감하게 되었다.

역사학자 테인으로부터 100살까지 사는 사람들이 급속히 증가하고 있다는 이야기를 들었을 때, 그 이야기는 100살이 넘게 사는 사람이 되고 싶다는 내 어린 시절의 매혹을 건드렸다. 딱히 왕

정주의자는 아니지만, 언젠가 여왕으로부터 편지를 받을 가능성이 얼마나 될지 궁금해했다는 걸 고백해야겠다. 알고 보니 그것을 위한 웹사이트가 따로 있어서, 거기서는 100살 생일까지 살 가능성을 알아낼 수 있다. 영국 통계청 여러분, 감사합니다.[16] 나는 내 성별과 생년월일을 입력하고 '계산하기'를 클릭한다. 내가 100살까지 살 가능성은 21퍼센트라는 답변이 나온다. 가끔씩 답변이라는 건 질문보다 너무도 재미가 없다. 내 반응은 "시시하네"다. 진짜처럼 느껴지지가 않는다. 하지만 그게 결과 페이지에 나와 있는 유일한 정보는 아니다. 계속 읽어본다. "당신의 평균 기대수명은 90년입니다. 앞으로 56년 남았습니다." 56년의 삶이 남아 있다니, 혼자 생각한다. 그건 진짜처럼 느껴진다. 그 말을 들으니 긴장된다. 그저 추정치라는 걸 알지만, 그 숫자는 또다시, 이곳에서의 내 시간이 제한되어 있다는 사실을 처음인 것처럼 깨닫게 해준다. 이것이 로터문트가 이야기하고 있던 것, 즉 미래의 시간 지평이 좁아지는 일이다. 나는 나에게 쪽지 한 장을 쓴다. '내게는 정말로 긴 시간이 남아 있지 않아. 이건 내 삶이야. 나는 이 삶을 살아야 해. 어른다움이 찾아오기를 기다리거나, 내 삶을 다른 사람들을 위해 살거나, 다른 사람들이 바라는 사람이 될 수는 없어. 나는 나를 위해 살아야 하고, 나 자신이 되어야 해. 그런데 그건 누구지?'

'나'라는 존재가, 어떤 본질이, 어떤 진정한 성인 자아가, 저 바깥에, 혹은 이 안에, 발견되기를 기다리고 있다고 생각하지는 않는다. 하지만 내 머릿속에는 분명 내가 되려고 노력해야 하는 자아의 개념이 있다. '나여야 하는 나' 혹은 '나는 이래야 한다'라는, 더 진실에 가까운 무언가를 감추는, 꾸며낸 내가 있다. 내가 유일한 진실 같은 건 없다고 생각하듯 말이다. 하지만 거짓말을 하거나 꾸며내거나 무언가를 듣는 걸 견딜 수 없기 때문에 못 들은 체하는 것 같은 일들은 분명히 존재하고, 그런 행동을 멈출 때 우리는 좀 더 진실한 무언가를 갖게 된다. 정신분석이라는 보청기는 내가 스스로 하는 이런 거짓말들을, 크든 작든 들을 수 있게 도와준다. 그리고 내가 그런 거짓말을 들을 때마다 그것은 고통스럽지만 꼭 필요한 성장 경험이 된다. 아마도 내가 어른이라고 느끼지 못했던 이유는 어른처럼 보이는 바로 이런 거북이 등딱지를 지닌 채 그것에 부응하기 위해 끊임없이 애쓰고 있어서였던 게 아닐까 싶다. 나는 그게 어른이 되는 일인 줄로만 알았다. 팬데믹 상황 속에서 몇 달이 흘러가고 봉쇄가 다가왔다 지나가는 동안, 이 책을 쓰는 동안, 교육을 받는 동안, 그리고 정신분석을 받는 시간과 그 중간중간의 쉬는 시간마다, 나는 내 일상생활이 질적으로 달라졌다는 걸 느끼게 되었다. 한 가지를 말해보자면, 나는 작업에 너무도 몰두해서 트위터 접속을 차단해주는 앱을 훨씬 덜 필요로 하게 되었다. 대부분의 시간에 로그인하고 싶다는 유혹조차 들지 않을 정도다. 혼자 있을 때 좀 더 편안하고, 내가 독립된 존재라는 느낌이 들고, 당황스러운 느낌도 덜하다. 이것은 끊임없이 한 방향으로 진행되는 과정은 아니다. 가끔씩 내가 나 자신의 결핍과 욕구, 나의 모순, 나의 사랑과 증오와 분노와 두려움, 나의 욕망과 공격성에 조금 더 닿아 있는 것처럼 느껴질 때도 있지만, 그렇지 못할 때도 있어서 인터넷 속에 괴로움을 묻어버리기도 한다. 그러니 이건 결국 정신적 발달의 핀볼 기계 이론, '너절씨' 이론과 비슷하다. 나 자신에게 그 쪽지를 쓰고 몇 주가 지난 뒤, 나는 또 하나의 새로운 사실을 깨닫는다. 그 사실은 나를 놀라게 한다. '내 인생은 내 것이라는 그 자체만으로 가치가 있다.' 나는 그저 나라는 이유만으로 가치 있는 존재다. 나는 언제나 다른 사람들처럼 되고 싶어하면서 그들을 약간씩 부러워해왔다. 이 친구처럼 예뻐지고 싶고, 저 동료처럼 글을 잘 쓰고 싶고, 트위터의 그 사람처럼 성공하고 싶고, 뭐 그런 식이었다. 이제 나는 마침내 진실을 알게 되었다. 나는 성장하여 내가 아닌 다른 누군가가 되려고 애를 쓰고 있었던 것이다. 그 진실은 얼음같이 차가운 파도처럼 내 머리 위로 부서져 내리며 뼛속까지 새로운 힘을 불어넣는다. 나는 이것이 내 삶, 내 유일한 삶이라는 인식을 꼭 붙들고 있어야만 한다. 내가 누군지 알아내고 내 곁에 머무르기 위해 나 자신에게 가능한 한 정직해져야만 한다. 더 이상 우리 할아버지의 열쇠들을 향해 손을 뻗을 필요는 없을 것 같다. 그것들을 놓아주어야 할 때가 되었다. 이 행성에서의 내 삶은 한정되어 있고, 언제나 닳아 없어지고 있다. 그리고 당신의 삶 또한 그렇다.

# Epilogue

## 그다음에
## 할 일들

◉

〈나의 뒷면들〉
노래 밥 딜런

초인종이 울린다. 보루다. 보루가 마지막으로 내 집에 왔다 간 뒤로 23개월이나 지났다. 문을 연 나는 보루의 포니테일이, 검은색 매니큐어가, 그리고 살짝 구부정한 자세가 사라졌고, 문신이 훨씬 더 많아졌다는 걸 알아차린다. 보루는 내 소파에 앉지만 몸을 접어넣듯 앉지는 않고, 지난번 인터뷰에서 그의 목소리를 조용하게 했던 무거움에 짓눌려 있는 것처럼 보이지도 않는다. 그는 긴장을 풀고 자신 있는 모습으로 앉아 편안하고 자연스러운 웃음을 지으며, 에너지와 생기를 품고 울려 퍼지는 목소리로 말한다. "지난번하고는 완전히 다른 기분이에요. 너무 이상하네요. 여기 오면서 그 생각을 하고 있었어요. 이런 생각이 들더라고요. 선생님이 나를 보시면 완전히 다른 사람이 됐다고 생각하실 거야. 네, 저 그때랑 많이 달라졌어요. 음, 많이 성장했다고 할까요. 얼른 말씀드리고 싶네요."

사실 보루가 완전히 다른 사람이 됐다는 생각은 들지 않는다. 나는 변함없이 신중하고 자기반성적인 침묵을, 내가 이해할 수 있도록 자기 감정을 이야기하고 자신의 내적 경험을 정확하게 표현하고 싶은 여전한 갈망을, 그리고 그의 너그러움과 온화함을 알아본다. 여전히 민감함과 연약함도 느껴지지만, 이런 부분은 예전처럼 피부 바깥으로 표출되지는 않고, 그라는 사람 안에 더 복잡한 방식으로 엮여 더 철저히 통합된 것처럼 보인다. 나는 보루 안에서 여전히 아이와 성인 남자를 동시에 볼 수 있지만, 그 둘 사이의 비율과 관계는 우리가 지난번에 만났을 때와는 다르다. 보루는 내게, 그가 스스로 그렇게 느낀다고 말하는 것처럼, "훨씬 더 어른처럼" 느껴진다.

우리는 자리에 앉아 이야기를 나눈다. 보루는 지난 2년간의 이야기를 들려준다. 코카인을 끊었고, 대마초도 끊었고, 담배마저 끊었다고 한다. 그가 전에 연습을 하곤 했던 사이클 경주장에 사이클 강사로 취직했고, 앞으로 강사 일을 하는 데 큰 계획들을 세워놓고 있다고 한다. 돈을 마약 사는 데 다 써버리는 대신 저축을 했고, 곧 부모님의 집에서 나와 친구들과 함께 임대한 아파트로 이사할 예정이다. 또 다른 친구와 함께 사이클 경주대회에 참가하기 위해 르완다로 여행을 갈 계획도 세워놓고 있고, 그 어느 때보다도 자전거를 많이 타고 있는데 그 일이 기쁨과 평화, 의미와 성취감을 가져다주기 때문이다. 지난 인터뷰에서 처져 있던 보루의 어깨와 절망적이던 목소리를, 좌절한 듯 보이던 모습을, 그리고 그의 앞날이 얼마나 막막해 보였는지를 돌아보면 이 모든 발전은 내게 거의 기적처럼 보인다. 어른에 대해 '자기 똥오줌은 가릴 줄 아는 사람'이라고 내렸던 정의를 지금은 어떻게 생각하느냐고 묻자, 보루는 웃으며 이렇게 대답한다. "네, 그게 제가 말하려고 애쓰고 있던 거예요. 정확히 그렇게 말하지는 않았지만요. 똥오줌을 전부 가리진 못해도, 예전보다는 확실히 많이 가리게 됐고, 그래서 조금 더 어른이 된 기분이에요. 그러니 그건 의미가 있죠. 저는 아직 스물두 살이고, 제가 마침내 어른다움이라는 그 열반에 도달했다는 얘기는 아니에요. 하지만 전보다 그 길과 여정에 대해 훨씬 명확하게 파악하게 됐어요."

이 모든 이야기에 귀를 기울이는 경험이 내게는 깊은 감동으로 다가온다. 보루가 자기 자신으로 훨씬 더 건강하고 행복해 보이기 때문만이 아니라, 내가 이 책을 통해 붙잡으려고 손을 뻗고 있던 종류의 발전과 성장과 어른다움을 목격했기 때문에, 보루 스스로 그것을 말로 표현하고 구체화하는 걸 보았기 때문이기도 하다. 그동안 보루와 나의 경험은 몹시 달랐지만, 우리는 지난 2년에 걸쳐 어른다움에 관해 비슷한 결론에 도달하게 된 것 같다. 생각과 감정을 마약 사용으로 대체해 자기 자신으로부터 도망치는 대신, 보루는 이제 자전거를 타면서 자신의 감정을 소화한다. 그는 자전거 타는 시간에 대해 이렇게 말한다. "저 밖에 나가 있으면 세상에 훨씬 더 많이 관여하는 기분이 들어요. 세상에서 저 자신을 없애버리는 대신 세상 속으로 들어가고 있는 거죠." 보루는 그 일이 어떤 방식으로 일어나는지 설명해준다. "그러니까, 처음에는 잠깐 동안 스위치가 꺼진 것처럼 아무 생각도 안 날 수 있어요. 그러다가 달리는 궤도에 진입하면, 날씨가 좋으면, 모든 걸 음미하기 시작하게 되죠. 가끔씩 자전거를 타고 달리는데 작은 새 한 마리가 길에 들어와 눈앞에서 날아가면, 분발해서 이 친구랑 보조를 맞춰봐야지 하고 생각하게 돼요. 나무들 사이로 통과할 때 반짝이는 햇빛을, 땅 위의 그림자들을 알아차리게 되고요. 그러고는 여러 가지 일에 대해, 제가 처해 있는 상황들과 어떻게 그것들을 잘 헤쳐나갈지를 생각하기 시작하죠. 그런 생각을 그저 뒤로 미뤄버리는 대신에요. 마치 저 자신이랑 회의를 하는 것 같아요." 자신과의 회의라니. 보루는 자신만의 보청기를 찾아냈고 거기에는 두 바퀴가 달려 있는 것 같다.

이러한 성장 경험은 다른 많은 것들을 동반했다. "확실히 저 자신을 더 잘 알게 됐어요." 보루는 자기 마음이 어떻게 움직이는지 안다. "제가 도움이 안 되는 방향으로 가고 있다고 느끼면 그걸 알아차리고 이렇게 말할 수 있어요. '어, 우리 전에도 이쪽으로 와봤는데, 이건 네가 하고 싶은 게 아닐걸.' 그러면 그 여정을 지난번보다 조금은 더 잘 헤쳐나갈 수 있게 되죠. 제대로 해내진 못할 수도 있어요. 제 말은, 아마 틀림없이 제대로 해내지 못할 거예요. 하지만 적어도 아주 조금은 다르게 해낼 거예요. 스스로를 더 잘 이해하고 있으니까요." 그런 이해는, 자기 자신을 알게 되는 일은 그의 성장을 돕는 데 중요한 역할을 했다. "코카인을 그렇게 많이 했던 건, 그걸 하면 우울증에 걸리기 전의 느낌을 되찾을 수 있다고 제가 저 자신을 설득해서였어요." 보루가 말한다. 그것이 그가 끊임없이 찾아 헤매던 해맑고 행복한 보루였다. 하지만 되돌아가려고 애쓰는 일을 그만두고 나니, 그는 그의 삶에서 앞을 향한 거대한 도약을 할 수 있었고 그 자신으로 성장할 수 있게 되었다. "이제는 제가 되고 싶어했던 그 모습을 죽자 사자 뒤쫓으려고 애쓰지 않아요. 그저 흘러가게 내버려두죠. 전에 찾던 것과는 다른 종류의 행복을 찾아낸 거예요."

나는 보루의 티셔츠에 '벗어나라Break Free'라는 글귀가 여러 번 되풀이해 적혀 있는 걸 언급하면서, 그가 갇혀 있던 장소에서 벗어나 성장하는 데는 진정한 용기가 필요했으니 그 글귀는 멋진 상징인 것 같다고 말해준다. 그가 대답한다. "그런데 그거 아세요? 그 일은 '아, 나 이제 해방됐다!' 하는 식으로, 아니면 저를 억누르고, 제한하고, 약하게 만드는 족쇄들로부터 가까스로 벗어나는 데 성공했다는 식으로 일어난 게 아니었어요." 보루는 '벗어나기'가 이 과정에 관해 생각하는 적절한 방법이 아니라는 점을 분명히 한다. "제가 지금 엄청나게 자신감이 넘친다거나, 그런 게 아니에요. 식당에서 주문할 때면 죽도록 불안해지는 증상도 여전히 그대로고요. 하지만 그건 예전처럼 저를 억누르지 않고, 그 결과로 더 나쁜 일이 일어나지도 않아요." 보루는 어떤 의지의 힘으로 이런 성장 경험들을 통과한 게 아니었다. 여러 번 약을 끊으려고 해봤지만 끊을 수 없었던 것처럼, 자신을 성장하게 하려고 애를 썼지만 그 자리에 계속 갇혀 있기만 했던 것도 여러 번이었다. (다른 사람들은 약물중독에서 회복되는 일과 어른이 되는 일을 연결 짓지 않을지도 모르지만, 보루에게 그 두 가지는 밀접하게 연관되어 있다. "예전보다 나아지는 게 저를 성장하게 만든 거니까, 저는 그 두 가지가 일맥상통한다고 말하겠어요.") 보루는 어떤 궁극적이고 자신만만한 어른다움에 도달한 것도 아니며, 자신이 앞으로도 힘든 시간들을 겪게 될 것을 알고 있다. 지금은 그럴 때 도움을 구하는 일에 마음을 조금 더 열게 된 것처럼 보이지만 말이다. 보루가 그 대신 설명하는 것은 훨씬 덜 극적이고 더 미묘하며 정교하게 균형 잡힌 과정이다. 그 과정을 통해 그는 "어떤 것들이 제게 준 짧은 쾌감보다 제 삶에서 불만족스러운 부분이 마침내 더 중요해지는" 시점에 이르게 되었다. 보루는 그 과정이 자신이 통제할 수 있는 게 아니었다고 말하는 듯했지만, 일단 그럴 수 있게 되자 그는 그 과정을 통해 앞으로 나아갔고, 이제 그는 괜찮다고 느낀다.

내 인생에서 이것을 깨달은 일이 어쩌면 지난 2년간 가장 큰 성장 경험이 아니었을까. 내가 나의 성숙한 면과 성숙하지 못한 면을 통제할 수 없다는 것을 이해하고, 정신분석을 이용해 내가 언제나 되고 싶었던 어른으로 나를 바꿔놓을 수 없으며, 나 자신을 야단치거나, 강요하거나, 성장을 실현하기 위해 책을 써서는 어른이 될 수 없다는 사실을 마침내 알게 됐듯이 말이다.

그럼에도 이 책의 마지막 장을 끝마쳤을 때, 나 자신에 대해 곰곰이 생각해보고는 내가 약간은 어른이 된 것 같다고 생각했다. 하루하루 지날수록 내 기분이 점점 더 괜찮아진 걸 알 수 있었다. 우선 인터넷에 휘둘리는 느낌이 크게 줄었다. 여전히 가끔씩은 트위터의 구렁에 빠졌지만, 예전보다 쉽게 빠져나올 수 있게 됐다. 아이를 가지는 일 또한—아직 꽤 두렵기는 하지만—예전만큼 그렇게 내 능력을, 우리의 능력을 벗어나는 일로 느껴지지 않게 됐다. 나는 심지어 콘텐츠 보험에도 들었다. 만약 내가 오늘 책 한 권을 쓰기 시작한다면 그건 이 책과는 다른 책이 될 것이다. 지금이라면, 나는 어른이 된 기분이 들지 않는다는 것에 대해 책 한 권을 쓸 수 없을 것이다. 그렇다고 지금 어른이 된 기분이라는 이야기는 아니다. 어른이 되지 못한 것 같다는 기분이 더 이상 크게 느껴지지 않고, 더 이상 그렇게 중요한 문제라고 느껴지지도 않는다는 뜻이다.

그러다 심리치료 교육이 끝나갈 무렵, 나는 어느 정신역학적 대화치료 시설에서 일자리 제안을 받았다. 정말이지, 우리가 조사를 시작했을 때 아동청소년 심리치료사 에어리얼 네이선슨이 말했던 것과 똑같다. "우리는 어떤 특정한 시점에 자신이 어디 있는지만 알 수 있을 뿐인데······ 알고 나면 그 위치는 변해버리죠." 나는 좋은 소식으로 예상되는 것을 듣자마자 다시 불안과 공포, 자기의심 속으로 내던져졌다. 나는 그 제안을 받아들였고, 받아들인걸 후회했다. 승낙한 걸 무르고 싶었지만 그러지는 않았다. 그 대신 TV를 보고 소셜 미디어를 스크롤하며 그날 밤을 보내면서, 너무 겁에 질리고 스스로 부적합하다는 기분을 느끼지 않아도 되도록 머릿속을 가벼운 것들로 가득 채우려고 애를 썼다. 하지만 내머릿속 깊은 곳에서 조용한 목소리가 들려왔다. '어쩌면 내일은기분이 좀 다를 거야.' 나는 네이선슨을, 그가 슬픔을 이겨내는 일에 대해 해주었던 감동적인 묘사를 다시금 떠올렸다. "어른은 숨을 참을 수 있어요. 이번 파도가 지나가면 조금은 숨을 쉴 수 있게되리라는 걸 알기 때문이죠." 이것은 누군가와 사별하는 것 같은 구체적인 상황보다 더 많은 것을 의미한다고 생각한다. 내 안의어른이, 내 안의 조금 더 관대한 초자아가, 내가 그날 밤을 보내고다음날 아침 조금 더 나은 기분으로 일어나 여러 가지 일을 좀 더잘 생각할 수 있도록 내게 TV 보는 일을 허락해주었으리라. 나는숨쉬기를 계속했고, 일자리를 그대로 두었다.

그렇게 성장 경험은 계속된다.

보루가 우리의 지난번 대화가 자신의 성장에 중요한 역할을했다고 말하기에, 나는 무엇이 그렇게 도움이 되었느냐고 묻는다. "평가받는다는 느낌이 들지 않는 상황에서 누군가에게 여러 가지를 인정한 일이었던 것 같아요. 그때 제가 깨닫고 받아들이게 된 것들을 소리 내 말한 거요. 저는 좀 더 진실하게 말할 수 있었고, 좀 더 이것저것 많이 생각할 수 있었어요. 우리 대화의 효과가 그렇게 오래간 건 그래서였던 것 같아요. 그런 생각과 감정에 대해 말했던 그 어느 때하고도 굉장히 달랐거든요." 보루는 그 인터뷰가 끝난 뒤에도 여전히 약을 했지만 "그 뒤로는 훨씬 덜" 했다고 한다. "그 인터뷰가 정말로 약을 줄이기 시작하게 해줬어요. 이 모든 일련의 일들에 시동을 걸어줬고요. 그러면서 저는 제가 영원히 이렇게 살 수는 없다는 걸, 똥오줌을 가리고 싶다는 걸 인정하게 됐어요." 두 달 뒤, 보루는 무언가에 대해 좋은 기분을 느끼고 싶어서 한 달에 한 번씩 자전거를 타겠다는 새해 결심을 했다. 그가 생각하기로는 매우 낮은 관문이었다. 그로부터 약 한 달 뒤, 보루는 강력한 마약을 마지막으로 했다. 그게 족히 1년도 더 전의 일이었다.

보루는 자신이 성장 경험들을 할 수 있었던 게 우리가 나눈 대화 덕분이라고 나보다 더 많이 생각한다. 물론 이 모든 것은 보루와, 그가 그 대화를 나눌 필요가 있었고, 나누고 싶어했다는 사실과 훨씬 더 관련이 있다. 보루가 우리의 대화에 대해 이야기하는 방식은 내가 내 정신분석에 대해 이야기하는 방식과 비슷하다는 생각이 든다. 보루는 이런 진실들을 직면할 준비가 되어 있었고, 그래서 우리의 대화를 그 일에 이용한 게 아닐까. 이후 자기 안에서 그 대화를 이어갔고, 자전거를 탈 때마다 계속 이어나간 게 아닐까. 자신이 처한 상황의 진실을 말로 옮겨놓으면서 보루는, 그의 표현으로는, 자신과 거리 두려고 애쓰는 일을 그만두었다. 그가 "온갖 부정적인 일들"이라고 부르는 것들에 대해 생각할 필요가 없도록 약을 하는 대신에, 보루는 생각을 하고 진실로 향하는 일에 조금 더 의지하고, 예전과는 다른 방식으로 자기 자신과 관계를 맺을 준비가 되어 있었다. "그런 대화를 자기 자신과 나누기 시작하면 좀 더 정직한 사람에 가까워지게 되죠. 저는 어떤 것으로부터도 숨지 않고 있다는 생각이 들어요. 저 자신으로부터 숨지 않으니까요."

자신으로부터 숨지 않는다는 것. 정말이지 바로 이거다, 그렇지 않은가? 이것이야말로 성장한다는 것, 어른이 된다는 것이고, 내가 지금껏 10만 단어를 동원해 말하려고 애써온 것이다. 당신이 '이상한 림보' 생애 단계에 있는 초보 성인이든, 콘텐츠 보험을 찾고 있는 초기 성인이든, 부모가 되(지 않)는 것에 대해 생각하며 자신의 아기방의 유령들을 제압하고 있든, '삶의 한복판에Nel mezzo del cammin di nostra vita'[1] 캄캄한 숲속에 난 한 줄기 길 위에서 나아갈 길을 찾고 있든, 혹은 이제 막 등장한 젊은 노년이든, 그도 아니면 삶의 마지막 장에 있든 간에 말이다. 이것이야말로 부모와 가족으로부터 분리된 상태가 된다는 것, 거짓된 어른다움의 등딱지를 벗어버리고 그 대신 당신이라는 나무줄기 속에 존재하는 서로 다른 나이테 하나하나를 돌본다는 것, 자기 아이에게 자신이 누렸던 것보다 더 좋은 무언가를 주고 싶어하고 그것을 가져다준다는 것, '육체의 쇠퇴라는 영예'의 현실에 익숙해진다는 것, 자신만의 보청기를 찾아내고 그것을 사용해 자기 안의 많은 사람의 목소리를 귀 기울여 듣는다는 것의 의미다. 이것이 평화롭게 살아간다는 것의 의미다. 내 랍비로부터 '평화'를 뜻하는 히브리어 '샬롬shalom'의 어근이 '완전함'이나 '전체'를 뜻하는 히브리어 '샬렘shalem'의 어근과 같다는 걸 배웠을 때, 나는 이것을 새로운 방식으로 받아들인다. 이 단어들의 어근은 똑같은 아라비아어에서 왔다. 이것은 인간성의 혈관들을 타고 흐르는, 그리고 언제나 그래왔던 진실이다. 우리는 자신으로부터 숨거나 자신의 일부와 불화하고 있을 때는 평화롭게 살아갈 수 없다.

자기 자신으로부터 숨지 않는다는 것은 낡고 뻔한 말로 된 '자신을 발견한다'는 개념과는 다르다. 자신을 발견한다는 개념은 확고하고 일관성 있고 유일하고 변하지 않는 자아가 있어서 우리가 그것을 발견할 수 있다고 암시한다. 즉, 해피엔딩이다. 반면 자기 자신으로부터 숨지 않는다는 것은 계속되는 과정에 참여한다는 것이고, 이 과정은 오직 죽음으로만 끝난다는 사실을 받아들인다는 것이며, 예전과는 완전히 다른 존재 방식에, 나 역시 여전히 알아내려 애쓰고 있는 그런 방식에 자기 자신을 열어둔다는 것이다. 그러니 나는 계속 정신분석을 받으러 가고, 내담자들의 말을 귀 기울여 듣고, 나 자신에게 귀를 기울이려고 노력하고, 글을 쓰고, 살아갈 것이다. 더 이상 안전하게 우리 할아버지가 들고 계셨던 어떤 마법의 열쇠를 꿈꾸지 않을 것이다. 더 이상 똑같은 대답을 찾기 위한 똑같은 탐구를 하지 않을 것이다. 더 이상 어른다움을 찾는 어른이 되지 않을 것이다. 내가 그것을 찾아냈기 때문이 아니라, 더 이상 너무도 같은 형태의 어른다움은 필요하지 않기 때문이다. 나는 귀 기울여 듣고, 말하고, 글을 쓰고, 숨 쉬고, 나 자신으로부터 숨는 일을 그만둘 때 내가 발견하는 것들을 바라보는 일에 열려 있는, 그저 한 명의 사람이 될 것이다.

'주님은 부드러움 속에서 우리에게 손을 뻗어 가장 소중한 선물을 주시네. 평화라는 선물을.'

-유대교 기도, 번역과 해석은 나의 랍비

## 작가 후기

적어두고 싶은 몇 가지가 있습니다.

첫째로, 어른이 되는 일에는 이 책에서 미처 탐구하지 못한 많은 미묘한 차이들과 경험들이 존재하며, 이것이 어떤 독자들에게는 소외감을 줄 수도 있다는 사실을 알고 있습니다. 이는 제 작업이 지닌 많은 한계 중 일부이며, 이 점 때문에 어떤 독자분들이 지워진 기분을 느끼셨다면 그 점에 대해 죄송합니다.

둘째로, 이 책에 담긴 모든 것—제가 인터뷰한 사람들의 인생 경험, 전문가들의 학술적 작업, 제 자신의 성찰 모두—은 시간 속을 흘러가고 있던, 제가 최선을 다해 포착하고 생각해보려 했던 순간들이라는 사실 또한 강조하고 싶습니다. 이 원고의 집필을 끝낸 시점과 인쇄에 들어간 시점 사이에 제가 인터뷰한 사람들 중 다수에게도, 저에게도 아주 많은 변화가 생겼을 수 있습니다. 그러니 부디 에어리얼 네이선슨의 말을 염두에 두고 이 책에 대해 다시 생각해주시기 바랍니다. "우리는 어떤 특정한 시점에 자신이 어디 있는지만 알 수 있을 뿐인데…… 알고 나면 그 위치는 변해버리죠."

셋째로, 이 책에 등장하는 인터뷰한 사람들 중 일부는 제가 저널리스트로서 했던 일을 통해 처음 만난 이들입니다. 따라서 이전에 여러 잡지와 신문에 발표했던 저의 기사들과 겹치는 부분이 다소 있을 것입니다. 각 장의 첫머리에 나오는 유아기의 장면들은 현실에서 일어난 일이 아니라 저의 상상의 산물입니다.

마지막으로, 정신분석적 심리치료와 정신분석학에 대해 관심이 있거나 더 알고 싶으신 분들은 영국 정신분석학 위원회 www.bpc.org.uk와 정신분석학회 psychoanalysis.org.uk에서 더 많은 정보를 찾아보실 수 있습니다.

## 감사의 말

이 책을 가치 있는 무언가가 되도록 빚어내는 일을 도와주신 다음 분들께 깊은 감사를 표하고 싶습니다. 이분들 없이 저는 이 책을 쓸 수 없었습니다.

저와 인터뷰를 해주신 분들께 감사드립니다. 이 책에는 약 45명쯤 되는 학자와 임상 의학자, 작가, 사례 연구 대상자들이 인용되었고, 제가 아쉽게도 다룰 수 없었던 다른 많은 분들 또한 저의 연구 과정에 시간과 생각을 나눠주셨습니다. 제가 만난 전문가분들께 감사드립니다. 자신의 분야에서 최고이면서 자기 작업에 그토록 심혈을 기울이고, 실력도 뛰어나며, 우리 자신과 우리가 사는 세상에 대한 이해를 넓혀주고 계신 분들의 말에 귀를 기울이는 일은 정말로 흔치 않은 경험이었습니다. 특히 이 프로젝트에 너무도 많은 지지를 보내주신 조시와 커린에게 감사드립니다. 저의 사례 연구 대상자분들께도 감사드립니다. 여러분의 정직함과 너그러움, 열린 마음, 그리고 감정적으로 풍부한 내면의 삶이 제 삶 또한 풍성하게 만들어주었습니다. 여러분 한 분 한 분 모두가 이 책이, 그리고 제가 성장하는 데 도움을 주셨고, 저는 여러분께 빚을 지고 있습니다.

이 책에 실린 어떤 잘못된 해석이나 실수도 오로지 저의 책임이라는 사실 또한 분명히 하고 싶습니다. 찾아내려는 최선의 노력에도 불구하고 아직 남아 있는 실수들이 있다면 그것에 대해 사과드립니다. (안녕, 나의 초자아.)

저의 에이전트 리베카와 편집자 몰리. 여러분이 명석한 두뇌로 제 작업을 맡아주신 건 저의 글쓰기 인생에 있어 특권이었습니다. 제 작업이 자부심을 느낄 수 있는 무언가가 되도록 만들어주신 것에 감사드립니다. 아름다운 마음으로 이 책의 표지를 만들어주신 애나, 제 책을 함께 작업해주신 로라와 애덤, 스크라이브 출판사의 모든 분들, 그리고 잰클로 앤 네스빗 에이전시의 에마에게도 감사합니다.

저의 부모님께, 그동안 제게 주신 모든 것에, 그리고 제가 자라난 안전하고 사랑 가득한 가정에 감사의 마음을 전합니다.

너그러운 마음으로 초기 원고를 읽고 의견을 나눠주고, 저를 안심시켜주고, 너무나도 귀중한 비평을 해준 저의 여러 친구들과 가족들에게 감사합니다. 특히 상세하게 읽어주고 매우 중요한 감상을 나눠준 앤드리어, 브렌던, 코너, 데이비드, 돔, 제프, 로라, 릴라, 로즈, 샘, 세라, 세라의 글쓰기 모임, 섀런, 숀 그리고 톰에게 감사합니다. 톰, 당신의 전염력 있는 창조성에는 그 자체로 앞으로 나아가게 하는 원동력이 있답니다. 그것을 이 책으로 향하게 해주셔서 고마워요. 니키에게도 감사 인사를 전합니다.

그 공간 없이는 쓸 수 없었던 저에게 글 쓸 곳을 제공해준 에마와 잭에게, 여러분의 우정에 감사합니다.

저의 지도교수님들, 선생님들, 동료 교육생들, 데이비드의 독서 모임 '비온을 넘어서', 릴라의 정신분석학 독서 모임, 그리고 저의 강의 읽기 모임, 영유아 관찰 대상 가족분들, 그리고 저에게 너무도 많은 것을 가르쳐주신 저의 내담자분들께도 감사드립니다.

뛰어나고 통찰력 있는 사고로 인간이 된다는 것이 무엇인지에 관한 우리의 이해를 넓혀준, 제가 아끼는 정신분석학자들에게 감사드립니다. 지그문트 프로이트, 멜라니 클라인, 윌프레드 비온, 네빌 사이밍턴, 도널드 위니콧, 그리고 이 책에 지식을 제공하고 제 인생을 바꿔주신 다른 많은 분들께 감사합니다. 개념들의 출처를 제대로 언급하기 위해 최선을 다했으며, 제가 무의식적으로 표절이라는 실수를 저지르지 않았기를 바랍니다.

저의 정신분석가 선생님께…… 이제 끝났네요. 감사합니다.

그리고 마지막으로, 또한 가장 중요하게도, 남편에게 고맙습니다. 이 책을 그토록 여러 번 읽어주어서 고마워요. 나를 믿어준 것에, 당신의 사랑에, 그 꺼지지 않는 빛에 감사합니다.

## 옮긴이의 말

이 책을 집어든 당신은 어른이 되고 싶거나, 어른이 되어야 하는데 되지 못해서 그 방법을 알고 싶거나, 어른이 된 것 같기는 한데 뭔가 석연치 않은 기분을 느끼고 이렇게 살아가는 게 어른의 삶이 맞을까 하는 궁금증에 빠져 있는 사람일 가능성이 높을 것이다. 아무도 강요하지 않았지만 번역가인 내게도 어른이 되는 것은 큰 과업이었다. 스스로가 어른 같지 않아서 너무도 좌절했던 나는 내가 '비정상'이라고 느끼는 것은 말할 것도 없고, 어른이 되지 못한 것은 잘못이니 반성해야 한다고까지 생각했고, 오랫동안 (헛되이) 반성하고 또 반성했다. 비록 지금은 내가 대체 왜 그랬을까 싶지만 말이다.

이 책의 지은이 모야 사너 또한 크게 다르지 않았다. 그는 30대 중반이 되었는데도 자신이 어른이라는 느낌이 들지 않았기 때문에 이 책을 써야만 했다. 저널리스트로 커리어를 시작한 그는 처음에는 프리랜서가 되면서 느낀 정체성의 불안 때문에 '전문 분야'를 만들고 싶어서 예전부터 관심 있던 심리치료를 배우기 시작했다. 하지만 심리치료 교육을 받는 동시에 그 자신이 한 명의 내담자로 정신분석을 받으면서 그는 살아남기 위해 스스로 만들어온 '거북이 등딱지' 같은 거짓 자아를 깨닫게 되었고, 엄청난 혼란에 사로잡혔다. 그가 혼란을 돌파하기 위해 절박하게 붙든 것은 '대체 어른이란 뭘까'라는 질문이었다. 왜 어떤 사람들은 자신이 어른이라고 느끼는데 나는 그렇지 않을까? 어른이 된다는 것의 의미는 사람마다 어떻게 다르고, 또 거기에는 어떤 공통된 특징이 있을까?

옛날이라면 벌써 어른이 되었다고 느낄 법한 나이에 우리가 (특히 밀레니얼 세대가) 그런 느낌을 갖기 어려운 이유를 사회적·경제적·문화적 구조의 측면에서 훌륭하게 분석해낸 두 권의 책이 떠오른다. 제니퍼 M. 실바의 『커밍 업 쇼트』와 앤 헬렌 피터슨의 『요즘 애들』이다. 두 책은 공통적으로 이전 시대와는 비교할 수 없이 심해진 경쟁과 불확실성, 기형적인 사회구조로 인해 젊은 세대가 '어른'의 표지들을 획득하기 어려워졌을 뿐 아니라 타인과 함께하는 진정한 성장과 희망과 가능성을 꿈꾸기도 불가능해졌다는 사실을 다룬다. 『어른 이후의 어른』 역시 그런 변화의 요인들을 검토하지만, 이 책은 그 문제에 조금 더 정신분석학적으로 접근한다. 모든 것을 실체 없는 '마음의 문제'로 치환해 무책임한 위로와 치유를 전한다는 게 아니다. 사회구조에 대한 분석에 더해 개인의 정신이 그 구조의 압박 속에서 살아남기 위해 어떤 전략을 취하는지, 그것이 정신의 성장과 어떤 관계를 맺고 있는지 구체적으로 들여다본다는 뜻이다. 윌프레드 비온, 도널드 위니콧, 멜라니 클라인 등 저명한 학자들의 이론 또한 이해하기 쉽게 설명한다. 하지만 이 책의 강점은 무엇보다 내담자들과 함께 상담에 참여하는 듯한 생생한 분위기와 타인의 경험의 세부까지 존중하려는 진지한 태도다.

지은이는 심리치료사가 내담자의 경험을 경청하는 방식으로 인터뷰이들의 이야기를 따라가면서 그들의 삶에 나이테처럼 새겨진 성장 경험들을 찾아내고, 그들이 자신을 '어른'으로 규정할 수 있게, 혹은 없게 만든 이유들을 주의 깊게 살피는 데 집중한다. 그럼으로써 '어른다움'이 사람들 각자에게 지니는 서로 다른 의미를 탐구하고, 결국 그것이 하나의 고정된 정답, 혹은 노력해서 얻어내야 하는 해피엔딩이나 트로피 같은 것이 아니며, 그렇게 생각하는 것 자체가 큰 오해이자 부적절한 일이라는 깨달음에 도달한다. 어른이 되어야 하는데 되지 못했다고 느끼는 사람뿐 아니라, 어른이 될 때가 되지 않았는데 어른의 영역에 속해 살아온 사람도 있고, '어른'을 이루는 요소들을 긍정적으로 여기는 사람이 있는가 하면 적극적으로 거부하는 사람도 있다.

청년기뿐 아니라 청소년기에서부터 노년기까지 인간의 모든 생애 단계를 다룬다는 점도 이 책의 특징이다. 사실 이 책을 번역하기 전까지 나는 중년 이후로는 '성장'이 불가능하다고 생각하는 사람이었다. 하지만 더 이상 젊지 않은 나로서는 이 책의 후반부로 갈수록 인터뷰이 한 사람 한 사람이 들려주는 경험이 유독 귀하고 특별하게 다가왔다고 말해야 할 것 같다. 중년은 더 이상 말할 것이 없는 지루하고 텅 빈 시기로, 노년은 그저 혐오의 대상으로 바라보는 사회에서 자신이 속한 생애 단계에 대해 담담히 들려주는 이들의 이야기는 막막한 마음을 덜어주었고, 용기를 선사해주었다.

지은이는 어떤 명료하고 단단한 해답을 얻어낸 사람의 위치에서가 아니라 진짜 자신이 누구인지 거의 알지 못하는 한 불안정한 30대 여성의 눈높이에서 독자에게 말을 건다. 그리고 그야말로 악전고투하며, 가끔은 길을 잃어가면서, 그 대답을 힘겹게 찾아나간다. 나는 지은이의 이런 흔들리는 목소리가, 자신의 불안을 솔직 담백하게 털어놓는 어조가 싫지 않았고, 그가 '해파리'라는 비유를 사용했을 때는 그 친숙함에 깜짝 놀랐다. 나 또한 내가 뼈도 뇌도 없이 세상 속을 그저 흐느적흐느적 떠다니고 있을 뿐인 한 마리 해파리라고 느끼며 그런 스스로를 참으로 오랫동안 미워했던 것이다. '어른이 되지 못했다'는 감각은 참으로 보편적인 괴로움인 모양이다. 그때의 나를 지금 다시 만난다면 그렇게까지 애쓰지는 않아도 된다고 말해주고 싶다. 너는 네가 원했던 것 이상으로 어른다워지고, 결국에는 어른이 아니었던 그 상태를 종종 그리워하게 되기도 한다고 말이다. 사실 '나는 왜 어른이 아닐까'라는 고민을 품었던 그 시기만큼 내가 자신에게 진지하게 몰두할 수 있었던 시간은 없었던 듯하다.

어쩌면 '성장' 자체가 점점 회의적인 개념이 되어가는 이 사회에서 그것을 이야기하는 이 책을 의혹의 눈초리로 바라보는 독자들도 있을지 모르겠다. 그러나 이 책을 작업하며 얻게 된 한 가지 깨달음이 있다면, 점점 더 나빠져가는 이 사회가 구성원들에게 강요하는 성장이 얼마나 불가능하고 바람직하지 않은 것이든, 자신의 욕망과 필요를 정직하게 대면하고 받아들이는 일, 타인에 대한 책임을 다하려고 노력하되 타인의 욕망과 기대에 잠식되지 않는 일, 삶은 한 번뿐이며 지금 자신이 가진 것이 전부임을 받아들이고 거기서부터 시작하는 일, 그럼으로써 스스로와 다음 세대에게 조금 덜 파괴적인 것, 더 나은 것을 주고자 마음먹는 일은 나쁜 일일 수 없다는 것이었다. 원고를 꼼꼼하게 봐주신 편집부에 감사 드린다.

# 주

## Prologue. 서른이면 어른이 될 줄 알았지

1  Francis, G. (2018) 'First time buyers average age has risen by seven years since the 1960s, survey finds', *The Independent*, 7 March. https://www.independent.co.uk/property/first-time-buyer-age-increase-1960s-housing-market-cost-property-ladder-a8244501.html (2021년 9월 17일 최종 접속)

2  Statista (2020) 'Estimated median age of Americans at their first wedding in the United States from 1998 to 2019, by sex'. https://www.statista.com/statistics/371933/median-age-of-us-americans-at-their-first-wedding/ (2021년 9월 17일 최종 접속)

3  Australian Institute of Family Studies (no date) *Births in Australia*. https://aifs.gov.au/facts-and-figures/births-in-australia#:~:text=Age%20of%20new%20mothers&text=Nowadays%2C%20the%20late%2020s%20and,2011%20and%2048%25%20in%202016 (2021년 9월 17일 최종 접속)

4  Office for National Statistics (ONS) (2016) *Births in England and Wales: 2015*. https://www.ons.gov.uk/peoplepopulationandcommunity/birthsdeathsandmarriages/livebirths/bulletins/birthsummarytablesenglandandwales/2015 (2021년 9월 17일 최종 접속)

5  Hamilton, B. E., Martin, J. A., Osterman, M. J. K. (2020) *Vital Statistics Rapid Release—Births: Provisional Data for 2019*. https://www.cdc.gov/nchs/data/vsrr/vsrr-8-508.pdf (2021년 9월 17일 최종 접속)

6  Ogden, T. H. (1992) 'Comments on transference and countertransference in the initial analytic meeting', *Psychoanalytic Inquiry*, 12(2), pp. 225-47.

7  위와 같은 글.

8  Bick, E. (1964) 'Notes on infant observation in psycho-analytic training', *The International Journal of Psycho-Analysis*, 45(4), pp. 558-66.

9   Shakespeare, W. (1978) *King Lear*. in *The Complete Works of William Shakespeare*. London, UK: Abbey Library, pp. 883-916.


## Chapter 1. '사이'에 끼어 있다는 감각

1   Sarner, M. (2019) 'Abandoned at 18: the young people denied mental health support because they are "adults"', *The Guardian*, 20 March. https://www.theguardian.com/society/2019/mar/20/abandoned-at-18-the-young-people-denied-mental-health-support-because-they-are-adults (2021년 9월 17일 최종 접속)

2   'Gillick v West Norfolk & Wisbech Area Health Authority' (1985) *Weekly Law Reports*, 830.

3   위와 같은 글.

4   *The Children Act 1989* (c.23). London, UK: The Stationery Office.

5   위와 같은 글.

6   Appleton, R., Elahi, F., Tuomainen, H. et al. (2020) '"I'm just a long history of people rejecting referrals" experiences of young people who fell through the gap between child and adult mental health services', *European Child & Adolescent Psychiatry*, 30(30), pp. 401-13.

7   Blakemore, S.-J. (2018) *Inventing Ourselves: the secret life of the teenage brain*. London, UK: Doubleday.

8   Keats, J., Gittings, R. (Ed.) (1975) *Letters of John Keats*. Oxford, UK: Oxford University Press.

9   위와 같은 글.

10  Winnicott, D. W. (1971) *Playing and Reality*. London, UK: Tavistock Publications.

11  Ogden, T. H. (1986) *The Matrix of the Mind*. London, UK: Karnac Books (1991).

12  Winnicott, D. W. *Playing and Reality*.

13  Schüll, N. D. (2012) *Addiction by Design*. Princeton, N.J., USA: Princeton University Press.

14  Chu, S. W. M., Clark, L., Murch, W. S. (2017) 'Measuring the slot machine zone with attentional dual tasks and respiratory sinus arrhythmia', *Psychology of Addictive Behaviours*, 31(3), pp. 375-84.

15  Sarner, M. (2019) 'Am I addicted? The truth behind being hooked on gaming, sex or porn', *New Scientist*, 11 September. https://www.newscientist.com/article/mg24332470-700-am-i-addicted-the-truth-behind-

being-hooked-on-gaming-sex-or-porn/ (2021년 9월 17일 최종 접속)

16 Gambling Commission (2018) *Gambling participation in 2018: behaviour, awareness and attitudes.* https://www.gamblingcommission.gov.uk/PDF/survey-data/Gambling-participation-in-2018-behaviour-awareness-and-attitudes.pdf (2021년 9월 17일 최종 접속)

17 Twenge, J. M. (2017) *iGen: Why Today's Super-Connected Kids are Growing Up Less Rebellious, More Tolerant, Less Happy—and Completely Unprepared for Adulthood—and What that Means for the Rest of Us.* New York, N.Y., USA: Atria Books.

18 Sohn, S. Y., Rees, P., Wildridge, B. et al. (2019) 'Prevalence of problematic smartphone usage and associated mental health outcomes amongst children and young people: a systematic review, meta-analysis and GRADE of the evidence', *BMC Psychiatry*, 19 (356) https://doi.org/10.1186/s12888-019-2350-x.

19 Sarner, M. (2018) 'Meet the tech evangelist who now fears for our mental health', *The Guardian*, 15 March. https://www.theguardian.com/technology/2018/mar/15/meet-the-tech-evangelist-who-now-fears-for-our-mental-health (2021년 9월 20일 최종 접속)

20 *Riley v California* (2014) 134 S. Ct. 2473.

21 Sarner, M. (2018) 'The age of envy: how to be happy when everyone else's life looks perfect', *The Guardian*, 9 October. https://www.theguardian.com/lifeandstyle/2018/oct/09/age-envy-be-happy-everyone-else-perfect-social-media.

22 Winnicott, D. W. (1960) 'Ego distortion in terms of True and False Self ', in *The Maturational Processes and the Facilitating Environment.* London, UK: Hogarth Press, 1972, pp. 140-52.

23 Freud, S (1893-1895) 'Studies on hysteria' in *The Standard Edition of the Complete Psychological Works of Sigmund Freud.* Vol. 2. London, Hogarth Press.

24 Natterson-Horowitz, B., Bowers, K. (2019) *Wildhood: the epic journey from adolescence to adulthood in humans and other animals.* London, UK: Scribe, (2020).

25 'Albatross sex ed'. https://www.wildhood.com/videos/albatross-sex-ed (2021년 10월 16일 최종 접속)

26 Hobson, P. R. (2018) *Consultations in Dynamic Psychotherapy.* London, UK: Karnac Books.

## Chapter 2. 나 자신에게서 도망치고 있었다

1 Henig, R. M. (2010) 'What is it about 20-somethings?', *The New York Times Magazine*, 18 August. https://www.nytimes.com/2010/08/22/magazine/22Adulthood-t.html?pagewanted=all (2021년 9월 20일 최종 접속); Steinberg, L. (2014) 'The case for delayed adulthood', *The New York Times Sunday Review*, 19 September. nytimes.com/2014/09/21/opinion/sunday/the-case-for-delayed-adulthood.html (2021년 9월 20일 최종 접속); Beck, J. (2016) 'When are you really an adult', *The Atlantic*, 5 January. https://www.theatlantic.com/health/archive/2016/01/when-are-you-really-an-adult/422487/ (2021년 9월 20일 최종 접속)

2 Shakespeare, W. (1978) *The Winter's Tale. in The Complete Works of William Shakespeare*. London, UK: Abbey Library, pp. 323-53.

3 Arnett, J. J. (2000) 'Emerging adulthood: a theory of development from the late teens through the twenties', *American Psychologist*, 55(5), pp. 469-80; Arnett, J. J. (2003) 'Conceptions of the transition to adulthood among emerging adults in American ethnic groups', *New Directions for Child and Adolescent Development*, 2003(100), pp. 63-76; Arnett J. J. (1998) 'Learning to stand alone: the contemporary American transition to adulthood in cultural and historical context', *Human Development*, 41(5-6), pp. 295-315.

4 Zhong, J., Arnett, J. J. (2014) 'Conceptions of adulthood among migrant women workers in China', *International Journal of Behavioral Development*, 38(3), pp. 255-65.

5 Mintz, S. (2015) *The Prime of Life: a history of modern adulthood*. Cambridge, Mass. USA: Belknap Press of Harvard University Press.

6 Office for National Statistics (ONS) (2019) *Milestones: journeying into adulthood*. https://www.ons.gov.uk/peoplepopulationandcommunity/populationandmigration/ppulationestimates/articles/milestonesjourneyingintoadulthood/2019-02-18 (2021년 9월 20일 최종 접속)

7 Waller-Bridge, P. (Dir.) (2019) 'Episode 1', in *Fleabag*, season 2, Amazon Prime, 17 May.

8 Flood, A. (2020) 'Jacqueline Wilson reveals publicly that she is gay', *The Guardian*, 4 April. https://www.theguardian.com/books/2020/apr/04/jacqueline-wilson-reveals-publicly-she-is-a-lesbian-love-frankie (2021년 9월 20일 최종 접속)

9 Freud, S. (1923) 'The ego and the id' in *The Standard Edition of the Complete Psychological Works of Sigmund Freud*. Vol. 19. London, UK: Hogarth Press,

1961, pp. 3-66.

10 Freud, S. (1933) 'New Introductory Lectures on Psycho-Analysis' in *The Standard Edition of the Complete Psychological Works of Sigmund Freud*. Vol 22. London, UK: Vintage, 2001, pp. 57-80.

11 Freud, S. (1905) 'Three essays on the theory of sexuality' in *The Standard Edition of the Complete Psychological Works of Sigmund Freud*. Vol. 7. London, UK: Vintage, 2001, pp. 125-245.

12 Hinshelwood, R. D. (2019) 'The good, the bad, and the superego' in Harding, C. (ed.) (2019) *Dissecting the Superego, Moralities Under the Psychoanalytic Microscope*. Oxford, UK: Routledge.

13 Mintz, S. *The Prime of Life*.

14 Carty-Williams, C. (2019) *Queenie*. London, UK: Trapeze.

15 Sandler, P. C. (2005) *The Language of Bion: a dictionary of concepts*. London, UK: Karnac Books.

16 Bion, W. (1962) *Learning from Experience*. London, UK: Heinemann; Bion, W. (1963) *Elements of Psychoanalysis*. London, UK: Heinemann; Bion, W. (1965) *Transformations*. London, UK: Heinemann.

## Chapter 3. '부모가 된다'는 선택과 두려움

1  Fraiberg, S., Adelson, E., Shapiro, V. (1975) 'Ghosts in the nursery: a psychoanalytic approach to the problems of impaired infant-mother relationships', *Journal of American Academy of Child Psychiatry*, 14(3), pp. 387-421.

2  Freund, A. M., Nikitin, J., Ritter, J. O. (2009) 'Psychological consequences of longevity', *Human Development*, 52, pp. 1-37.

3  Mehta, C., Arnett, J. J., Palmer, C., Nelson, L. (2020) 'Established adulthood: a new conception of ages 30 to 45', *American Psychologist*, 75(4), pp. 431-44.

4  위와 같은 글.

5  Organisation for Economic Cooperation and Development (OECD) (2021) *Family database: age of mothers at childbirth and age-specific fertility*. https://www.oecd.org/els/soc/SF_2_3_Age_mothers_childbirth.pdf (2021년 10월 2일 최종 접속)

6  Office for National Statistics (ONS) (2019) *Childbearing for Women Born in Different Years, England and Wales: 2018*. https://www.ons.gov.uk/peoplepopulationandcommunity/birthsdeathsandmarriages/

conceptionandfertilityrates/bulletins/childbearingforwomenbornindiffere
ntyearsenglandandwales/2018 (2021년 9월 20일 최종 접속)

7  Australian Bureau of statistics (ABS) (2019) *Births, Australia*. https://www.
   abs.gov.au/statistics/people/population/births-australia/2019 (2021년 9월
   20일 최종 접속)

8  Miller, T. (2005) *Making Sense of Motherhood: a narrative approach*.
   Cambridge, UK: Cambridge University Press; Miller, T. (2010) *Making
   Sense of Fatherhood: gender, caring and work*. Cambridge, UK: Cambridge
   University Press; Miller, T. (2017) *Making Sense of Parenthood: caring, gender
   and family Lives*. Cambridge, UK: Cambridge University Press.

9  Ramírez-Esparza, N., García-Sierra, A., Kuhl, P. K. (2014) 'Look who's
   talking: speech style and social context in language input to infants are
   linked to concurrent and future speech development', *Developmental
   Science*, 17(6), pp. 880-91; Ramírez-Esparza, N., García-Sierra, A., Kuhl,
   P. K. (2017) 'The impact of early social interactions on later language
   development in Spanish-English bilingual infants', *Child Development*,
   88(4), pp. 1216-34; Ramírez-Esparza, N., García-Sierra, A., Kuhl, P. K. (2017)
   'Look Who's Talking NOW! Parentese speech, social context, and language
   development across time', *Frontiers in Psychology*, 8, p. 1008.

10 Fraiberg, S., Adelson, E., Shapiro, V. 'Ghosts in the nursery', 14(3), pp. 387-
   421.

11 King, L. (2015) *Family Men: fatherhood and masculinity in Britain, 1914-1960*.
   Oxford, UK: Oxford University Press.

12 Zweig, F. (1961) *The Worker in Affluent Society: family life and industry*.
   London, UK: Heinemann.

13 'End Corporal Punishment' (2020) *Country Report for the United Kingdom*.
   https://endcorporalpunishment.org/reports-on-every-state-and-territory/
   uk/ (2021년 9월 20일 최종 접속)

14 Shakespeare, W. (1978) *As You Like It* in *The Complete Works of William
   Shakespeare*. London, UK: Abey Library, pp. 220-244.

15 Roth, P. (2001) 'The paranoid-schizoid position' in Bronstein, C. (Ed.),
   *Kleinian Theory: a contemporary perspective*. London, UK: Whurr.

16 Klein, M. (1957) *Envy and Gratitude and Other Works, 1946-1963*. London,
   UK: Hogarth Press; Klein M. (1996) 'Notes on some schizoid mechanisms',
   *The Journal of Psychotherapy Practice and Research*, 5(2), pp. 160-79; Klein,
   M. (1935) 'A contribution to the psychogenesis of manic-depressive
   states', *The International Journal of Psychoanalysis*, 16, pp. 145-74; Klein,
   M. (1940) 'Mourning and its relation to manic-depressive states', *The*

*International Journal of Psychoanalysis*, 21, pp. 125-53; Klein, M. (1945) 'The Oedipus complex in the light of early anxieties', *The International Journal of Psychoanalysis*, 26, pp. 11-33.

17  Blackstone, A. (2019) *Childfree by Choice: the movement redefining family and creating a new age of independence.* N.Y., USA: Dutton.

18  Hoekzema, E., Barba-Müller, E., Pozzobon, C., Picado, M., Lucco, García-García, D. et al. (2017) 'Pregnancy leads to long-lasting changes in human brain structure', *Nature Neuroscience*, 20(2), pp. 287-96.

19  Barba-Müller, E., Craddock, S., Carmona, S., Hoekzema, E., (2019) 'Brain plasticity in pregnancy and the postpartum period: links to maternal caregiving and mental health', *Archives of Women's Mental Health*, 22(2), pp. 289-99.

## Chapter 4. 길을 잃고 나서야 알게 되는 것

1  Alighieri, D. (1472) *La Divina Commedia* [Online]. Urbana, Illinois: Project Gutenberg (1997). https://www.gutenberg.org/files/1012/1012-h/1012-h.htm (2022년 1월 9일 최종 접속)

2  Infurna, F. J., Gerstorf, D., Lachman, M. E. (2020) 'Midlife in the 2020s: Opportunities and challenges', *American Psychologist*, 74(4), pp. 470-85.

3  Alighieri, D. (1472) *La Divina Commedia* [Online]. Urbana, Illinois: Project Gutenberg (1997). https://www.gutenberg.org/files/1012/1012-h/1012-h.htm (2022년 1월 9일 최종 접속)

4  Morgan Brett, B. R. (2010) 'The negotiation of midlife: exploring the subjective experience of ageing'. PhD thesis, University of Essex. https://ethos.bl.uk/OrderDetails.do?uin=uk.bl.ethos.531545 (2021년 9월 21일 최종 접속)

5  Jaques, E. (1965) 'Death and the midlife crisis', *International Journal of Psychoanalysis*, 46(4), pp. 502-14.

6  Morgan Brett, B. (2013) 'Growing up and Growing Old' in Nicolas, A., Flaherty, I. (Eds) *Growing Up, Growing Old: trajectories of times and lives.* Oxford, UK: Inter-disciplinary Press.

7  Lachman, M. E. (2015) 'Mind the gap in the middle: a call to study midlife', *Research in Human Development*, 12(3-4), pp. 327-34.

8  Bion, W. (1979) *Clinical Seminars and Other Works.* London, UK: Karnac Books, 2000.

9   Sarner, M. (2019) '"You've got to carry on that fight": strangers swap life-changing experiences', *The Guardian*, 19 October. https://www.theguardian.com/lifeandstyle/2019/oct/19/carry-on-that-fight-strangers-swap-life-changing-experiences (2021년 9월 22일 최종 접속)

10  Infurna, F. J., Gerstorf, D., Lachman, M. E. (2020) 'Midlife in the 2020s: opportunities and challenges', *American Psychologist*, 74(4), pp. 470-85.

11  Robinson, O. (2013) *Development through Adulthood: an integrative sourcebook*. Basingstoke, UK: Palgrave Macmillan.

12  Hollis, J. (1993) *The Middle Passage: from misery to meaning in midlife*. Toronto, Can.: Inner City Books.

13  Jaques, E. (1965) 'Death and the midlife crisis', *International Journal of Psychoanalysis*, 46(4), pp. 502-14.

14  Cohen, J. (2021) *How to Live. What to Do*. London, UK: Ebury.

15  Bion, W. (1970) *Attention and Interpretation*. London, UK: Karnak Books, 1984.

**Chapter 5. 자신과 평화롭게 지내는 일**

1   Frost, E., McClean, S. (2014) *Thinking about the Lifecourse: a psychosocial introduction*. Basingstoke, UK: Palgrave Macmillan.

2   Thane, P. (2005) *The Long History of Old Age*. London, UK: Thames & Hudson.

3   Neugarten, B. (1974) 'Age Groups in American Society and the Rise of the Young-Old', *The Annals of the American Academy of Political and Social Science*, 415(1), pp. 187-98.

4   Neugarten, B. (1978) 'The young-old and the age-irrelevant society', *The young-old... a new North American phenomenon, the annual winter conference of the Couchiching Institute of Public Affairs*. Ontario, Can.: Couchiching Institute on Public Affairs.

5   O'Connor, A. (2001) 'Dr. Bernice L. Neugarten, 85, early authority on the elderly', *The New York Times*, 30 July. https://www.nytimes.com/2001/07/30/us/dr-bernice-l-neugarten-85-early-authority-on-the-elderly.html (2021년 9월 22일 최종 접속)

6   Culver, V. (2011) 'Dail Neugarten, professor emerita at UC Denver and advocate for the aging, dies at 66', *The Denver Post*, 11 June. https://www.denverpost.com/2011/06/11/dail-neugarten-professor-emerita-at-uc-denver-and-advocate-for-the-aging-dies-at-66/ (2021년 10월 3일 최종 접속)

7 Binstock, R. H. (2002) 'In Memoriam: Bernice L. Neugarten', *The Gerontologist*, 42(2), pp. 149-51.

8 Thane, P. (2000) *Old Age In English History: Past Experiences, Present Issues.* Oxford, UK: Oxford University Press.

9 Parker, J. (2019) 'The decade of the "young old" begins', *The Economist*, December. https://theworldin.economist.com/edition/2020/article/17316/decade-young-old-begins (2021년 9월 22일 최종 접속)

10 위와 같은 글.

11 Freund, A. M. (2020) 'The bucket list effect: why leisure goals are often deferred until retirement', *American Psychologist*, 75(4), pp. 499-510.

12 Thane, P. *The Long History of Old Age.*

13 Freund, A. M. (2020) 'The bucket list effect: why leisure goals are often deferred until retirement', *American Psychologist*, 75(4), pp. 499-510.

14 Lamb, S., Robbins-Ruszkowski, J., Corwin, A., Calasanti, T., King, N. (2017) *Successful Aging as a Contemporary Obsession: global perspectives.* New Brunswick, N.J., USA: Rutgers University Press.

15 Murakami, H., trans. Gabriel, P. (2009) *What I Talk About When I Talk About Running.* London, UK: Vintage.

16 Lamb, S., Robbins-Ruszkowski, J., Corwin, A., Calasanti, T., King, N. (2017) *Successful Aging as a Contemporary Obsession: global perspectives.* New Brunswick, N.J., USA: Rutgers University Press.

17 위와 같은 글.

18 Hill, A. (2021) 'Ageing process is unstoppable, finds unprecedented study', *The Guardian*, 17 June. https://www.theguardian.com/science/2021/jun/17/ageing-process-is-irreversible-finds-unprecedented-study (2021년 9월 22일 최종 접속)

19 Freud, A. (1936) *The Ego and the Mechanisms of Defence.* London, UK: Karnac Books, 1993.

20 Klein, M. 'Mourning and its relation to manic-depressive states' 21, pp. 125-53.

21 위와 같은 글.

22 위와 같은 글.

23 Rowling, J. K. (1997) *Harry Potter and the Philosopher's Stone.* London, UK: Bloomsbury.

24 Murakami, H., trans. Gabriel, P. (2018) *Killing Commendatore.* London, UK: Harvill Secker.

25 Grossmann, I., Karasawa, M., Kan, C., Kitayama, S. (2014) 'A cultural perspective on emotional experiences across the life span', *Emotion*, 14(4), pp. 679-92; Karasawa, M., Curhan, K. B., Markus, H. R., Kitayama, S., Love, G. D., Radler, B. T., Ryff, C. D. (2011) 'Cultural perspectives on aging and well-being: a comparison of Japan and the United States', *International Journal of Aging & Human Development*, 73(1), pp. 73-98; Curhan, K. B., Sims, T., Markus, H. R., Kitayama, S., Karasawa, M., Kawakami, N., Love, G. D., Coe, C. L., Miyamoto, Y., Ryff, C. D. (2014) 'Just how bad negative affect is for your health depends on culture', *Psychological Science*, 25(12), pp. 2277-80.

26 Kitayama, S., Berg, M. K., Chopik, W. J. (2020) 'Culture and well-being in late adulthood: theory and evidence', *American Psychologist*, 75(4), pp. 567-76.

27 Park, J., Kitayama, S., Miyamoto, Y., Coe, C. L. (2020) 'Feeling bad is not always unhealthy: culture moderates the link between negative affect and diurnal cortisol profiles', *Emotion*, 20(5). pp. 721-733.

28 Bion, W. *Elements of Psychoanalysis*.

29 Steiner, J., Bell, D. (2020) 'Maintaining an analytic setting in an NHS context', *The Tavistock and Portman NHS Foundation Trust centenary scientific meeting*. 2020년 10월 12일 줌을 통해 참석.

30 Bion, W. (1962) 'A theory of thinking', *International Journal of Psychoanalysis*, 43(4-5), pp. 306-10.

31 Bion, W. *Transformations*.

32 Bion, F. (1995) 'The days of our years', *The Melanie Klein & Object Relations Journal*, 13(1), p. 106.

33 Waddell, M. (1998) *Inside Lives: psychoanalysis and the growth of the personality*. London, UK: Karnac Books, 2005.

## Chapter 6. 삶은 계속된다

1 Savage, M., Tapper, J. (2021), 'Patients were sent back to care homes without Covid test despite bosses' plea', *The Observer*, 29 May. https://www.theguardian.com/society/2021/may/29/patients-were-sent-back-to-care-homes-without-covid-test-despite-bosses-plea

2 Rosen, M. (2020) 'Every day, there's a mental struggle, to come to terms with what happened to me, how I feel now and how I was before'. Interviewed by Martha Kearney. *Today*, BBC Radio 4, 15 December.

3 Neugarten, B. 'The young-old and the age-irrelevant society'.

4 Thane, P. *The Long History of Old Age.*

5 Office for National Statistics (ONS) (2020) *Estimates of the Very Old, Including Centenarians, UK: 2002-2019.* https://www.ons.gov.uk/ peoplepopulationandcommunity/birthsdeathsandmarriages/ageing/ bulletins/estimatesoftheveryoldincludingcentenarians/2002to2019 (2021년 9월 22일 최종 접속)

6 Office for National Statistics (ONS) (2018) *Living Longer: how our population is changing and why it matters.* https://www.ons.gov.uk/ peoplepopulationandcommunity/birthsdeathsandmarriages/ageing/ articles/livinglongerhowourpopulationischangingandwhyitmatters/2018-08-13#how-is-the-uk-population-changing (2021년 9월 22일 최종 접속)

7 Office for National Statistics *Estimates of the Very Old.*

8 Administration for Community Living (ACL) (2018) *2017 Profile of Older Americans.* https://acl.gov/sites/default/files/Aging%20and%20Disability%20 in%20America/2017OlderAmericansProfile.pdf (2021년 9월 22일 최종 접속)

9 Australian Institute of Health and Welfare (AIHW) (2018) *Older Australia at a Glance.* https://www.aihw.gov.au/reports/older-people/older-australia-at-a-glance/contents/demographics-of-older-australians/australia-s-changing-age-gender-profile (2021년 9월 22일 최종 접속)

10 Brandtstädter, J., Rothermund, K., Kranz, D., Kühn, W. (2010) 'Final decentrations: personal goals, rationality perspectives, and the awareness of life's finitude', *European Psychologist,* 15(2), pp. 152-63.

11 Livingston, G. et al. (2017) 'The Lancet Commissions: dementia prevention, intervention, and care', *The Lancet,* 390(10113), pp. 2673-734. https:// www.thelancet.com/journals/lancet/article/PIIS0140-6736(17)31363-6/ fulltext#seccestitle1480 (2021년 9월 22일 최종 접속); Livingston, G. et al. (2020) 'Dementia prevention, intervention, and care: 2020 report of the Lancet Commission', *The Lancet,* 396(10248), pp. 413-46. https://www. thelancet.com/journals/lancet/article/PIIS0140-6736(20)30367-6/fulltext (2021년 9월 22일 최종 접속)

12 'Miller Reese Hutchison' (2021) *Wikipedia.* https://en.wikipedia.org/wiki/ Miller_Reese_Hutchison (2021년 10월 3일 최종 접속)

13 (1944) 'Miller Hutchison, inventor, 67, Dead; devised acousticon, klaxon horn and the dictograph former Edison executive', *The New York Times.* February 18. https://www.nytimes.com/1944/02/18/archives/miller-h1jtchison-inventor-67-dead-devised-acousticon-klaxon-horn.html (2021년 10월 3일 최종 접속)

14 The Vicarage by the Sea: https://www.thevicaragebythesea.com/

15 Wigg, J., 'Intimacy among the socially dead' in Nicolas, A., Flaherty, I., *Growing Up, Growing Old.*

16 Office for National Statistics (ONS) (2019) *Lifeexpectancycalculator.* https://www.ons.gov.uk/peoplepopulationandcommunity/healthandsocialcare/healthandlifeexpectancies/articles/lifeexpectancycalculator/2019-06-07 (2021년 10월 3일 최종 접속)

## Epilogue. 그다음에 할 일들

1 Alighieri, D. *La Divina Commedia* [Online]. Urbana, Illinois: Project Gutenberg (1997). https://www.gutenberg.org/files/1012/1012-h/1012-h.htm (2022년 1월 9일 최종 접속)

옮긴이 서제인

기자, 편집자, 작가 등 글을 다루는 다양한 일을 하다가 번역을 시작했다. 거대하고 유기체적인 악기를 조율하는 일을 닮은 번역 작업에 매력을 느낀다. 옮긴 책으로 『잃어버린 단어들의 사전』 『노마드랜드』 『아파트먼트』 『아무도 지켜보지 않지만 모두가 공연을 한다』 『코펜하겐 삼부작』 『300개의 단상』 등이 있다.

## 어른 이후의 어른
### 더 나은 사람이 되기 위한 우리들의 대화

| | |
|---|---|
| 1판 1쇄 | 2023년 1월 11일 |
| 1판 2쇄 | 2023년 5월 15일 |

| | |
|---|---|
| 지은이 | 모야 사너 |
| 옮긴이 | 서제인 |
| 펴낸이 | 김이선 |
| 편집 | 김소영 황지연 |
| 디자인 | 김마리 |
| 마케팅 | 김상만 |

| | |
|---|---|
| 펴낸곳 | (주)엘리 |
| 출판등록 | 2019년 12월 16일 (제2019-000325호) |
| 주소 | 04043 서울특별시 마포구 양화로 12길 16-9 (서교동 북앤빌딩) |

| | |
|---|---|
| ✉ | ellelit@naver.com |
| 🐦 ⓞ | ellelit2020 |
| 전화 | (편집) 02 6949 3804 (마케팅) 02 6949 1339 |
| 팩스 | 02 3144 3121 |

| | |
|---|---|
| ISBN | 979-11-91247-30-5  03180 |